U0145125

第**3**版

運輸經濟學

Principles of Transportation Economics

Kenneth D. Boyer 著

陳秋玫 譯、顏進儒 校訂

五南圖書出版公司 印行

序

　　至少有一個世代以上，北美運輸經濟學都沒有一本適合一般民眾閱讀的教科書。這本書正想改變這種情況。

　　如今，運輸經濟學的領域已經完全不同於20年或30年前。以前所探討的焦點都是在這個領域的管制和法律方面。如今，取而代之的是比較大眾化的目標，也就是瞭解公共政策對運輸部門、社會及整個經濟所造成的影響。簡而言之，在這個領域所探討的主題已經更接近一般經濟學所分析的標準議題。同時，運輸經濟學仍保留一些它獨有的特色：根據這個科目的特性所使用的方法和特殊考量。這本書是介紹運輸經濟學的入門書，它說明了如何把經濟分析的準則應用在運輸部門。

　　經濟學上的分析和應用是這本書的中心主題。它既不是廣泛地介紹各種運輸方式的特色，也不是討論企業物流。本書一貫的焦點是在經濟學者所探討的標準主題：需求、成本、制定經濟政策的準則。

　　為了確保這本書適合大眾閱讀，包括那些沒有修過高等經濟學的人，所以本書特別針對那些頂多修過經濟學原理的讀者而撰寫。本書讓讀者以容易瞭解的程度來學習運輸的訂價與投資的經濟學原理，讓律師、工程師、運輸分析者和其他對運輸問題感興趣的人，都可以瞭解經濟學者所提出的艱深論證背後的理由。人們對運輸的經濟分析邏輯還是有相當多的誤解，這本書就是要澄清這些混淆的想法。

　　在討論運輸政策時，經濟學的論點總是我們主要的探討焦點。這本書並且把有關本書主題的文獻介紹給讀者，讓讀者能夠更進一步研究下去，並且由自己來決定這種分析的實用性。假如讀者不贊成經濟

學者所提供的分析，那麼出現在本書的一些論點可幫助讀者把評論條理化。每章後面的附註代表著運輸經濟學文獻的全貌。雖然附註所列舉的文章中，有許多觀點不適合非經濟學者閱讀，但是這些參考可以指引讀者如何在運輸經濟文獻中，為本書所提出的想法找到精心之作。

為了不要讓經濟分析離開真實世界的環境，本書在介紹經濟學原理時，儘可能地從這個觀察得出的世界取得例子、資料和敘述。在陳述經濟學原理時，若沒把它加以應用或舉例說明時，是很枯燥乏味的。我們所舉的例子大多數都是來自美國，這是很自然的，因為那是本書主要讀者群有最多經驗的地方。不過，我們不應該因此認為本書僅僅與北美的運輸方式有關。本書不但介紹運輸部門的經濟理論，也包括在運輸部門的應用。例如，本書導論所提供的例子包含了美國、摩洛哥、瑞士和馬來西亞等國家。事實上，使用這本書的先驅者是作者在中國上海復旦大學的 Sino-American 訓練中心的學生。本書的需求計算、成本計算和政策分析等技巧放諸世界各地的運輸業皆具有普遍性與適用性。

那些熟悉 James R. Nelson 研究作品的人在接下來數章，將可以體驗到他的影響力。當他是 Amherst College 的大學生時，作者就是從他的介紹才開始入門運輸經濟學的。在準備手稿的這幾年來，作者也從一些其他人所提供的建議和指導中獲益匪淺。作者尤其要感謝的是以下這些對早期的草稿及大綱提供忠言的人：

Terrence A. Brown, Pennsylvania State University -Harrisbrug

Douglas Dalenburg, University of Montana

William Dodge, University of Wisconsin

Bobby G. Dudley, Robert Morris College

Oscar Fisch, City College of New York

George Hilton, University of California-Los Angeles

Kenneth Small, University of California-Irvine

John Spychalski, Pennsylvania State University

Helen Tauchen, University of North Carolina

Philip Viton, Ohio State University

David Webber, U.S. Coast Guard Academy

Clifford Winston, Brookings Institution

　　讀者若對這本教科書的見解不以為然時，不應該認為是書評的責任，雖然作者擷取很多他們的意見，但是並非全部。假如，讀者找到了彆扭的見解時，很可能是因為作者忽略了他們的指示而沒有遵循之故。

Kenneth D. Boyer

Michigan State University

目　錄

第一章

爲什麼要學運輸經濟學

　　運輸經濟學是重要的。在美國有高達 20%的經濟活動與運輸直接相關，而且運輸已經深深影響每一個人。運輸影響了土地的使用型態和社會互動。有些人責罵運輸，認為汽車造成了美國城市的衰微，而且讓美國社會愈來愈疏離。但從另一個角度來看，運輸的改善也會帶來好處，例如它大大幫助了以前極窮困的南方州的生活水準。一個國家要在全球市場競爭，必須要具有良好的運輸。許多運輸設備不良的開發中國家由於無法讓原本具有競爭優勢的財貨進入市場，因而無法加入全球市場中。現代運輸工具允許類似美國這樣一個區域的國家專業於自己的所長，而能透過簡易的貿易過程使國家彼此共享利益。

經濟學是有關共同的特質
（ECONOMICS IS ABOUT COMMON TRAITS）

　　本書是有關運輸的經濟學。很多人不確定什麼是經濟學，運輸經濟學和運輸物流有何不同？經濟學的研究領域是在研究買方和賣方在商品和服務上如何互動，他們如何影響彼此的行為，以及他們的行為如何影響外部市場。經濟學不是描述個人奇行怪癖的特質，而是探討引起人們和公司所作所為的基本推動力。藉著瞭解基本的行為定律，經濟學能提供建議給政府和企業，使他們得以從可利用的資源，運用最佳方式來組織經濟活動，並從中獲益。

　　學生在上經濟學的第一堂課時，通常驚訝於這個領域實際面少於哲學面的程度，比他們預期的還大。這起源於經濟學者感興趣於發現行為潛在的共同要素，而不是處理個別公司或政府機構的個性。一個學習運輸或物流的學生需要瞭解償付損失和聲請傷害賠償的法律、使用於跨海服務的飛機類別，或者大眾運輸巴士的維護次數等，而這些關於經營運輸業的非常實際的資訊，並不是運輸經濟學的主要焦點，因為事實上，它過度注意公司的獨特性和區域性，而岔開了經濟學者的主要工作，也就是發現什麼是普遍而共同的行為。

　　運輸經濟學就像所有經濟學領域，結合了統計、故事和分析工具。有關特殊的公司或人們的故事，通常是最有趣的學習部分，但它們主要是用來說明經濟學原理的應用。

　　經濟學者往往不像企業家和公司負責人一樣有豐富的實務經驗。舉例來說，他們並不知道航空公司若要增加特定航線的載客率時，應該使用的最佳技術是什麼。然而，經濟學者藉由研究航空業者這幾年

在許多國家的競爭情況，便能比管理者看到更寬廣的遠景，因為管理者雖然有更徹底的經驗，但卻只有狹窄的知識。運輸經濟學所研究的是競爭求生存的一般條件，以及競爭的程度如何影響行為。在制定應如何（以及是否）鼓勵航空業者競爭等宏觀決策時，上述資訊是有用的。這類主題皆會涵蓋在此書中，但是如果你想要經營航空公司，除了讀這本書以外，你還需要瞭解更多特定運輸方式的運作以及市場情況。

運輸經濟學領導政策的例子
(EXAMPLES OF POLICIES GUIDED BY TRANSPORT ECONOMICS)

　　雖然經濟學者對於發現運輸方式或運輸使用者之間的共同特質有興趣，但這並不意味著他們對於實際的運輸政策不感興趣。大部分運輸經濟學者最終目的是瞭解不同政策所產生的影響，然後可以幫助政府制定良好的運輸政策。以下是配合本書將出現的事實和分析來具體說明一些運輸政策的例子。

卡車稅
(Truck Taxes)

　　許多美國汽車族在路上常看到貼在卡車後面的招牌，上面寫著一些標語，例如「去年，本卡車繳了超過 10,000 美元的稅」。它暗示卡車所有人繳的費用太高了，因此汽車駕駛員不應該再抱怨卡車出現在高速公路上，因為卡車也資助了公路的經費。但是它真的過高嗎？卡車為了燃料稅和牌照費，每年繳納數千美元給政府，但汽車只繳納數

百美元而已。這種算法正確嗎？卡車應該付出更多或更少呢？假如使用高速公路的費用是以年費的方式來衡量，或假如它被放在燃油價格裡面，兩者有不一樣嗎？有沒有其他更好的支付方式呢？我們應該使用何種基準來評估卡車的付出是否超出它該付的公路成本比例呢？

對於公路設施的成本如何由不同的車種來分攤，這可能是運輸經濟學的傳統問題。第九、十和十一章會描述如何解決這方面的財政分擔問題。部分的解答是根據車輛破壞道路的程度來課徵費用，而這種作法只能透過在不同的交通量下，不同種類的道路多快損毀的工程評估才能做到。經濟學者雖然沒有特殊的專門技術去評估道路壽命，但卻能告訴你在決定卡車或汽車如何共同分攤道路成本的問題時，如何分解相關資訊。例如，在第十章提到，基本的邊際成本訂價原理，能解釋為什麼道路損壞成本應該以旅行的英里數為收費基準（地點和時間），而不是以年費的方式來徵收這項費用。

這個問題另一部分的答案則要根據如何產生建造公路的決策來收費，這會在第十一章討論。假使卡車的存在會導致不同的決策出現，那麼我們至少必須根據不同車種的預期使用量如何影響道路重新設計的情況來分攤費用。但是對於無補貼訂價法來說，每一種交通工具應該支付的費用，得超過此道路為此車輛種類而特別設計的費用。無補貼訂價法事實上不容易被算出，它們必須靠複雜的道路成本計算來計算各種不同車種的可能組合。在美國高速公路的系統上，使用曳引機拖車的人每年繳 10,000 美元的稅聽起來好像很多，但仔細精算起來，可能發現其實是繳得太少了。

直布羅陀海峽隧道
（Straits of Gibraltar Tunnel）

　　歐洲和非洲被 18 英里的海域所分隔。西班牙和摩洛哥在直布羅陀海峽的兩方，各居於不同的大陸上。現在，新的鐵路隧道已經跨越英吉利海峽，連接英國和歐陸。因此，建立類似的隧道來連接西班牙和摩洛哥的建議已被採納。從非洲的一方已經開始試著挖掘、鑿孔。到了 1996 年，直布羅陀海峽的隧道已經向下延伸出 30 英呎了。

　　摩洛哥的官員正試圖籌措資金以便擴大試挖的工作，並希望能完成這三個計畫隧道中的第一個公用隧道，以直接貫通西班牙。假如一切都順利，到了 2025 年，在北行火車疾行穿過這條隧道的同時，從歐洲到非洲的火車則可橫貫第二條。雖然此公用隧道無助於國家稅收，但是因為它不須設備的配合，所以鑽孔鑿洞還是一種便宜許多的作法。目前預估隧道工程費用為 3 億 8 千 4 百萬美元，三個隧道加起來是 40 億美元。西班牙和摩洛哥已經提供建造隧道費用的 2/3，其餘的 1/3 則要求歐洲聯盟投資。

　　有人懷疑財政預估的正確性。像這種重大的計畫，最初編列的預算往往不切實際的低。例如，最近完成連接英國和法國的隧道，最初預估成本為 70 億美元，最後完成卻是 130 億美元。但就算成本的預估是確實的，我們該如何評估這個計畫的優點呢？身為尋找民眾共同利益的歐盟官員，和身為只在乎自己投資報酬多寡的投資者，這兩者身分對計畫的評估是否應該不同？

　　「隧道被認為是象徵性地連接歐洲和非洲，團結了這兩個偉大的文明國家」，運輸經濟學者保持懷疑的態度來看待這些訴求。經濟學者評估像這樣的計畫所使用的基本資料是：建設成本、經營成本、願

意為公共設施所付的金額。在計畫評估中，使用這些資料的技巧是第九章的主題。從經濟學的觀點來看，除非有人願意付錢，特別是部分潛在的使用者，否則這偉大的象徵性連結是不相關的議題。使用者利用制定與本身有財務上利害關係的決策，來對計畫的價值表達出最有力的意見。就算全體國民可能願意為這象徵性的連結付費，但是我們不能認為國會議員願意支付的稅金，就是衡量真正使用者所付的總通行費之可靠價值。

 阿爾卑斯山谷通行的卡車
（Getting Trucks Out of Alpine Valleys）

瑞士的阿爾卑斯山把德國和北歐其他國家分開來，從義大利到歐洲南部。在 20 世紀的後半部，當卡車運輸隨著歐洲的繁榮一起成長時，住在卡車路線附近的瑞士居民的抱怨聲也不斷高漲。公路蜿蜒於狹窄的山谷中，其卡車所製造的噪音和排放的廢氣滯留在其間。排出的廢氣在空氣中引起化學反應，破壞了瑞士美麗的森林和牧場的環境。

西元 1994 年一些瑞士市區鎮村的選民利用瑞士有名的直接民主方式，決定自 2024 年開始，要封鎖所有國際卡車運輸的公路，使得所有的貨物都必須以平行於山間公路的鐵路來運輸。瑞士居民希望藉著把交通從道路變成鐵路，能減少噪音和空氣污染。

如何評估瑞士的這一個決定呢？美國也應該採用類似的政策嗎？瑞士選民的決定有利於住在山谷的居民，然而費用卻由其他周邊國家來負擔，該如何調解這項事實呢？

經濟學者用經濟效率的概念來調和利益的衝突。如第十四章所討論的，重要的資料是（假設）所有因禁止卡車交通而生活品質得到改善的人所願意付的總金額。如第十四章所強調的，計算的方式仍不斷

在改進，這項計算需要瞭解化學污染和如何把污染的減少轉換成可衡量的環境改善單位。然後，需要計算瑞士居民為減少卡車交通而改善的環境品質願意付出多少。

我們可以把瑞士為了改善生活環境所願意付的金額，對照著當前卡車運輸業者所必須付的成本。那些國際貿易貨主在卡車運輸變成鐵路運輸時，至少對經過阿爾卑斯山這段路程來說，要多付多少費用呢？要回答這個問題，不只要知道卡車和鐵路運輸的相對成本（第六章到第八章的主題），而且也要瞭解貨主如何看待卡車和火車的替代性。第三章提到，一般的觀察者往往把卡車和鐵路運輸的替代性看的遠比這領域的專家所認為的還高。假如貨主在當前價格下不認為這二種運輸方式能彼此替代，那麼就要評估業者只能使用鐵路運輸，而不能利用卡車運輸的明顯損失有多少。換句話說，在貨主不在乎使用哪一種運輸工具以前，到底使用火車運輸有多便宜，必須和卡車運輸相對而論。假如願意為改善環境付出的金額足以抵銷加諸在卡車使用者的成本而有餘，瑞士公民投票的效果符合了經濟的效率準則。

 付費給 Klang 港的碼頭和倉庫
（Paying for Docks and Warehouses in Port Klang）

Klang 港是馬來西亞最大的港口，為首都吉隆坡提供國際的運輸服務。Klang 港是十分現代化的港口，有 25 個碼頭可以裝、卸液體貨物，像是棕櫚油、石油等，還可以處理散裝乾貨，以及貨櫃化的貨物。至 1994 年，這個港口已服務超過 6,000 艘船，處理 3,380 萬公噸的貨物。雖然碼頭服務的價格還是歸政府機關管理，但其設備最近已經民營化了。

貨物經過 Klang 港口時，貨主需要使用倉庫、碼頭、裝貨卸貨的

設備，加上碼頭工人、港口其他員工。港灣必須由港口管理機構疏浚，而且須要設置並維護航海輔助設備。因為所有這些服務都使用了資源，所以港口當局希望得到提供這些服務的給付是相當合理的。

對使用 Klang 港的人索取的管制價格，自從 1963 年來都沒有改變。在這個時期，港口投資了許多新的設施，而且港口的營運也欣欣向榮。直到 2000 年，貨物噸數預期每年持續成長 10%。港口費用沒有反應港口船務需求的增加，這是明智的嗎？應該如何架構港口的費用呢？對於使用港口的費用和設施的投資到底兩者有何關係？把價格定在只能償還投資和營運成本，是否合理？或者是否還有其他的原則呢？

對於最適的（也就是有效率的）運輸價格和投資，第九章到第十一章提供了基本的架構。有效率訂價的基本方法就是擁擠收費。擁擠收費和投資模式有緊密的關聯性，而且在理想的狀況下，最適價格將能剛好支付所有成本。當有效率的利用設施和提供投資的財政誘因這二個目標有所分歧時，通常會用第二個準則：無補貼的訂價法，至於如何應用則將在描述運輸價格和投資的章節中進一步說明。

高速鐵路計畫
（High-Speed Rail Projects）

日本新幹線公司串連東京到大阪，建立了第一條極高速的鐵路。如此成功的交通線吸引了很多旅客搭乘，其他許多國家也仿效建造屬於他們自己的高速鐵路。法國有幾條鐵路線的速度接近每小時 170 英里。英國有一些鐵路線每小時 125 英里。德國現在雖然有使用最傳統鐵軌的高時速火車系統，但正在把一些有通行權的鐵路轉換成專門給高速火車行駛的鐵路線。義大利和其他歐洲國家也發展他們自己的高速鐵路服務，歐洲大陸正計畫整合這些不同的服務。

值得注意的是，美國竟然沒有處於提供高鐵運輸的行列中。雖然美國鐵路客運公司確實也提供華盛頓到紐約每小時 100 英里的運輸服務，但人們卻不把這項服務與那些國外鐵路的服務相提並論。

最近數十年，美國已經有幾個高速鐵路的提案。加州已經在商談從洛杉磯到舊金山的興建計畫。佛羅里達州也考慮連結邁阿密、奧蘭多市和坦帕市新的高速地面運輸。德州目前已經放出從達拉斯至休士頓的高鐵興建權。有關當局正在討論把芝加哥到幾個其他較大的美國中西部城市之間的鐵路提高層級，以提供每小時 100 到 125 英里的服務。不過這些計畫中沒有一項發展到興建的階段，令人極度懷疑其適當性。

美國的地形並不適合鐵路客運：城市間距離太遠，城市之間的人口太分散，因此大部分的遊客都不把當前鐵路客運服務視為重大的選擇。但是高速鐵路可就不同了。舉例來說，從洛杉磯到舊金山是 400 英里，這和對高鐵服務有著大市場的國外相比，這段距離沒什麼不同。在美國，像這種高鐵路線的興建和營運有利可圖嗎？假如不能保證賺錢，有任何經濟理由去興建嗎？

在美國，阻止所有提案計畫的基本因素是交通設計。若要建造新的地面運輸，土地的取得成本、實際建設材料及勞工等費用都驚人的高。雖然這些成本能估算得相當準確，不過，是否會有足夠的人們乘坐新的火車線而使這項運輸有利可圖，就不得而知了。因此必須去評估對服務的需求。評估的方法會在第四章討論。

一般而言，雖然需求方面的情況至多使高速鐵路的計畫有風險而已。不過，支持者希望能在過去未曾有的地區提供新型態的服務，來促進客運的發展，也就是提供必要的旅客數目，使得該路線具有財務能力。例如，支持加州鐵路線的主張，必須根據在遠離洛杉磯或舊金山的火車站附近是否興建新社區而定——這些社區有足夠密集的人口

來支持到另一個較大城市的鐵路通勤服務。旅客的需求、土地的使用型態及服務這三項的互賴關係是運輸經濟學中較為困難的主題之一。第四章將描述我們現在的見解。

交通擁擠的解決方案
（Solutions for Traffic Jams）

當今在美國城市和郊區，交通擁擠是最使人厭煩的問題之一。尖峰時期，2/3 的車子在州際公路以每小時低於 35 英里的速度緩慢移動。交通擁擠格外地浪費時間，造成每一年超過 20 億的車輛延遲了行程。若排除交通擁擠的問題，可讓人們有更多時間去從事生產活動，包括休閒等。根據一項估計，在美國因交通擁擠造成生產力的流失，每年超過 400 億元。

美國為了消除交通擁擠的問題，花了很多時間去興建公路。這似乎是合理的解決辦法：擁擠發生的原因是因為容量太少，不足以容納行駛的車輛，沒有比增加容量更明顯的解決方式了。不過，現在這個說法已鮮少被支持。興建公路太貴了，而且在新的容量增加後又會重新發展出另一種擁擠情況。也就是，增加容量只是吸引更多的交通罷了。

新的技術讓交通工程師有希望在沒有新建道路的情形下，增加道路的容量。他們希望藉著提供實際時間資訊給控制交通號誌的電腦系統及車內的駕駛員，來促使駕駛員選擇避免擁擠的路線，並且設定交通號誌的時間表以增加每小時通過十字路口的車輛數量。

就如資訊技術所保證的一樣，它並不能解決交通擁擠的問題。即使新技術的採用能夠在沒有興建新的道路下，有效率的增加道路容量，但是它最終仍然會遇到這個問題，也就是在尖峰時間，主要交通

幹線的交通量不斷增加，直到速度等於其他平行路線的速度為止。

　　美國使用容量增加方案來解決交通問題的經驗令人相當灰心，使得美國政府熱切嘗試其他可行方案。其中一個可行方案是增加大眾運輸系統的容量與吸引力。自從 1970 年，雖然相當成功地提高了對大眾運輸運工具的搭乘，但是它對解決車輛擁擠的問題沒什麼幫助。

　　運輸經濟學者全體一致認為道路空間的訂價是解決城市交通擁擠問題最有效率的方式。第八章到第十章將描述這個過程，不過，到底這個過程如何實現，在這時還不清楚。例如，為了抑制交通的擁擠，停車費可能比擁擠收費更有效。但是我們有各種理由可以預期，公路的訂價計畫將會是處理交通擁擠問題的任何綜合計畫中的主要特色。

 國際航空公司聯盟
（International Airline Alliances）

　　美國航空公司是美國國內最大的客運公司，西元 1996 年 6 月，此公司計畫和世界上最大的航空公司——英國航空結盟。在結盟條件下，這兩個航空公司能夠發行到外國目的地的機票，而旅客將無法辨別兩個航空公司中的哪一家會在哪一段航程中提供服務。這個情形就叫作：共用班機代號（code sharing），這項行動在消費團體之間造成爭論。這二家航空公司並沒有正式的合併，但卻一起分享那些共同經營的航線利潤。

　　航空公司聲稱結盟的好處是來自於，彼此在世界的不同地方各具優勢。英國航空在亞洲、非洲和歐洲有著遍布的運輸路網航線，美國航空公司在美國和拉丁美洲有著密集的運輸路網，二家公司都飛越北大西洋。美國航空能有效率的聚集旅客從西半部飛行，經過主要門戶城市來集中旅客，然後把他們送到數目有限的歐洲目的地。當旅客到

達國外，他們需要換航空公司以到達最終的目的地。同樣地，英國航空公司能夠在它的主導地區聚集旅客，然後運送他們到數目有限的美國城市。把這二家的經營結合成共用班機代號的系統，對旅客來說，他們可以從家鄉到幾乎世界的任何地方，都享有單一航線服務的選擇。

英國航空和美國航空強調這將帶給旅客之前所沒有的單一航線服務的新選擇，因此應該把這項半合併視為有利消費者的行動，不過消費保護團體和競爭對手可不太確信。在最近的報告當中，這兩家航空公司共擁有橫越北大西洋旅客市場的60%運量。這兩家航空公司一起在某路線拿走大多數的運量，而排除了同業的競爭，這種安排真的對旅客較有利嗎？二家航空公司的競爭者已經傳出反對結盟的聲音，因為擔心二家的結合會搶走他們的生意。競爭者已經要求增加在倫敦主要機場的降落權，以補償共用班機代號和收入共享的協議所額外加諸的競爭壓力。

英國航空和美國航空公司的結合，需要大西洋二邊的政府管制者批准才行。管理者應該如何裁決呢？評估這項結合需要瞭解運輸路網經濟的來源。通常（雖然不是經常）軸輻路網的經營會比經營　對一城市的路線有更低的成本。第五章會顯示這些運輸路網經濟的來源之一是，航空公司能在擁有大量旅客一起分攤設備下提供服務。運輸路網的組織愈廣，就可能使用愈大、成本愈低的飛機。然而，很明顯的，運輸路網的經營所能帶來的成本節省是有限的。是否某特定運輸方式能顯示出運輸路網經濟，這是實證研究的課題。我們會在第八章討論這些研究的一些結果。

如何使用這本書
（HOW TO USE THIS BOOK）

　　之前提出的幾個例子，讓我們體會到運輸經濟學者所參與的主題是哪些。這本書在解釋運輸經濟學者的基本理論時，仍遵循經濟學書本的原則。首先探討需求，再來是成本，然後是瞭解和評估市場經營的原理，最後是公共政策的介入。

　　第一篇包含三章，第二章是瞭解運輸需求的基本架構。因為運輸是把很多點連在一起，所以探討運輸需求的首要任務是，從運輸路網中彷彿無限種組織的交通流量中理出頭緒，來得到有意義的觀察，一般可以藉由定義運輸的指數來做到，通常是延噸英里或延人英里。第三章和第四章會介紹使用這些指數來評估貨運需求和旅客需求時的挫敗。

　　第二篇是關於運輸成本。運輸部門使用兩種不同的資本：運載工具和固定設施。第一項遠比在其他產業的流動性還高，然而第二項是固定不動的。固定設施也往往由許多不同種類的使用者共同使用，而且往往是非擁有及操作運輸工具者所擁有。第五章描述運輸營運的一些不尋常特性，這章也提供例證來說明運輸路網經濟的來源。第六章和第七章是關於兩種運輸資本的擁有成本。第八章分析不同運輸方式的營運成本。

　　第三篇介紹運輸訂價的基本原理。這部分始自第九章的運輸工程評估。這一章也發展了社會剩餘的衡量方法，其構成不同政策的利益之經濟衡量的基礎。第十章描述有效率訂價法的基本原則：人們支付服務的費用應該等於服務的邊際機會成本。這個效率原則通常被認定

和實際的運輸財政事實相牴觸。第十一章則解釋為何事實並非如此。在理想的狀況之下，邊際成本訂價法將會導致運輸工程具有償付財務的能力。當這項法則不能被遵循時，那麼它的近親——遞增訂價法，它來自於無補貼訂價準則，而非經濟效率——能用來補充邊際成本訂價法。

　　這本書最後一部分是當前的政策議題。運輸長期以來一直是整個經濟中受到最多管制的部門。傳統上，大眾對這部門的顧慮是在於運輸業者對消費者行使經濟權力。第十二章提供架構以瞭解運輸部門的經濟權力之主張。使用者以壟斷權力的字眼來抱怨運輸業者，這項抱怨與經濟學者對這項主題的評估並不一致，因為經濟學家把壟斷權力的問題認為是經濟上的無效率。在運輸成本的特性已知下，外人並沒有能力定出有效率的價格。因此，以價格管制來消除壟斷權力的無效率是不智之舉。

　　價格管制已實行超過一世紀。運輸管制的結果和解除管制的結果在第十三章描述。最後一章論述更多當前有關控制管制的社會成本的議題。這一章的兩大核心主題是：污染和安全。雖然我們似乎不可能看到對運輸部門的市場權力實行大規模的政府管制，可是提高對汽車安全和污染的管制卻正受到熱烈的討論，尤其是與污染有關的管制，效率的考量能導致政策的改變，而對運輸部門帶來深遠的影響。

　　讀完這本書，讀者應該對在不同運輸業的經濟狀況相似點有所認識。例如，零擔貨物（LTL）車輛運輸業者的經濟學，和固定客運航班航空公司的經濟學非常相像。但是經濟學亦說明了個別運輸方式也各有與眾不同之處。在所有運具中，鐵路因為營運的經濟狀況，而顯得一枝獨秀。這本書並非注重個別的運具，而是探討影響所有運具的共同潛在力量，這本書提供了分析所有運輸業的架構。

第一篇

運輸需求

第二章

運輸需求的來源

　　學習經濟學可以始自以下的前提：經濟活動的目的最終是要滿足人類經濟生活中的渴望和需求。人們藉著為商品和服務的給付意願來表達心中的欲求。透過人們如何花錢，能給予我們一些有關他們的需求訊息。在這章，我們將回顧有關運輸消費的基本統計數據，然後透過那些數據，來討論獲致經濟結論的基本工具。不過從這些廣泛的消費統計資料無法瞭解消費者對運輸的欲求，與運輸服務在貨物製造與配銷時所扮演的角色。因此，有需要進一步分類──至少分成貨運和客運。這些主題會在以下兩個章節出現。這章所介紹的基本架構是要評估貨物和旅客的運輸需求。

 **運輸消費**
（EXPENDITURE ON TRANSPORTATION）

　　圖 2.1 的左側縱軸顯示著美國消費者付給運輸公司的總金額。最
大的運輸業是卡車運輸，接下來是航空公司及鐵路公司。在公共運輸
中，都市運輸的消費比城際運輸少。以 1995 年來說，美國花在公共
運輸服務的費用超過 2,200 億美元，超過國內生產毛額（GDP）的 3%。

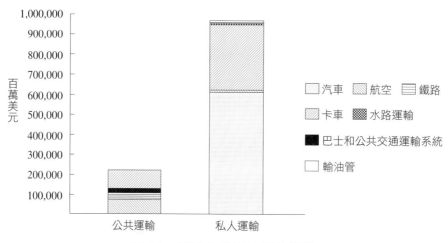

圖 2.1　1994 年美國的運輸消費

資料來源：美國運輸（*Transportation in America*），第 13 版，卡車運輸是根據估
　　　　　計的非 ICC 授權

　　僅僅就公共運輸（受雇運輸）來看運輸業，則會遺漏重要的私人
部門。例如某人開自己的車、自己的飛機或以自己的卡車載貨時，雖
然已經產生了運輸服務，但並不會出現在購買運輸的紀錄上。與花在

公共運輸等同意義的是，私人運輸者花在購買、維修及操作運輸設備
的費用。這些總額列在 2.1 圖右邊的長條柱。每年花在維修、操作汽
車和購買汽車的費用加總起來，每一項都比所有種類的公共運輸總消
費還多。對汽車運輸的消費比對飛行的消費多上 10 倍以上。

　　私人運輸並不僅僅在客運居主要地位，在貨運也是一樣，如同圖
2.1 所顯示的，在私人卡車運輸的消費比在公共運輸中卡車、鐵路、
水路和輸油管的消費加總還要多。美國人每年花在私人運輸的費用接
近 1 兆美元，差不多是國內生產毛額的 14%，把私人運輸和公共運輸
加起來，差不多有 17%的國內支出是在運輸費用上。

　　雖然以絕對值來說，運輸的消費值很大，而且美國仍比其他有相
類似經濟發展規模的國家，花了較多的國內生產毛額比例在運輸消費
上，但是運輸消費的增加速度卻比其他經濟活動的消費增加速度還緩
慢。圖 2.2 顯示，自從 1970 年後，美國的運輸消費並沒有與國內生產
毛額並駕齊驅。結果造成運輸消費占所有經濟活動的比例下降了。

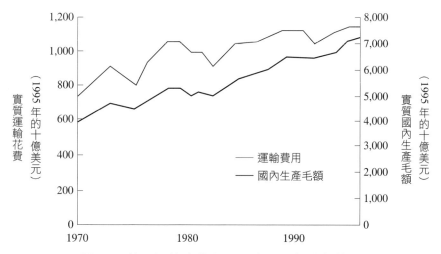

圖 2.2　美國運輸消費和國內生產毛額的趨勢圖

資料來源：美國運輸（*Transportation in America*），第 14 版

從美國的運輸消費大於德國的情形來看，是否可斷定美國有較多的移動欲求呢？相對的運輸消費下降了，是否表示美國人比數十年前的人，較不喜歡旅遊呢？基本的經濟理論顯示出，我們不能作出這樣的判決。如下一節將討論的，價格水準以及需求影響了消費水準，而對運輸的需求不只根據人們對移動的欲望，還包括更多其他要素。

 ## 需求、彈性和消費
（DEMAND, ELASTICITY, AND EXPENDITURE）

所謂運輸需求，就是描述消費者為獲得運輸服務而願意支付的金額，以及當運輸價格或成本改變時，願意購買的數量如何變動的情況。運輸的消費水準雖然給了我們一些有關運輸需求的資訊，但是它並未顯示出價格改變時，運輸購買行為如何反應的重要訊息。計算交通量並不等同於需求研究。需求分析需要調查出當服務價格改變時，消費者如何作決定。

那些剛接觸經濟學領域的人有時會驚訝的發現一個很普通的字，「需求」（demand），所被賦予的正式定義，竟然不同於日常生活中的習慣用語。一年中汽油的購買量，有時在暢銷的報紙中被指為年石油需求（annual gasoline demand）。民眾為保持健康所願意花的錢，有時被大眾指為對健康照顧的需求（demand for health care）。這是很矛盾的說法。為了避免邏輯分析上的不一致，經濟學使用了一個非常精確的定義：經濟學上的需求是購買商品或服務的數量與購買價格之間的關係。經濟學上的需求不僅只是銷售的單位數量，或者是想要擁有某物的一般欲求。需求可以用表格來顯示，列出在不同價格下的購買數量，或者（更普遍地）以價格對購買量的向下傾斜線來表示。如此

的圖顯示在圖 2.3 的 AA'線，OE 線距離是銷售的單位數量，OC 線距離代表單位價格。如圖 2.1 和圖 2.2 的支出則是以需求量乘以每單位價格而得來的。顯然的，在圖 2.3，消費是以 OCDE 區域來表示。

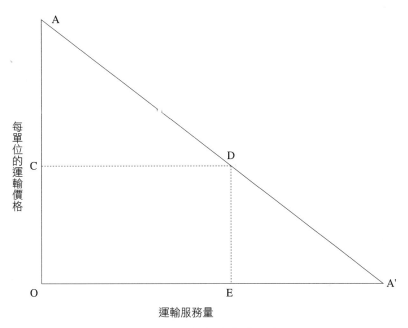

圖 2.3　需求和消費的關係

運輸消費沒有和其他商品、服務的消費保持相同增加速度的理由之一是，一般而言，運輸價格並未如同其他商品和服務的價格一樣迅速上升，換句話說，旅客和貨物運輸的實質價格其實是下跌了。這可以圖 2.3 表示：減價會使消費點沿著需求曲線往右下方移動。這個敘述需要圖 2.3 的縱軸以實質價格——也就是以通貨膨脹率調整過的價格為單位，但是若要以實質價格的降低來說明運輸占所有消費的比率下降，前提必須是：運輸的需求是不具價格彈性的。換言之，運輸價格的下降，並不會被運輸服務量所增加的較大比例所抵銷。不具彈性

的需求是以相對陡的需求曲線來表示。假如需求線是陡的，減少運輸價格，將導致較小的運輸消費方形面積。假如需求是有彈性的（需求線相對地平緩），則降低價格將導致較大的運輸消費值。❶

　　但是運輸需求真的不具彈性嗎？對於運輸的相對支出還有另一種解釋，它並非根據需求的不具彈性。近 20 年來，有可能對運輸的需求沒有如其他經濟部門般快速度的增加。增加需求可以用圖 2.3AA'線朝右移動來表示。基本的經濟分析告訴我們，主要造成商品或服務需求增加的原因是人口的增加、替代品的價格增加、互補品的價格減少，或者是收入增加等。❷

　　運輸可能也會有具影響力、可衡量的替代品和互補品，不過這個可能性通常被忽略了（雖然如同第四章所討論的，有人推測，改善電信有減少運輸需求的可能）。同時期，人口增加了 25%，因而把需求線往右推，但這股力量也影響所有其他商品和服務的需求。平均實質所得也在同時期適度地上升。運輸消費占所有消費的百分比降低了，一個可能的理由是運輸需求的所得彈性相對較低。換句話說，假如收入上升 1%，而運輸需求線卻只以少於 1% 的比例向右移。不過，如果以上論點屬實，那麼近來的美國經驗可就與其他國家以及其他區域互相牴觸了，因為其他國家增加所得反而導致更大的消費比例在運輸上。

　　在預測未來的運輸使用率及分析歷史統計數據時，需要估計運輸需求的價格彈性，以下兩章將討論為北美貨運和客運所作的估計。在這章剩下的部分，將介紹如何估算需求的架構。為了把所有解釋運輸支出變動的可能說法分開來，瞭解促成人們旅行和運送商品、服務的因素間的互動關係是很重要的。利用這方面的知識，我們比較能夠衡量運輸需求的價格彈性和所得彈性，也比較能在估算需求時，確認出需要控制的其他因素。

　　要瞭解什麼是促使貨物和旅客移動的誘因，最好使用以數字來表

示的例子和模擬情況。以下各節將描述兩種此類的計算,第一個是最簡單的可能例子,其中運輸是由經濟力量所決定的,它說明了運輸需求的主要決定因素。第二個是較寫實,而且較有用的例子,但也複雜得多。它說明了在估算對特定運輸方式的需求時的困難。

 運輸需求是引申需求:一個簡單的例子
(TRANSPORTATION DEMAND IS DERIVED DEMAND: A SIMPLE EXAMPLE)

運輸需求並沒有離開這塊土地的經濟情況而獨自存在。運輸需求是從整體經濟的需求和成本條件所衍生(引申)出來的。❸我們以圖 2.4 來說明運輸需求如何從成本和需求的狀況衍生出來。這個圖形顯示著最簡單的可能運輸路網,只有單一起點和單一終點。以圖 2.4 來思考一些商品的移動路徑(例如煤,它從單一起點運到單一的終點)是最有用的方式。另外,我們可能會思量度假的人是從哪裡來的,目的地將會是哪裡。為了簡化分析及強調運輸需求的基本因素,此圖假設是在競爭的產品市場,而且除了這兩個單一起點和終點,沒有任何其他的起點和終點。這一章稍後會討論包含更多起點和終點的情況。

圖 2.4 中緊接著起點下方就是供給線,假設這是煤的供給線。這條供給線的數學形式為一條直線,在起點(P_o)的價格增加一美元,就增加 1,000 單位的供給量。

$Q=1,000P_o$　　　　　　　　　　　　　　　　　　　　　　　(2.1)

這條供給線斜率向上,是典型的生產供給線。斜率向上代表在價格較高時生產者較想提供更多商品數量到市場上。方程式 2.1 表示,

生產者生產的財貨價格在起點每增加一美元，就增加 1,000 單位的商品供給量。

圖 2.4 的終點下面則畫著產品的需求曲線，需求曲線的斜率向下，是典型的需求曲線類型。為了維持這個例子的簡易性，我們把需求曲線畫成直線。這條需求曲線的數學形式顯示這條直線有著最高 10,000 單位的需求量，而且每增加一美元價格，就減少需求量 1,000 單位。

$$Q=10,000-1,000P_d \tag{2.2}$$

方程式 2.2 表示每增加一美元的價格，消費者在終點（P_d）願意購買的數量就減少了 1,000 單位。

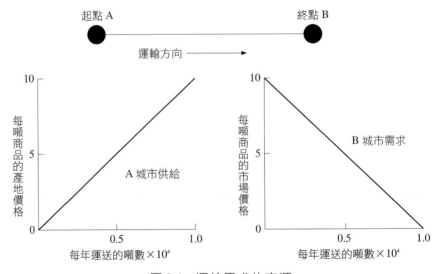

圖 2.4　運輸需求的來源

這個圖顯示兩個城市：A 城市和 B 城市，A 城市生產商品，其供給線列在左方。把商品運到 B 城市之後，其消費的需求曲線列在右方。運輸需求引申自在 A 點的供給曲線和在 B 點的需求曲線。

從起點到終點的運輸市場假定是競爭的，運輸的貨物噸數是由運輸每噸煤的價格所決定。運輸的價格愈低，煤在起點的價格就愈高，因此鼓勵生產；煤在終點的價格愈低，就愈鼓勵消費（表2.1）。

　　當運輸的價格為0時，會出現最大的運量。當運輸免費時，煤在起點的價格是5美元，導致生產者生產5,000噸。但因運輸是免費的，所以終點也出現相同的價格。需求方程式告訴我們5,000噸的煤將被消費。因為需求量和供給量達到均衡，這個系統是在均衡狀態下，所以沒有生產者願意增加生產或需求者會改變消費，或者運煤商要改變從起點到終點的運煤數量。

　　假如運輸價格每噸上漲到2美元，為了不賠錢，運煤商不可能買5美元的煤，然後賣出價錢也是5美元。❹為了維持這個事業，商人需要在起點和終點之間有著價格差額，差額至少要等於運輸價格。以這裡的例子而言，2美元的運輸價錢導致在起點的價格降為4美元、終點增為6美元，起點生產了4,000噸、終點消費了4,000噸。

　　以數學而論，透過在起點和終點的產品價格有著運輸價格的差額，運輸需求結合了產品的供給曲線和需求曲線：

$$T=P_d-P_o \qquad\qquad\qquad (2.3)$$

結合方程式2.1、2.2和2.3公式，產生了運輸需求的公式為：❺

$$Q=5,000-500T \qquad\qquad\qquad (2.4)$$

　　表2.1闡述這條線的方式是，選擇不同的運輸價格，以計算從起點到終點的均衡裝載量。圖2.5畫出這整條線。

表 2.1　在一個起點、一個終點及一個商品的問題中，計算對運輸的需求

由欄位四「運輸價格」及欄位一「數量」的比較中，可顯示對運輸的需求。「運輸價格」是在每種數量下，需求價格和供給價格的差額，需求價格是位於需求曲線、方程式 2.2 上，對應著欄位一數量的點。同樣地，供給價格是位於供給曲線、方程式 2.1 上，對應著欄位一數量的點。

數量	需求價格	供給價格	運輸價格
5,000	$ 5.00	5.00	$ 0.00
4,500	5.50	4.50	1.00
4,000	6.00	4.00	2.00
3,500	6.50	3.50	3.00
3,000	7.00	3.00	4.00
2,500	7.50	2.50	5.00
2,000	8.00	2.00	6.00
1,500	8.50	1.50	7.00
1,000	9.00	1.00	8.00
500	9.50	0.50	9.00
0	10.00	0.00	10.00

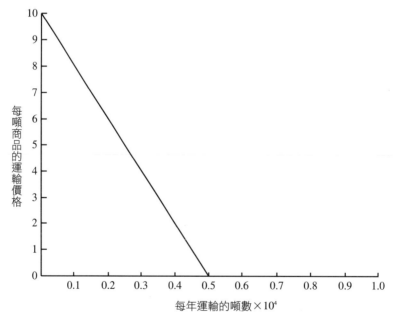

圖 2.5　運輸需求的衍生

圖 2.5 顯示運輸需求乃衍生自圖 2.4 的供給與需求曲線。在任何運量，把需求價格減去供給價格即可得到這條線。此圖僅是以圖形來說明表 2.1 罷了。

　　讀者應該注意到，運輸需求曲線的斜率視產品需求曲線和產品供給曲線而定。就客運而言，運輸需求將依靠度假的人所願意支付的度假費用，以及旅遊勝地擁有者在不同住宿費用下服務度假者的意願而定。也就是，假如產品的需求曲線或產品的供給曲線有充分的彈性，則對運輸的需求可能是有彈性的。這就是稱運輸需求是衍生需求的意義所在。它並非獨立於其他經濟行為，而是生產者、消費者和個別旅遊者共同決定出來的。

　　從這個簡單的二端點例子，可以看出一些影響運輸需求的基本因素。舉例來說，運輸需求的彈性，顯然是根據人們想要的商品和服務的供給與需求彈性而定。假如商品的供給曲線在起點增加了，或是就客運而言，假如在遊客想去的終點增加服務的供給時，則運輸需求就會隨之增加（線向右移動）。同樣地，假如人們對那些服務的需求下降，對運輸服務的需求也就下降。相同的道理，假如商品或服務的供給減少，則對運輸的需求也會減少。運輸需求彈性可以追溯到對除了運輸以外的商品和服務的需求。假如對於商品及服務的需求或者供給曲線變得平緩（變得更有彈性），則運輸需求也會如此。

多種運具、起點和終點所導出的運輸需求
（DERIVING TRANSPORTATION DEMAND WITH MULTIPLE MODES, ORIGINS, AND DESTINATIONS）

　　以上所描述的引申需求的例子，形成了運輸需求的分析基礎。但是，不幸地，這個例子僅限於一個起點及一個終點，無法充分的表達出大部分的運輸需求問題。原因是因為在真實的世界，每一個起點和終點，一般都有很多端點和運輸方式可資利用。

　　我們一旦在例子中介紹第二個運具，就可能分析出是哪些因素影響運具彼此的替代性。而這在比較運具時，是很重要的因素。如果要問巴士是否能替代汽車或大眾捷運，以及是否能指望火車減少公路上的卡車運輸時，等於是問運輸服務的買方是否根據相對價格而轉換運輸工具。要衡量產品或服務之間的替代性，最容易理解的方法是需求的交叉價格彈性。這裡所謂需求的交叉價格彈性〔或只稱為交叉彈性（cross elasticities）〕是指在其他條件不變下，其他運具的價格變動一單位的比例時，某運具在使用上的減少比例。❻假如交叉彈性大於 0（也就是，某運具的價格上升，引起其他運具的交通量上升），則可以形容這些運具是彼此的替代品。負的交叉彈性（表示某種交通工具的價格上升，引起其他運輸種類的交通量下降）表示彼此是屬於互補性的服務。雖然一般都認為火車和汽車可以互相交替，但是至少就複合運送的服務而言，這二種運具彼此是互補的，因此若發現到負的交叉彈性不一定象徵著這是一個有瑕疵的評估。如同第三章和第四章所解釋的，實際上，藉由額外增加限制條件來評估替代性，也就是只對需求的交叉彈性作部分的評估，是更有效率的作法。

如同之前的章節，緊接著的這個運輸需求例子是使用古典經濟學的技巧，來選擇運輸價格及計算運輸服務的均衡水準。然後，當運輸價格改變，計算出來的運輸服務又有新的均衡水準。重複這個過程可勾繪出運輸需求曲線的輪廓。不幸地，一旦把問題擴展到兩個端點以上，則不可能如同我們在方程式 2.1、2.2、2.3 一樣，得到代數上的解。這問題必須使用電腦來模擬。這是本章節遵循的步驟。❼我們不能夠精確地在某系統導出所有決定運輸水準的因素間的關係，但是藉由很多不同的價格和空間結構來算出運輸的均衡，我們將能夠理解那些因素是如何影響整體的移動水準。

在有多種運輸方式和多端點的情況下，我們將使用地理學及運輸路網的圖案化結構（如圖 2.6）來說明影響運輸需求的因素。菱形圖案代表供給者和潛在供給者的位置，每一個都有它自己斜率向上的供給曲線。低成本的供給區所顯示的菱形比高成本供給區的菱形還大。把供給區視同蘊藏礦物的所在位置，而每一區的供給曲線反應著從礦區挖掘礦物的邊際成本，這樣最容易理解供給位置的意義。需求者及潛在需求者是以圓圈表示。圓圈的大小代表需求曲線的高度。我們可以把需求者想像成是處理礦物的產業，可資利用的其他投入，決定了它的所在位置和處理成本。

每一個潛在的需求和供給位置是由兩種運輸方式所連接的。私人的運輸（private）可以比喻成私人卡車運輸（或以客運而言，是私人汽車），其運輸成本純粹由距離決定，私人運輸的使用者直接往來於供給位置和需求位置之間。我們還可以選擇所謂的公共運輸。公共運輸使用場站（或機場、貨物處理站、或集貨場），在有限制的路線組織下，共同使用交通工具。沿著垂直線及水平線來測量場站之間的距離，再加上聯接最近場站的成本（access costs），就可以決定出公共運輸的成本。在圖 2.6 中，場站位於垂直線與水平線的交點。供給和

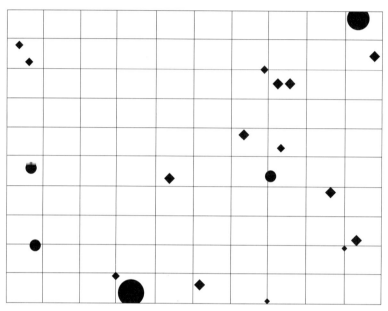

◆=供給區域　　●=需求區域

供給區域以菱形表示，需求區域以圓圈表示。菱形和圓圈的大小分別反映
出供給線和需求線的高度，並且假定公共運輸路線出現在所有的格子線。
場站以十字格子線交點的小形方塊表示。要使用公共運輸，首先供給或需
求區域必須要到最近的場站才行。假定私人運輸直接連接供給和需求區
域，但是每單位距離的成本比公共運輸還高。

圖 2.6　運輸路網的點狀圖

需求位置到最近的場站之間的直線距離，決定了公共運輸系統的聯外
成本。

　　對任何一對的起點和終點而言，要選擇私人還是公共運輸的方式
當然是取決於使用此運具的每英里費用，不過也要視公共運輸的迂迴
程度及使用成本而定。公共運輸方式的路線比較迂迴，因為它沒有直
接從一個出發點到另一點，而是在垂直及水平路線上移動。這就等於

航空公司要求旅客從出發地飛到軸心機場以便能一起接駁轉運；或像火車為了其他目的地而開到不同車站去接運旅客是一樣的。假如公共運輸的速度快於私人運輸（如同航空運輸相對於汽車運輸），則即使成本較高，人們還是會選擇公共運輸。然而，公共運輸每英里的成本雖然較低，但時間和聯外成本卻較高。如果公共運輸的迂迴範圍太大，使用它的成本可能比私人方式還高，即使在時間和聯外成本納入考慮之前也是如此。

　　要找出如圖 2.6 的運輸路網均衡，遠比在只有兩個端點的系統中求出均衡還要複雜。均衡需要每一個供給位置的價格從不低於到任何需求位置的運輸成本。同樣地，在任何需求位置的價格必須從未高過到任何供給位置的運輸成本。假如這些條件不成立，則商人在兩個位置之間將會有套利的好處，也就是在低價格的供給位置購買財貨，然後在高價格的需求位置販賣。因此，這個過程往往會漸漸使雙邊價格達到相等。現實生活中，解決像這一類的問題是複雜的，因為沒有人在事前能找出組成一對一對的供給位置和需求位置。幸好現代電腦有這些優勢，能透過複雜的試誤過程（trial and error）來解決。一旦把起點和終點以最有益的方式連結在一起，那麼要找出在每一個供給和需求位置之間的移動價格與數量，基本的步驟就和兩個端點的問題所使用的技巧非常雷同了。❽

　　以圖 2.7 解決圖 2.6 空間的均衡問題。在均衡下，假如把某資源藉由私人運輸連結到需求終點，則以直條點狀虛線來連接這二個位置。假如均衡解是要求使用公共運輸，則原點和終點會連結到最近的場站，以直線來象徵到車站的進出，然後，以破折號直線沿著公共運輸的路線來連結車站。

　　圖 2.7 顯示 3 種進行中的公共運輸車流及 11 種私人運輸車流。所有 5 個需求位置都得到服務，但 15 個供給位置中，只有 11 個有運輸

活動。對於沒有使用的起點而言,所有終點的產品價格和運輸成本的差異,比供給線的最高點還要大。換句話說,在運輸成本既定下,沒有一個未使用的端點能提供十分吸引人的產品來賣給消費者。圖 2.7 有一個驚人的特色,即有大量的潛在運輸流並沒有運作著,75 種可能的運輸流當中僅有 14 個在實際運作著,私人運輸支配著這些活動中的運輸流。然而,應該注意到,公共運輸的距離和私人運輸的距離之間的一些差別是公共運輸的迂迴路線所造成的。

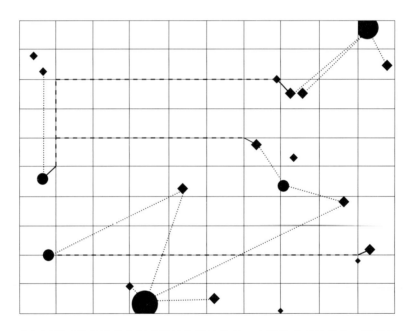

這個圖顯示供給區域和需求區域之間的流量,它滿足下列的條件,即供給區域的價格從不高於需求區域的價格和運輸成本的差額。以線段連結車站,來說明公共運輸路網的流量。直線顯示場站、供給與需求區域之間的出入。點狀直線連結起點和終點,它沒有遵循格子線行進,代表著私人運輸的流量。

圖 2.7　在運輸路網中運輸均衡的例子

延噸英里、延人英里與相關的價格指數
（Ton-Miles, Passenger-Miles, and Related Price Indexes）

在圖 2.7 的均衡狀態下，有多少運輸被生產？以簡單的答案來回答這個固有的問題是靠不住的。會問這個問題，就表示在所有不同的運輸流當中具有一些共同的成分。我們需要以這個成分來結合這些運輸流。換句話說，要結合這些運輸流，必須定義一個指數或總數。

結合貨物運輸流的標準單位是延噸英里（ton-mile）或延噸公里（ton-kilometer）。這是把運載貨物的噸數乘以移動距離而得來的。使用延噸英里為單位的好處在於它可以隨著貨物的數量或運送距離而變動。使用這個單位來測量貨物運輸的總數，比起只用總噸數或總里數還要好。❾延噸英里是否是測量產出的適當單位，尤其是否能適當衡量一些特別的運輸業，必須要視所問的問題而定。例如，因為延噸英里並未隨著速率的改變而變動，所以延噸英里的測量方式將不能夠偵查出因相關政策的改變（因而改變服務水準，如速率），所造成運量的變化。

在旅客運輸部分，測量產出的標準單位是延人英里（passenger-mile）或延人公里（passenger-kilometer），把所有服務的旅客總數乘以移動的距離而得之。使用延人英里為單位的好處在於它可以把較長的行程或較多旅客的行程，視為所生產的運輸單位量比較短行程或較少旅客的行程還多。不過，如同延噸英里，延人英里的測量無法反應服務品質。例如地方巴士在 1 小時當中走走停停，以 10 英里的時速，平均運載 10 位旅客的情況會等同於飛機在 6 秒的操作單位中運送 100 位旅客的情況。是否這是明智的比較，必須視人們所期望回答的問題而定。雖然延人英里指數是為旅客移動的任何組合所設計的，但這並不

表示某特定組合是有特定意義的，用來衡量運輸組合的貨物運輸流的指數也是如此。

　　與延噸英里價格對應的價格變數是「每延噸英里的平均收益」（average revenue per ton-mile, ARTM），這是把任何貨物服務群所產生的總收益除以那些服務的延噸英里所得。以客運而言，同等地位的價格變數是每延人英里的平均收益。每延噸英里平均收益有一個簡單的詮釋，也就是在其所計算的運輸流範圍內，所提供貨物服務的單位價格。毫無置疑的，想要測量貨物的需求彈性，會牽涉到每延噸英里平均收益（視為需求圖表的價格變數）和延噸英里總數（假設是數量變數）的相對變動量。

　　運輸經濟學者喜歡將運輸流的聚集稱為「市場」（markets）。飛機從芝加哥飛到紐約有時候也被稱為一個市場（market）。有時候某人還聽到有關卡車運輸服務的市場（the market for trucking service）。就經濟學的意義而論，以上的情況都不是真正的市場，而是一群計算出產出和價格指數的運輸服務罷了。❿運輸經濟學者一般都遵循實用主義原理，也就是調整分析的焦點，基於運輸類別（旅客或貨物）、運送的商品（或旅客移動的目的）、地點和方向來選擇整批或整組的運輸服務，以及根據所問的問題，可靠資料的取得與否等來定義。經濟學上的理想市場只有同質的產出，就需求和供給而言，此產出和其他地方所提供的產出都不同。

　　儘管這裡所描述的私人運輸和公共運輸在例子中被假定是完全同質的，實際上它們所提供的服務卻相當不同。在圖 2.7 東北象限的移動與在西南象限的移動，二者之間的替代性是十分小的。原因是因為在某地區的運輸流水準並不會受到另一個不同區域的價格所影響，除非他們對同一個顧客有著直接或間接地競爭。然而，在另一個極端的情況是，進出此地點的其他運輸，可能對點到點之間的交通量具有十

分強大的影響力，而那些成對的點本身，並沒有組成一個經濟市場，在這情況下，這是因為在每一個終點和每一起點的產品價格是由活動中的起點和終點之所有供給曲線、需求曲線所決定的。

把每延噸英里的平均營收視同總延噸英里的單位價格是很自然的想法。然而，ARTM是一個價格指數而不是價格，而且容易受到交通組合的改變所影響。例如，從 1950 年到 1960 年，美國鐵路公司不斷的流失最高價位的交通到卡車運輸上，並且百分比不斷增加。總交通量在這個時期擴增了，但擴增的是低價位的交通，而高價位的交通實際上是衰退的。鐵路的貨物運輸收入下降了。為了補足失去的收益，鐵路公司對所有種類的運輸都增加收費，但是它卻無法彌補由於失去高價位的交通所下降的收益。因此，在這整個時期，當每延噸英里的平均收益下降時，鐵路公司的實際價格卻提高了。⓫

以相同的邏輯來看，用在客運價格的指數也是不甚理想的。若交通的組合沒有改變，則ARPM（每延人英里的平均收益）將能準確地測量價格的變動。但是假如所有價格都提高相同數量，而交通組合卻沒有改變的話，這是意味著所有種類的運輸都有相同的需求彈性。然而，假如它們有不同的需求彈性，則運輸流將會有不同數量的調整，導致價格指數的份量有了改變。例如，聯邦政府可能想要知道如果要求十分錢的噴射機燃料稅對航空運量有什麼影響。因為不同種類的空運旅次有不同的需求彈性。我們可預期到，交通組合會隨著噴射機燃料成本的增加而變動。假如這真的發生了，則個別航空公司票價的實際變動，並不會反應在每延人英里平均收益的變動上。

讀者也許會納悶，假如這兩個測量運輸產出和運輸價格的方法有這些麻煩，為什麼不用一個較好的測量方法呢？答案是，沒有更好的指數了。指數的複雜性是來自於運輸服務和使用者的異質性，而不是來自所選擇的特定指數。指數能反應出組成要素的改變到什麼正確的

程度，是取決於組成要素對外部影響力的類似反應到什麼程度而定。能否將各種不同運量視為同一市場的限制在於，是否可以用標準指數（如前述的延噸英里或延人英里）精確地分析該市場的行為。例如，把地方巴士和城際運輸的噴射機服務結合在一起，並把它們視為相同的服務，是合理的嗎？在某些環境可能是如此，但對大部分的環境而言就不是了。

決定某運輸方式的需求彈性
（Determinants of the Elasticity of Demand for a Mode of Transportation）

　　在圖 2.7 所說明的系統下，估算某運輸方式的需求彈性，就是要看整體運輸指數如何隨著價格而改變，也就是，假如運費增加 1%，造成某運具的運載噸數或延噸英里（或旅客數，延人英里）會變動多少百分比。在這模擬的情況裡，可以用某固定百分比來改變某運具的運費，求出新的空間均衡解，來產生需求彈性。圖 2.8 顯示的是減少公共運輸的價格 20%，並且保持私人運輸的收費水準與以前相同，所產生的運輸流。很有趣的是可以看出降低費用對均衡解有如何的改變。從這個圖可看出運具的一些轉換。幾個在圖左邊的起點—終點，以前是由私人運輸所連接的，現在改由公共運輸來銜接。然而，主要的變動在於供給和需求點有更複雜的轉變情況，有新的起點—終點開始有運輸活動，有些點則失去所有的運輸交通。一般而言，較遠的地區現在比較能夠到達需求區域了。

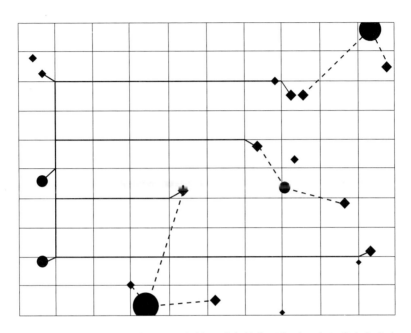

這個圖如同圖 2.7 象徵著相同的供給和需求的地理位置。出入成本和私人
運輸方式的成本和之前都相同。這個圖和圖 2.7 相比較，不同之處只有在
它減少公共運輸方式 20%的收費。

圖 2.8　公共運輸方式的費用減少 20%的運輸均衡狀態

　　公共運輸在圖 2.8 中所產生的延噸英里或延人英里比圖 2.7 還多。
部分原因可從圖 2.8 看出來，因為較低的費率造成了一些新的路線交
通。那些路線在圖 2.7 有些原本是屬於私人運輸的路線，因此需求曲
線的斜率向下，部分是因為運具的轉換所造成的。但是對運具的需求
有著向下的斜率，不是只由任何特定一對託運人、收貨者對運具的選
擇所造成的，還有其他更多的因素。例如，一些路線因為費用的降低
而新增，而且較低的費用可能也會使得現存的路線增加車流量。
　　對公共運輸的整個需求顯示在圖 2.9，產生此圖的方式是：當所

有其他條件不變，小額的修改公共運輸的票價，然後再把此運輸方式經過距離加權的運量加總一起。這才是真正對公共運輸的需求。這條真正的需求線不是平滑的線，而是斜率向下，凹凸不平的曲線。這些不規則是由於每一個運輸方式只有有限的服務路線，而且每新增或減少一條路線時，都會造成需求關係的不連續。

　　假如所有運具的每英里價格是 0，則所有的運輸都會利用私人運輸，因為可以節省聯外成本。當運輸的成本愈來愈高時，首先唯一的影響是所有運輸通路多少都會減少車流量，而且運輸距離最長者減少最多的車流。此結果顯示較高的運輸成本把供給位置和需求位置拉得更靠近彼此了。

　　除了運具的轉換以外，運具的需求曲線所具有的向下斜率也會受到整體產出對運輸成本指數的彈性所影響，而這個彈性是由個別需求曲線和供給曲線的斜率所決定的，就像在兩個端點的問題中一樣。除了整體產出和消費程度受到運輸費用及運具轉換的影響之外，造成需求曲線斜率向下的另一個因素是，當費率提高時，平均的移動距離也會減少。當運輸成本提高，市場的規模也變小。在極高的運輸費用下，市場區域之間很少有重疊。儘管較高的收費水準會增加大眾使用公共運輸的比例，但是由於限制了平均的移動距離，所以這個高費用也使所有的運輸需求減少了。

　　讀者在以下兩章可能會注意到，我們對不同種類運輸的需求彈性的瞭解還是很有限的。理由是當價格改變時，要調整到運輸的均衡狀態有著很複雜的過程。這些調整比大多數經濟社會的典型現象更加複雜。例如，運輸需求曲線就像圖 2.9，呈不規則形狀。隨著運輸地圖所用的特定地理區，而有著不連續變動的點。如此使我們無法為每一個運輸方式找出單一的需求彈性，或者找出費用水準和彈性之間的一般關係。雖然如此，我們還是能導出一些一般性的結果。

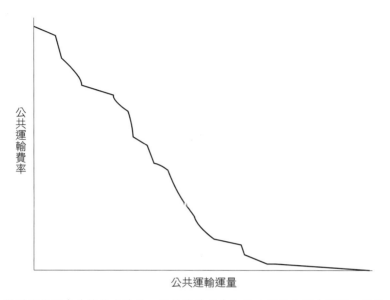

得到這條需求曲線的方法是，保持聯外成本和私人運輸的成本不變，變動
公共運輸的費率水準。它向下而不平坦的斜率是由於費率水準改變後，在
運輸均衡時，起點和終點的改變所造成的。

　　圖 2.9　藉由圖 2.6 所顯示的產品需求和產品供給的架構，
　　　　　　產生公共運輸方式的真正需求

　　在邏輯上，對公共運輸的需求一般應該比私人運輸的需求有較多
的彈性。這是推論自，在所有的運量消失之前，對私人運輸的需求能
夠承受較高的費率。顯然公共運輸需求的交叉彈性高於對私人運輸需
求的交叉彈性。即當私人運輸費用改變 1% 時，比起公共運輸本身費
用同樣改變 1%時，前者對公共運輸的需求影響較大。所有這些關係
都是因為使用公共運輸需要多付聯外成本所致。這樣的聯外成本保證
至少會有一些運輸（主要是短距離）在任何費率水準上，公共運輸方
式都無法與私人匹敵。聯外成本對公共運輸所造成的無力感形成了這
個需求彈性的不對稱。不過若使用運輸的成本相對於聯外成本高到某

個程度時，這些結果也許會逆轉過來。

 ## 影響運輸需求移動的因素
（Factors That Shift Demand for a Mode of Transportation）

　　以上的例子可以用來描述那些能決定運輸需求曲線的參數。其中的一個因素已討論過了！其他運具所制定的價格。另一項因素是公共運輸的聯外成本。這裡探討的聯外成本與使用者和最近車站之間的距離成正比。每單位的聯外成本愈低，使用公共運輸的成本也較少。和它緊密相關的是使用各運具的時間成本。這裡所舉的例子忽略了這個成本，它是使用某運具的非運輸價格成本，而且隨著運輸距離的增加而提高。以私人汽車和空運而言，儘管轉運中心的設立使得空運有了較迂迴的路線，但是使用私人運輸的時間成本仍可能遠高於使用空運。較低的時間成本將會使需求線往右移。

　　決定運輸需求的最重要因素是供給和需求的空間分布。空間的異質性包含從車站的距離、起點和終點的距離，以及彼此競爭的資源間的距離或互相競爭的需求位置。空間的異質性也定出了公共運輸的迂迴程度。有些空間的型態顯然比其他型態更有利於公共運輸——例如生產與聚落的位置若靠近車站，顯然能減少聯外成本，而有利於公共運輸。由於公共運輸可以運載較長的距離，所以若平均距離較長，則也會較偏好公共運輸。減少遍布性也會有利於公共運輸，因為減少了供給和需求的遍布性可能會增加平均的移動距離，因而有利於擅長長距離的公共運輸（要注意在以上的模擬情況，公共運輸更可能服務那些平均生產成本較低的生產者，因為這個低生產成本讓供給者得以把貨物運到遠的地方去）。

　　供給和需求的空間型態不只決定了運輸需求曲線的位置，也決定

了斜率。假如起點和終點是很分散的，每一個地方的市場區域將有很明確的定義，不會受到運輸成本太大的影響。因此，減少了決定運輸需求的其中一個因素，並因此除去了需求彈性這個因素。在另一個極端的情況，假如起點或終點是群集在一起的，則其中一種運輸方式的需求彈性有可能是較高的。

運輸需求的長期決定因素
（LONG-RUN DETERMINANTS OF THE DEMAND FOR TRANSPORTAION）

剛剛討論的例子是假設製造廠和消費者是在固定的位置上。在短期這是很適當的假設，但是在長期什麼是那些供給和需求位置的決定因素呢？

歷史和地理
（History and Geography）

位置分配的部分原因是歷史上的意外事件、天氣、礦物蘊藏的位置、可航行的水路位置及其他地勢的突然轉變，而這些並不容易有經濟分析的餘地。但是並不是所有的位置選擇都不會受到運輸價格的影響。汽車從美國中西部內地往外運送，因為汽車是在那裡製造生產的。但這並不是意味著地理決定了運輸新車的需求。汽車工業的位置也不是真正不可移動的生產因素。密西根州由於一些歷史機緣（幾個原來的汽車製造者剛好在此州出生），以及剛好位於鋼鐵、木材及其他原料、整個國家人口等的中心位置，而成為汽車工業的原始故鄉。

❶當美國人口漸漸移到南方和西方時，原來的這些地理優勢便下降了。最新的汽車工廠主要是建在南部的中間，部分是為了節省運輸成本之故。雖然製造廠的位置部分決定了運輸的需求，但是它們自己的位置至少部分是由運輸成本和運輸的方便性所決定的。

　　當人們決定要住在那裡時，其中一個考慮因素是運輸成本和運輸的方便性。都市型態的發展大部分是由街上電車路線所決定的，之後便受到巴士路線和火車路線的影響。高品質的道路和便宜的汽車運輸已經改造了都市的面貌，使近郊持續成長，並影響到核心城市的發展。通勤的形式改變了，現在主要是郊區到郊區，而不是郊區到城市，因而減少了對公共運輸的需求，並且進一步增強對小汽車的需求。❸迄今地理位置還是扮演了決定運輸需求的角色，紐約部分地區因為地形並不利於汽車通勤者（長且寬，還加上許多天然的運輸阻礙），使其能夠維持很大比例的通勤者乘坐大眾運輸。❹新公路和新公共運輸路線的建立同樣改變了區域的地理性，這從眾所周知的事實可以看出來，也就是土地價值會隨著新運輸設施的建設而改變。❺

決定工廠位置的經濟因素
（Economic Determinants of Plant Locations）

　　雖然歷史和地理大大的影響了長期的需求和供給位置的分布，但是還是有一些基本的經濟決定因素。決定運輸需求、製造業的位置及居住的位置等共同決策是位置理論（location theory）的研究領域。這領域並不像圖 2.6 般把需求和供給的位置視為固定，位置理論比大多數的經濟學者採用更長期的觀點，從某特定位置的自然特徵所支配的優勢中摘要出來，預測供給和需求所應該放置的地方。位置理論的其中一個基本原理是，會提高重量的製造過程往往是設在接近最終市場

的地方，而會減輕重量的製造過程則設置在接近原料的地方。❶（例如，清涼飲料的裝瓶廠會設置在接近清涼飲料的販賣處，而紙漿製造廠會設置在紙漿資源的附近）。但是若僅只觀察運輸費率，那麼位置理論極少能告訴我們某特定公司會把倉庫設在哪一州或哪一國家。❶

　　位置理論告訴我們，即使某國家內所有的地方都有相同的天氣、相同的土地生產力、相同的礦物蘊藏──簡而言之，假如每一個地方都有完全相同的資源，長期仍然會有運輸需求。剛開始聽起來似乎不合邏輯，因為假如每一個地區都能生產它們自己的柳橙，開採自己的煤，種植自己的小麥，釣自己的魚，為什麼會有地方想要和其他地方貿易呢？理由是因為生產技術。就這個經濟社會所生產的大多數財貨和服務而言，以每單位為基礎，若都只生產很小的數量，則成本是很高的。生產的規模經濟和運輸成本之間所作的取捨顯示在圖 2.10，它是最簡單的生產情況，有著遍地的資源，一致的需求散布在無特色的平面上。圖 2.10 成本曲線的形狀將在第五章說明，值得注意的是平均生產成本曲線呈 U 字型，是圖裡面較低的那條線，標為平均生產成本（average production cost）。當生產者的市場區域擴大，生產的規模經濟會造成平均生產成本減少。平均生產成本曲線斜率向下的部分愈廣，規模經濟就愈重要。

　　當生產規模愈來愈大，就必須到離生產點愈來愈遠的地方去尋找那些財貨的消費者。最理想的營運大小是在於，擴展規模得到較低生產成本的這項優勢，能夠剛好抵銷把商品運到較遠的距離所增加的成本。如果沒有運輸的話，規模經濟將支配最適的工廠規模，如同圖 2.10 的點 X_2。若需要把較大量的產品運送到較遠的地方以尋找消費者，那麼最適的工廠規模降到點 X_1。

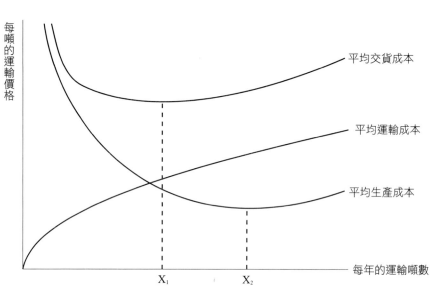

顯示在此圖的平均生產成本有著典型的曲線,也就是先有著平均成本遞減
的區域,接著是平均成本遞增的區域。運輸成本曲線的產生是假定額外的
生產必須運送到永遠都是遞增的距離,因此,造成每單位的運輸成本較
高。這項結合造成要在生產成本的經濟和運輸成本的不經濟之間作取捨。
運輸成本的存在減少了最適的工廠規模,從點X_2到點X_1。

圖 2.10 生產的規模經濟和運輸成本之間的取捨

因為很多商品都有生產的規模經濟,所以若每個城鎮都有自己的
鋼鐵工廠與麵粉廠等,是一種無效率的作法。假如城鎮和地區都專業
於生產數目有限的產品,使規模能大到足以降低生產成本,然後拿來
與其他城鎮或州交換他們所沒有生產的東西,則能提高整個國家的生
活水準。一些經濟學者發現投資於大眾的公共建設(如運輸設施等)
能帶來非常高的收益,也就是能提高整體的生活水準。這大概是透過
此機制作用,也就是讓較大的區域專業化生產,以獲得較多生產規模
經濟的好處所致。[18]

減少運輸成本能造成較大區域的專業化，但是增加專業化會要求更多的運輸。在決定位置時，地區性的專業化所起的作用就如同在之前的例子中自然資源分布不均勻般。實際上，較低的運輸成本也會增加消費者的選擇，並且增加生產商品和服務的競爭總數。假如運輸是昂貴的，則會造成每個城市都由個別無效率的小公司所服務，那些小公司就像壟斷者般，使消費者沒有選擇的權利。如果運輸的成本低，則消費者能選擇不同區域的供給者。運輸的進行是為了在遠距離的競爭機會中占便宜，而經濟學者卻不能夠在可用的方式把這種運輸模型化。運輸的改善所促成的競爭對整個經濟社會所帶來的好處同樣是難以量化的。❶

都市位置的決定（Urban Location Decisions）

　　類似於產業位置理論中的取捨關係決定了都市區內的住宅位置。雖然居住、工作、休閒區、購物中心及運輸設施等的位置決定了短期的都市運輸需求，但是在長期，所有的這些位置都是可變的因素。都市位置的基本理論是，假定個人在三個欲求的居住特性之中作取捨：較短的旅行時間、豐饒的土地，以及購買運輸和住宅服務以外的商品和服務的能力。旅行時間短的位置是人們所欲求的，因此，提高了那些地方的土地價格。較高的土地價格使得人們若要建造大房子，將會花費很高。因此，房子的稠密度將會從市中心開始降低。若要選擇居住位置，個人所面臨的抉擇是要選短的旅行時間及小塊的土地（接近市中心），還是長的旅行時間及寬廣的土地（在遠的郊區）。

　　圖 2.11 顯示對旅行時間和住宅密度的取捨，在離芝加哥商業區不同距離的居民，其旅行時間和使用土地的平均平方英尺。離商業區愈遠，旅行的時間就愈長，但是因為土地的價格較便宜，所以和接近市

區的家庭比起來，每個家庭使用的土地較多。當運輸成本減少，遠距離的不利條件便減緩了，這降低了靠近市中心區域的土地成本。在長期，這會帶來居住型態的改變，也就是整個大都會區都有著較低的人口密度，接著因而提高居住者長期的運輸需求量。❷

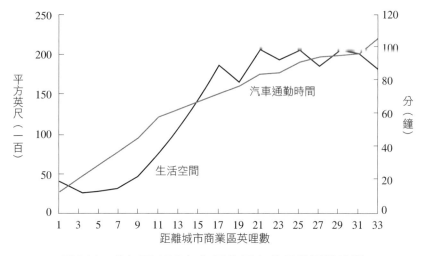

圖 2.11　芝加哥 1970 年每居住平方英尺與通勤時間

資料來源：Alex Anas，居住位置市場與都市運輸（New York: Academic Press, 1982），
　　　資料出自於表 4.2。

　　愈來愈多美國人選擇住在非常低密度的郊區和鄉村地區。這些選擇與較稠密的居住地區相比，通常會導致更多的交通，而且更多人依賴小汽車。人們在選擇居住區位時所面對的當前成本架構下，我們很難認為這個美國人口密度的巨幅減少，不是反應出人們的真實偏好。然而，令人懷疑的是那些選擇住在所謂都市蔓延（urban sprawl）區域的人，事實上是否真的付了運輸和其他服務的完全成本。❹這種決策是由那些付出少於完全運輸成本的人所作的，所以這項決策會產生無效率。有效率的決定會第十章闡述其概念，主張那些住在都市蔓延區

的人沒有支付完全成本的論點會出現在第十四章。

結論
（CONCLUSION）

　　分析運輸需求代表著要找出每單位的成本降低或提升時，有多少消費者購買更多（或更少）的延噸英里或延人英里的運輸。運輸需求不能從運量的統計數字中看出來，而是必須藉由分析價格的變動影響運輸的使用程度來瞭解。換句話說，運輸需求的分析是嘗試釐清價格和其他因素改變時，造成延噸英里或延人英里的運輸變化。這類課題會出現在以下兩章，以舉例方式分析運輸的動機。

　　運輸是來自於起點和終點的供給曲線與需求曲線。當只有一對一的原點和終點時，我們能為每一個運送的數量找出其起點的供給價格和終點的需求價格之間的差異而輕易求出運輸需求。結合起點的產品供給彈性或終點的產品需求彈性，就可產生運輸需求彈性。任何起點的供給線或終點需求線的移動都會更動運輸需求。

　　多個起點和多個終點的出現使得在分析運輸需求上，比簡單模型複雜得多。當運輸成本提高，一些事情也會同時發生：生產者生產較少、消費者消費較少、偏好的運輸方式轉換了、較接近的供給資源受到歡迎等。通常，這些型態需要買方和賣方重新多方面地再配對。每一個因素所發生影響的綜合結果是，所有買方和所有賣方都找到最佳的選擇，而形成複雜的均衡狀態。

註 釋

1. 運輸需求彈性正式的定義為（△Q/Q）（△P/P），Q 代表運輸的數量，P 是每單位運輸價格，△代表微量的變動。為了簡化數學上的分析，彈性被引述成有限制的值，就像價格的改變變得非常微小一般。

2. 假如運輸是劣等財，減少收入可能造成需求曲線右移，這樣的論點是合理的。但是目前為止還沒有證據顯示整體運輸是屬於這個情況，所以我們忽略這項可能性。另外，在標準的經濟學，愛好是決定需求的重要因素。

3. 經濟需求的引申是基於 Samuelson, Paul A.（1952）「空間的價格均衡和線性程式」（Spatial Price Equilibrium and Linear Programming），美國經濟評論（*The American Economic Review*），Vol. 42，第 283-303 頁。

4. 讀者將會注意到這裡使用經濟學的一般速記法，競爭的力量促使邊際利潤為 0。這 0 利潤是斟酌了所有使用在運輸的資源之機會成本。

5. 讀者能證明以下的方程式：

    Q=5,000−500T

    可以用價格重寫，傳統上是把變數視為在市場的圖形分析中之應變數，在縱軸：

    T=10−500Q

    這方程式描繪在圖 2.5。

6. 以數學式而論，需求的交叉價格彈性是（△Q₁/Q₁）（△P₂/P₂），Q_1 是指商品 1 的需求數量，P_2 則指商品 2 的價格。

7. 在數學上處理多起點、多終點的需求問題，是 Takayama, Takashi 和 George G. Judge（1971）「空間與時間的價格與分配模型」（*Spatial and Temporal Price and Allocation Models*）（Amsterdam: North-Holland Publishing）。也可從 J. W. B. Guise 「Takayama-Judge 的跨區域和跨時間的市場均衡模型之註解評論」（Expository Critique of the Takayama-Judge Models of Interregional and Intertemporal Market Equilibrium），區域研究與都市經濟學（*Regional Studies and Urban Economics*），1979 年 2 月，第 83-95 頁。

8. T. Friesz, P. A. Viton 和 R. L. Tobin「貨物運輸網均衡模型的經濟與估算觀點：一項合成」(Economic and Computational Aspects of Freight Network Equilibrium Models: A Synthesis)，地區科學期刊 (*Journal of Regional Science*)，1985 年 2 月，第 29-50 頁。

9. 有效的討論測量不同運輸產量的困難，出自於 George Wilson「在運輸經濟學，一些沒有解決的問題」(*Essays on Some Unsettled Questions in the Economics of Transportation*) (Bloomington: Foundation for Economic and Business Studies, Indiana University, 1962)，也可參考 Olson, C. E. 和 Brown, T. A.「在運輸重訪的產出單位」(The Output Unit in Transportation Revisited)，土地經濟學 (*Land Economics*)，1972 年 8 月，第 280-281 頁。

10. 要在真實的世界定義市場，其實際的困難性出現在把反托拉斯法律應用在經濟學上。近期從事這方面研究的是 David, Scheffman T. 和 Pablo, Spiller T.「在美國公平合併的指導方針下，地理性的市場定義」(Geographic Market Definition under the U. S. Department of Justice Merger Guidelines)，法律與經濟期刊 (*Journal of Law and Economics*)，30 (1)，1987 年 4 月，第 123-147 頁；以及 Boyer, Kenneth D.「在定義產業上有原則可循嗎？」(Is There a Principle for Defining Industries?)，南方經濟期刊 (*Southern Economic Journal*)，50 (3)，1984，第 761-770 頁。

11. 鐵路生產力的工作力，改善鐵路生產力：對國家生產力委員會和經濟顧問會議的最終報告 (Washington , D. C.: U. S. Government Printing Office，1973 年 11 月)。

12. James M. Rubenstein「變動中的美國汽車業：地理上的分析」(*The Changing U.S. Auto Industry: A Geographical Analysis*) (London and New York: Routledge, 1992)。也可參考 J. S. Hekman「分析在 20 世紀，鐵和鋼變動中的生產位置」(An Analysis of the Changing Locaton of Iron and Steel Production in the Twentieth Century)，美國經濟評論 (*American Economic Review*)，1978 年 9 月，第 123-133 頁。

13. Alan Pisarski , *Commuting in American* (1987) ENO 基本理論。最廣為人所使用的都市位置模型是出自於 Richard F. Muth「城市和住宅：都市住宅土地的使用型態」(*Cities and Housing: The Spatial Pattern of Urban Residential Land Use*) (Chicago: University of Chicago Press, 1969)。標準的都市位置模型假設工作是在市中心，人們通勤前往工作地點工作。家計面對的基本取捨是：若住在城市周圍，則土地

是相對的便宜，但若住在接近商業中心的地帶，則運輸成本較低（那裡的土地較貴）。Bruce Hamilton「浪費的通勤」（Wasteful Commuting），政治經濟期刊（*Journal of Political Economy*），Vol. 909，1982 年 10 月，第 1035-1053 頁。最近有人試圖調和都市位置模型和所觀察的通勤型態。例如，從 Michelle J. White「都市通勤之旅並不算浪費」（Urban Commuting Journeys Are Not Wasteful），政治經濟期刊（*Journal of Political Economy*），Vol. 96，No. 5，1988 年 10 月，第 1097-1110 頁。也可參考 John Yinger「城市和近郊：有著一個以上工作中心的都市模型」（City and Suburb: Urban Models with More Than One Employment Center），都市經濟期刊（*Journal of Urban Economics*），Vol. 31，No. 2，1992 年 3 月，第 181-205 頁；也可參考 Giuliano, Genevieve 和 Small Kenneth A.「都市架構解釋了到工作地點的行程嗎？」（Is the Journey to Work Explained by Urban Structure?），都市研究（*Urban Studies*），30（9），1993 年 11 月，第 1485-1500 頁。

14. 探索城市形狀的效果，是出自於 Robert M. Solow 和 William S. Vickrey「在長而窄的城市中土地的利用」（Land Use in a Long Narrow City），經濟理論期刊（*Journal of Economic Theory*），Vol. 3，1971 年，第 430-447 頁。

15. 例如，可參考 D. Damm, et al.「都市不動產的價值對期待中的華盛頓地鐵的反應」（The Response of Urban Real Estate Values in Anticipation of the Washington Metro），運輸經濟學與政策期刊（*Journal of Transport Economics and Policy*）（1980 年 9 月），第 315-336 頁；和 D. N. Dewees「地鐵對多倫多住宅價值的影響」（The Effect of a Subway on Residential Property Values in Toronto），都市經濟期刊（*Journal of Urban Economics*），1976 年 10 月，第 357-369 頁。

16. E. M. Hoover（1948）「經濟活動的位置」（*The Location of Economic Activity*）（New York: McGraw Hill, 1948）。

17. Roger W. Schemenner「決定營業的地理位置」（Making Business Location Decisions）（Englewood Cliffs, NJ: Prentice-Hall, 1982）。這份對公司位置的決定之研究發現到，位置的決定是取決於勞工成本、工會化的程度、接近市場、接近供給者和其他公司設備以及此區域的生活品質等因素。不同的公司對這些因素的敏感度並不相同。對某些公司而言，運輸的議題（在他所列的接近因素）是相當不重要的。也可參考 Robert R. Love, James G. Morris 和 George O. Wesolowsk「設施的位置：模型和方法」（*Facilities Location: Models and Methods*）（Amsterdam: North Hol-

land, 1988），以及 Edwin S. Mills 和 John F. McDonald, eds.「大都會成長的來源」（*Source of Metropolitan Growth*）（New Brunswick, NJ: Center for Urban Policy Research,1992）。

18. Alicia Munnell「對基礎建設的投資和經濟的成長」（Infrastructure Investment and Economic Growth），經濟前瞻期刊（*Journal of Economics Perspectives*），Vol. 6，No. 4，1992 秋季，第 189-198 頁。其他人則懷疑對公共基礎建設的投資報酬率一般是否會比私人投資還高。例如，參考 Edward M. Gramlich「基礎建設的投資」（Infrastructure Investment），經濟文獻期刊（*Journal of Economic Literature*），Vol.XXXII，No. 3，1994 年 9 月，第 1176-1196 頁。

19. 在解釋交義搬運以及把改善運輸對消費者的選擇和競爭的影響數量化時，所產生的爭議，是經濟歷史學家在討論運輸的改善對美國經濟發展所扮演的角色時，主要的爭議核心。Robert Fogel「鐵路與美國經濟的成長」（*Railroads and American Economic Growth*）（Baltimore: Johns Hopkins University Press, 1964），認為鐵路和被取代的運河比起來，效率並沒有提高太多，因此，對於發展不會有什麼重要的影響力。Alfred Chandler「鐵路：國家第一個大企業」（*The Railroads: The Nation's First Big Business*）（New York: Harcourt, brace and World, 1965）主張鐵路的主要發展利益之一是打破地方獨占的力量，此影響效果不是由 Fogel 測量的。

20. 有些人試圖以數量化或實證化來測試這個都市位置的模型，見 Altmmann, J. L. 和 Desalvo, J. S.「都市住宅土地利用的 Mills-Muth 模型」（Mills-Muth Simulation Model of Urban Residential Land Use, Tests and Extensions），區域科學期刊（*Journal of Regional Science*），1981 年 2 月，第 121 頁，和 Alperovich, G.「人口密度的升降率與決策因素之實證研究」（An empirical Study of Population Density Gradients and Their Determinants），區域科學期刊（*Journal of Regional Science*），1983 年 11 月，第 529-540 頁。

21. Downs, Anthony「塞在車陣中：模仿尖峰時間的交通擁塞」（*Stuck in Traffic: Coping with Peak-hour Traffic Congestion*）（Washington: Brookings Institution,1992）。

Economics
TRANSPORTATION

第三章

對貨物運輸的需求

　　探討貨物運輸需求即是研究當前需求曲線的位置、斜率及影響需求曲線移動的外部因素。我們談的是數條需求曲線,而不是單一的需求曲線。如同第二章所強調的,貨物運輸還沒有明確定義的經濟市場,所以這數條需求曲線是得自於數組貨物服務,而且幾乎有無限種方法可以結合貨物流量成為不同的群體,每一個群體都有屬於它們自己的需求曲線。

　　在美國,涵蓋最廣的貨物運輸指數就是所有貨物運輸的延噸英里數。圖 3.1 顯示美國每年生產差不多 3.5 兆延噸英里單位的貨物運輸,就每一個住在此國家的個人而言,每個人有超過 12,000 延噸英里單位的運輸。圖 3.1 顯示出美國的貨物運輸總量通常隨著經濟平行發展。經濟衰退時期(如 1982 年)當實質國民生產毛額下降時,貨物運輸減少。當經濟成長快速時,貨物運輸也一樣跟著成長。

　　然而貨物運輸的成長程度與其他經濟部門不同。自從 1947 年,雖然實質的國內生產毛額已經增加了差不多 4 倍,貨物運輸的總量卻增加不到 3 倍。換句話說,1950 年當實質國內生產毛額的每一塊錢需

要 2/3 延噸英里單位的貨物運輸時，現在卻只要 1/2 延噸英里單位。貨物運輸在經濟上的重要性降低的因素可能是因為，生產重心從重工業轉移到輕工業上（例如電腦，只需要少量的貨物運輸），以及朝向服務業的方向發展，服務一般都不需要什麼貨物運輸的。

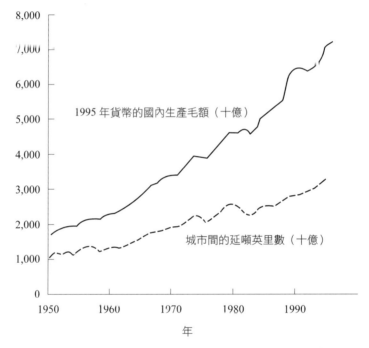

圖 3.1　美國貨物運輸的延噸英里及國內生產毛額

資料來源：美國運輸（*Transportation in America*），來自不同年份

雖然重工業部門的份量相對於其他經濟部門而言已經降低了，但在美國它仍然製造出大多數的貨物。表 3.1 顯示出各個生產部門所產生的眾多貨物。以噸數為單位，石油和煤工業是貨物運載最大的使用者。石材、石材製品、穀類、食物製造者則生產出較小數量的貨物。在剩下的部門中，木材、原始金屬製品和紙類也產生了很多的貨物。

表 3.1　1993 年美國最大的貨物運送商品種類

STCC	內　　容	百萬噸數	價值（$/Lb）
29	石油和煤製品	1,919	0.090
14	非金屬礦業	1,827	0.005
11	煤	1,083	0.010
20	食物和類似產品	860	0.500
32	泥土、水泥、玻璃或石材製品	798	0.050
24	木材和木製品	706	0.090
01	農產品	653	0.110
28	化學製品或同類產品	551	0.510
總額		9,800	

資料來源：1993 運輸調查（Census of Transportation），不包括油管運輸。STCC 是
　　　　　指標準運輸商品分類。

　　貨物運輸占國家消費的比例降低了，這也可以反應出美國的發展
情勢。在發展中國家，貨物延噸英里數的增加速度可以到國內生產毛
額的二倍或三倍。❶國家的發展程度愈高，貨物運輸與整體經濟發展
相比的成長就愈慢。

　　延噸英里單位所計算的前半部分是運送的噸數，後半部分是運送
商品的距離。圖 3.2 顯示地區性貨物運送了最大的噸數，且目的地離
得愈遠，運送的噸數愈少。美國貨物運輸系統中運送距離超過 1,500
英里以上的只有 1,200 億噸，差不多占整個區域性貨運市場規模的
3%。然而，遠距離的搬運並不至於微不足道，因為遠距離的運送就
延噸英里的單位來看，它產生了更多的英里數，因此長距離運送仍在
美國運輸系統所生產的延噸英里數中占重要比重。事實上，圖 3.2 顯
示在 1,500 英里以上的區域，和 50 英里以下的區域比起來，有更多的
延噸英里數。

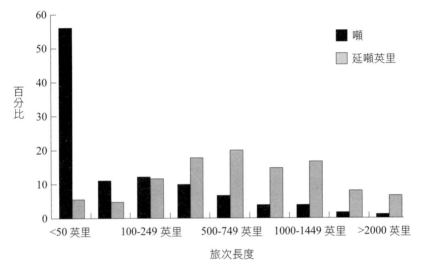

圖 3.2　不同里程區域的貨物數量

資料來源：1993 運輸調查（Census of Transportation），商品流動調查

　　另一個區分整個經濟社會的貨物運量的方式是以運送的交通工具來區分。我們以圖 3.3 及圖 3.4 來表示。每個圖的左邊長條柱表示 1950年貨物運輸總量，而右邊長條柱的高度則顯現 1995 年的同一個資料。鐵路在 1995 年運送了 40%左右城際運輸的延噸英里數，以絕對值而言，它比 1950 年多，但和早期相比，卻大幅減少了市場占有率。1950年以來，石油油管和卡車各自運送了城際運輸延噸英里數的 1/4，這兩個運輸方式自從 1950 年，其相對的運輸市場占有率增加了 1 倍以上，而且絕對的運量增加 5 倍以上。其他主要的貨物運輸方式是河流和運河，其貨物運量的市場占有率在同時期從 5%增加到 12%，所提高的市場占有率和北美五大湖貨物運量所減少的占有率相當。

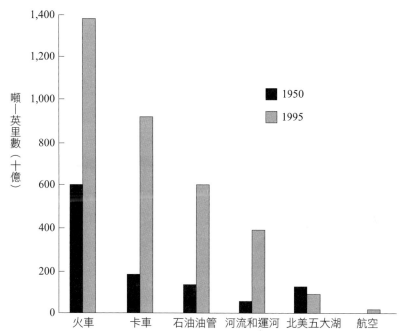

圖 3.3　1950 年及 1995 年美國不同貨物運輸方式的延噸英里數

資料來源：美國運輸（*Transportation in America*），第 14 版

　　圖 3.4 是以噸數而非延噸英里為單位來表達與圖 3.3 相同的資料。
在這圖裡，卡車是遙遙領先的最大貨物運輸方式，運送了所有城際運
輸噸數的 46%。其次是火車運輸，占 26%。接下來是石油油管、河流
及運河。不論是以噸數或延噸英里數來估算市場占有率，自從 1950
年，卡車市場占有率上升，而鐵路運輸則下降了。如果以噸來計算，
而不是用延噸英里數來計算，則石油油管在貨物運輸中就顯得沒有那
麼重要了。圖 3.4 河流、運河及北美五大湖運輸相對位置的互換，同
樣也能以圖 3.3 的噸數單位表現出來。

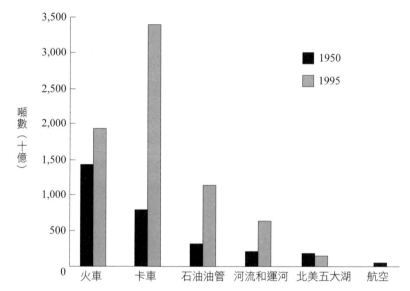

圖 3.4　1950 年和 1995 年美國不同運輸方式的貨物噸數

資料來源：美國運輸（*Transportation in America*），第 14 版

　　因為運送貨物的平均距離不同，故運輸方式在噸數及延噸英里數的市場占有率也顯得不同。若以某運輸方式的延噸英里數除以噸數，就可計算出平均的運送距離了。以鐵路而言，其平均運送距離從 1950 年的 420 英里提升到 700 英里。卡車則專業於短距離的運送，城際運輸的卡車平均運送距離超過 250 英里，接近 1950 年的 200 英里。石油油管的平均運送距離超過 500 英里，北美五大湖的平均運送長度是 500 英里，河流和運河都是屬於長距離的運輸方式（平均都超過 600 英里）。

　　不但每個運輸方式的平均距離不同，而且它們也專業於運送不同的商品類型，以火車運輸而言，煤是目前最大的商品，再來是農產品、化學製品及非金屬的礦物。至於國內的水路運輸，石油製品是最重要的，接下來是天然石油、煤及農產品。卡車能承載相當大噸數的

碎石，接著是石材、泥土、玻璃及混凝土製品、食物和同類產品、沙石和碎石。雖然沒有任何一個運輸方式在運送的商品類別上絕然的與眾不同，但至少所有運輸方式在市場所專業的部分彼此並沒有很大的重疊性。

計量上需求估算的邏輯
（THE LOGIC OF ECONOMETRIC DEMAND ESTIMATIONS）

如同前面章節所強調的，以上所列的貨物運量不是需求，而是貨物運輸的需求數量。需求是貨物運量及支付價格之間的關係。要發現真正的貨物運輸需求，就是要查明假如價格變動了，貨物運送將會有什麼改變。

測量需求遠比測量需求量更加困難，但也是更重要的事。知道了某一週從馬里蘭州運送調配好的雞肉到紐約市的噸數是有趣的，但是數據本身可沒什麼用。所以，讓我們想像一個卡車運輸公司想要知道假如運輸價格提高 10%，對本身運輸雞肉的運量有什麼影響。或者馬里蘭州政府可能對柴油引擎的燃料稅每加崙提高 0.05 美元，對商品的運送有什麼效果感到興趣。運輸計畫者可能想知道運輸路線的制定會使某特定公路的車速降低到什麼程度。要回答所有這些問題，需要瞭解一些貨物運輸需求曲線的斜率。

經濟學不是一門實驗的科學。假如它可以作實驗，我們就更容易測量出需求彈性，也就是我們可以把所有會影響運輸市場的其他因素固定不變，來更動價格以觀察運量，這樣就可勾繪出運輸需求曲線的輪廓。不過，因為我們不能夠作這項實驗，所以所有測量貨物需求彈性的方法都是根據有著類似情況的其他時間和其他地方之經驗為基礎[2]。

時間數列資料是針對某研究者感興趣的一些服務，來記錄價格和數量的歷史資料。研究員不但針對過去不同年度的期間，記錄每延噸英里的平均收入和延噸英里總數，而且也記錄影響運輸決策的其他變數的值。最普遍的控制變數是工業產出或所得、服務品質、與之競爭的運具價格或與之競爭的起點、終點或商品等。

　　橫剖面的估算不像時間數列般是想從每一年資料的改變中推斷出需求彈性，橫剖面的估算是想要理解在某單一時點的各個不同價格。為了找出變動中的價格，研究人員會查看那些明顯與自己研究主題有著類似性質的其他市場。不管是哪一種測量方法，目標都是相同的，都是要觀察價格的改變與數量的變化之間有怎樣的互動關係，同時想瞭解決定貨物需求的其他因素的影響力。

　　計量經濟學（Econometrics）是從時間數列的資料或橫剖面的資料來測量需求彈性的工具。觀察圖 3.5，就可瞭解如何透過計量經濟學來估算需求曲線。從橫剖面或時間數列的資料中，搜集了貨物運量、每延噸英里的費用、控制變數的價值及所得等資料。這些被繪製成三度空間的圖表，顯示在圖 3.5。這是以計量經濟學為技巧，透過最符合此圖資料的數據，所繪製成的一個平面圖。典型計量估算的結果可以由以下的數學式表現出來：

$Q=4,000,000 - 23P+1.5I$

Q=延噸英里

P=每延噸英里的價格

I=所得 　　　　　　　　　　　　　　　　　　　　　（3.1）

公式 3.1 是以數學式代表圖 3.5 中三度空間的平面。假如我們「保持所得固定」在 4,000,000 美元，則公式 3.1 的所得項目將會消失，而常數項目則增加了 4,000,000×1.5 或 6,000,000。因此可以把公式改寫成：

$$Q=10,000,000-23P \qquad\qquad (3.2)$$

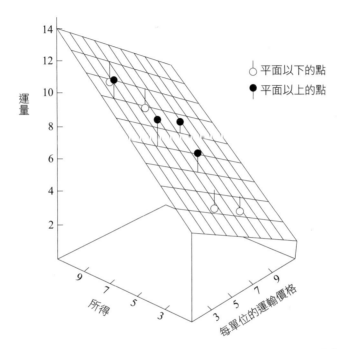

計量經濟學是要找出最適合資料的變數之間的關係。這個平面顯現的點最能闡述價格、所得和需求量的資料。實心點顯示平面以上的觀察點，空心圓圈顯示平面以下的觀察點。

圖 3.5　決定最適平面的計量方法

　　這是需求曲線的線性關係。藉由在數學上保持所得固定不變，我們已經和上述控制變數的實驗有著一樣形式的資訊。雖然我們的資料沒有顯示出所得在橫剖面或時間數列資料中被維持固定，但是我們可以從多度空間的曲線（公式 3.1）中，截取曲線的二度空間部分（公式 3.2），也就是除了價格之外，假定所有的變數都固定不變時，計

量經濟學就可讓我們解讀這些資料。然後，假如我們只是在這平面圖上移到不同的點，來對應新的價格和所得的數據，便可以預測出需求量的多寡。即使對價格和所得一點經驗也沒有，我們仍可作出此預測。

　　這些推理是假設我們知道價格、所得和需求量之間真正的潛在關係，這稱之為函數形式（functional form）。經濟學的理論可沒有說如圖 3.5 般的需求關係必須是一個平面關係。事實上，第二章所引申出來的需求曲線有著許多的凹凸不平。不幸地，計量經濟學無法以高度不規則的曲線來解讀資料，除非已經知道高起低落以及轉折點的位置才行。所以我們必須使用與實際的需求曲線近似的規則曲線來分析。

　　人們在選擇適合資料的圖形時，往往側重於想要瞭解決策者的動機。為了歷史上的理由，運輸經濟學往往把焦點集中在送出財貨的人，而非接收財貨的人身上。若把焦點只放在決定運輸需求的其中一方，可以使用兩個典型且非常有用的方法，即質化及 translog 引申需求的技巧。在質化的選擇模型技巧裡，假定運輸決策的買方要從兩個運輸方式中作一個選擇時（例如選擇火車或卡車），使用了一個基於機率的選擇法則，而選擇某運輸方式來運送的機率，是根據這兩種運輸方式的相對價格而定。例如，如果火車和卡車的費用相同，某運輸購買者可能被設想成有20%的次數會選擇火車，但是假如火車費用是卡車費用的一半，則有50%的次數會選擇火車。這個技巧更普遍被用在估計旅客運輸的需求上，並且在下一章將會有更完整的描述。

　　運輸經濟學常使用的第二個計量經濟學的技巧被歸類成以下的名稱：有彈性的形式或 translog 引申需求模型（flexible form or translog derived demand models）。❸在這些模型中，需求被認為是運送服務的典型買方的決策加總。傳統的託運人會均衡的使用火車運輸、卡車運輸、人力和資本等，以使生產和物流的總成本達到最小。某投入要素的價格愈高，此投入的使用數量就愈小。若把適用於廣大的投入類

別，像是勞工、資本和能源等之間的生產關係應用在火車和卡車的購買上，translog的技巧就能把貨物運送的價格／數量資料解釋清楚，而且產生的需求估計顯然還蠻合理的。

若想要知道計量需求的估計是否可靠時，很重要的是要記得，估算未來的事從來不會完全準確。所有的計量測量方法都有某種程度的誤差，而且所有的估計都假定：當貨物運費改變時，受忽略的那些變數仍都保持固定不變。假如計量估計預測出費率提高10%時，運送量會降低5%，而我們卻觀察到實際的運送量只減少3%時，這並不代表當初的判斷是錯的，可能是因為本模型沒有納入考慮的一些其他因素移動了，或者有時下降3%和下降5%，都是在預測誤差的範圍內。需求分析是估算的事件，而不是必然的事件。

雖然經濟學者已經花了很多的時間去評估不同函數形式的純理論特性，但是更實際的問題在於對市場的分群或區隔，因為這些假設會影響總體需求估計的正確性。如同第二章所強調的，貨物運輸的所有需求曲線實際上是根據一些貨物流的結合而得到的，那麼貨物運輸的需求量即意指那些可能不同的商品，以不同的大小在不同端點之間移動的總合。如同第二章提到的，是使用延噸英里指數來加總運量，與延噸英里數結伴的是價格測量、每延噸英里的平均收入。如同之前所看到的，使用價格指數去定義價格的一個問題是，即使沒有一項費用改變，只要交通組合一改變，價格指數就變動了。有些分類法比其他分類法更易受到這個問題的影響。假如所有貨主為每延噸英里單位所付的價格都相同，那就沒有問題了，每延噸英里的平均收益等於每一個人支付的價錢。一般來說，在某類市場內價格的分歧愈小，就愈能準確的測量需求。另一個能增加需求測量的準確性的條件是，在總體市場的範圍內，個別需求彈性的相似程度。假如所有貨主都有著相同斜率的需求曲線，則更可能讓測量出來的需求曲線有相同的斜率。若

估計中的各類市場的真實需求曲線有著愈歧異的斜率,則測量的結果就愈可能不正確。

　　一般來說,研究者若想要正確的測量貨物的需求彈性,最好是針對能取得所有必要資料的最小的市場集合來研究,因為小的市場一般都有較高的同質性。然而,針對非常狹小的集合來研究通常是不可行的。首先,若研究範圍很狹小,則資料取得不容易,使人無法在範圍最狹小的程度內去測量價格和產量。第二,研究者有興趣的焦點通常是在影響貨物運輸的總體數量上,例如,同時增加所有卡車駕駛員的薪資所造成的影響。就算知道了非常小範圍的市場需求彈性(例如,在競爭或互補的市場,仍把卡車駕駛員的薪資維持固定不變),仍然預測不出那些牽涉範圍廣的政策之影響力(例如,事實上,駕駛員的薪資在其他的市場也同時改變了)。

 ## 貨物需求彈性的測量
(MEASUREMENTS OF FREIGHT DEMAND ELASTICITIES)

　　經濟學者想要計算的市場彈性中,範圍最廣的市場是某運輸方式的交通。早期有一篇以典型的方法試圖測量鐵路運輸彈性的研究,此研究發現總體鐵路延噸英里對於每延噸英里平均營收變動的彈性值大致是-0.6。與之相對應的卡車運送彈性是-1.8。[4]那些數字意味著提高每延噸英里鐵路運輸的平均營收(價格)10%,將會減少6%的鐵路延噸英里數,但是卡車若提高相同的比率,將會減少18%的卡車延噸英里數。使用類似方法和類似資料的另一份研究也發現到,卡車的需求彈性遠大於鐵路的需求彈性。[5]沒有合理的解釋告訴我們為什麼卡車的需求彈性應該遠大於鐵路的需求彈性,而且看起來好像與第二章的

預期互相矛盾。以如此廣泛的總體資料來代表所有的運量，所造成的統計偏差有可能是導致這個驚人結論的原因。

　　由於直接估計某運具的貨物運輸需求彈性，會產生令人不滿意的結果，使得人們改用間接的估計方式，而其估計結果會強烈受限於函數形式的假設。我們得藉著限制需求測量所能採用的函數形式，才可能從有限的資料當中，得到比較可靠的需求彈性估計值。當然了，我們假定這些限制都是正確的。研究者特別喜愛的一項限制是，假定總貨物運量是固定的，然後計算其中一個運具的需求彈性，而其運量都是源自於與其他運具互相交換來的。至於產生延噸英里的其他成分、整個經濟社會總噸數的變動、平均運送距離的更動等，在這些估算中都忽略了，而且也假設它們是微不足道的。

　　假如鐵路和卡車有著相同的市場占有率，則根據這些評估，總鐵路運輸或卡車運輸的彈性是在-0.2到-0.5之間。❻也就是說如果火車或卡車費用增加10%，則將會使運量減少2%到5%，而相對地會使其他運具的運量增加相同的比例。根據假設，某運具的市場占有率愈大，彈性就愈小。在合理的市場占有率範圍內，鐵路運輸彈性通常會高於卡車的彈性，但仍然是不具彈性的。❼

　　Friedlaender 和 Spady 使用更複雜的技巧，發現鐵路和卡車的交叉需求彈性非常的低，而它們各自的需求價格彈性卻非常高，接近於-2。這意味著鐵路和卡車的服務市場十分不同。假如卡車運輸的所有價格都增加10%，則運量會下降20%，但實際上這些失去的運量全都沒有被鐵路運輸拿走。鐵路和卡車的替代性顯然很低，這支持了使用更直接的估算技巧所得到的發現。相反的，從自身價格彈性的測量中，發現到運輸對自身價格的敏感度遠比一般人所認為的還高。在邏輯上，因為這些評估都是假定產出水準是固定不變的，所以當某運具提升費用時，卡車或鐵路延噸英里數的減少，必須來自於搬運距離對費率變

動的極端敏感度。❽另一個解釋是，市場的分類太廣而誤估了彈性，以至於不能支持設定這個函數時所附的假設。

　　使用較廣的市場分類會造成的偏差，可以用研究較狹窄的市場來改善。❾要分類市場的自然方法是以商品來區分市場。Mcfadden、Winston 和 Boersch-Supan 研究出業者在選擇新鮮水果和蔬菜的運送方式時，大多數是選擇以卡車裝載，而不是鐵路。❿（要注意，雖然「新鮮水果和蔬菜」是一個範圍狹小的商品類別，但它仍然包含：萵苣、蕃茄、甘籃菜、洋蔥、柳橙、葡萄和蘋果，所有這些商品可能有著不同的貨物運輸需求彈性。其建立的資料也包含很多不同的起點、目的地、大小尺寸和服務品質等特徵。因此雖然它可以明顯改善極廣分類法下的研究，但是它所包含的市場不是真的完全同質）。當鐵路運輸費用增加 10%，估計出貨主選擇鐵路運送的可能性會減少 3.4%，但是以卡車運送的可能性只有增加 1.9%。當卡車費用增加 10%，將引起卡車運輸下降 5%，鐵路運輸上升 10%。這些價格彈性看來好像遵循了運具分析的邏輯，也就是市場占有率愈高，需求的價格彈性就愈低。❶其他對個別商品運輸需求的研究中，Oum 發現就加拿大而言，在水果、蔬菜、食物的類別內，以及金屬及非金屬產品的範圍內，對鐵路服務的需求都是有彈性的。除了汽油外的燃料石油對卡車服務的需求是不具彈性的。雖然對個別商品的估計無疑的比對較廣市場的估計更加準確，但即使把商品定義得相當恰當，這些研究仍然應該被認為是對運輸市場作了分類。嘗試在把市場分類得非常精緻的水準下研究需求彈性，通常必須面臨不選擇方案（non-chosen alternatives）的問題。

從美國北達科他州到明尼阿波里斯市和多里市，春天小麥的出貨需求
（Demand for Shipments of Hard Red Spring Wheat from North Dakota to Minneapolis and Duluth）

Wilso、Wilson 和 Koo 提出了一個範圍很窄的估計貨物需求的例子。❷這種非總體性的估計可以得到正確的估計，因為它遠離異質產品和異質地區所帶來的問題。在他們的研究中，作者搜集從 1973 年 7 月到 1983 年 6 月，春麥從北達科他州運到主要的目的地，也就是明尼蘇達州明尼阿波里斯市和多里市的麵粉工廠與碼頭等資料，藉由查看穀倉，他們調查出每月火車和卡車運送的數量，以及每個月各運具運送每延噸英里的平均收益。

作者顧慮到他們所蒐集的價格不是固定、預定的數字（不同於計量經濟學理論在上述情況中所設定的假設）。說得更恰當一點，他們認為每一個月鐵路業者在制定費率時，是基於卡車業者對鐵路費率的預期反應，一旦鐵路費率制定好了，假定這些費用在接下來的這整個月都維持固定，在這個月期間，卡車的運送量和費用假定是由競爭下的均衡狀態所決定。卡車運輸服務的均衡價格、均衡數量都被模型化，而且基於鐵路費率和提供卡車運輸服務的成本而逐月更動。在預定的火車費用下，卡車運輸的價格是由卡車運輸的供給與需求所制定的，而且同時化為鐵路運輸需求曲線的因素，來決定鐵路服務的需求量。在他們的模型，作者使用合適的計量曲線技巧以發現最能解釋資料數據的鐵路運輸需求斜率，及卡車運輸的供給曲線和需求曲線。

Wilson、Wilson 和 Koo 的評估結果列在表 3.2。在那 10 年期間，鐵路和卡車的需求曲線斜率產生了平均的彈性估計值，而且估計值比其

他研究者所發現的還高。卡車自身的需求彈性估計值為-0.73，是不具彈性的，但是非常接近有彈性區。鐵路的需求彈性是-1.18，顯然是在1的彈性值附近。鐵路需求對卡車費率的交叉彈性，竟然高達+2.3，然而卡車需求對鐵路運輸費率的交叉彈性就沒有那麼高了。1980年撤銷對鐵路的管制之後，所有的自身價格彈性和交叉價格彈性皆比之前還高。尤其發現到卡車需求曲線對自身價格的反應（彈性是-13.4）及對火車運輸的價格反應（交叉價格彈性是+8.29）很強。相反地，鐵路需求的自身及交叉價格彈性只有比以前高出一點點而已。

表3.2　評估從北達科他州到明尼阿波里斯市和多里市運送春麥的價格彈性

	平均值		後1980年代	
	鐵路運輸費率	卡車運輸費率	鐵路運輸費率	卡車運輸費率
卡車運輸需求	0.70	-0.73	8.29	-13.4
鐵路運輸需求	-1.18	2.30	-1.46	2.54

資料來源：William W. Wilson, Wesley W. Wilson 和 woo W. Koo「在小麥運輸中，交通方式的競爭和訂價」（Modal Competition and Pricing in Grain Transport），運輸經濟學與政策期刊（*Journal of Transport Economics and Policy*），Vol. XXII，No.3（September 1988），第 319-337 頁。

當然了，這些估計值也許不正確。不過這項研究是在縝密的分析下完成的，我們沒有理由假定作者所作的資料分析有錯誤。但是，就像所有的計量分析，結果的適當性是根據作者是否使用了正確的函數形式而定，而且我們也沒有直接的方法能確定他們所採的函數形式是否正確。假如價格的實際制定過程和他們所假設的不一樣，他們的評估將會出錯。在很多科學的研究裡，我們都會期待其他人用不同的模型或資料來複製同一個議題以看看是否也得到同樣的結果。然而，在運輸經濟學，資料取得的困難通常妨礙了以上所說的複製方法。

假設這些結果正確，我們可以從這些評估結果中學習到什麼呢？這些估計出的彈性值遠高於之前提到的其他地方的其他商品的彈性值，是否代表著鐵路和道路運輸的需求彈性高於以前所認為的，或者意味著從北達科他州到明尼蘇達州的春麥運輸需求彈性是高於其他地方的其他商品的彈性？兩種情況都有可能。因為貨物運輸強烈受到地理位置和個別商品的運輸特徵所影響，我們有各種理由預期在某些情況下，需求非常容易受到價格的影響，而剛好作者找到了這一個例子。

並沒有一般性的架構能讓我們明確預期出某特定運送情況的相對需求彈性。因此，從北達科他州運送春麥到明尼蘇達州的需求彈性估計值，不能被用來推論在其他運輸狀況中的價格反應程度。每一個情況都是獨一無二的，因此通常引不起人們的興趣。是否現在這些商品在那區域的需求彈性值仍然和當年作者搜集 1973 年到 1978 年資料所得的結果一樣高？我們無法去作可靠的預測。除非某人就是在北方曠野的貨主或運送人，否則我們沒有理由去想這種問題。運輸經濟學接下來所面臨的挑戰是，要發展出一種架構，讓在某地區探討出的價格反應程度的資訊，能夠移轉到另一個旗鼓相當的情況中。

影響貨物需求的其他因素
（OTHER FACTORS AFFECTING FREIGHT DEMAND）

影響貨物運輸需求量的不僅僅是費用，還包括其他的因素。我們可以用第二章的模型來找出什麼是其他的因素。在模型裡頭，商品的買方和賣方以均衡的運輸連結在一起，其中生產區和消費區的價格差異剛好等於運輸成本。這是因為把財貨從生產區運到消費區若有超額利潤時，商人就會提高運送量。假如蔬菜油在消費區每加崙的價格是

1 美元，在生產區的價格每加崙是 0.9 美元，而兩地之間的運送成本為每加崙美元 0.05 美元，那麼商人就可以利用價差獲得超額利潤，而把蔬菜油從低價格區運送到高價格區，至於會運送多少蔬菜油，端看產品的供給曲線和需求曲線的斜率而定。因此，在邏輯上只要產品的供給曲線或產品的需求曲線一移動，貨物運輸的需求也會移動。

　　會使生產區商品供給曲線移動的任何因素，連帶地也會移動貨物運輸的需求曲線。任何商品的供給曲線代表了生產者的邊際成本。若把供給（supply）視為生產成本加上把商品放到運輸工具上的成本，則有助於我們對供給的瞭解。任何成本的變動──例如生產區的工資、燃料成本、或者是貨物處理成本──都會移動產品的供給曲線，因而移動了貨物運輸的需求曲線。

　　存貨的持有成本也會影響生產區的生產成本和裝貨成本。因為所有貨物運輸都需要運輸工具，所以與生產速率相比的運輸工具大小，將會決定存貨的大小，而這裡的存貨是指寄貨者為了節約成本，必須暫時先保留著，還沒有送出的貨物。❸運輸工具的規模愈大，運貨前貨主必須持有的貨物規模就愈大。運送的規模愈大，那些決定存貨持有成本的因素就愈重要。例如，若提高了利率，則對滿船規模的貨物運輸需求所造成的影響，比對滿載卡車規模的運輸需求造成的影響還大。和其他貨物運輸工具相比，車輛運輸最重要的優勢之一是因為貨物的規模較小，所以節省了存貨的持有成本。在貨物是高價值時，這個優勢最為顯著。表 3.1 列出一些選擇性商品的每噸價值，有著高價值的商品通常是由卡車來運送。

　　我們把移動商品供給的因素作為運輸需求的決定因素，同樣的道理，另一個能影響貨物運輸需求的因素就是能移動消費區產品需求的因素。再次地，我們若把需求視為需求量和財貨費用之間的關係，會有助於我們瞭解需求的意義。而財貨費用包含把財貨從運載工具卸下

來的成本。與移動產品供給曲線的因素相類似的是，卸貨成本的降低會引起貨物運輸需求的增加。

有一項影響產品需求的因素，近來已經引起相當大的注意力，那就是對於製造廠的半成品零件所制定的存貨持有政策。日本的製造廠對於進來的半成品零件，使用極低庫存量的政策。⓮在剛好—及時（just in time）的生產組織中，運輸工具直接把貨卸到生產線。這個過程的主要好處是，半成品零件的低庫存量可以簡化品質管制的督察，而且全面改善了產出的品質。

標準的庫存模型認為使用運輸工具的成本是由存貨停留在運送過程中的平均日數所決定，因此這種模型不能夠解釋剛好—及時生產政策的明顯好處。為了能夠實行剛好—及時生產政策，半成品零件的到廠時間必須要有規律。假如零件運來的時間比預定得還晚，則將妨礙整個生產線的運作；假如零件提早到達了，又必須把它當作庫存來放置，然而減少庫存量卻是生產計畫的目標之一。對於使用剛好—及時生產政策的製造公司而言，可能的額外費用是花在加強運送時間的可靠程度上。在消費區若使用這種政策的公司增加了，將會把對可靠的運具的需求移動到右邊；造成對不可靠的運具的需求移動到左邊。對於這項變動的主要受益人是卡車運輸業者，因為這項變動導致火車失去了一些貨物運輸的生意。

到目前為止，所作的討論都是假設運輸業者所收取的價格是貿易商面對的唯一成本。假如運輸有了非價格的成本，則對貨物運輸的需求量會較小。因此，非價格的運輸成本是移動貨物運輸需求曲線的其中一個因素。假如運輸的非價格成本每加崙是 0.6 美元，貨物運送價格是 0.05 美元，則貿易商若在每加崙價格 0.9 美元的生產區和每加崙價格 1 美元的消費區之間運送財貨的話，是一筆不划算的生意。增加非價格的成本將會使貨物運輸需求移動到左邊。

多數分析非價格成本的焦點都是針對庫存在運輸過程中動彈不得所造成的成本。⑮運輸必然得花時間，然而對貨主而言，時間就是金錢。在運送過程中的商品就相當於放在倉庫中的存貨一般。假如某輛卡車運送 20 噸的貨物，每噸價值 5,000 美元，年利率 10%，則每一天商品所有人花在運送過程中的成本，光利息就大約 27 美元。庫存的利息成本是否重要，要由經濟社會中普及的利率水準、商品每噸的價值及貨物運輸服務的速度所決定。每噸的價值愈高，在運輸過程中貨物價值導致的利息就愈大。有些貨物容易腐壞，有些貨物容易損壞，有些商品可能容易遭竊。雖然有些遭竊和損壞的保險是包含在所支付的運輸費用中，但是貨主相信他們根本無法從保險公司拿到貨物損失和毀壞的全部賠償。在這些情況下，預期的損失和預期的損壞金額，是運送財貨的另一項非價格成本，因此也是移動貨物運輸需求的一個因素。

　　經常有人認為，由於卡車運輸品質提高了，故減少了火車交通的需求，而提高對卡車服務的需求。我們不可能去證實或否認這項主張，因為經濟學裡頭沒有定義「品質（quality）」這個字，也就是，品質可以用很多不同的方式來定義，因此，它不是一個有用的概念。⑯不同的運輸方式有不同的特徵，而每一個貨主對這些特徵的評估也不同。某貨主可能會認為設備的方便與否是服務品質的基本特色；可是對另一個貨主來說，能在任何時間追蹤出貨物的位置是很重要的；第三個貨主則講求運輸的速度；第四個貨主則在乎運送時間的可靠程度；有些貨主則認為銷售員的禮貌是服務品質基本的要素。

　　一些對貨主的調查已經發表出來了，這些調查是要求貨物運輸的顧客對運輸業者的特色排出重要性。⑰不幸地，這些調查並沒有提供對經濟學者有幫助的資料。例如，雖然我們知道 30% 的貨主認為運貨速度是在選擇運送業者時最重要的決定因素，但這並沒有告訴我們速

度要增加多少才會移動需求曲線。我們雖然知道某百分比的貨主把價格評為第三個重要因素，但這對我們決定運輸服務的需求彈性來說並沒有用的。

為了決定貨物運輸需求對服務特徵變動的敏感程度，計量模型需要有關特徵變動的資料。為了研究其他影響需求品質的因素，我們同樣必須要有可資控制的充分資料，而最明顯的資料就是所收取的價格。一般而言，這種資料是無法取得的，而且大多數的貨物需求分析都是以總體市場的水準而論，而這種資料就總體市場的研究範圍來說是沒有意義的。當有了服務特徵的資料可以利用時，必然會使用這些資料作為控制變數來估算需求彈性。例如，我們可以想像一下把方程式 3.1 的估計式，以服務特徵取代所得的情況。然後，藉由指明價格的數值，就可能得以截取出服務特徵對需求的個別影響，就與從方程式 3.1 引申出方程式 3.2 的方法類似。用這種方式，有時就能在計量估計貨物需求對價格的反應程度時，發現到貨物需求對服務特徵的彈性了。

幾個對運具選擇的計量分析都想要研究出，在那些能移動需求曲線的因素中，速度或可靠性的相對重要性。Oum 使用加拿大的資料發現火車運輸的速度和可靠性對鐵路運輸需求或卡車運輸需求並沒有重要的影響力，但是卡車的速度和可靠性，對火車需求和卡車需求而言卻有相當大的影響力。[18] McFadden、Winston 和 Boersch-Supan 並沒有去測量可靠性，但是在他們的研究中，他們也發現火車和卡車運載的新鮮水果和蔬菜，對卡車運送時間的平均值非常敏感，卻對鐵路運送時間相對地感覺遲鈍。[19] 會有這樣的發現，也許是由於火車平均的運載時間比卡車長得多，而且大部分的火車運輸都對運載時間的長短不太在乎。

市場區域的改變所導致貨物運輸需求的變動
（CHANGES IN FREIGHT DEMAND RESULTING FROM CHANGES IN MARKET AREAS）

　　為了便於分析，我們可以把移動運輸需求曲線的要素分成：移動終點需求曲線的因素、移動原點供給曲線的因素、在貨主裝載碼頭與收貨人卸貨設備之間處理貨物的非價格成本等。但是，只有在單一起點和單一終點的情況下，這種分法才會非常正確。如同第二章所強調，若有一個以上的運輸方式以及多個供給來源和多個需求終點時，任何一對端點的供給曲線和需求曲線，不再充分到能夠定義出運輸需求。當某特定路線的價格提高時，可能會使得與之前完全不同的供給者現在有了生存能力，或者是供給者發現到把財貨賣到不同的市場上會比賣到先前最合適的市場上，更有利潤可賺。

　　例如，把馬鈴薯從緬因州運到紐約的運輸需求也會視愛達荷州馬鈴薯的供給情況而定。在愛達荷州馬鈴薯的供給也會影響紐約馬鈴薯的價格，因而影響從緬因州運輸馬鈴薯的利潤大小。即使沒有任何馬鈴薯從愛達荷州運到紐約，運輸服務的供給者在決定運輸費用時，仍必須考慮到馬鈴薯是否有其他的供給來源。由於在某既定運輸速度下，市場的連結可以增加，也可以打散，所以對某服務的需求，不是只由某現存環節路線的使用者的供給曲線和需求曲線來決定，而且也包含了其他的潛在使用者。

　　當人們考慮的範圍是非常廣的運輸服務市場時，若總體環境的成分改變，則需求的移動就像是任意發生似的。會發生這種情形的一個可能方式是生產位置分布區域的變動。例如，在某篇介紹剛好一及時

生產形式的研究中發現到，美國的汽車製造業者已經把零件的供給來源移到更接近於零件裝配廠的地區，也就是他們增加向附近供給者購買零件的比例，並且減少向遙遠供給者購買零件的百分比。由於每個零件的平均移動里程數較少，所以這項行動已經減少了汽車零件的運輸需求。

　　一般而言，提高運輸成本，將會使賣方尋找更近的市場，而買方則會尋找更近的賣方，因而減少實際的運量。例如，介於 1960 到 1995 年間，美國鐵路交通每延噸英里的實質（1995）收益從 7 分錢左右降到 2.5 分錢。這個情況，再加上影響這個經濟的其他因素（尤其是卡車市場的改變），導致鐵路運送的平均距離增加 37%。因此，顯然主要決定貨物運輸需求彈性的一個因素，是平均運送距離隨著費率水準的變動而上升或下降的程度。

　　所有的經濟分析都把這個世界簡化來使它更容易瞭解。不幸地，在貨物運輸需求的領域，這種抽象化的技巧是直接且不嚴密地從一般經濟學借過來使用的。在其中，像是運送距離等空間上的議題就不容易處理了，這使得這個世界顯出不必要的複雜性，而且和估計模型是使用明確的空間觀點，就像第二章所描述的議題比起來，模型中的世界更易遭受隨意的衝擊。為了要評估運送距離的敏感程度對貨物運輸需求的重要性，還有更多的研究工作等著去做。舉例來說，也許貨主面對較高的運費所出現的主要反應，既不是轉換運具，也不會普遍的減少運送數量，而是延長或縮短供給的交通路線。不過到目前為止，我們還不知道真相。

為什麼只有這麼少的貨物運輸需求彈性估計？
（WHY ARE THERE SO FEW FREIGHT TRANSPORT DEMAND ELASTICITY ESTIMATES？）

在「運輸經濟學與政策期刊」（*Journal of Transport Economics and Policy*）的幾篇近期文章中，調查了所有發表的貨物運輸需求的價格彈性估計結果。[20]數字不是很大：發現不到 100 個。我們知道需求的測量對於公共政策和一般的運輸經濟學是很重要的，所以只有這麼少的貨物需求彈性估計結果似乎很奇怪。然而，有一些很好的理由可以解釋為何貨物運輸需求彈性的估計結果如此貧乏。接下來是一些作者為結果的貧乏所提供的解釋原因。

資料的可用性（Data Availability）

如果沒有商品的運送數量和運送價格等資料，就不能夠實現貨物需求的計量估計。不幸地，除了在特別的情況外，這些數字沒有一個可能獲取得到。割草機的製造商沒有發表他們從工廠運到每一個地方的數量是多少，因為擔心競爭者會利用這些資料去發掘他們最好的顧客，然後把他們的行銷焦點放在那些客戶身上。「數量」的數據一般都是機密的，除非是經由政府的普查或者經濟管制的報告方案才能搜集到。隨著運輸管制的不振，統計資料的報告也跟著衰退。

除了運輸管制的情況以外，價格也是機密的資料。例如，假如運輸業者和貨主協商出運貨價格，沒有一方會希望其他的貨主或運輸業者知道協商結果。貨主不想要讓競爭者知道他們付了多少運輸費，因

為擔心競者者會談出更低的價錢；運輸業者也不想公布費率，因為擔心其他的消費者會要求相同的低費率。如同汽車代理商沒有印製每位消費者買車的價錢紀錄，因此確實的運輸費率一般來說都是秘密。

　　有時候，相關的資料不但拿不到，甚至根本不存在──也就是說，它不但是個秘密，而且沒有人知道它是什麼。例如，對某些商品而言，決定卡車運輸需求的其中一項重要因素是鐵路運輸所收取的價格。但是，貨主若沒有選擇鐵路運輸，則這個選擇的價格就不存在了。假如貨主考慮了鐵路運輸，那麼鐵路業者就會去計算它所願意提供的運輸費率是多少（容易受到每一個貨主的討價還價），但是假如沒有貨主詢問，鐵路業者就不會去估算費率。若想要估計個別商品在個別路線的需求彈性，這是一個特別嚴重的問題。

 ## 非隨機的價格設定（Non-Random Price Setting）

　　就運量的決定因素而言，把價格變動的影響力和其他因素的影響力區分開來的計量技巧，是基於下述的假設：運輸業者和貨主所協商出來的價格完全是由運量和運輸需求彈性所決定的。但是，由於運輸費用一般都是由運輸業者和貨主之間的討價還價而定出來的，因此，這個假設有可能不適當。並且，某貨主可能在適合鐵路運輸服務的環境下使用火車運輸，而在其他環境下選擇卡車服務。和鐵路業者所協商出來的費率，可能反應了這些環境。但是，研究者在嘗試估計卡車和鐵路的運量對價格的敏感性時，並無法從原始的統計值中看出哪些貨主是因為特殊情況而選擇了鐵路。然而，假如費用和數量都是不正常環境下的結果，那麼忽略這項事實的計量經濟估計將會產生誤差。

　　其他舉例介紹關於非隨機價格設定所呈現的困難上，Wilson 和 Koo，在對從北達科塔運送小麥的分析中，假設卡車和鐵路業者所收

取的費用有著非隨機的型態。為了合理化他們所搜集到的資料,他們假設所收取的費率是以非常特別的方式(符合經濟學的邏輯)來反應鐵路車廂的可利用性、提供鐵路運輸和卡車服務的成本等變動情況。但是,他們選擇的模型可能不是正確的,並且可能造成相當高的彈性估計值。

問題的複雜性(The Complexity of the Problem)

計量經濟上的估計是依靠簡單且符合觀察資料的平面圖或曲線。例如圖 3.5 假定數量、價格和所得之間有著線性關係。但是如同第二章所顯示的例子,運輸需求曲線根本不是有規律的線。雖然他們有著很普遍的向下斜率,但他們有相當多的轉折點,只要貨主對任何兩個運輸的選擇都沒有差別(運具或終點等)就會發生轉折點。所以簡單曲線合適技巧即使在理想的狀況下,都是不可能準確的。

如之前所提到的,問題會如此複雜,部分是因為不正確的模型設計所致。別種方法可能會使這個世界看來比前面所提的方法更加能夠預期而且理性運作。計量經濟需求估計的其他障礙是否會讓新的模型技巧發揮功能,就不得而知了。

可轉移性(Transferability)

也許估算運輸需求時最困難的問題是:要決定對某情況的估算何時能夠應用到別的情況。這個問題特別顯著於我們討論從北達科塔運春麥到明尼可波里斯市和多里市,運輸需求彈性估算值很高的例子中。❹我們應該假定這些估算對於所有任何商品的鐵路運輸,都是正確的嗎?對於任何運輸方式的所有穀物運輸也都正確嗎?至少對於小

麥運輸，即使在美國堪薩斯州到墨西哥海灣之間，這些資訊普遍正確嗎？

　　原則上，運輸需求彈性的估計值僅對資料中的商品才算正確。然而，假如從中不能幫助我們瞭解其他類似運輸服務市場的運量對價格水準的敏感度，那麼也沒有什麼理由要發表狹小市場的需求估計結果了。譬如從亞歷桑那州把新鮮水果和蔬菜運到加州的運輸需求估計結果等。唯一感興趣的團體是極少數確實為那些運量制定價格和運量的決策者，可見他們會發表研究結果意味著研究者假設結果具有可轉移性。

　　讀者應該注意到，雖然貨物運輸彈性的測量是困難或不可能的，但這並不意謂著貨物需求彈性的概念是沒有用的。需求彈性確實存在，即使它們不能被測量出來，但是仍必須把他們納入制定運輸服務價格和運輸政策的考量中。通常明智政策的制定並沒有用到精確正式的需求彈性估計，但是那些在運輸部門有著多年經驗的人，或者持續觀察運輸統計值的人，通常能夠合理的看出什麼是可能的運輸需求彈性，並且根據這些徵兆來作決定。當然，較好的估計將會提供較好的決策，基於這項理由，人們才會繼續研究需求估算的技巧。應該把測量的困難當作是一項挑戰而不應該是忽略這項主題的理由。

結論
（CONCLUSION）

　　研究貨物運輸需求，主要是研究貨物運量對價格及其他因素的敏感程度。需求分析不是發生在古典的市場，而是在各群商品—起點—終點的流量中。原則上，個別貨物運輸能夠以各種可能的方式來聚集

分類。我們可以針對某特定問題的觀點來分類,例如,增加燃料稅對卡車運輸將會產生什麼影響,或者把應用價格指數和產出指數所帶來的扭曲影響極小化作為分類的基礎。第二個原理需要把有相似價格和相似需求狀況的貨物市場結合在一起。

最廣的市場類別是指整個國家運輸的所有貨物。在這個類別中,主要決定需求的因素是國內生產毛額(GDP)的水準。在美國經濟中,產出的組成改變了,讓我們看出貨物運輸的成長比整個國內的經濟成長還慢。多數貨物是由能源部門、農業、木材、金屬和紙漿製造廠所產生的。大多數的噸數都移動相對短的距離,但是長距離的運輸仍然在美國貨物運輸業產生的延噸英里數中占有重要地位。火車延噸英里數在過去 40 年來成長很慢,而且占所有貨物運輸的比例也降低了。對於鐵路運輸的低成長,卡車是唯一的受益人。河流和運河也顯示出快速的成長現象。

冒著過分簡化非常複雜而片段的市場團體所帶來的風險,接下來的研究者對需求研究之間的類似程度提出了試驗性的結論:運輸需求的主要決定因素是經濟活動的水準。對多數的商品在大部分的運輸距離而言,極少有跨運輸方式的競爭,因此,在這情況下,火車和卡車之間需求的交叉彈性可以說接近於 0。對於這些商品和運輸情況而言,運量對價格的主要反應是來自於:當運輸的費率提高,平均會使財貨運送的距離較短,而變動了運輸的起點和終點,使得在運輸端點擴大或縮小了總生產和總消費所致。對於那些有著跨運輸方式彼此競爭的商品和距離來說,儘管在每一個情況中,總需求彈性可能比 1 還小,然而,鐵路運輸的需求彈性仍高於卡車運輸。

描述影響貨物運輸需求的因素,比起測量那些因素的影響力容易多了。貨物運輸需求是源於生產區的供給情況和消費區的需求情況。當所運送的商品其需求或供給對價格的變動有高度反應時,貨物運輸

的需求彈性也就較高。任何移動產品需求曲線或供給曲線的因素也會移動在供給區與需求區之間的運輸需求。最通常提及移動產品需求曲線的因素是消費者的所得、喜好及近似商品的價格。影響產品供給的主要因素是生產成本。非價格的運輸成本也會影響產品的供給曲線及產品的需求曲線，還有影響商人在這兩個區域之間的運輸意願。最容易分析的非價格成本是：為運輸過程中的庫存而借錢的成本。然而，在很多狀況下，這種說法將大幅低估使用運輸的真正非價格成本。

在文獻上，研究貨物需求的文章很少，因此我們相信我們對貨物運輸服務的需求彈性之瞭解，大部分都是根據推測而來的。探討貨物需求的研究會如此的少，部分的理由是起因於：運輸工具的管制愈來愈少，造成可利用的資料也減少了。至於其他的問題是由空間設定的固有複雜性所造成的，在空間制定的模型中，需求是引申自：個別的運輸價格並不是預定的，而是以市場狀況來設定的，也就是研究者試圖測量的市場情況。但是貨物運輸需求研究的主要問題是可移轉性的問題。因為沒有統一的貨物運輸需求研究的大架構可以利用，所以每一個研究都是獨立的議題，似乎不太能夠應用到別的情況下。若沒有瞭解估算結果的可移轉程度——這份瞭解必須確定是來自於把產生運輸需求的地理設定加以模型化，否則即使有資料可以利用，需求估算的結果似乎是狹窄而無趣的。

註　釋

1. Hans A. Adler「運輸計畫的經濟評估」（*Economic Appraisal of Transport Projects*）
（Baltimore: The Johns Hopskins University Press, 1987），第 1 頁。

2. 非經濟計量的技術，亦可用來模擬貨物運輸的需求。這些以研究營運為基礎的方
法，一般並未將主要焦點放在某特定經濟市場中，貨物流對價格的敏感性之估計
上。有關這些技術的概論，可參見 Teodor Gabriel Crainic「城際運輸的營運研究模
型：當前的狀態和未來的研究議題」（Operations Research Models of Intercity Freight
Transportation: The Current State and Future Research Issues），後勤學與運輸評論
（*The Logistics and Transportation Review*），Vol. 23，No. 2，1987 年 6 月，第
189-206 頁；另請參閱 Harker, Patrick T. 和 Friesz, Terry L.「城際貨物流的預測，
II：數學的公式」（Prediction of Intercity Freight Flows, II: Mathematical Formula-
tions），運輸研究（*Transportation Research-B*），Vol. 20B，No. 2，1986 年，第
155-174 頁。

3. 有關此項技術的代表，請參閱 Oum, T. H.「在加拿大，貨物運輸需求的跨部門研究
以及鐵路—卡車的競爭」（A Cross-Sectional Study of Freight Transport Demand and
Rail-Truck Competition in Canada），Bell 經濟學刊（*Bell Journal of Economics*），
1979 年秋季，第 463-482 頁。

4. A. L. Morton「城際貨物運輸需求的統計概論」（A Statistical Sketch of Intercity Fre-
ight Demand），公路研究紀錄（*Highway Research Record*），No. 296（Washington,
D.C.: Highway Research Board, 1969），引自 George W. Wilson「城際貨物運輸的經
濟分析」（*Economic Analysis of Intercity Freight Transportation*）（Bloomington: In-
dian University Press, 1980）。

5. Haskel Benishay 和 Gilbert Whitaker Jr.「貨物運輸的需求與供給」（Demand and Sup-
ply in Freight Transportation），產業經濟學刊（*Journal of Industrial Economics*），
14，1966 年 7 月，第 243-263 頁。

6. Richard C. Levin「地面貨物運輸的分配：費率管制有關係嗎？」（Allocation in

Surface Freight Transportation: Does Rate Regulation Matter?），Bell 經濟學刊（*Bell Journal of Economic*），Vol. 9，No. 1，1978 年春季，第 18-45 頁；Kenneth D. Boyer 「最低費率的管制，運輸方式分割的敏感度和鐵路問題」（Minimum Rate Regulation, Modal Split Sensitivities and the Railroad Problem），政治經濟期刊（*Journal of Political Economy*），Vol. 85，No. 3，1977 年 6 月，第 493-512 頁。

7. 雖然大多數研究單一運輸方式的作品，都是在探究鐵路和卡車運輸之間的關係，但也有其他作品是研究其他運輸方式的。例如，請參閱 Hayuth , Y.「航空和海運的貨運方式—分割的分析」（Freight Modal-Split Analysis of Air and Sea Transportation），後勤學與運輸評論（*Logistics and Transportation Review*），Vol. 21，No. 4，1985 年 12 月，第 389-402 頁。Logsdon, C., et al.「太平洋西北的小麥對卡車——平底貨輪需求的測量」（Estimation of Demand for Truck-Barge Transportation of Pacific Northwest Wheat），後勤學與運輸評論（*Logistics and Transportation Review*），Vol. 19，No. 1，1983 年 3 月，第 81-89 頁。Winston, Clifford, "A Multinomial Probit Prediction of the Demand for Domestic Ocean Container Service"，運輸經濟學與政策期刊（*Journal of Transport Economics and Policy*），Vol.15，No. 3，1981 年 9 月，第 243-252 頁。

8. Ann Friedlaender 和 Richard H. Spady「對貨物運輸的引申需求函數」（A Derived Demand Function for Freight Transportation），經濟學與統計資料評論（*Review of Economics and Statistics*），LXII，No. 3，1980 年 8 月，第 432-441 頁。

9. 請參閱 Patricia Buckley 和 M. Daniel Westbrook「市場定義和評估鐵路與卡車運輸之間的競爭關係」（Market Definition and Assessing the Competitive Relationship between Rail and Truck Transportation），區域科學期刊（*Journal of Regional Science*），Vol. 31，No. 3，1991 年 8 月，第 329-346 頁。

10. Daniel McFadden, Clifford Winston 和 Axel Boersch-Supan「在非隨意樣本下，貨物運輸決策的共同估計」（Joint estimation of Freight Transportation Decisions under non-random sampling），運輸經濟學中的分析研究（*Analytical Studies in Transport Economics*），Andrew Daughety, Ed.（Cambridge University Press, 1985），第 137-157 頁。

11. Tae Hoon Oum「貨物運輸需求的橫剖面研究以及鐵路—卡車在加拿大的競爭」（A Cross Sectional Study of Freight Transport Demand and Rail-Truck Competition in

Canada），Bell 經濟學刊（*Bell Journal of Economic*），Vol. 10，No. 2，1979 年秋季，第 463-482 頁。其他針對單一產品來估計運輸方式的貨運需求彈性之作品，包括：Daughety, A. F.和 Inaba, F. S.「在運輸業，管制變動的分析」（An Analysis of Regulatory Change in the Transportation Industry），經濟與統計資料評論（*Review of Economics and Statistics*），Vol. 63，1981 年，第 246-255 頁。另請參閱 Oum, Tae, H.和 Taylor, A. J.「使用加拿大跨地區流量資料，貨運需求模型的函數形式之比較」（A Comparison of Functional Forms for Freight Demand Models Using Canadian Inter-Regional Flow Data），明日運輸要求之研究（*Research for Tomorrow's Transport Requirements*），運輸研究的世界大會（the World Conference on Transport Research）會議記錄，1986 年 5 月於加拿大英屬哥倫比亞溫哥華（Vancouver: Centre for Transportation Studies, University of British Columbia, 1986），第 1782-1804 頁。

12. William W. Wilson, Wesley W. Wilson 和 Won W. Koo「在穀物運輸業，運輸方式的競爭與訂價」（Modal Competition and Pricing in Grain Transport），運輸經濟學與政策期刊（*Journal of Transport Economics and Policy*），Vol. XXII，No. 3，1988 年 9 月，第 319-337 頁。

13. 運輸工具大小和最適訂貨點之間的關係，是等候理論（queuing theory）和企業運籌學（business logistics）的研究範疇。關於這類理論的應用，可參見 Inaba, F. S. 和 N. E. Wallace「空間價格的競爭和貨物運輸的需求」（Spatial Price Competition and the Demand for Freight Transportation），經濟學與統計資料評論（*Review of Economics and Statistics*），Vol. 71，No. 4，1989 年 11 月，第 614-625 頁。

14. 例如，請參閱 Bagchi, P. K., Raghunathan, T. S.和 Bardi, E. J.「剛好—即時的存貨政策對運輸業者的選擇上所具有的涵義」（The Implications of Just-in-Time Inventory Policies on Carrier Selection），後勤學與運輸評論（*Logistics and Transportation Review*），Vol. 23，No. 4，1987 年 12 月，第 373-384 頁。

15. Blauwens, C. 和 Vun de Voorde, E.「在商品運輸上，對時間節約的評估」（The Valuation of Time Savings in Commodity Transport），運輸經濟學國際期刊（*International Journal of Transport Economics*），Vol. 15，No. 1，1988 年 2 月，第 77-87 頁。

16. 請參閱 Chow, G. 和 Poist, R. F.「服務品質的衡量和運輸購買決策」（The Measurement of Quality of Service and the Transportation Purchase Decision），後勤學與運輸評論（*Logistics and Transportation Review*），Vol. 20，No. 1，1984 年 3 月，第

25-43 頁。

17. 例如，請參閱 Wilson, F. R., Bisson, B. G. 和 Kobia, K. B. 「在一般貨物運輸中，判斷運輸方式抉擇的因素」（Factors that Determine Mode Choice in the Transportation of General Freight），運輸研究檔案（*Transportation Research Record 1061*）（1986），第 26-31 頁。

18. Tae Hoon Oum 「貨物運輸需求的橫剖面研究以及鐵路－卡車在加拿大的競爭」（A Cross Sectional Study of Freight Transport Demand and Rail-Truck Competition in Canada），Bell 經濟學刊（*Bell Journal of Economics*），Vol. 10，No. 2，1979 年秋季，第 463-482 頁。

19. Daniel McFadden, Clifford Winston 和 Axel Boersch-Supan 「在非隨機抽樣下，貨物運輸決策的聯合估計」（Joint Estimation of Freight Transportation Decisions under Nonrandom Sampling），運輸經濟學中的分析研究（*Analytical Studies in Transport Economics*），Andrew Daughety, Ed.（Cambridge University Press, 1985），第 137-157 頁。

20. Tae Hoon Oum, W. G. Waters II 和 Jong Say Yong 「運輸需求的價格彈性概念與近期的實證估計」（Concepts of Price Elasticities of Transport Demand and Recent Empirical Estimates），運輸經濟學與政策期刊（*Journal of Transport Economics and Policy*），Vol. 26，No. 2，1992 年 5 月，第 139-154 頁；和 P. B. Goodwin 「特別針對價格變動的短期和長期效果，對新需求彈性的評論」（A Review of New Demand Elasticities with Special Reference to Short and Long Run Effects of Price Change），運輸經濟學與政策期刊（*Journal of Transport Economics and Policy*），Vol. 26，No. 2，1992 年 5 月，第 155-169 頁。另請參閱 Zlatoper, Thomas J. 和 Ziona Austrian 「貨物運輸需求：近期計量研究的調查」（Freight Transportation Demand: A Survey of Recent Econometric Studies），運輸（*Transportation*），Vol. 16，1989 年，第 27-46 頁。

21. William W. Wilson, Wesley W. Wilson 和 Won W. Koo 「在穀物運輸上，運輸方式的競爭與訂價」（Modal Competition and Pricing in Grain Transport），運輸經濟學與政策期刊（*Journal of Transport Economics and Policy*），Vol. XXII，No. 3，1988 年 9 月，第 319-337 頁。

第四章

對旅客運輸的需求

　　旅客運輸就像貨物運輸般是一群異質的服務，有些是由公共運輸來提供服務，有些則是私人運輸。不管產出是否同質，總產量或總需求量都有定義上的問題。如同第二章所描述的，在如此的環境，解決此問題的標準步驟是要定義出一個產出指數。在貨物運輸，產出的測量標準單位是延噸英里數，或者比較少人用的：貨物運輸的噸數。與之類似的兩個旅客運輸指數是，一年內產生的延人英里數或旅客量。

　　圖 4.1 顯示自從 1950 年以來美國延人英里數已經成長到四倍以上，遠遠超過人口成長的比例。這項增加來自兩個來源：每一個人從事更多旅行，以及每一個人旅行的距離往往比以前更長。在 1950 年，平均每一個人旅行 3,300 英里，但在 1995 年，平均每一個人旅行幾乎達到 9,000 英里。

　　旅客運量增加的同時，構成服務（組成延人英里指數）的成分也隨之改變。從總旅行數的觀點來看，每一個人的旅客運輸需求量已經放慢成長的速度。如同第二章提到的，區分旅客運輸最重要的方式是私人運輸和公共的運輸。圖 4.2 顯示私人運輸遠比公共運輸重要得多。

所購買的旅客運輸金額每年差不多 1,000 億美元,而這只占每年花在購買、維護和駕駛汽車的總額之 1/6 而已。在公共旅客運輸的金額中,約 35%是都市運輸(當地的巴士與大眾運輸系統等),55%是國內城際的運輸(幾乎都是航空運輸),10%為國際間的旅行(幾乎也是航空運輸)。

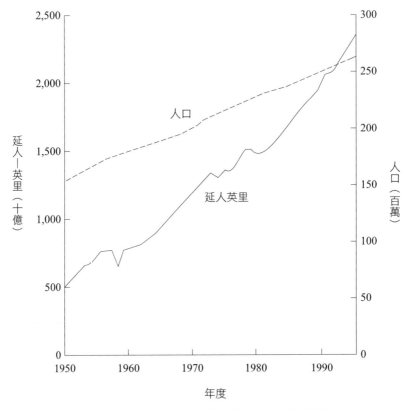

圖 4.1　美國延人英里數和人口成長圖

資料來源:「美國的統計摘要」(Statistical Abstract of the United States),美國運輸(*Transportation in America*)

毫無疑問的，圖 4.1 顯示以延人英里數來衡量的旅客服務需求量全面地都增加了。當然這並不是代表著對旅客服務的需求已經增加了。以經濟學的術語來說，需求量的增加可能來自於服務價格的減少、需求的提升、或是兩者都有。需求的增加意味著為了旅客運輸部門外面的理由（消費者的所得或對旅行的興趣是主要的研究因素），比起以前，消費者目前希望消費更多的旅客運輸服務。為了找出引起延人英里數增加的原因，我們必須要查出價格到底發生了什麼事。

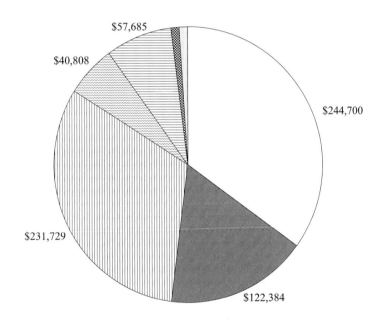

圖 4.2　1995 年美國旅客的消費（每年以百萬計）

資料來源：美國運輸（*Transportation in America*），第 14 版

然而，要查價格並不是那麼的簡單。在美國，主導的運輸方式是私人汽車，而人們並沒有因為開自己的車而付費給他們自己。反而，他們承擔了購買成本、擁有成本及駕駛成本。在私人運輸的情況，把「需求」重新定義成是需求數量和所承擔成本之間的關係，而不是需求量和服務價格之間的關係。

　　計算成本的過程將在第五章討論。在這裡有一些評論是有用的：在旅行中所使用的汽油，當然算是這趟旅行的成本。但是開車所花的很多其他成本，並不隨著里程數而變化。保險費就是最為明顯的例子，而且原始購買價格中的大部分，都不會隨著旅行次數或每年開車的里程數而有所變化。由於那些成本不會隨著車子的使用程度而變化，所以在計算從事某特定一次的旅行價格時，必須忽視那些成本。但是，在決定汽車需求，以及某家計的總汽車需求時，那些成本則必須被包括在裡頭。

　　有關旅客類別的總體資料比起只針對個人或同質小組織的資料來說，更容易取得，而且有時候還能從總體資料中作出有建設性的結論。例如，表 4.1 顯示出大約在 30 年的一段時期，美國每延人英里的消費大致固定在 40 分美元左右（以 1995 年美元為衡量標準）。由於旅客運輸的價格大致上都固定不變，然而延人英里數在同樣那段時期內卻提高了，顯然那段時間的旅客運輸需求增加了，就如同 4.3 圖所繪製的，需求的成長顯然不是僅沿著舊的需求曲線而移動。然而，自從 1980 年代末期，消費者所付的每延人英里價格下跌很多，如此的價格變動使我們能在累積更多資料的未來，估算出更好的旅客需求彈性值。與貨物運輸的情況類似，要改善需求估算的正確性，第一步是要把運量打散成數組，使每一組有著較高的同質程度。而這裡的第一個分法是私人運輸和公共運輸。

表 4.1　1960-1995 美國延人英里數和消費

年度	實質旅客消費 （1995 年的百萬美元）	延人英里數 （十億）	每延人英里的實質成本 （實質 1995 年美金）
1960	312	781	0.40
1970	449	1,181	0.38
1975	533	1,355	0.39
1980	625	1,468	0.43
1981	627	1,469	0.43
1982	599	1,490	0.40
1983	629	1,524	0.41
1984	674	1,577	0.43
1985	697	1,636	0.43
1986	685	1,724	0.40
1987	708	1,807	0.39
1988	737	1,877	0.39
1989	741	1,936	0.38
1990	735	2,034	0.36
1991	677	2,069	0.33
1992	696	2,143	0.32
1993	720	2,197	0.33
1994	735	2,286	0.32
1995	727	2,363	0.31

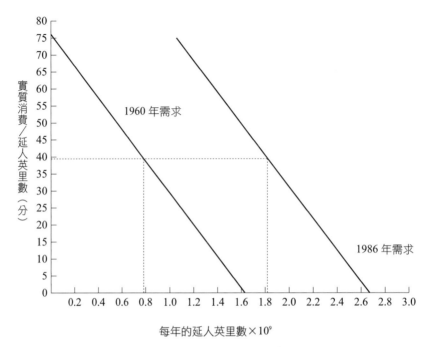

在 1960 和 1986 年之間，由於每單位的旅客運輸價格沒有改變，然而旅客運輸的消費金額卻增加了，顯然在那兩個年度之間，旅客運輸的需求曲線往右移動了。

圖 4.3　移動旅客運輸的總需求曲線

 # 對私人運輸的需求
（THE DEMAND FOR PRIVATE TRANSPORTATION）

我們通常認為擁有多少車的決定和每一輛車開多少英里的決定，聯合決定了對汽車運輸的需求。決定汽車運輸需求的最基本因素是每一個家計所擁有的車子數量。世界上所有的國家，每 1,000 個人口擁

有的汽車數量都有著穩定的成長。圖 4.4 顯示就人口的比例來看，美國國民總是比其他國家的人擁有更多的汽車數量。從圖 4.4 可看出在 1988 年與 1992 年之間，美國每千人擁有的汽車量出現了停滯的狀態。然而，這張圖忽略了美國當時強烈的變遷，即是以廂型車、運動休旅車、小型輕便貨車、和其他在技術上被分類為卡車（trucks）的其他旅客運輸工具等取代了汽車。假如把那些旅客運輸工具也加上去，則美國將和全世界一樣，繼續提高每千人擁有的旅客運輸工具數量。

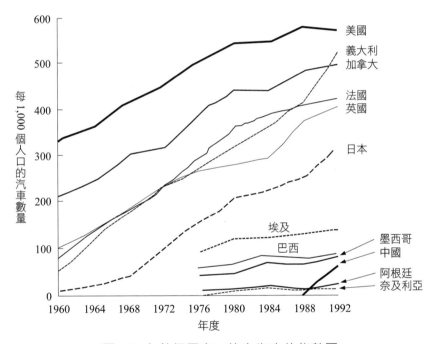

圖 4.4　在數個國家，擁有汽車的趨勢圖

資料來源：「美國汽車製造協會」（American Automobile Manufacturers Association），世界車輛資料（*World Motor Vehicle Data*）。

決定駕駛需求的最重要因素是所得，而且它的影響力主要是透過汽車的所有，而不是在駕駛的里程數。若保持汽車數量不變，則駕駛

里程數對所得的彈性小於 0.1，這意指著家庭所得要增加 10%以上，才能提高駕駛里程數 1%。❶相反地，汽車擁有權對所得的彈性則相當地高：差不多為 0.8，意指長期的所得若增加 10%，將會導致汽車擁有量增加 8%。❷

與汽車需求對所得的反應相對比的是，駕駛汽車對駕駛成本的彈性是十分低的，而且當駕駛成本的不同要素改變時，會牽涉到很複雜的變動情況。❸例如，當新車的價格提高，似乎會減少對新車的購買，但卻延長了舊車的使用壽命。所以總汽車持有量對新車價格的彈性實際上等於 0。❹汽車駕駛者面對較高的汽油價格時，似乎不是減少開車次數，而是把車換成更省油的汽車。❺因此，雖然汽油需求對汽油價格的彈性，比 0 大很多，但是駕駛里程數對汽油價格的反應卻接近於 0。

決定駕駛汽車需求的其他因素則比較難以評估。我們可以合理的假定，若增加可資利用的高品質公路，則可以讓開車更有吸引力，然而，我們卻找不到確認這個想法的研究報告。更難以量化的是，城市結構的改變對汽車需求的影響。若把辦公室從市中心搬到郊區，則人們對汽車運輸的依賴性更大，但是到辦公室的旅次長度反而縮短了。❻都市結構的改變對駕駛的淨效果仍不清楚。如同以下的討論，公共運輸的可利用性對於通勤的數量有很重要的影響力，但是在很多情況下，私人運輸是如此的有吸引力，以至於即使提供他們免費的大眾運輸，仍不能說服很多人改搭大眾運輸工具。

私人的航空運輸（Private Air Transportation）

另一種私人的旅客運輸方式是私人航空運輸。不像汽車般，飛機是完全使用在城際間的移動。私人飛機產生的城際延人英里數，幾乎

就和美國鐵路所運送的城際延人英里數一樣，每年大約 100 億，也可以說占城際運輸的總延人英里的 0.4% 左右。私人航空運輸的重要性已經減少，就相對數目和絕對數目來說都是如此。1980 年，私人飛機飛行了 150 億延人英里數，占所有城際延人英里數的 1%。在同一時間，商業飛行的延人英里數卻幾乎加倍了。

私人航空運輸的延人英里數減少了，證實私人運輸的優勢不是不能超越的。不幸地，我們對決定私人航空運輸需求的因素所知甚少。我們可以合理的假定，私人航空交通的減少與公共航空運輸的實質價格下降有關係，但是這種說法還沒有受到正式發表的研究所確認。另一個被認為會引起私人航空運輸里程數減少的因素是，私人飛機生產者所必須面對的債務成本提高了飛機的成本，因而減少了可以利用的小飛機數量。

 ## 對都市公共運輸的需求
（ THE DEMAND FOR URBAN PUBLIC TRANSPORTATION ）

除了計程車以外，公共客運的特徵是，以交通工具同時運送數位旅客。若要把不同的需求結合到同一個運輸工具來獲取經濟上的好處，則需要讓公共運輸具有固定的班次，也就是說旅客無法完全照自己所想要的時間到目的地。大部分的公共運輸還有一項缺點，那就是可以選擇的終點數量有限。幾乎在所有的情況，旅客都得以私人旅次（也許是走路）來配合公共運輸的搭乘。事實上，大眾運輸無法剛好在旅客所希望的時間運送旅客到他們想要去的地方，因此，比起私人運輸，顯得比較不吸引人。為了鼓勵旅客乘坐公共運輸，必須要有一些好處來補償它的缺憾——成本、速度或舒適等。許多的文獻在探討

私人和公共運輸工具之間的選擇時,都關心著其所涉及的環境因素,也就是大眾運輸能克服私人運輸的優勢時所具有的環境。

在 1947 年與 1970 年之間,使用都市大眾運輸的旅客數目急轉直下,減少了一半左右。在美國的每一個都會區,使用大眾運輸的旅客數量以及其旅客占通勤者的百分比都有衰微的現象。❼在 1970 年與 1980 年間,搭乘率則再次提高。表 4.2 顯示自從 1980 年起,公共運輸的搭乘已經穩定的保持在大約 85 億人次的旅程,接近 1965 年的水準。私人汽車運輸仍在美國的都市運輸中保持壓倒性的支配地位。

愈來愈多汽車被用於都市運輸中,這項趨勢不只出現在美國,甚至是在世界上所有的國家。而且在不同的國家都保持很類似的速度來增加所擁有的汽車數量。幾個外國國家已經積極鼓勵通勤者不用私人汽車而改搭大眾運輸系統。❽然而,這些努力幾乎都功敗垂成。現在人們普遍的看法是,只要有許多停車位,而且高速公路不塞車,就無法以標準的價格機制來說服擁有汽車的通勤者,改搭大眾運輸上班。

雖然普遍而言,公共運輸並沒有成功的吸引到新旅客,但至少在美國幾個都市區都成功地保持固定的大眾運輸的搭乘數。表 4.3 顯示在一百萬人口或超過一百萬人口以上的都會區,如紐約、芝加哥、華盛頓、費城和洛杉磯等,都成功的吸引 14% 以上的通勤者搭乘大眾運輸。在另一個極端,俄克拉荷馬市卻只有不到 2% 的通勤者使用大眾運輸。通勤比例的差異會如此之大,是因為商業中心的工作集中與否所造成的。只要工作是廣泛的分散在各地,大眾運輸就不可能吸引到很多的旅客。❾平均而言,美國 6.5% 的通勤者搭乘公共運輸、13% 使用汽車共乘制、73% 開自己的車去上班。❿

表 4.2　美國通勤旅客—旅行數量的趨勢（百萬）

年度	輕型火車	重型火車	通勤火車	電車巴士	汽車巴士	總數
1980	133	2,108	280	142	5,837	8,567
1981	123	2,094	268	138	5,594	8,284
1982	136	2,115	259	151	5,324	8,052
1983	137	2,167	262	160	5,422	8,203
1984	135	2,231	267	165	5,908	8,829
1985	132	2,290	275	142	5,675	8,636
1986	130	2,333	306	139	5,753	8,777
1987	133	2,402	311	141	5,614	8,735
1988	154	2,308	325	136	5,590	8,666
1989	162	2,542	330	130	5,620	8,931
1990	175	2,346	328	126	5,677	8,799
1991	184	2,172	318	125	5,624	8,575
1992	188	2,207	314	126	5,517	8,501
1993	188	2,046	322	121	5,381	8,217
1994	203	2,206	338	118	5,402	8,435

資料來源：APTA 通勤實相（*APTA Transit Fact Book*），1995 年版。總數包括需求
　　　　回應式運輸服務和其他類別。

　　若沒有大眾運輸可以搭乘，工作就不可能集中在商業中心。因
此，公司的集中和大眾運輸的搭乘之間有著共存的關係。大眾運輸對
市中心商業區經濟發展的影響，已經引起廣泛的討論。似乎只有重型
鐵路捷運的便利，才會對都會區市中心的經濟發展有重要的影響。⓫
然而，每個城市的經濟基礎都不同，而且有一些工作類別（譬如製造
業），比較不適合集中在商業中心區。

表 4.3　美國前 50 大都會區城市的通勤型態

居住的都會區	總工作人數	運輸的平均值				行程（分鐘數）
		單獨駕駛	汽車共乘	大眾運輸	其他	
美國總都會區	91,515,002	73.0	12.9	6.5	7.6	23.2
洛杉磯一長堤，CA	4,115,248	70.1	15.5	6.5	7.9	26.5
紐約，NY	3,798,814	30.7	8.9	47.3	13.1	35.3
芝加哥，IL	2,888,784	63.8	12.0	17.1	7.1	29.1
費城，PA-NJ	2,280,559	67.8	11.9	11.6	8.7	24.8
底特律，MI	1,931,153	83.4	10.1	2.4	4.1	23.7
華盛頓，DC-MD	2,214,350	62.9	15.8	13.7	7.6	29.5
休士頓，TX	1,576,078	75.7	14.6	4.1	5.5	26.4
波斯頓，MA	1,488,501	65.8	9.8	14.2	10.2	24.5
亞特蘭大，GA	1,481,781	78.0	12.7	4.7	4.6	26.0
拿騷一薩弗克，NY	1,303,936	73.0	10.0	11.4	5.7	30.0
河岸一聖伯那地諾市，CA	1,079,948	74.6	17.2	0.8	7.4	27.7
達拉斯，TX	1,312,173	77.6	14.0	3.2	5.3	24.6
聖地牙哥，CA	1,230,446	70.9	13.8	3.3	12.1	22.2
明尼阿坡里斯市，MN-WI	1,307,624	76.0	11.2	5.3	7.5	21.1
聖路易市，MO-IL	1,144,336	79.7	12.0	3.0	5.2	23.1
阿那罕姆市-Santa Ana，CA	1,278,661	76.8	13.7	2.5	7.0	25.5
巴爾的摩，MD	1,191,813	70.9	14.2	7.7	7.2	26.0
鳳凰城，AZ	996,495	75.0	14.4	2.1	8.5	23.0
奧克蘭，CA	1,034,364	68.6	13.2	9.1	9.1	27.2
天普，St. Petersburg- Clearwater, FL	914,711	78.8	13.3	1.5	6.4	21.8
匹茲保，PA	881,624	70.7	12.9	8.5	7.9	22.6
西雅圖，WA	1,037,749	72.8	11.6	7.4	8.2	24.4
邁阿密一海里亞市，FL	887,996	72.4	15.6	5.9	6.2	24.8
克里夫蘭，OH	823,684	77.7	10.5	6.2	5.5	22.6
紐沃克，NJ	901,453	70.9	12.4	10.0	6.7	26.2
丹佛，CO	843,070	75.6	12.6	4.4	7.5	22.7
舊金山，CA	853,948	56.3	12.2	19.5	11.8	25.9
堪薩斯，MO-KS	771,309	79.9	12.5	2.1	5.5	21.4
聖荷西，CA	796,605	77.7	12.3	3.0	7.0	23.3
沙加緬度市，CA	685,945	75.2	13.7	2.4	8.7	21.8
辛辛那堤，OH-KY-IN	678,121	78.6	11.6	4.3	5.5	22.4
密瓦基，WI	690,002	76.7	11.0	5.2	7.1	20.1
諾福克市一維吉尼亞 Beach-Newport News，VA	698,999	72.7	14.1	2.2	10.9	21.6

哥倫布，OH	677,859	79.5	11.4	2.7	6.4	21.2
Fort Worth-亞林頓，TX	664,433	80.9	13.5	0.6	4.9	23.0
聖安東尼奧，TX	569,149	74.6	14.8	3.7	7.0	21.9
Bergen-Passaic，NJ	649,697	71.7	11.9	9.3	7.0	24.7
Ft. Lauderdale-Hollywood-Pompano Beach，FL	588,089	79.7	12.8	2.1	5.4	23.0
印地安那坡里斯，IN	624,971	79.7	12.9	2.1	5.3	21.9
波特蘭港市，OR	615,587	72.6	12.5	6.0	8.9	21.8
新奧爾良，LA	514,726	70.9	15.3	7.3	6.5	24.4
夏洛特市-Gastonia-Rock Hill，NC-SC	604,856	78.8	14.5	1.8	4.8	21.6
奧蘭多，FL	557,448	78.1	13.3	1.5	7.1	22.9
鹽湖城-Ogden，UT	479,338	76.3	14.0	3.0	6.7	19.0
Middlesex-Somerset-Hunterdon，NJ	545,739	77.5	10.5	6.4	5.6	26.3
羅徹斯特，NY	481,467	77.7	11.6	3.2	7.5	19.7
Monmouth-Ocean，NJ	453,204	76.5	12.1	5.3	6.1	27.1
那士維市，TN	495,717	79.1	13.8	1.7	5.3	22.7
曼菲斯市，TN-AR-MS	448,237	78.2	13.6	2.8	5.4	21.6
水牛城，NY	432,883	76.3	11.4	5.4	7.0	19.7

資料來源：「1990人口普查」（1990 Census of Population），STF3C。其他類別包括摩托車、腳踏車、走路、在家上班，以及其他方式。

　　依據一份以世界上 100 個城市為調查對象所作的估計，平均而言，對大眾運輸需求的價格彈性為-0.45，意指票價增加10%時，會減少4.5%的民眾搭乘。❷然而，這個數字會隨著價格的降低而下降。由於私人交通工具是非常吸引人的，以至於就算大眾運輸的票價完全免費，其旅客人數和完全票價的旅客人數相比，只不過增加50%而已。全世界大眾運輸的搭乘數對班次的反應平均為+0.45%。然而，北美的城市比起世界其他城市有非常低的住宅稠密度，因此，偏愛以汽車作為交通工具。❸

　　對某特定服務的需求彈性可能和平均彈性相當不同。例如，近期一項對費城近郊捷運線的旅客需求彈性所作的估算值是-0.23%，意指票價提升1%，將減少0.23%的旅客。在同一份研究中也發現到，關閉

一個車站會減少 2.4%的搭乘數，而且當汽油費增加 1%時，搭乘數增加 0.1%。與捷運線類似路線的汽車過橋費也會影響搭乘數。❹就和其他的統計調查一樣，這些作者所能估算的，只有那些在他們研究的期間有著重大改變的因素所造成的影響而已，他們無法把決定任何都會區大眾運輸需求曲線的最重要因素──也就是車子所有權的影響力區分開來，而所得是車子所有權的近似替代因素。增加住宅和工作的地理集中度也能增加大眾運輸的使用率。❺

　　表 4.4 是估算 1970 年到 1980 年這十年間，波士頓大眾運輸的搭乘數據。從此表可發現實質所得對大眾運輸的搭乘有負面的影響，也就是較富有的人比較會選擇自己開車而不是乘坐大眾運輸。所得彈性的估算值是-0.715%，而這段期間實質所得實際上增加了 44.5%，所以預期搭乘數會減少 30.1%。而且這個影響力還大於其餘三個因素的影響力加總。這段時期波士頓市中心增加 8.3%的工作，因此，預估會因此提高 12%的搭乘數。儘管估算出需求對實質費率與服務品質是相當無彈性的，但是若把捷運線的費用大幅降低，再配合服務品質的改善（以運具－英里數來測量），估算可增加 23%的搭乘數。預期淨效果是增加 11.9%的搭乘數──它幾乎和實際增加的 12%一樣。有趣的是，預估波士頓需求的價格彈性為-0.23，與費城的估算值相同，而且二者都遠低於之前討論的世界平均估算值。有可能是因為美國的情況與世界其他國家十分的不同，所以大眾運輸的需求彈性一般都低於國外。

　　都市計畫者感興趣的是，改善大眾運輸的服務品質，將使需求曲線移動到什麼程度。和所有經濟學的分析一樣，在回答這個問題之前，首先要先定義品質（quality），因為它有太多意義可以採用。以波士頓這個例子而言，它是以運具－英里數來測量服務品質，但這絕對不是唯一的測量方法。我們可以很清楚的看出，藉由減少待在車內的交通時間、聯外時間、等待時間及換車時間等，就能增加對大眾運

表 4.4　1970-1990 波士頓大眾運輸搭乘數的決定因素

變　　　　數	估算的 彈性值	變數的 實際變動	對搭乘數的 影響力
實質所得	-0.715	+44.5	-30.1
波斯頓市中心工作數	+1.75	+8.3	+12.7
大眾運輸票價	-0.234	-42.4	+12.1
運具一英里數	+0.358	+38.3	+10.9

資料來源：Gomez-Ibanez , Jose「大城市大眾運輸搭乘數、赤字和策略：在波士頓
　　　　　逃避事實」（Big City Transit Ridership, Deficits , and Politics: Avoiding Re-
　　　　　ality in Boston），美國計畫協會期刊（American Planning Association
　　　　　Journal），Vol.62（Winter 1996），第 30-50 頁。

輸的需求。我們通常在選擇運具的研究報告中可發現，車外時間比車
內時間還重要。質化變數和態度變數如舒適性、可靠性和安全性等都
是更加難以量化的變數。❿

　　如同之前所提到的，13%的美國上班族利用汽車共乘制上班，雖
然此比例正在慢慢減少中，不過卻是搭乘大眾運輸工具者的 2 倍。⓱
就某些方面來說，汽車共乘算是私人運輸方式，就其他方面而論，則
算是大眾運輸方式。與自己開車相比較，汽車共乘拉長了交通的時
間，並且要求乘坐人員遵守固定的時刻表，使得一些通勤者感覺這種
方式減少了個人的自由。假如有高品質的大眾運輸可以搭乘，則固定
的汽車共乘時刻表與大眾運輸比起來是更不方便的。汽車共乘是否比
大眾運輸便宜，速度是否比大眾運輸更快，這都必須視情況而定。就
自掏腰包的部分而論，汽車共乘通常比自己開車還便宜。它就和大眾
運輸一樣，都會區內的實體環境關係對汽車共乘有重要的效果。若工
作集中在商業中心，而通勤到商業中心的距離不但相對的長，而且停
車位一位難求時，將非常適合汽車共乘的方法。

　　目前還沒有人估算對汽車共乘需求的價格彈性或所得彈性，然
而，那些擁有很少交通工具的家計、長距離的通勤者或出發時間不需

要彈性的人，比較可能會利用汽車共乘。不過這些人並不多，以至於研究者假設汽車共乘的需求對成本和服務特徵是沒有彈性的。因為家計是否擁有汽車與所得有非常密切的關係，因此我們可以合理的假設汽車共乘的所得彈性是負的。[18]

旅客設施需求的預測
(PASSENGER FACILITY DEMAND FORECASTING)

研究旅客需求的主要焦點是在於預測那些還沒有建造的設施的使用率。由於設施一旦建造了，就不容易取消，所以在這裡研究需求是最有幫助的。

例如，讓我們考慮大眾運輸巴士經營者的問題。經營者瞭解搭乘數會受票價、服務次數、營運時間、服務時數、社區人口、失業比例等所影響。經營者通常不會對那些影響因素從事正式的需求研究，而是經由連續的試驗、追蹤、調整服務和票價水準來獲取資訊，而且比起那些正式的需求研究，經營者能從這些方法得到好的甚至更好的結果。例如，假如大眾運輸經營者看到某一個路線的搭乘數增加了，他或她可以輕易的增加巴士量，以配合需求的增加。假如經營者相信需求是無彈性的，業者可以暫時對一些路線實驗性的額外收費，來看看是否會增加收入。假如消費者對漲價的抵制比預期還要高（也就是需求彈性比當初預期的還要高），業者就把額外收取的費用拿掉。大眾運輸巴士業者和固定的道路系統比起來，所具有的一個很大優勢是，所犯的錯誤不會帶來長期的後果，因此，在服務和票價的實驗中只承擔一點點的成本而已。

然而，投資固定運輸設施：新的高速公路、新的捷運線等，相比

之下則冒險得多。一旦建好了，就算預期到未來某地鐵線無法吸引旅客時，業者仍無法將它搬到新的路線或賣給其他的城市。正確的說，此投資是沉沒成本。只要未來的行動是要付出昂貴代價，而且受限於今日的行為時，那麼儘可能搜集有關不同決定的影響力資料是很重要的。

過去，對某特定設施的需求研究，通常被誤用成唯一的或主要判斷投資設施的決定因素。例如，若某政府機構預測不久的未來，某設施將會變得擁塞，則這項預測會因此被當作擴展設施的正當理由。而這種看法有兩點錯誤：首先，該作法未考慮旅客需求對設施所收取費用的敏感性，其次它假設運輸設施沒有擁擠是最理想的狀況。如同第九章的解釋，以上那些情況，沒有一個算是經濟上的正當理由。雖然運輸計畫者不再把交通預測當作設施應該被擴充的精確信號，但是瞭解設施需求仍然是運輸計畫的關鍵要素。

估算某些運輸設施需求的步驟，如公路的延伸等，就跟計算某特定運輸市場的總合需求是一樣的。原則上，可以使用標準計量經濟學的方法，來畫出價格、所得和數量資料的平面圖。然而，就和多數的運輸需求估計一樣，要估算設施需求，使用間接的方法是最有效率的估算法，而在間接的方法下，對需求者決策過程的大概理解指導了研究者對統計模型的選擇。這些方法對預測那些還未建造的設施之需求特別有幫助。

遵循標準的經濟學原理，估算運輸需求的焦點是在於個別家計的行為上。假定家計成員有以下數項需要決定：

　1.一個星期有幾趟行程。

　2.每一趟行程的目的地在哪裡。

　3.要搭乘何種交通工具。

　4.起點到終點之間要選擇哪一條路線。❿

曾經有一個研究者評估旅客會如何作出哪些決定：若要計算出某個人在某個行程，比如說華盛頓國際機場和 Sliver Spring 地鐵車站之間，搭乘華盛頓地下鐵紅線的旅程次數時，只需把個別的需求加總起來，就可得到使用那個設施的總需求。

估算都市需求的資料通常是以對駕駛人或旅客的調查為基礎。[20]這些資料可以讓研究者進行十分個別化的估算過程，而貨物運輸或城際旅客運輸都沒有這種可資利用的資料。[21]在個體的評估中，可以推論出價格指數和數量指數的變動與個別運量中，實際給付價格和實際運量的變動有怎樣的相關性。個人給付的價格有著明確的定義，而且個人所進行的運量也同樣有著明確的定義。

然而，所有評估個別設施所面對的問題是，統計學常見的採樣問題：如何斟酌你手頭的資料以取得有關所有人口的資訊。要準確的評估運輸設施的需求，我們不僅必須瞭解資料樣本中的每一個人，對於價格或收入的改變所作出的反應，而且也必須知道假定每一個個人所代表的人口規模。

研究者在都市運輸選擇上使用四部分的分類設計，來組織個體資料的數理分析。所有這些的組織設計都把實際現象簡化了。都市運輸分析中所作的主要簡化是：假定人們是依序地決定這四個選擇。如果假定某個人同時作出這四個決定，那麼這些選擇方案就會非常多。這個連續選擇的簡化使得研究者容易在數學上處理這個問題。

旅次發生（Trip Generation）

旅次發生模型通常是家計的社會經濟特徵的簡單線性函數。大部分對旅次發生的實證研究都顯示出，個人旅次的產生主要是受到所得和車輛持有的影響（車輛持有本身主要也是所得的函數）。[22]

旅次分布（Trip Distribution）

　　雖然我們可以輕易地合理化旅次分布，而符合家計極大化它們自己福利的經濟模型，但是旅次分布模型卻不容易以經濟模型來處理。若不瞭解都市區域的經濟地理，我們就很難明白為什麼個人的旅次會選擇到不同的目的地。除非我們知道都市區域主要的購物中心在那裡，否則，我們就無法瞭解為什麼有些地點會成為逛街的目的地。

　　人們長期以來都使用某個間接方法來處理旅次發生和旅次分布，那就是所謂的「重力模型（gravity model）」。❷使用類似物理學中兩個物質的地心引力理論，重力模型預期任何一對起點和終點之間的旅次數目將依據下列方程式而分布：

$$t_{ij} = \alpha\, A_i\, B_j\, c_{ij}^{-\sigma} \tag{4.1}$$

t_{ij}＝起點 i 和終點 j 之間的旅次數量

A_i＝從起點 i 出發的總旅次數量

B_j＝到終點 j 的總旅次數量

c_{ij}＝i 和 j 之間的距離或估算它們之間的運輸成本

α和σ＝每個特定城市估算的參數值

　　在物理學的地心引力方程式中，$\sigma=2$，也就是兩個物體之間的引力會隨著它們的距離平方而減少。有些運輸需求的估算已經找到σ的數值，而且接近 2，因此提高了運輸需求和重力的類似性。在它最簡單的形式中，重力模型認為任何一對位置之間的旅次會隨著那些地方所產生的總旅次乘積而增加，並且隨著之間距離的平方而減少。雖然這個方程式看來好像有很大的解釋能力，不但能預期都市運輸的運量，而且也能解釋城際運輸的運量，但是它並不是建立在個人行為的

標準經濟模型的理論基礎上。❷假如模型不是來自於個人極大化自己福利的模型,那麼經濟學者對於使用那些所謂「特別的」(ad hoc)模型都會感到不舒服。

運具選擇(Mode Selection)

很多對都市運輸的研究都把焦點集中於個人決策的第三點:要選擇哪一個運具。當運具的選擇模型應用在個別的家計資料時,研究者可能會使用離散選擇方法,像 logit 和 probit 分析。❷這些模型使用了實際的運具選擇資料來預測平均家計在面對特定的運具使用成本時,會如何選擇。在邏輯上機率的範圍是在 0 到 1 之間,因此,我們可以合理的假設運具的相對價格在非常高及非常低的地方,機率對於相對成本都是沒有反應的,所以我們可以找出一個關鍵性的成本比率,而其運具選擇的敏感度是最高的。找出這個關鍵性的比率和在那比率的模型選擇的敏感度是 logit 和 probit 模型的重點。

如同之前所提的,影響運具選擇的最重要成分是:一個家計擁有的汽車數量。在家計裡頭,收入、個人的年紀、他或她在家計中的角色、家庭規模、職業和居住位置等等都是會移動運具選擇曲線的因素。運具的相對使用成本是運具選擇曲線的橫軸,它主要是根據車內旅行時間、聯外時間、等待和換車時間、旅程成本,以及一些態度變數及一些難以量化的變數(如舒適性、可靠性和安全性)而定。我們得忽略後面那群變數,否則標準的經濟學模型無法輕易的解釋出在大多數的都市旅次中,為何汽車和大眾運輸相比,會受到人們壓倒性的喜好。

路線選擇（Route Selection）

　　路線選擇模型對設施計畫來說特別地重要。路線選擇模型已經借用了交通工程的文獻。城市的運輸路網被模型化，而且在前三個步驟所產生的交通會被分配到不同的交通路線，而交通量的分配是依照人們選擇交通時間最短的路線這項原則。交通量分配是很難模型化的過程，特別是在交通設施覺得擁塞時。一旦發生擁塞，個人對路線的選擇就得視所有其他人的選擇而定，因此，需要同時解決所有旅行者的問題才行。路線選擇模型已經受到批評，因為它對個人行為有著特別簡單而決定性的方法——極小化旅行時間——這和經濟學者偏好的模型所提供的豐富而詳細許多的說明大異其趣。

　　人們對於描述在都市交通需求的四部分過程中，使用了一些非經濟學的判定方式而感到不滿意，而且對於它假設人們是依照這四部分的順序來作選擇也普遍感到不滿意，因此導致有人想要在一般的經濟選擇架構中，發展出某特定設施的需求模型。❷在這個方法中，旅行選擇的每一部分都使用了運具選擇的理論和模式。每一個終點、運具、路線等的結合都認為是個別的經濟財貨。消費者要作的選擇是，每一項財貨各要消費多少。這個在理論上很動人的旅行選擇概論能否成功的改善對旅行需求的估算，現在仍然不清楚。

城際旅客運輸需求
(THE DEMAND FOR INTERCITY PASSENGER TRANSPORTA-
ION)

　　城際旅客運輸就如同都市運輸一樣，主要是汽車和公共運輸在彼此競爭。汽車也是城際運輸的主要方式，其市場占有率就像在都市運輸中般。然而，近 20 年來城際汽車運輸占所有城際運輸的百分比不斷地下降。圖 4.5 顯示出市場占有率降低的原因是因為航空運量有著非常顯著的提高。圖 4.5 亦顯示其他運具在過去 25 年則一直保持穩定的延人英里數。

　　城際旅客運輸不會比都市旅客運輸更具同質性。在城際旅客運輸中，特別是航空運輸部分，比都市運輸的差異性更高，我們可從公共運輸的賣方廣泛地採取差別訂價就可看出端倪。只要賣方從事差別訂價，所販賣的服務就不可能定義出單一的價格。只要價格不能適當的予以定義，對需求的估算就不會正確。航空運輸的差別訂價問題在解除管制之後變得最為嚴重。在那時期之前，有幾篇作品研究總旅客運量對平均價格和所得的反應。[27]雖然一般而言，研究者都同意空運旅客的需求所得彈性是正的且顯著的，但是他們對於平均空運需求的價格彈性是大還是小，並沒有一致的看法。Grayson 估算出航空運輸的需求彈性是-0.62。[28]平均的估算值從極端的-2.5 到幾個市場所出現的正彈性都有。[29]正的價格彈性表示較高的價格會吸引更多旅客，不過正值對於航空運輸服務這種市場而言並不合理，因為它有正的所得彈性。

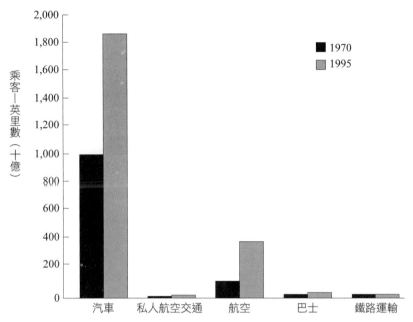

圖 4.5　1970 年到 1995 年美國城市間不同的旅客運輸方式

資料來源：美國運輸（*Transportation in America*），第 14 版

　　對航空運輸需求的價格彈性所作的估算結果會有這麼大的差異，其中一個原因是因為在不同市場及不同時間下，差別訂價的程度都不同所致。統計上的分析就是想要發現運量如何因平均票價水準的改變而有所不同，不過票價水準的改變主要是取決於對不同類別旅客所提供的折扣方式而定。例如，解除對航空公司的管制而導致航空運量的激增、平均票價水準的降低，以及航空公司收入的提高。降低票價加上收入的提高就可讓我們看出需求對票價是有彈性的。然而，平均票價的減少主要是由於持有折扣機票的旅客比例增加所致。若試著把票價水準的影響力和折扣水準的影響力分開來，就可發現到票價水準對運量並沒有顯著的影響。❸

如同所有運輸需求的議題一樣，要改善需求估算的方法是，把旅次打散成好幾類，使得在同組內的票價變動以及對票價變動的反應都具有同質性。打散的方法之一是根據旅次的目的而分類。根據「全國個人運輸調查」（National Personal Transportation Survey），大部分的旅行都不是為了商務，而是為了度假、拜訪朋友或親戚（簡稱VFR），甚至是其他家人的、私人的、社交的或休閒的理由。❶ 1990 年的調查結果顯示在圖 4.6，在所有的旅行中，汽車旅行是人們最喜愛的運輸方式。在商務旅行中，航空運輸雖然占有重要地位，不過汽車旅行還是搶得 50% 以上。

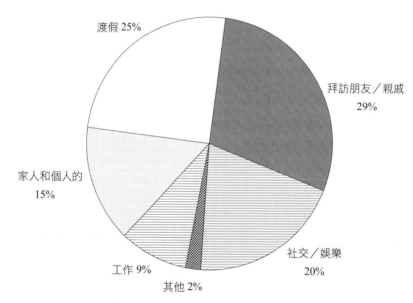

圖 4.6　長距離延人英里數的目的

資料來源：U.S.D.O.T.，1990 全國性個人運輸調查（1990 National Personal Transportation Survey）。長距離的旅行是指 75 英里以上的旅行。

　　描述旅客運輸市場的另一種方法是根據距離來區分行程。大多數

的行程都是在住家附近打轉。如同圖 4.7 所顯示的，汽車旅行是以短程為主。巴士和火車運輸的細目百分比與汽車的細目百分比很類似，短距離都占所有行程的一半左右。相反地，航空運輸的距離則有相反的面貌，短距離的旅次最少，而占最大比例的是較長距離的旅次。

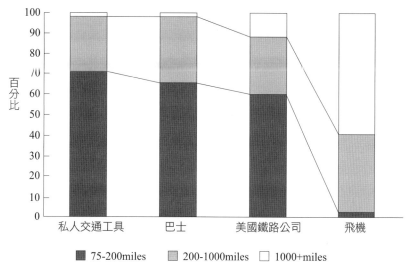

圖 4.7　不同運輸方式的延人英里數的距離分布

資料來源：U.S.D.O.T.，1990 全國性個人運輸調查（ 1990 National Personal Transportation Survey）

　　一般都認為商務旅行者需求的價格彈性比拜訪親友和休閒旅次都低。最近由 Morrison 和 Winston 所作的評估已證實了這點。對休閒旅遊而言，他們估算出汽車度假旅遊對汽車成本的平均市場彈性是-0.955、巴士是-0.694，度假的航空運輸需求彈性是-0.378，火車的需求彈性則是-1.2。至於商務運輸的彈性則低一些：汽車是-0.7、巴士是-0.3、火車是-0.57，而航空運輸是-0.18。❷

　　大約有 10%的航空旅次屬於國際運輸。由於國際航空運輸有著比

較明確定義的空中走廊，並且因為國際航空運輸比起其他的旅客運輸
受到了更嚴謹的管制，所以現在有好幾篇作品都是在探討國際航空旅
客的運輸需求。❸Straszheim也指出市場之間及市場之內的需求彈性有
著很大的變異性，他發現北大西洋路線的頭等艙是價格無彈性的，但
是所有其他艙等則有相當的價格彈性。他估算出那些使用最便宜國際
航空機票的旅客，需求的價格彈性是-2.7。航空運輸需求的所得彈性
要屬短程休閒旅遊的所得彈性最高，而需求的所得彈性最低的是在長
程商務旅次。❹

結論
（CONCLUSION）

　　就像貨物運輸一樣，我們應該把旅客運輸視為相互有關，但彼此
是不同服務的一個集合體。研究者對需求的分析是從確認出感興趣的
某一類運輸產出開始。

　　區別旅客運輸的方法，就如同貨物運輸般，主要分為私人運輸和
公共服務。在旅客運輸中，成長最快的部門是航空運輸，但是美國旅
客運輸的主要部分還是在私人汽車。

　　因為私人運輸沒有買賣，所以沒有所謂的市場價格。為了要估算
私人運輸的需求曲線，經濟學者把需求重新定義為汽車旅次成本和旅
次數量之間的關係。雖然需求的觀念從單位價格轉變成單位成本，似
乎相當合理，但是它的問題比表面上看起來的還大，因為我們必須決
定如何劃分固定成本和變動成本，以及決定出哪些部分是適當的對應
著各個需求群。在計算私人運輸的成本時，我們除了納入明顯的操作
成本外，也必須考慮一些隱含成本。這些成本的計算是本書下一個部

分的主題。

　　汽車的使用需求主要是根據現有的汽車數量而定。世界上每個國家的汽車擁有率不斷的提升，美國的汽車擁有率比任何其他國家都還高。擁有汽車的主要決定因素是所得的變動。成本對駕駛決策的影響主要是透過汽車擁有率的變動以及旅次的目的而定。汽車旅次對開車成本的彈性值接近於 0。

　　私人運輸和公共運輸之間的競爭很容易被劃分成都市運輸與城際運輸。都市大眾運輸的搭乘數一直不斷地減少，直到 1975 年左右，才又稍微回復一些。政府一直鼓勵通勤者從私人汽車轉換成大眾運輸，不過通常都功敗垂成。全世界對大眾運輸需求的價格彈性估計值差不多是-0.45，服務品質的彈性估計值差不多是+0.45，而美國的彈性可能更低。個別城市要吸引人們搭乘大眾運輸系統的能力，主要是決定於居住的密度。在居住人口非常稀少的城市和郊區，人們對大眾運輸的需求往往很低。

　　大多數的研究者都是直接為了設施的投資計畫，如公路、橋樑或新的大眾運輸路線等，才設計旅客需求的估算研究。這些研究通常使用了調查的資料，這種個體資料使研究者可以採用比其他需求研究部門更複雜的方法，因為其他研究需求的部門只能利用總體資料。這種個體研究假定旅行者會連續作一系列的決定：要從事幾趟行程、要去哪裡、使用哪種運具、走哪條路線。一些研究者估計出這每一項選擇的敏感程度，並且總合這些結果而得到計畫中設施的總運量。

　　在城際運輸中，汽車的主要競爭對象是飛機。在這一類市場中，公共運輸已經贏過私人運輸方式了。估算出來的航空運輸需求彈性以及需求的決定因素都不規律，或許主要是由於航空公司使用了差別訂價政策所致。如果市場可以被分成好幾群，而且每群有著不同的需求彈性時，差別訂價會帶給公司更高的利潤。研究的結果證實了休閒旅

次有最高的需求彈性，而商務旅次有最低的需求彈性。

註 釋

1. Hill, Daniel H.「家計駕駛需求的原動力」（Dynamics of Household Driving Demand），經濟學與統計資料評論（*Review of Economics and Statistics*），Vol. LXVIII，No. 1，1986 年 2 月，第 140 頁。許多有關車輛使用量需求的文獻，都是透過計算汽油需求或車輛需求的彈性而完成的。有關汽油的需求，除了前述希爾（Hill）的文章外，可參閱 Archibald, Robert and Robert Gillingham「消費者對汽油需求的價格彈性和所得彈性之分解」（A Decomposition of the Price and Income Elasticities of the Consumer Demand for Gasoline），南方經濟期刊（*Southern Economic Journal*），Vol. 47，No. 4，1981 年，第 1021-1031 頁；Berzeg, Korhan「對汽油的需求：一般化的誤差成分模型」（Demand for Motor Gasoline: A Generalized Error Components Model），南方經濟期刊（*Southern Economic Journal*），Vol. 49，1982 年 10 月，第 462-471 頁；和 Wheaton, William C.「運輸和汽油的需求之長期結構」（The Long-Run Structure of Transportation and Gasoline Demand），Bell 經濟學刊（*Bell Journal of Economics*），Vol. 13，No. 2，1982 年秋季，第 439-454 頁。

2. Wheaton, William C.「運輸和汽油的需求之長期結構」（The Long-Run Structure of Transportation and Gasoline Demand），Bell 經濟學刊（*Bell Journal of Economics*），Vol. 13，No. 2，1982 年秋季，第 442 頁。進一步探討估算汽車需求的技術，請參閱 Train, Kenneth「質的選擇分析：對汽車需求的理論、計量經濟和應用」（Qualitative Choice Analysis: Theory, Econometrics, and Application to Automobile Demand）（Cambridge: MIT Press, 1986），最近有一篇探討汽車需求，以及汽車需求與駕駛需求之間關係的佳作，為 Mannering, Fred L. 和 Kenneth Train「汽車需求模型化的近期方向」（Recent Directions in Automobile Demand Modeling），運輸研究（*Transportation Research-B*），Vol. 19B，No. 4，1985 年，第 165-174 頁，有關車輛數、車輛類型，以及駕駛里程數之綜合決策，目前尚無完整的作品出現。

3. Mannering, Fred 和 Winston Clifford「家計運輸工具擁有權和使用率的動態實證分

析」（A Dynamic Empirical Analysis of Household Vehicle Ownership and Utiliza-
tion），Rand 經濟學刊（*Rand Journal of Economics*），Vol. 16，No. 2，1985 年夏
季，第 215-236 頁。

4. Pindyck, R.「世界能源需求的結構」（*The Structure of World Energy Demand*）
（Cambridge: MIT Press, 1979）。

5. Hill, Daniel H.「家計駕駛需求的原動力」（Dynamics of Household Driving De-
mand），經濟學與統計資料評論（*Review of Economics and Statistics*），Vol.
LXVIII，No. 1，1986 年 2 月。

6. Daniels, P. W.「分散公司所產生的運輸變動」（Transport Changes Generated by De-
centralized Offices），區域研究（*Regional Studies*），Vol. 15，No. 6，1981 年，第
507-520 頁。

7. Hendrickson, Chris「對美國大眾運輸通勤的趨勢相對於商業中心工作的附註」（A
Note on Trends in Transit Commuting in the United States Relating to Employment in the
Central Business District），運輸研究（*Transportation Research-A*），Vol. 20A，No.
1，1986 年，第 33-37 頁。

8. 這類政策最為人熟知的例子便是新加坡。請參閱 Spencer, Andrew H. 和 Lin Sien Chia
「朝向卡片的全國政策：新加坡」（National Policy Toward Cards: Singapore），運
輸評論（*Transport Review*），Vol. 5，No. 4，1985 年，第 301-323 頁。美國經驗方
面，請參閱 Button, Kenneth J.「道路訂價法──外人對美國經驗的觀點」（Road
Pricing-an Outsider's View of American Experiences），運輸評論（*Transport Reviews*），
Vol. 4，No. 4，1984 年，第 73-98 頁。

9. Hendrickson, Chris「對美國大眾運輸通勤的趨勢相對於商業中心工作的附註」（A
Note on Trends in Transit Commuting in the United States Relating to Employment in the
Central Business District），運輸研究（*Transportation Research-A*），Vol. 20A，No.
1，第 33-37 頁（1986）。

10. Bureau of the Census, *Annual Housing Survey*；引自 Izraeli, Oded 和 Thomas R. McCarty
「旅行距離和旅行時間的變異，以及在 SMSA's 之間的運輸方式選擇」（Variations
in Travel Distance, Travel Time and Modal Choice Among SMSA's），運輸經濟學與
政策期刊（*Journal of Transport Economics and Policy*），Vol. XIX，No. 2，1985 年
5 月，第 139-160 頁。

11. Webster, F. V., P. H. Bly, R. H. Johnston, N. Paulley 和 M. Dasgupta「改變都市交通的型態：第二部分，公共運輸和未來的交通型態」（Changing Patterns of Urban Travel: Part II, Public Transport and Future Patterns of Travel），運輸評論（*Transport Reviews*），Vol. 6，No. 2，1986 年，第 129-172 頁。 Wilson, George W.「運輸的經濟學分析：一份 25 年的調查」（Economic Analysis of Transportation: A Twenty-Five Year Survey），運輸期刊（*The Transportation Journal*）（1986 秋季），第 33-44 頁，這篇文章認為交通對都市發展的重要性被過度誇張了。

12. Webster, F. V., P. H. Bly, R. H. Johnston, N. Paulley 和 M. Dasgupta「改變都市交通的型態：第二部分，公共運輸和未來的交通型態」（Changing Patterns of Urban Travel: Part II, Public Transport and Future Patterns of Travel），運輸評論（*Transport Reviews*），Vol. 6，No. 2，1986 年，第 129-172 頁。有關最近的估計結果，請參閱：Voith, Richard「對通勤鐵路運輸需求的長期彈性」（The Long Run Elasticity of Demand for Commuter Rail Transportation），都市經濟學期刊（*Journal of Urban Economics*），Vol. 30，No. 3，1991 年 11 月，第 360-372 頁。

13. 請參閱 Annas, A.「住宅地區市場和都市運輸：經濟理論、計量經濟學和不連續選擇模型的政策分析」（*Residential Location Markets and Urban Transportation: Economic Theory, Econometrics, and Policy Analysis with Discrete Choice Models*）（New York: Academic Press, 1982）以及 Izraeli, Oded 和 Thomas R. McCarty「交通距離、交通時間的變異性和在 SMSA's 之間選擇運輸方式」（Variations in Travel Distance, Travel Time and Modal Choice Among SMSA's），運輸經濟學與政策期刊（*Journal of Transport Economics and Policy*），Vol. XIX，No. 2，1985 年 5 月，第 139-160 頁。

14. Doe, Masayki 和 W. Bruce Allen「每月都市鐵路捷運線的搭乘率之時間數列分析」（A Time-Series Analysis of Monthly Ridership for an Urban Rail Rapid Transit Line），運輸（*Transportation*），Vol. 13，No. 3，1986 年，第 237-270 頁。

15. 這些結論可得自個別都會區的行程產生表。有關討論這類行程表的佳作，可參閱：Kanafani, Adib「運輸需求分析」（*Transportation Demand Analysis*）（New York: McGraw-Hill, 1983）。另請參閱 Webster, F. V., P. H. Bly, R. H. Johnston, N. Paulley 和 M. Dasgupta「改變都市交通的型態：第二部分，公共運輸和未來的交通型態」（Changing Patterns of Urban Travel: Part II, Public Transport and Future Patterns

of Travel），運輸評論（*Transport Reviews*），Vol. 6，No. 2，1986 年，第 129-172 頁，以及 Izraeli, Oded 和 Thomas R. McCarty「交通距離、交通時間的變異性和在 SMSA's 之間選擇運輸方式」（Variations in Travel Distance, Travel Time and Modal Choice Among SMSA's），運輸經濟學與政策期刊（*Journal of Transport Economics and Policy*），Vol. XIX，No. 2，1985 年 5 月，第 139-160 頁。

16. 請參閱 Kanafani, Adib「運輸需求分析」（*Transportation Demand Analysis*）（New York: McGraw-Hill, 1983），Chapter 6。

17. 汽車共乘（Carpooling）的一篇綜合性討論，為 Teal, Roger F.「汽車共乘：誰搭乘、如何搭乘以及為何要搭乘」（Carpooling: Who, How and Why），運輸研究（*Transportation Research*），Vol. 21A，No. 3，1987 年，第 293-314 頁。另請參閱 Kostyniuk L.（1982）「對共乘的需求分析：最新評論」（Demand Analysis for Ridesharing: State of the Art Review），運輸研究檔案（*Transportation Research Record*）876，第 17-26 頁；和 Oppenheim, N.（1979）「汽車共乘的問題和潛力」（Carpooling: Problems and Potentials），交通季刊（*Traffic Quarterly*）33，第 253-262 頁。

18. Teal, Roger F.「汽車共乘：誰搭乘、如何搭乘以及為何要搭乘」（Carpooling: Who, How and Why），運輸研究（*Transportation Research*），Vol. 21A，No. 3，1987 年，第 293-314 頁。這篇文章注意到各種汽車共乘的類型之間，有很重要的差異性。例如，交通車式的共乘制，以及家庭成員的共乘制都和低收入以及無汽車有關。輪流開車式的共乘制，也是許多公共政策所倡導的方式，則和低所得無關，其主要是根據通車距離以及上班地點的集中性而定。

19. Kanafani, Adib「運輸需求分析」（Transportation Demand Analysis）（New York: McGraw-Hill, 1983）。有時候會加入第五個要素：在什麼時間旅行。有關這項要素的一篇最近作品，可參閱 Kenneth A. Small「在都會運輸分析中，旅行的時間安排」（Trip Scheduling in Urban Transportation Analysis），美國經濟評論（*American Economic Review*），Vol. 92，No. 2，1992 年 5 月，第 482-486 頁。

20. 最近的研究作品試圖根據旅遊者對各種運輸方式所擁有的綜合特質，所表達的偏好，來獲得有關選擇敏感性（choice sensitivities）資訊。請參閱 David Henscher「所陳述的旅行選擇的偏好分析：實際的狀態」（Stated Preference Analysis of Travel Choices: The State of Practice），運輸（*Transportation*），Vol. 21，No 2，1994 年，第 107-133 頁。

21. 只有二篇能夠從他處獲得個別的資料（disaggregate data），那就是：Winston, Clifford「對城市間貨物運輸的個別部門模型」（A Disaggregate Model of the Demand for Intercity Freight Transportation），計量經濟學（*Econometrica*），Vol. 49，No. 4，1981 年 7 月，第 981-1006 頁，以及 John B. Lansing 等其他人「城際的旅客運輸需求」（The Demand for Intercity Passenger Transportation），計量經濟學季刊（*Quarterly Journal of Econometrica*），Vol. 75，No. 1，1961 年，第 87-95 頁。

22. 相關評論請參閱 Webster, F. V., P. H. Bly, R. H. Johnston, N. Paulley 和 M. Dasgupta「變動中的都市旅行型態：第一部分，都市化、家計旅行和汽車擁有率」（Changing Patterns of Urban Travel: Part I, Urbanization, Household Travel and Car Ownership），運輸評論（*Transport Reviews*），Vol. 6，No. 1，1986 年，第 49-86 頁。

23. 有關重力模型的完整討論，請參閱 Erlander, Sven 和 Neil F. Stewart「在運輸分析中的重力模型——理論與擴充」（*The Gravity Model in Transportation Analysis-Theory and Extension*）（Utrecht: VSP, 1990）。

24. 把重力模型用在都市交通需求之行程產生要素上的妥當性，所引發的若干爭議可參見 Horowitz, Joel L.「旅行和位置的行為：最新的研究和研究機會（Travel and Location Behavior: State of the Art and Research Opportunities），運輸研究（*Transportation Research-A*），Vol. 19A，No. 5/6，第 441-453 頁；Sen, Ashish「在空間相互作用模型上的研究建議」（Research Suggestions on Spatial Interaction Models），運輸研究（*Transportation Research-A*），Vol. 19A，No. 5/6，第 432-435 頁；以及 Smith, Tony E.「不連續的旅行行為之門檻模型」（A Threshold Model of Discretionary Travel Behavior），運輸研究（*Transportation Research-A*），Vol. 19A，No. 5/6，1985 年 11-12 月，第 465-467 頁。另請參閱 Barnard, P. O.「使用基本的多重名義的 Logit 模型和它的一些擴充，來模型化購物目的地的選擇行為」（Modeling Shopping Destination Choice Behavior Using the Basic Multinomial Logit Model and Some of its Extensions），運輸評論（*Transport Reviews*），Vol. 7，No. 1，1987 年，第 17-51 頁。

25. 這些方法的敘述，請參見 Moshe, Ben-Akiva 和 Steven R. Lerman「不連續的選擇分析：旅行需求的理論和應用」（*Discrete Choice Analysis: Theory and Application to Travel Demand*）（Cambridge: MIT Press, 1985）。

26. 運輸模型的一般問題，可參見 Ortuzar, Juan de Dios 和 Luis G. Willumsen「模型化運輸」（*Modeling Transport*），Second Edition（New York: John Wiley, 1994）。

27. 例子有：Morrison, Steven A. 和 Clifford Winston「對城市間客運需求的經濟計量分析」（An Econometric Analysis of the Demand for Intercity Passenger Transportation），運輸經濟學的研究（*Research in Transportation Economics*），Vol. 2，第 213-237 頁；Verleger, P. K.「空中運輸需求的模型」（Models of the Demand for Air Transportation），Bell 經濟學刊和管理科學（*Bell Journal of Economics and Management Science*），Vol. 3, No. 2；Ippolito, Richard A.「對航空需求和服務品質變數的估算」（Estimating Airline Demand With Quality of Service Variables），運輸經濟學與政策期刊（*Journal of Transport Economics and Policy*），Vol. XV，No. 1，1981年1月，第 7-15 頁；Anderson, James E. 和 Marvin Kraus「空中旅行的服務品質和需求」（Quality of Service and the Demand for Air Travel），經濟學與統計資料評論（*The Review of Economics and Statistics*），Vol. LXIII，No. 4，1981年11月，第 533-540 頁；Abrahams, Michael「空中旅行需求的服務品質模型：實證研究」（A Service Quality Model of Air Travel Demand: An Empirical Study），運輸研究（*Transportation Research-A*），Vol. 5，第 385-393 頁。

28. Grayson, Alan（1982）「城市間運輸方式選擇之個別類別的模型」（Disaggregate Model of Mode Choice in Intercity Travel），運輸研究檔案（*Transportation Research Record*），第 36-42 頁。葛雷森（Grayson）也估計汽車使用率的自身成本彈性為 0.08；公車旅遊是 0.32；而鐵路旅遊是 0.37。

29. Jung, J. M. 和 E. T. Fujii「空中旅程需求的價格彈性：一些新的證據」（The Price Elasticity of Demand for Air Travel: Some new Evidence），運輸經濟學與政策期刊（*Journal of Transport Economics and Policy*），1976年9月，第 257-262 頁；Verleger, P. K.「空中運輸需求的模型」（Models of the Demand for Air Transportation），Bell 經濟學刊和管理科學（*Bell Journal of Economics and Management Science*），Vol. 3，No. 2，1972 年。

30. John R. Meyer 和 Clinton Oster 等其他人「城際旅客旅程的取消管制與未來」（*Deregulation and the Future of Intercity Passenger Travel*）（Cambridge: MIT Press, 1987），Appendix B。

31. U. S. Department of Transportation, Federal Highway Administration, *1990 NPTS Data-*

book, October 1994。另一種資料來源，是由美國旅遊資料中心（U. S. Travel Data Center）所進行的「全國旅遊調查」（National Travel Survey, NTS），商務旅遊（business trip）在該資料所占的比例高很多。這種差別或許主要是由於「全國私人交通調查」（NPTS）和「全國旅遊調查」（PTS）對於商務旅遊的定義不同所致，前者定義成為了賺取生活收入的旅行，而後者則定義為：以「商務、集會、研討會或開會」為目的之旅行。

32. Morrison, Steven A. 和 Clifford Winston「城際客運需求的經濟計量分析」（An Econometric Analysis of the Demand for Intercity Passenger Transportation），運輸經濟學的研究（*Research in Transportation Economics*），Vol. 3，第 213-237 頁。最近有學者試圖估算在英國單獨一對城市間鐵路旅客服務的需求，請參見 A. D. Own 和 G. D. A. Phillips「鐵路旅客需求的特徵」（The Characteristics of Railway Passenger Demand），運輸經濟學與政策期刊（*Journal of Transportation Economics and Policy*），1987 年 9 月，第 231-253 頁。

33. 這些研究中，有一些被摘錄於 Kanafani, Adib「運輸需求的分析」（*Transportation Demand Analysis*）（New York: McGraw-Hill, 1983）以及在 Doganis, Rigas「飛行課題：國際航空經濟學」（*Flying Off Course: The Economics of International Airlines*）（London: George Allen and Unwin, 1985）。另請參閱 Agarwal, V. 和 W. K. Talley「對美國航空業者提供的國際航空旅客服務之需求」（The Demand for International Air Passenger Service Provided by U.S. Air Carriers），運輸經濟學的國際期刊（*International Journal of Transport Economics*），Vol. 12，No. 1，1985 年 2 月，第 63-70 頁；和 Straszheim, M. R.「北大西洋的航空需求函數以及它們的訂價涵義」（Airline Demand Functions in the North Atlantic and their Pricing Implications），運輸經濟學與政策期刊（*Journal of Transport Economics and Policy*），Vol. 12，No. 2，1978 年。

34. 這些估計值是引自 Doganis, Rigas「飛行課題：國際航空經濟學」（*Flying Off Course: The Economics of International Airlines*）（London: George Allen and Unwin, 1985）。

第二篇

運輸成本

第五章

運輸成本的概念

　　供給和需求（supply and demand）幾乎就是與經濟學同義的名詞。然而，以需求和成本的研究（the study of demand and costs）來描述經濟學是更加貼切的。成本的概念比供給更加普遍。供給如同需求，是市場價格和數量的關係，而數量即是所有財貨或服務的生產者願意提供給市場的數量。在觀念上，只有在賣方不能影響市場已經建立的商品或服務價格時，供給才有根據，而且只有當公司是在完全競爭下，才可能發生上述情況。談到供給（supply），意味著供給者處於完全競爭的環境，不過這個條件通常不成立。當公司有供給曲線，此供給曲線會和某特定的成本曲線完全相同。不管他們是否在完全競爭的市場，所有公司都有成本曲線。所以假如我們認識了運輸成本，我們就能瞭解運輸的供給。

基本的成本概念：機會成本
（THE FUNDAMENTAL CONCEPT OF COSTS：OPPORTUNITY COST）

　　經濟學定義一項活動的成本（cost）是：某人為了從事這項活動所必須放棄的其他機會的價值。生產一項財貨或勞務的成本是來自於生產所消費的資源：土地、勞力和資本等，因為它們被拿來生產運輸服務，所以無法再拿來生產其他的商品或勞務。把生產商品或服務的成本用「什麼被放棄了」來衡量，這種想法即是機會成本（opportunity cost）的概念，有時候也稱為實質成本（real cost），以強調某行動的成本並非只能用金錢來衡量，而且也可以用此人為了這個行動，而因此不能做的事情來衡量。以油輪從美國德州運送整船汽油到維吉尼亞的機會成本，是此船不能從事的旅次之價值，因為船被束縛在這趟運油之旅中。到黃石公園度假的機會成本，是以符合遊客時間和金錢條件的其他度假選擇之吸引力來衡量。建造一個輸油管的機會成本，是用在此油管的資金和土地所可以從事的其他選擇。

　　用金錢來計算機會成本的基本程序有三個步驟。首先，列出用在生產一項勞務或一群勞務的所有投入要素。假如這項服務沒有被產生，則會省下什麼生產因素？以及每個生產因素能被省下多少？計算機會成本的第二個步驟是決定出省下的資源的最佳用途。有些勞動可以留在運輸業，有些可以生產其他的東西。很多設備可以停留在運輸業，也可以用來增加替代路線、不同的旅客等級或商品等的服務水準。第三個即最後一個步驟是，把本來用在運輸用途的這些資源拿來生產財貨或其他服務，然後把這些所增加的生產量賦予金錢的價值。

由於減少某群運輸服務的生產，所增加的其他財貨和勞務的價值，就
是生產那些運輸服務的機會成本。

 機會成本和消費（Opportunity Costs and Expenditures）

　　學生首次接觸機會成本的概念時，通常認為它是難以處理的，
並且是不必要的。他們會認為要找出服務的成本，為什麼不乾脆去
看看運輸公司為了生產這項服務化了多少錢呢？例如，為什麼不查
明油輪公司為了把石油從德州運到維吉尼亞州，在燃料、工作人員
及補給品上花了多少錢，然後就把它稱作這趟行程的成本呢？理由
是沒有人──包括油輪公司、它的顧客或政府徵稅員等──會把這些
直接的費用當作完整的成本。例如，船本身對它的所有者而言代表著
是一項貴重的資產，若用它運送石油，就象徵著犧牲了在其他有利可
圖的時機中使用這個資產的機會。即使船公司是擁有這條船而不是租
來的，船公司仍要決定是否要把船賣掉或運送什麼貨物等，就好像它
為了使用這艘船而必須付錢給他人似的。

 沉沒成本和低估的資產價值
　　（Sunk Costs and Undervalued Assets）

　　生產者必須付費的資源當中，有一種資源一旦被派上用場，就沒
有機會成本了，我們把為這資源所付的費用叫作沉沒成本（sunk cost）。
一個很好的例子是鐵路路堤。雖然鐵路公司必須付錢來建造平坦的鐵
道，但是這項建造的結果並沒有殘餘價值，因為若把土地用在次佳的
用途上，堤防也許就得被拆除。因此，它沒有機會成本，而且為了建
造它而支付的任何費用都算是沉沒成本──此名稱是用來形容投資中

拿不回來的部分。沉沒成本對運輸消費的支配能力，強烈的影響對運
輸部門的分析。

　　雖然沉沒成本的出現使得機會成本低於直接支出，但是機會成本
仍有可能比支出來得大，例如，當運輸公司購買了設備以後，設備不
斷增值時，就會發生這種情況。近來買賣飛機的價錢都遠超過原始的
購買價格。使用飛機的機會成本不會被原來的飛機成本所影響，但是
卻會受到航空公司現在為了使用它所放棄的選擇所影響。為了使用這
架飛機，航空公司便必須放棄販賣或出租此寶貴設備以圖利的機會。
因此，這架飛機的機會成本與它在二手設備市場的價值有關。1990 年
代早期，二手飛機的價格大幅下降，因此，減少了經營航空公司的機
會成本，並且吸引了新業者進入飛機工業。

 ## 隱含成本和影子價格（Implicit Costs and Shadow Prices）

　　機會成本的純理論原理看來好像不切實際。雖然它費思量，不過
原則上我們仍可能探討出如果我們削減一些運輸服務或服務群時，到
底是哪一些人、哪部分的設備及哪些與路權有關的項目會被閒置。但
是我們如何肯定地知道因服務減少而失業的人，會在哪裡找到工作
呢？假如某些運輸服務釋放了土地、勞工和資本，人們如何猜出其他
地方的生產價值會因此增加多少呢？

　　答案是：人們不會知道的。機會成本是一個理想的概念，但卻無
法確實的計算出來。然而，這個想法有助於我們判斷出測量和實際的
落差到什麼程度，我們也才能評估另一種測量成本的方法之優劣程度。

　　實際上，我們可以用二種方式來修正支出項目，以引進機會成本
的原理。首先，對於那些使用投入卻沒有支付任何費用的部分，我們
要評估出購買類似投入需要多少成本。通常當某公司擁有這項資產時

才會碰到這種狀況。使用自己擁有的資產的機會成本稱為隱含成本（implicit cost）。會使機會成本和支出費用不同的第二種情況是，當使用投入所支付的總額不同於投入在開放市場所賣的價錢時。在這情況，必須調整金額。例如，勞動者的機會成本和所支付的勞工工資相同，除非有一些理由令人相信支付給勞動者的工資是不正常的。例如，不正常可能是由工會的契約所引起的，這會造成工資比競爭下的工資還高，或是由於前航空公司員工不正常的失業率，或是來自於航空公司技術人員的嚴重缺乏。假如工資有了扭曲，經濟學者將把投入貼上一個影子價格，即用某個百分比來提高或減低支付勞工的費用，以代表扭曲程度的估算值。❶約略的估量影子價格就能把機會成本引進支出帳目中。

　　機會成本原理對研究私人運輸成本特別有幫助。當某個人開車到本地的便利商店消費時，他從腰包掏出錢來只是這個旅次的機會成本的一部分而已，其他的機會成本像是，這個旅次讓他不能去做的其他事情。在計算這個旅次的機會成本時，經濟學者會把駕駛者的時間價值加上去。雖然他們不會有意識地命令自己去開車，但是駕駛者的所作所為，就如同他們已經知道開車所花的時間成本般。經濟學家非常相信，人們是根據機會成本去作運輸決定，而不是根據簡單的費用，也就是，他們在作決策時，已經把運輸部門外面的時間成本也計算進去了。

外部成本（External Costs）

　　運輸的行為若除了影響生產者和使用者以外，還影響到其他人，這時便發生了外部性。外部性有時侯也被稱為第三者的效果（third party effects）。外部成本（external cost）是買方和賣方未負擔，卻加

諸於第三者的成本。當其他人必須為額外的資源付費以維持生活水準或者他們擁有的資源價值減少時，就產生了外部成本。

要把成本歸類為內部或外部成本，端視採用的觀點而定。例如，假如我的活動妨礙了你的生產能力，就表示我對你加諸了一筆外部成本。但是從整個工廠的觀點看來，我們可以預期到若把生產量提高到某個點之上，會導致工人生產力的減少，而生產力的損失象徵著生產成本（內部）的增加，而不是工廠外面的外部成本。

以同樣的方式來看，運輸最普遍的外部成本是：交通擁擠。它對整個部門而言也是內部成本。當交通變得擁擠，車速會變慢，因此，其他的駕駛員需要花更多的時間以完成他們的旅次。我若決定開車，會使得你必須花更多的時間在你自己的運輸上，因此，我的開車決策對你加諸了外部成本。類似地，汽車交通也能使卡車交通變得擁擠。因此，從不同的運輸服務團體的觀點來看，交通擁擠的成本是外部的。

運輸的其他外部成本是噪音、空氣和水污染。駕駛員沒有為開車而污染的空氣付費，汽車排出的空氣品質顯然比當初汽車吸入時的品質糟得多。因為我們開車的決定傷害了其他人，而我們卻沒有為他們所減少的享受而補償他們，因此，我們對他們加諸了外部成本。在美國，運輸工具使用了65%左右的美國石油消費量，而且是主要空氣污染的來源。機場周圍的噪音污染，或是油輪外溢後水品質的降低等，都是使用運輸的外部成本例子。第十四章會討論測量運輸外部成本的方法。

交通安全的議題也包含了外部成本。例如，人們在交通意外中受到了傷害或不便，當油槽車廂出軌，人們暴露在有毒的化學物質中，或者被喝醉酒的駕駛員撞死等，在這些情況下受害的人們並沒有受到完全的補償，因此，產生了運輸的外部成本。交通安全的外部成本在第十四章也有討論。

運輸可能還有更多難以捉摸及受到爭議的外部成本。有時有人認為汽車若使用進口石油會使國防變弱，因為一旦別國禁止石油進口，國家就容易受到傷害。假如這個主張正確，那麼又是一個駕駛的外部成本例子。為了充實軍備，有人主張給予美國船隊一些補助。也有人主張在都市用車使都市的生活品質變差，因為車子使得居民更疏離，並且妨礙了傳統都市社區的創立。假如居民重視大眾運輸所促進的社區形式（有時候並不清楚），而且假如我使用汽車會使我退出這個社區，並因而導致你降低生活水準，那麼我開車的決定，所加諸於你的外部成本，也必須算在駕駛的成本上。

　　運輸外部成本的重要性是運輸經濟學最爭議的領域之一。傳統對這個領域的假設是：與直接成本相比，外部成本是很小的。然而，愈來愈多人認為，運輸的外部或社會成本（social costs）是十分重要的，因而要求明確的政府政策來處理這些成本。這些問題到第十四章再討論。

運輸成本的分類
（TRANSPORTATION COST CLASSIFICATIONS）

　　在經濟學，生產要素能以各種方式來分類。最熟悉的分類法是土地land（天然資源）、勞力labor（生產的人力投入）和資本capital（各種設備、建築物和其他輔助生產的項目）。另一種分類法是把生產資源分為固定投入和變動投入。固定投入（fixed input）是指在某特定期間內，使用水準都不會被改變的投入；而變動投入（variable input）是指在某段期間，使用水準會為了因應公司的需求而變動。固定成本（fixed costs）是為固定投入所支付的成本；變動成本（variable costs）是和使用變動投入有關的成本。

運輸經濟學中，把資本進一步分成二類是有用的：固定設施和運輸工具。除了一些例外情況，幾乎所有的固定設施成本都與使用水準無關，所以固定設施（fixed facilities）的營運成本往往受到忽略。然而，運輸工具的營運成本（vehicle operations costs）則往往很重要。這使得運輸成本被劃分成三個主要類別：固定設施的所有權成本、運輸工具所有權成本和運輸工具的營運成本。這三類成本個別是以下三章的主題。固定設施通常是指公共的基礎建設，是不能移動的資本。建造固定設施的成本通常是沉沒的成本。運輸工具，因為他們是可動的，所以可以依據當前的需求，在不同的市場之間移動，擁有運輸工具的成本不是沉沒的成本。

不同運具的差別不僅僅在於它們在三類成本的每一類中成本集中的程度，並且在各類成本中其固定和變動的比例也不相同。另外，它們也因使用者給付的是固定金額還是變動金額而有別。例如，通勤者若購買了不限使用次數的巴士票，就是表示他為了巴士服務的使用付出了一筆固定的金額，然而這份巴士服務背後大部分的成本都是變動成本。相反地，駕駛者為公路而付費——而公路的成本大部分都是固定的——然而由於不同的駕駛量會產生不同的燃料稅，所以公路的固定成本是由變動的價格（燃料稅）來給付。不管使用者所支付的系統之性質如何，成本的固定性端視投入隨著產出水準的變動而改變的程度而定。

固定設施的成本（Fixed Facilities Costs）

每一種運輸方式都有固定設施。鐵路公司使用鐵軌、車站和調車場；卡車使用道路和場站；航空公司使用航管系統和機場；海洋船艦使用港口；汽車使用道路和停車場。在一些實例當中，固定設施的擁有者也提供運輸服務。然而，在大部分的情況下，擁有者往往不是提

供運輸服務的人。依據機會成本原理，擁有者和使用者是否一致對於成本的計算並沒有差別。固定設施的成本是：衡量因為固定設施被用在運輸用途上了，使得其他經濟活動不能利用的這些資源。

固定設施所有權不是一項會消費資源的活動。雖然運輸活動發生在固定設施，但是固定設施本身（除了少數例外，像輸油管和貨物處理設施等），卻是不活動的。不過，為了讓運輸能使用這些固定設施，對固定設施的裝置和維修就是一項活動。保持水道成運輸路線，也隱含著一些既定的活動。為運輸用途而維護固定設施實際上是一項昂貴的活動。我們可以很合理的詢問，為了讓道路和鐵道能維持在當前的用途上，而沒有放棄它們或轉變成其他用途，所作的一些既定活動的價值是什麼。

建造固定設施是昂貴的，但是一旦建造好之後，大部分的成本就成為沉沒成本。沉沒成本，如之前所提到的，並沒有被列入機會成本的計算中。機會成本原則認為設施的成本是：如果此設施沒有被用在運輸時所節省的價值或資源。為了說明清楚，以道路成本為例：某公路擁有者所付的一些成本顯然是固定的，但是如果這條公路被放棄了，則維修工作人員不再需要去割除路肩上的草；州警不必再巡邏公路；冬天也不需要在結冰的道路上撒鹽。至於道路表面的維修呢？由於道路需要定期再鋪，所以放棄道路能節省道路重鋪和修理等必要工作的成本，而再鋪和修理的日期可能得視道路的交通量而定，因此，在某種程度上，擁有公路的成本和使用此公路的交通量有關，所以，我們可以把那些成本看作是營運成本。交通工具的營運成本是在第八章的範圍內。

運輸工具的成本（Vehicle Costs）

　　輸油管是沒有用到運輸工具的一種運輸方式。在所有其他情況中，運輸都需要運輸工具和固定設施。運輸成本的第二個主要類別是擁有運輸工具的成本，如：飛機、鐵路車輛、計程車、巴士、卡車、平底貨船和大船等。

　　與固定設施大不相同的是，購買運輸工具的支出不是沉沒的。運輸工具可以用來運送旅客、商品及它們自己本身。由於它們是可以移動的，因此，它們能輕易地在市場間轉換，所以要辨識擁有運輸工具的機會成本沒什麼困難：即出價最高的人為了使用你的車所願意支付的金額。擁有一輛在二手市場價值 10,000 美元的汽車，每年的成本（除了保險外，還加上基本的維修和折舊）相當於個人為了借 10,000 美元每年所必須付的金額。衡量使用運輸工具的成本必須同時考量運輸工具在二手市場的價值與市場利率，這些主張將在第九章作更多的解釋。

　　運輸工具的可移動性代表著要組成運輸工具的二手市場是很容易的。運輸工具的壽命可以預期得出來，以幾年或幾英里來算，所以擁有運輸工具的機會成本大約是運輸工具的原始成本減去折舊。就固定成本和變動成本的定義而言，若運輸工具的有效期限是由使用年限來決定，則擁有運輸工具的成本是固定的；假如運輸工具的壽命主要是由使用量來決定，則擁有運輸工具的成本主要是變動成本。至於運輸工具的使用壽命既不是由時間，也不是由使用量來決定時（客機是一個很好的例子），擁有運輸工具的機會成本就不是運載工具的原始成本扣掉折舊費了，這時，若要計算擁有運載工具的成本，那麼此種運輸工具的二手市場是唯一的資訊來源了。擁有運輸工具的成本會隨著

不同的運輸工具而大不相同，我們在第七章會再討論。

 營運成本（The Costs of Operation）

　　兩個主要的營運成本：勞動時間和燃料，這兩者都隨著運輸工具的使用量而變化，因此，就定義而言，都是變動成本。運輸工具的營運成本容易受到使用的方法而影響，特別是運輸工具的速度。任何運輸工具都有某個速度可以使每英里的燃料使用量達到最低，而且每英里的勞動成本會隨著速度的增加而減少。而速度大部分是由交通量的多寡來決定的。交通擁擠會使得速度變慢，因而提高為了完成這趟行程所必須的勞動時間的機會成本。

　　當固定設施變得擁擠時，交通速度也會減慢，但是在相同的經濟學意義裡，運輸工具的現存量也會變得擁擠。假如某家航空公司發現交通量比預期提高的更快，它可以重新安排飛行時間，以便從現存的飛機中爭取到更多的延人英里數。但是時間表的重排可能需要飛機每天飛行的時數比當初它被設計的還多，或者比當初繞了更迂迴的路，以容納那些所增加的需求。藉著增加生產的變動要素，例如燃料和勞工等來節省稀有的生產要素（例如飛機），將會提高營運的變動成本。描述這項過程的其他方式是：增加生產的變動要素會使固定要素的使用量增加。

　　除了燃料和勞動等直接成本以外，交通的營運還需要簽派員、預訂位置的辦事員、空服人員、行銷人員和行政人員等支援人員。僱用這些支援人員的成本和支援人員所使用的物質成本，都被視為經營運輸工具的間接成本。這些間接成本是固定的還是變動的營運成本，就定義而言，必須根據這些成本是否會隨著營運量的變動而改變。第八章會討論這些運輸工具的營運成本估算。

經濟學的成本形狀
（THE SHAPE OF ECONOMIC COSTS）

　　儘管運輸經濟學把成本分成三類，顯得好像很特別，但其實運輸經濟學也使用了很多標準的經濟成本分析。當然，由於標準的經濟分析沒有特別強調固定資產與流動資產之間的差異，或強調經營眾多市場的企業，所以運輸經濟學的成本分析多少有些不同，這是不會令人感到驚訝的。雖然如此，瞭解基本的經濟成本概念是很重要的，因為那是運輸成本分析的基本原則。

　　標準經濟學的成本分析是始於生產函數，而生產函數構成了生產商品或服務的基礎。不論是哪種產業或哪種產出，生產函數──投入和產出之間的關係──已經被發現有著普遍相同的形狀。假如所有的投入都以相同比例增加時，產出增加的比例若比投入增加得還快，則這種生產函數具有規模報酬遞增（increasing returns to scale）的特徵。❷生產函數被用在標準的經濟分析中，以確認為了生產某既定的產出水準，所必須有的投入量。成本函數僅只是某產量水準和為了生產這些產出所必須有的投入金額之間的關係。❸

　　某產業的生產函數是否顯示出規模經濟，是經濟學者在描述此產業時，所尋找的最重要資訊之一。規模經濟的來源通常假設是基於技術上原因，例如，可以把船的容量擴大成二倍，卻不需要把建造船的原料加倍。但是大的組織通常是規模不經濟（diseconomies of scale）的。至於規模不經濟的來源，經濟學比較少去探討，但是通常假設它們不是來自技術，而是來自管理上的原因：

在較大的組織，由於有著更多縱向的層級和橫向的散布，所以管理和溝通帶來了摩擦和慣性，以至於彼此的回應較慢、緊急應變能力和反應能力較差、較少的個人進取心，以及更多的官僚風氣。❹

　　當產業是處在適當的規模時，就需要以不同的角度來看成本。當營運已經達到適當的程度時，有一些投入，也就是固定投入，就不需要再被擴張了。圖 5.1 所繪製的 MC 線，有著各種產量下的單位成本的一般形狀，它也被稱之為「短期邊際成本曲線」（short-run marginal cost curve）。生產理論推測假如有固定投入，那麼超過某個點之後，增加變動投入，會使產量以愈來愈慢的比率增加，這個點就是有名的變動投入報酬遞減點（point of diminishing returns）。超過報酬遞減的點，對變動投入的支付會愈來愈高，而把擴增產量的單位成本往上推，這時 MC 曲線有著正斜率。為了擴大生產，為變動投入所付的高額支出也將使平均變動成本（average variable costs），也就是繪在圖 5.1 的 AVC 線，隨著邊際成本的上升而提高。

　　經常出現在經濟成本圖表中的其他二條線是 AFC 曲線和 ATC 曲線。AFC 表示平均固定成本（average fixed cost），當產出擴增時，AFC 必定會不斷下降（如果不是這樣，就表示它所代表的成本不是固定的）。ATC 線為短期平均總成本曲線（average total cost curve），它代表在短期，服務量與所有被使用的資源價值之間的關係。將平均固定成本和平均變動成本相加，即構成 ATC 線。

　　長期成本曲線（long-run cost curve）和短期成本曲線（short-run cost curve）事實上是容易遭到誤解的。並沒有明確的月份或年份可以來區分長期和短期。實際的分法是公司在草創期，決定公司的規模（或中止了全部的營運），和公司已經在營運當中，決定公司的規模。我們

可以很合理的認為：公司若已經在營運當中，能比較快地改變它的營
運規模。但是很多年後，公司的機器和設備可能已經都更新了，那些
員工也都退休而改朝換代了，所以實際上，公司規模的長期決策是由
一連串的短期決策過程所組合成的。

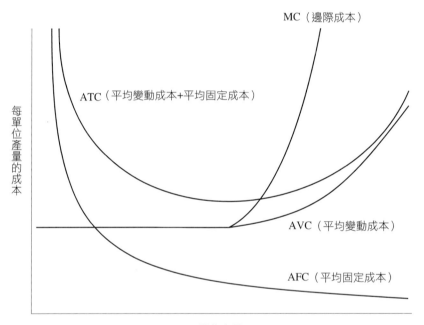

對大部分的產業來說，短期成本曲線有著上述的形狀。對所有的產出水準
而言，平均固定成本都會遞減。超過變動投入報酬遞減點以後，邊際成本
遞增，因而把平均變動成本曲線拉向邊際成本。U 形的平均總成本曲線是
AFC 線和 AVC 線的加總。

圖 5.1　標準經濟學的成本曲線的形狀

成批設施的影響（The Effect of Lumpy Facilities）

　　當運輸業應用上述經濟學的成本原理時，有必要作一些修正。首先，那些修正是來自於運輸設施的投資往往是成批（lumpy）的。成批是指要增加運輸資本必須以不連續的規模來增加，它是由技術條件來決定，而不是由成本極小化的條件來決定。

　　運輸固定設施的投資有成批的特性，對運輸投資和價格而言有幾個重要的理論和實際的涵義。為此，長期成本曲線的觀念，變得很難在運輸經濟學中解釋。圖 5.2 顯示一對短期邊際成本曲線：AB 線和 CD 線，以及兩個平均總成本曲線，它們對應著兩個不同規模的運輸固定設施，以EF和GH符號來表示。設施的規模愈大，為了極小化使用設施的平均總成本，所需的交通量就愈大。只要交通量低於 J，使用較小的設施會比較便宜，交通量愈大，最適的設施規模就愈大。呈扇形的黑體線以EJH表示，是運輸經濟學中最近似長期平均成本的曲線。它的不規則形狀是由於運輸規模呈整批所致。

　　運輸固定設施的投資呈整批性所隱含的涵義中，有一項經常被忽略的涵義是：我們不能明確的定義出運輸服務的規模經濟。運輸經濟學者通常把他們的焦點放在最小平均成本曲線的最初下降部分。這個區域是來自於技術上的限制，如鐵道所建造的規模至少必須要大到足夠對付現代的鐵路車廂，或者橋樑的建造也必須長到足以到達兩頭，並且要牢固到足以承受現代卡車的重量，因此，設施的設計通常都得符合某個起碼的交通量水準，在這水準以下，減少交通量並不會改變此設施的設計架構。在這個交通量的水準之內，設施對於所增加的交通水準都能應付有餘，而不必改變設施（假設沒有擁擠），而且每單位交通的平均設施成本會隨之下降，因此，似乎有著規模經濟。然

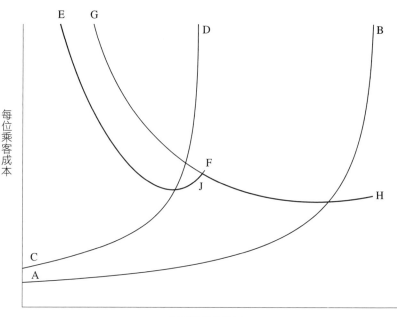

每天乘客的數量

當設施的建造只能侷限在有限數量的規模時,長期成本曲線就變成扇形圖般,它對應著每一個短期成本曲線的最小 ATC,我們以 EJH 表示之。交通水準低於 J 以下,可以建造較小的設施,設施總費用也較低;交通水準在J 以上時,就應該使用較大的設施。

圖 5.2　運輸固定設施的平均成本曲線呈整批的效果

而,這個特性沒有擴大到生產可能性的的整個範圍。

　　不同的運輸方式,設施投資的成批程度也大不相同,而引起經濟分析的困難。普遍來說,固定設施的重要性愈小,以及在固定設施的成本中,沉沒成本的比例愈低,設施的成批特徵就愈不重要。例如,零擔卡車運輸 less-than-truck-load(LTL)公司若要擴展新路線時,可以選擇租用固定設施的方式,或者有時候,利用投下包裹(drop lots)來代替處理場站。即 LTL 理貨站的設施不像鐵路軌道或水路水閘般呈

整批性質。LTL公司在決定某區是否有銷路之前，不需要作任何有風險的投資行為。這使得此產業在爭取新運量時，能夠更加有主動進攻的精神，並且更加可能的吸引到投資基金。

運輸成本的一個簡單例子
（A SIMPLE EXAMPLE OF TRANSPORTATION COSTS）

　　我們以美國亞歷桑那州的黑色岩石台地（Black Mesa）和波薇兒湖（Lake Powell Railroad）的鐵路來實例說明標準經濟學的成本曲線如何用在運輸市場。黑色岩石台地和波薇兒湖的鐵路和美國其餘的鐵路系統互相隔離著。這個系統是由78英里電氣化的軌道、3個火車頭和77個煤車所構成的，以連接煤礦和發電廠。鐵路車輛在特定區間來回行駛，從一端的礦區把煤運到另一末端的發電廠，然後空車回去再運另一批。這個鐵路提供單一的服務：從煤礦口運煤到發電廠，而且只有單一的消費者，並且只使用一種設備。由於這條路線與其他路線隔離著，因此不能與其他的鐵路業者借出或借入設備。簡而言之，它是美國當今所見的非典型運輸服務形式，它的營運不像是一般的鐵路公司，倒比較像是工廠內非常長的運送帶。

　　黑色岩石台地和波薇兒湖（BM & LP）能在經濟學理論的指導下輕易的繪製出短期成本曲線。這條曲線將看起來確實很像圖 5.1。黑色岩石台地和波薇兒湖鐵路在 1970 年代建造，花費 5,500 萬美元，預計壽命 35 年。當然了，原始的成本中，鐵路路堤和高壓線用鐵塔是沉沒的成本。然而，火車頭和煤車的價值、可回收零件的殘餘價值等都有可能隨著時間而提升，因此，今日投資的剩餘價值超過 5,500 萬美元。有關鐵路車輛、軌道、資產和設備等的當前價值總數，可以被

視為營運此體系的固定成本，至於燃料和勞動費用則看作是變動成本。把固定成本攤在一年運煤的延噸英里數中，可以得到圖 5.1AFC 曲線的輪廓。

在BM＆LP的軌道上只有一列火車每天來回地跑三趟。每趟來回平均花了 6 小時又 40 分鐘：花 1 小時 45 分鐘裝貨；2 小時 40 分鐘花在礦區到發電廠的途中；30 分鐘卸貨；另外 1 小時 45 分鐘是空車返回的時間。如果要增加產出，火車每天得來回跑更多趟才行。雖然每天加快營運速度或許可能多出第 4 趟的來回行程（無效率地高比率使用燃料，支付薪水給整天在火車上值班的工作人員），若想要加速營運到每天能提供 5 趟的來回行程，就現今的鐵路設計和設備而言是無法達到這種必要速度的。事實上，增加勞動和燃料費用能導致較高的產出，但是一旦接近容量的極限時，也會引起圖 5.1 短期邊際成本的提高，若達到路線和火車的容量極限時，邊際成本將會無限大，這時若要擴大產出，只能透過擴大系統的實際容量才能辦到，例如增加第二列火車，產量才能增加。增加路線投資會引起圖 5.1 的短期成本曲線往右移。

事實上，我們能用古典經濟學的成本曲線來描述黑色岩石台地和波薇兒湖，是因為它的營運和大多數的運輸系統都不同所致。由於這個運輸工具不能被用在任何其他路線上，因此可以把它看作是固定資本，而且此系統僅生產一項服務，意指它沒有運輸經濟學上設施共有及運輸路網經濟的複雜情況。

運輸路網經濟（NETWORK ECONOMIES）

運輸營運的例子可以簡單到像BM＆LP般。不幸的是，實際的營

運狀況通常複雜到無法拿來作為闡述基本原理的最佳例子。為此，我們最好使用一個比現實簡單許多的系統，就像圖 5.3 中所示的形式化而且完全假設性的系統。運用這個系統，我們將能探索出運輸路網所出現的設施共用，如何創造出它獨特的經濟學。圖 5.3 顯示航空服務所連結的城市位置。為了保持例子的簡易，將假設所有航空交通都是在此圖的右邊城市和左邊城市之間。

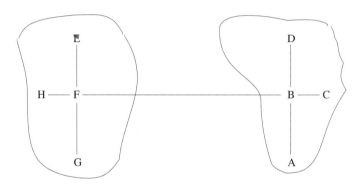

城市 E、F、G 是在從北到南的路線上，彼此間隔 100 英里。城市 D、B、A 也是在從北到南的路線上，彼此間隔 100 英里。城市 H、F、B、C 是在東西線上。城市 H 和 F 間隔 100 英里。城市 B 和 C 也間隔 100 英里。城市 F 和 B 相間隔 700 英里。此路線顯示軸輻路網的連接系統。

圖 5.3 在假設性的航空系統中城市的地圖

運輸路網經濟是指當經濟活動擴展時，運輸路網中的單位成本減少了。為了計算單位成本，我們必須分配每一對城市的交通量。我們可以在每一個城市以隨機方式選出人口數，然後使用第四章所描述的重力模型，來轉換每天的旅客人數與距離。表 5.1 顯示每天在每對城市之間移動的旅客數量。這個系統總共運送 2,226 個旅客，其中 1,113 個旅客從東邊飛到西邊，1,113 個旅客從西邊飛到東邊。A 城市和 E 城市之間有著最繁忙的交通量，每一天每個方向有 173 個旅客搭乘。在

表 5.1　比較直飛成本和運輸路網服務的成本

成對城市	沒有中途停留的服務				軸輻營運的服務		
	每天的旅客量	直飛的里程	使成本最小的設備	服務成本	經過中樞點的里數	使成本最小的設備	中途停留的次數
從 A 城市							
到 E 城市	173	728	2 大	$22,705	900	3 大	2
到 F 城市	80	707	1 大	$11,007	800	3 大	1
到 G 城市	56	700	3 小	$ 8,680	900	1 大	2
到 H 城市	141	806	1 大	$12,798	900	3 大	2
從 B 城市							
到 E 城市	55	707	3 小	$ 8,760	800	3 大	1
到 F 城市	24	700	2 小	$ 5,720	700	8 大	0
到 G 城市	16	707	1 小	$ 2,908	800	1 大	1
到 H 城市	43	800	3 小	$ 9,815	800	3 大	1
從 C 城市							
到 E 城市	142	806	1 大	$12,803	900	3 大	2
到 F 城市	63	800	1 大	$12,315	800	3 大	1
到 G 城市	43	806	3 小	$ 9,890	900	1 大	2
到 H 城市	114	900	1 大	$14,070	900	3 大	2
從 D 城市							
到 E 城市	67	700	1 大	$10,835	900	2 大	2
到 F 城市	28	707	2 小	$ 5,797	800	2 大	1
到 G 城市	18	728	1 小	$ 3,002	900	1 大	2
到 H 城市	50	806	3 小	$ 9,925	900	2 大	1

一趟的總旅客數：1,113	沒有中途停留的服務	軸輻營運的服務
總連接次數	29	42
總系統成本	$161,030	$121,530
總座位一英里數	1,240,497	1,065,000
總延人英里數	859,063	968,400
成本／延人英里	$.187	$.126
載客率	.693	.897

資料來源：模擬的結果。圖 5.3 的每個城市人口數是以 0 到 999999 之間的數目隨

機分配的。需求則是人口乘積的 1/5000 除以城市之間直線距離的平方。假設有兩種飛機類型：20 個座位的飛機，每延人英里的成本是 20 分美元；另一個是 150 個座位的飛機，每延人英里的成本是 10 分美元。並且假設旅客在降落的每個機場，成本是 5 美元。在直飛的服務下，所有大飛機或小飛機提供的所有服務成本被計算為：必要的最低飛機數量，乘以（大飛機）每英里 15 美元，或者（小飛機）乘以每英里 4 美元，然後再加上機場成本；為了使成本最低，所需的飛機數量和形式列在第 4 欄，提供服務的成本列在第 5 欄。至於經過中樞轉運站的服務，假設所有飛行都經過在 B 和 F 城市的中樞轉運點。為了極小化在某需求量的成本，所需的飛機數量和形式列在第 7 欄。連接次數是個別把第 4 欄和第 7 欄數字加總起來。載客率是總延人英里數量除以總座位英里數而得之。

較小的城市（及距離），也就是標著 B 城市和 G 城市之間，有著最小的交通量，每天每個方向僅有 16 個旅客需求量。

運輸服務的其中一個基本特色是，它們是在運輸路網內經營。另一個特色是它們所能選擇的設備規模是有限的。運輸工具呈整批的特徵能產生運輸路網經濟，就如下面的例子所顯示的。

航空公司有各種不同的飛機規模以因應需求。為了繼續保持例子的簡易，假如只有兩種飛機可以飛行：有著 150 個座位的大飛機，每座位一英里的飛行成本是美元 10 分；有著 20 個座位的小飛機，每座位一英里的飛行成本是美元 20 分。不管座位有沒有人坐著，成本都一樣。然而，每位旅客在降落的每個機場，成本是 5 美元。

重要的是，要知道以上所列的成本是非常不完整的，它們僅代表航空公司的營運成本。它們沒有包括固定設施成本，擁有飛機的成本或旅客負擔的旅程成本。如何說明運輸成本中的那些其他成本，是本書第三部分的主題。

航空公司若選擇直飛於每對城市時，會發現在每條路線上，能達到成本最小的飛機類別將視此路線上的旅客量而定。表 5.1 的第四欄

顯示在每條路線上為了達到成本最小，應該使用的飛機類別。A城市和 E 城市之間的直飛，應該使用大飛機；然而，B 城市和 G 城市之間，只要用小飛機一天跑一趟就能滿足需求了。如同表 5.1 所示，假如所有飛行都是直飛的，每天每個方向加起來總共有 29 次班機，每延人英里的成本是美元 18.7 分。在 29 次班機中，8 次是用大型飛機，21 次是用小型飛機。載客率（即有人乘坐的所有座位百分比）是 69.3%。過度使用小飛機（每座位一英里的成本較高），再加上低的載客率，使得直飛是一種滿足運輸需求的昂貴方式。

所有的運輸方式都會運用設施共用的原理來降低服務成本。設施共用是造成難以分析運輸成本的主要來源。在我們的例子中，航空公司要共用設施的方法是，必須以軸輻（hub-and-spoke）的系統來營運，而不是直飛的方式。在例子中，B 城市和 F 城市的機場被當作中樞轉運的機場。在軸輻營運的系統下，A 和 E、F、G、H 城市之間的所有旅客都被合併在同一架飛機，而通過B城市。來自B、C、D城市的旅客也被併在同一班機中，一起運到 F 城市。到了 F 點，要把旅客打散，然後把他們送到各自的目的地。然而，在運輸的分配當中，也會發生合併的情況，因為到每個目的地的班機是載著來自所有起點的旅客。

運量合併適合大飛機的使用。表 5.1 的第 7 欄顯示出在軸輻系統的經營下，只用大型飛機。所有A城市的運輸需求都能在每天飛到B中樞點的3個班次中得到滿足；D 城市有 2 班，而 C 城市也有 3 班。因此，B 城市與 F 城市之間每天有 8 個班次，過了 F 中樞點，則有 6 個班次可以分配旅客。在這系統下，平均服務一位旅客的成本為每延人英里美元 12.6 分，遠低於直飛中的每延人英里美元 18.7 分。在整個軸輻營運的系統下，提供服務的總成本為 121,530 美元，比起每個方向都提供直飛服務的每天 161,030 美元，少了 39,500 美元。

運輸路網所提供的運輸服務成本比直飛還低的原因有兩個：以大型飛機（每座位—英里較便宜）而非小型飛機來服務旅客；以及提高每個班次的載客率。以這個例子來說，透過軸輻營運系統，能使整個系統的載客率從 69% 增加到 89%。

　　把直飛和軸輻營運比較，就可顯示出為什麼大部分的運輸服務是以運輸路網的方式來提供，而不是以服務個別成對市場的方式來提供。運輸路網讓來自不同市場的消費者可以被合併在同一個運輸工具內，使得營運成本較便宜（就服務每位旅客的成本而言）的大型運輸工具可以派上用場，並且能讓每一個運輸工具有著較高的載客率。然而，有二個因素會抵銷上述的好處。就我們的例子來說，這二個因素就是較高的中樞轉運成本，以及較長的里程數。服務從直飛系統改變成軸輻營運系統，延人英里的總數從 859,063 增加到 968,400，里程增加 12%。還有，由於旅客轉機將提高機場的使用量，所以每個旅客接駁的中樞轉運成本增加了 5 美元。在表 5.1 所列的運量水準下，合併交通的好處超過了長距離的成本以及較高旅客接駁的成本。然而，如同以下所顯示的，不見得軸輻式的經營成本一定比直飛系統的經營成本還低。❺

　　從表 5.1 中，每延人英里成本的計算值能用來闡述運輸的成本曲線。運輸經濟學者希望產生的成本曲線能與其他產業的成本曲線相類似，例如，若能畫出像圖 5.1 的成本曲線，就比較容易說明它的成本。但是運輸公司幾乎都是在運輸路網的範圍下營運，把各種不同的交通結合到同一個交通工具上。當一家公司經營多種服務時，就沒有獨一無二的產出測量方法（因此，每單位的產出也沒有獨一無二的成本測量法）。自然的解決辦法是像第二章一樣，以指數來定義產出——用延人英里數或延噸英里數。

　　如同在第二章所看到的，用某運輸指數來當作產出的測量標準，

會在經濟分析上造成一些模稜兩可的情況。原因是在於：延人英里數增加時，對成本造成的影響，會受到延人英里數的增加來源（是來自旅客量的增加，還是里程數的增加）所左右。在我們的例子裡頭，延人英里數增加的一個可能方式是以一個共同的百分比變動所有的運量。例如，旅客需求加倍，則會增加軸輻路網系統下的班機數量，從22 個班次增加到 41 個班次。由於在需求加倍的前後，完全都是以大型飛機來提供服務，而運量的加倍並沒有加倍了飛行的班次，造成了載客率的改變，因而影響了成本，這也是唯一會影響成本的因素。每延人英里成本從美元 12.6 分降到美元 11.8 分。當所有需求都增加相同的比例時，每延人英里成本的減少，稱之為密度經濟（economy of density）。密度經濟也可以被描述為軸輻經濟、運輸路網經濟或運量合併經濟。這些經濟是由於在運輸路網的運量增加時，不是運輸路網的所有部分（如運輸工具或固定設施）都需要增加相同的比例所致。

　　以軸輻的系統服務旅客不一定都比直飛系統還便宜。例如，如果表 5.1 的旅客數量都乘以 10，那麼以直飛系統來服務每個地區會比軸輻系統還便宜。雖然運輸路網的營運有較高的載客率（它們通常如此），但是這時的運量卻高到足以支持在每一個路線都以大飛機來提供直飛的航程，因而省去旅客轉運場站的成本，以及縮短了飛行里程，這些好處已足以彌補直飛較低的載客率。雖然兩個系統的每延人英里成本是相同的，但是軸輻系統的總成本高於直飛服務系統的總成本。在這情況下，由於軸輻系統會引起延人英里數量的增加（來自於較長的里程），所以若藉著衡量每延人英里的成本來比較直飛與運輸路網的服務時，容易產生誤解；雖然軸輻系統有較高的載客率及節省了機場成本，但是旅客的英里數增加所帶來的成本卻大於那些好處。個別運輸需求到底是在直接服務的系統下比較便宜，還是在設施共用的系統下比較便宜，得視高的設施使用率所節省的每單位成本，與合

併運量及增加里程所帶來的成本之間，哪一項比較大而定。

我們從表 5.1 畫出直飛和軸輻路網的延人英里數及每延人英里的成本，並把此表的運量乘上數倍，這些都畫在圖 5.4。這兩種系統的成本曲線都是斜率向下，象徵著這兩種服務形式的密度經濟。軸輻系統的密度經濟在小的運量下尤其顯著。

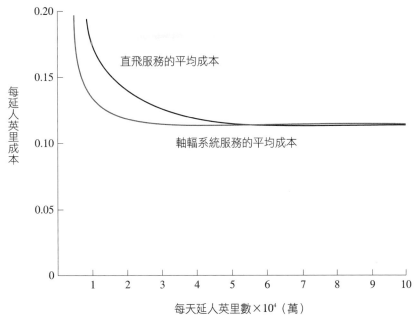

每延人英里成本

直飛服務的平均成本

軸輻系統服務的平均成本

每天延人英里數×10⁴（萬）

圖 5.4　運量成等比例增加時，每延人英里的成本

資料來源：根據表 5.1 的計算為基礎，以及把表 5.1 的運量乘以數倍所得來的。不管服務是由直飛系統還是軸輻系統所提供，每一條曲線都有著遞減的形狀，反應出運輸路網系統下的密度經濟。除非是非常大的運量，否則軸輻系統所提供的服務還是比較便宜的。

以上我們所舉的例子是以航空服務為基礎，但是也可用來瞭解其他運輸方式的運輸路網經濟。在所有的情況下，只有當運量的合併能

節約每單位的設施成本時,運輸路網經濟才會存在。例如,鐵路經濟的發生是因為合併運量可以讓行駛的火車有更多節,使得平均每輛載貨車廂的工作人員較少。而且在不同地點之間合併運量到同一條路線上,也會節省鐵軌成本。零擔卡車運輸業者也有運輸路網經濟,因為他們把小運量合併在一起。然而,整車運送業者比較不可能有運輸路網經濟,因為他們沒有任何運量的合併。但是對任何運輸方式而言,運輸路網經濟不可能是無窮盡的。哪些情況會存有經濟節約,是實證上的問題。第八章將提供一些估計結果。

擴張運輸路網的成本(The Cost of Expanding a Network)

除非是具有網狀系統技術的產業,否則密度經濟的概念對產業而言並沒有什麼意義。密度經濟不是真正的規模經濟,因為規模經濟是建立在增加所有投入的基礎上,以因應產出的增加,而且有些資源是以運輸路網的大小和特性來形容。要衡量運輸路網系統中的規模經濟,必須在產出變動時,改變運輸路網的大小。不幸地,並沒有一個方法可以衡量運輸路網的規模。有人可能以計算服務的里程或車站數目來當作衡量運輸路網的方法,但是由於每個運輸路網在地理上是獨一無二的,所以當它擴充時,對成本的影響程度會視新路線連結到哪裡而定。每個城市除了地理位置不同以外,大小與專業生產領域也各不相同。

舉例來說,我們來看看若以二種可能方式來擴充上述例子中的運輸路網,會有什麼結果。圖 5.5 顯示兩個新的城市:J 和 K。J 城市靠近圖 5.3 的右邊城市群,而且是在這批城市的右邊。K 城市則離得比較遠一點,而且是在同樣那群城市的左邊。兩個城市都是中等規模,人口有 500,000 人。明顯的,城市 J 比城市 K 更適合軸輻系統,因為

城市 K 的居民必須以反方向行進才能到最初的中樞點。如果以表 5.1
的方式來模擬以上的狀況，可以證實城市 J 和現存的運輸路網比較相
配。假如城市 J 想要在這個運輸路網外面單獨以直飛的方式來服務自
己，每天的成本是 33,539 美元（加總所有從 J 城市直飛的成本）。但
是把 J 納入運輸路網的系統中，每天的總運輸路網成本將從 121,530 美
元增加到 141,877 美元，僅差距了 20,347 美元。由此可見，運輸路網
系統新增城市，每延人英里的平均成本會從 12.6 分減少到 12.4 分。由
於航空公司在運輸路網的系統下營運將能夠輕易以低價提供運輸服
務，所以可以經由整合不同的交通來改善設備的利用率，而以相同的
影響力把城市 J 拉進這個運輸路網的系統中。

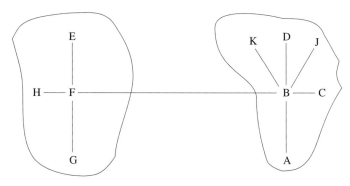

參考圖 5.3 那些原始城市的位置。城市 J 是位在距離城市 D 100 英里的東
邊，以及距離城市 C 100 英里的北方。城市 K 是位在距離城市 D 200 英里
的西方。路線是由軸輻路網所連結。

圖 5.5 假想的航空公司系統有著可能的服務擴展

然而，城市 K 的情況可就不同了。經過模擬的比較後，經營者會
選擇以直飛方式來服務 K 城市的旅客以放棄繞道的運輸路網系統，其
直飛成本為 40,475 美元。假如運輸路網的經營者想透過中心轉運點 B

來服務K城市，則總成本從 121,530 美元增加到 175,412 美元，多出了 53,882 美元。以直飛方式服務 K 城市會比在運輸路網內服務它更便宜。在這情況下，由於K城市的地理位置不適合以此運輸路網的系統來服務，因此，沒有運輸路網經濟。然而，假如K城市是非常小規模的城市，例如只有 50,000 個居民，那麼計算出來的結果可就不同了。儘管此城市不是處於理想的位置，但是在這麼少的旅客下，把他們納入運輸路網是比較有效率的作法。直飛的成本是 9,242 美元，遠遠超過把城市 K 納入運輸路網所增加的成本 5,459 美元。運輸路網的規模增加了，是否會有經濟節約的效果，必須視運輸路網增加規模的特性而定：服務區域的經濟地理是與生俱來的，但是運輸路網的數學式卻不是必然的。

　　雖然定義運輸路網內的規模經濟有其邏輯上的困難，但經濟學者仍試圖衡量若增加運量，並同時增加運輸路網的里程或服務的點數之其中一項時，所造成的效果是什麼。一些作者提到，隨著運輸路網的擴充而且運量是以相同比例增加時，每延人英里的成本或每延噸英里的成本的減少稱之為設備規模經濟（economy of size）。其他人則稱之為規模經濟（economy of scale）。在我們的例子中，研究者是否能發現規模經濟，將視被放進運輸路網的城市是 J 還是 K 而定。

　　添加一項新服務的成本通常稱為服務的增額成本（incremental cost）。把增額成本除以此服務的旅客數目稱為服務的平均增額成本（average incremental cost）。若要確認在某特定運輸路網中是否有規模經濟，其中一個方法是比較平均增額成本和服務所有旅客的平均成本。假如平均增額成本低於平均總成本，則此運輸路網有著規模經濟。

運輸路網中的邊際成本和平均成本
（Marginal and Average Costs in a Network）

　　雖然有無限方式可以引起延噸英里數或延人英里數的改變，但是研究者通常只專心研究其中的三種。而這三種當中，有二個已經討論過了：增加運輸路網的規模（以里程或服務點來衡量），以及增加運輸路網的密度（所有運量成比例的增加）。第三個常見的成本研究是：只提高一個單位的運量，並且保持所有其他運量固定不變時，對成本所造成的效果。例如，在圖 5.3 原始的運輸路網系統中，保持其他運量不變，我們能計算出從 A 城市到 H 城市運量加倍的結果。這將會造成班次的增加，延人英里數從 968,400 增加到 1,095,300，系統總成本從 121,530 美元增加到 137,145 美元。把增加某運輸流所因此增加的系統成本除以延人英里數的增加量，就可以作為服務此路線旅客的邊際成本。以這個例子來說，在 A 城市和 E 城市之間服務旅客的邊際成本是每延人英里 12.3 分。這個成本少於服務所有旅客的平均成本：每延人英里 12.6 分。

　　不僅僅只有 A 城市和 E 城市之間的運量邊際成本是在平均成本之下，對於圖 5.3 所有運量而言都是如此的。也就是說，對每一類的運量來說，邊際成本都是在平均成本之下。理由是由於運量合併、載客率和大規模設備經濟等造成的運輸路網經濟所致。事實上，邊際成本低於平均成本有時候就是規模經濟的象徵，或者說明著此服務的運輸路網屬於自然獨占。這裡的例子顯示，儘管所推算的駕駛極限只能乘載 150 個消費者（使用大型飛機比使用小型飛機的平均成本還低），但是這些經濟節約的效果可以擴大到每天 1,000 位旅客以上的運量水準，這是由於成批設施被許多市場所共同使用，以及在較大的運輸路

網中增加了平均的載客率所致。然而,如同以上的陳述,運輸路網經濟可能會耗盡,而且在高運量時,就經濟上的理由,不要採取運輸路網的系統反而變得比較適當。雖然運量小時,大運輸路網顯然有著優於直飛服務的好處,但是我們並不清楚這項優勢在大的營運規模下,是否仍繼續存在著——這個問題必須藉由實證研究才能解答。有關這方面的一些研究在以下三章會有進一步的說明。

成本的可追蹤性(Cost Traceability)

提供運輸服務給一群新的消費者,例如,A點和H點的旅客時,其平均增額成本在前一節被估算為:提供一個新的服務(或者是舊服務的終止)時,此運輸消費群所引起的營運成本變動量,除以使用此服務的延人英里數。增額成本不同於邊際成本之處在於,前者是指增加一項新服務的每位旅客成本,然而後者所指的是在沒有改變運輸路網所提供的服務下,增加產出時的每延人英里成本。

現在讓我們來看看這個情況:此系統多運送了一位旅客。例如,想像在表5.1所描述的交通型態下,在A和H的交通中只多增加一位旅客。由於城市A到城市B的飛行不是完全客滿,所以並不需要由於增加一位旅客而另外準備一台飛機。增加這一位旅客,此運輸路網增加的唯一成本是15美元的機場成本,把這個15美元除以900英里的飛行,得出在A到H之間的交通額外增加單位延人英里的邊際成本是1.7分,遠低於此系統的每延人英里的平均成本:12.6分。

每當邊際成本低於平均成本,此系統就有成本可追蹤性(cost traceability)的問題。把個別使用者加諸於運輸公司的成本加總起來,也就是把所有消費者的邊際成本(如之前所計算的)全加起來,將不會等於營運的總成本。由於航空公司支付給飛航組員、地勤人員和燃料

的補給等成本，這些是無法由任何的消費者所作的飛行決定所追蹤出來的。因此，似乎有一些幽靈成本存在。相同的關係有時候也以其他名稱出現在運輸文獻中，例如軌道成本問題或合計的問題。在所有這些情況中，假如個別使用者只對他們加諸於運輸路網的成本承擔責任，那麼顯然有一些成本是無人需要承擔的。在運輸路網服務的情況中，整個運輸路網的成本可能超過各部分的加總。以目前的例子來說，總成本會超過使用者加諸於業者的邊際成本加總，不然就是超過消費者使用服務的增額成本總合。

當服務量增加，平均服務成本減少時，就會發生成本的不可追蹤性。當運輸路網的產出擴充，造成載客率的提升和設備規模的改善，如同本章模擬的狀況一樣，就會發生這個問題。它也可能源自於前一章所描述的固定設施呈整批特性所致。公路必須保持起碼的強度，或者鐵軌要保持標準的寬度，等等需求都會使得至少在低的運量下，總成本的提升速度比產量的增加速度還慢。

追蹤成本的問題支配著運輸經濟學。處理這個問題的標準技巧在第九到第十章討論。

範疇經濟（Economies of Scope）

分配成本歸屬的困難還來自另一項因素，那就是在某些運輸方式中普遍有著回程運輸（back-hauls）的存在。例如，像黑色岩石台地和波薇兒湖鐵路的例子。如果想要算出把一噸的煤從礦區運到發電廠需要多少成本時，有人可能只有考慮到從礦區運送滿載的車廂到發電廠所需的燃料和勞工等成本，畢竟，這是所問問題中的運輸過程。但是這是不正確的，因為每一個滿載車廂在準備運送另一車貨物之前，都必須先空車回到礦區才行，因此，滿載火車的行進和火車的回程構成

了合理的一個成本單位，因為此服務的生產（運煤），需要另一個服務的生產（空車回程）來配合。若兩個財貨或勞務必然以固定比例生產，則稱之為聯合產品（joint products），生產聯合產品的成本稱為聯合成本（joint cost）。如何有效率的為聯合產品的各一半訂價，將在第十章探討。若要精確的算出成本，那麼把運輸工具來回程的成本都只分配在某個方向上，這是不合理的。

聯合成本的概念在運輸經濟學中，除了描述回程運輸工具的成本外，還有其他用法。例如，從 A 到 H 有一位額外增加的旅客，其延人英里的邊際成本是 1.7 分，我們可以從中追溯出它的聯合成本。當業者想在一架大飛機中製造單一座位－旅程的服務時，必然得同時製造其他 149 個座位－旅程的服務才行。由於他們是以固定比例被生產，因此，他們是一個聯合產品。生產聯合產品的成本（也就是所有這 150 個座位－旅程的成本）有著很好的定義；但是我們卻不可能確定出單一座位－旅程的成本。如例子所示，飛機營運的聯合成本所造成的影響是：在延人英里數和每延人英里的平均成本之間產生了不規律，但一般是斜率向下的關係。

在某些情況下，連固定設施也會出現聯合成本。例如，不擁擠的道路容量問題。容量每天 24 小時都可利用，有人可能認為每個小時的道路容量是一個分成 24 份的聯合產品。如果有人問為了在下午 3 點到 4 點之間使用道路，建造道路的成本是什麼時，這是不合邏輯的問題，因為除非此服務也在每天其他的 23 個小時被提供，否則這項服務是提供不出來的。因此道路成本是進城的通勤者、出城的通勤者、購物者、卡車、汽車和機車等之間的聯合成本。只有當道路變得擁擠時，道路容量所供應的服務才停止成為聯合產品。

有人試著把聯合產品的邏輯應用在 50 節火車的搬運成本，但這是不相同的情況。理由在於火車可以有不同的長度。在技術上，火車

沒有必要一定剛好是 50 節的長度，因此，每次提供一節車廂的運輸服務時，沒必要非得產生其他 49 節車廂不可。由於不同類車廂運輸之間比例會變動，因此，我們說火車行駛的成本對每節車廂而言，是共同成本（common cost）。雖然共同成本的存在也同樣引起分配成本歸屬給個別使用者的實際困難，但是基本上，共同成本的經濟學與聯合成本是不同的。共同成本可能確認得出火車拉每一節車廂的附加成本（雖然可能性小），然而在聯合成本的情況中，要確認出聯合產品中的某個特別部分的生產成本，在邏輯上是不可能的事。

有人以保護傘這名稱來描述在運輸經濟學中經常發生的種種狀況，它說明了那種運輸有著範疇經濟。這個名詞，近來是由 Baumol 等其他人所發展，說明若要生產兩個服務或一群服務時，在同一個企業內，比在不同的公司內生產是較便宜的。❻範疇經濟（economies of scope）涵蓋了從軸輻經濟到聯合成本及共同成本等各式各樣的情況。

衡量機會成本
（MEASURING OPPORTUNITY COSTS）

生產多種產品的生產者到處都是，而且規模經濟、沉沒成本、聯合成本、共同成本及二元形式的資本（固定設施和運輸工具）等等都很重要，這使得測量運輸成本顯得特別有趣和富有挑戰性。在這些狀況下，會計師估算生產或服務成本時所使用的標準方法顯得特別不可靠。

會計成本（Accounting Cost）

會計成本是為了製造一個財貨或服務所使用投入要素的費用。例如，讓我們看看運輸部（Department of Transportation, DOT）的會計師估算運輸服務成本的過程。DOT儘可能的把費用分配給個別的鐵路運輸或卡車運輸服務的消費者。這些費用稱為「口袋成本」（out-of-pocket costs）。在運輸公司的費用中，那些剩下來不能分配到特定服務的費用則被聚集在一起當作經常性費用，然後把這經常性費用分配到鐵路或卡車公司所生產的所有服務中，這產生了某服務的完全分配成本（fully distributed cost）。❼

口袋成本有時候也被看作是直接成本或可分配成本，有時候也被認為與邊際成本相等。然而，這是容易令人誤解的。例如，口袋成本並沒有考慮到擁塞成本，而且當服務的規模增加或減少時，此成本測量法並不會查出成本的提高或下降。頂多只能把它當作在當前營運水準下的平均變動成本。不過，這種說法還是容易令人誤解，因為它沒有以生產投入的機會成本來估算投入，而且忽略了複雜的沉沒成本、聯合成本和共同成本等。

完全分配成本法，由於他們包含經常性費用，因此，有時候被認為等同於服務的平均總成本。這種說法比起把口袋成本當作邊際成本的說法更令人不滿意。理由之一是運輸公司的總成本可能和總費用並不雷同。這是由於沉沒成本的存在，或所支付的生產要素費用並不符合生產要素的機會成本。第二個理由是任何特定的服務所用到的生產要素很可能只占運輸公司的所有生產要素之一小部分。例如，以火車運送一貨櫃的貨從長堤到芝加哥只不過穿越了鐵路公司的一小部分軌道。把公司的所有軌道成本加起來，然後把這總額任意地分配到所有

的運量上，是不符合生產某特定服務的固定成本的概念。任何運輸公司都生產著各種運輸服務。生產那些服務的機會成本是：假如那些服務沒有被生產，因此所節省的資源價值。完全分配成本法並沒有接近這個概念。❽

 ## 計量經濟成本法（Econometric Costing）

也許是由於人們普遍認為會計成本法無法涵蓋運輸的機會成本概念，因此，鐵路業是最早以計量經濟的方法來研究成本的產業之一。早在 1920 年代便有人使用統計學的方法，來說明鐵路成本隨著產量而變動的程度比之前人們所認為的還高。鐵路成本仍然是用來測試新的計量經濟技巧的基礎。❾

計量經濟成本技巧使用了一些運量類別的總費用資料，然後試著找出投入價格和運量產出組合之間的相互關係，以解釋這總費用。計量經濟成本的技巧需要相同的曲線合適技巧（此描述在第三章）。以最簡單的例子而言，計量經濟成本的議題可以用下述的估算式：

$$C_i=\alpha+\beta Q_i+\sigma W_i+\delta F_i+e_i \qquad\qquad (5.1)$$

這裡

C_i＝在點 i，幾種類別運量的總費用

Q_i＝在點 i，幾種類別的運量

W_i＝支付在點 i 的勞工薪資

F_i＝點 i 的燃料價格

e_i＝在點 i，其他因素無法說明的影響力

假如對於在某段期間內，或者有著類似交通型態的不同地方，面對不同的交通水準、不同的薪資和不同的燃料價格等都有紀錄可查，

那麼研究者就能把變動生產要素的價格對成本的影響力拿掉，來單獨算出運量增加時對成本的影響。這個方式在第三章描述過了。方程式5.1可以看成是在四度空間的平面圖，而β是那個平面圖在第Q次元的斜率。係數β的值代表著產量增加一單位時，成本提升的數量。因此，這是測量邊際成本的方法。

　　然而，這可能不是很準確測量邊際成本的方法，由於β對Q的所有水準都固定不變，5.1的估計式假定，邊際成本曲線僅只是在某高度，對應著既定β值的一條水平直線罷了。但是這一節的說明告訴我們超過某個點之後，運量的機會成本會提高。為了考慮可能的成本曲線形狀，我們必須修改此估算式。標準的修正是假定成本曲線是來自於成本和生產力之間的關係。❿

　　計量經濟成本分析主要必須處理的問題在於，估算式是根據片段的資料而發展的，然而目前所有運輸成本的計量分析都是應用總體的資料，例如，估計整個鐵路公司營運的成本。這些極端總體的估計能幫助我們看出某運輸方式是否有著規模經濟，但是對於各種更有趣的成本估算卻沒什麼幫助。例如，計量經濟的調查所需的資料還沒有充分到能算出某些運輸成本，來幫助鐵路公司判斷不同交通種類的相對收益率。為此，儘管會計成本如之前所討論的有著一些成本有效性的限制，但是經過一些修正後，人們仍沿用著會計成本。第八章會描述計量經濟的成本估算的各種結果。

結論
（CONCLUSION）

　　經濟學上的成本是機會成本。提供某運輸服務的機會成本是：以

美金來測量所放棄的其他選擇之價值。機會成本與支出有一個不同之處是沉沒成本。假如挖掘運河是一個錯誤的決定，那麼為挖掘運河所付的支出是沉沒成本，因為成本不可能在未來拿回來。假如設施的成本是沉沒的，那麼除了需要維修和營運費用以外，使用設施就沒有所謂的機會成本了。機會成本與費用的其他不同地方在於資產從使用的第一天，就開始增值。例如，航空公司的飛機群在今日的價值可能比當初付給飛機建造者的總費用還高。使用班機的機會成本是根據當前的價值，而不是根據它的原始成本而定。

運輸經濟學把成本分為三個類別：擁有固定設施的成本、擁有運輸工具的成本和營運成本。固定設施的成本通常是沉沒的，而且只服務所有運輸市場的一小部分。例如，若把道路建造在丹佛城的北側，那麼使用者比較可能是北側城市的居民，而非南側城市的居民。在大部分的運輸系統中，有些固定設施閒置不用的同時，其他的固定設施卻很擁擠。相反地，對運輸工具的投資則會影響系統中的所有運輸工具使用者。由於運輸工具能四處移動到最有需要的地方，所以運輸工具的現存價值會因整個系統的需求而升高或下降。直接的營運成本至少包括燃料和勞動時間。然而，間接成本則包括軌道維修或航空公司訂票部門等，它可能大於直接的營運成本。

十分簡單的運輸系統可使用古典經濟學的成本曲線來描述。由於運輸系統提供多種服務給不同類型的消費者，因此需要調整標準的成本曲線來適應運輸的環境。由於運輸系統在運輸路網有著密度經濟，因此運輸系統通常都服務數種市場。密度經濟是由於把朝向同一方向的不同種類的運量合併所造成的。由於提高飛機規模可以節省每座位一英里的成本，或提升輸油管的直徑，每桶一英里的成本會較低，或是鐵路軌道有著起碼的容量，使得合併運量往往能節省成本，因此運輸公司都希望使用它的設備來服務多種類型的使用者。

成本曲線無法簡單地在運輸路網系統中描繪出來。每一個運輸路網在地理上都是獨一無二的，因此將會有不同的成本。為了使成本容易分析，運輸經濟學者研究運輸系統中的延噸英里數（或延人英里數）與每延噸英里（或每延人英里）成本之間的關係。這個關係應該被看作運輸系統的平均服務成本，至於服務個別使用者的成本，與在這種方式所計算的平均估算值，有很大的不同。

　　運輸的密度經濟被定義成：運輸路網中各種運量都以相同的比例增加時，每延噸英里（或每延人英里）所減少的成本。交通的密度經濟是來自於設施共用所造成的成本節約。由於運輸路網有著較高的運量，所以可以使用較大型的運輸工具，並且預期有較高的載客率，因此導致成本較低。然而，在非常高的運量，密度經濟可能耗盡或甚至相反，所以運輸路網外面的營運反而能成為比較便宜的營運方式。

　　產生密度經濟的相同因素也可能產生運輸路網的規模經濟。然而，運輸路網所可能擴展的新地理位置必須與現存的運輸路網相配，擴展才能帶來好處。當運量水準以及運輸路網的規模成比例的擴展，導致每延噸英里或每延人英里的成本較低時，就發生了運輸路網的規模經濟。

　　平均來說，當服務量提升時，運輸路網中的增額成本和邊際成本都會下降。通常，它們低於整體運輸路網的平均成本，而帶來成本不可追蹤的問題。當成本不可追蹤時，航空公司或卡車運輸公司對消費者索取的價格必須超過邊際成本，以收回經營運輸路網的所有費用。

　　費用會計帳無法反應機會成本，我們在理論上又無法確認運輸路網系統中的哪些成本是由哪些人承擔，所以要在實際情況中分析成本有著困難性。計量經濟的成本法有時能用來幫助提高成本的可追蹤性，但是它通常卻只能拿到總體性的資料。

註　釋

1. 影子價格（shadow price）這個名詞來自於線性規劃，它表示目標值的增加，可透過放寬一單位的限制而完成。規劃者採用這個概念，以指出非市場的限制迫使產品在市場的價值的調整。影子價格被廣泛使用在開發中國家的交通計畫之成本效益分析中。

2. 規模經濟的存在，是當

$$f(\lambda Q) > \lambda \cdot f(Q)$$

其中 Q 代表輸入的向量，$f(Q)$ 代表生產函數，而且是一個任意的正值常數。用文字來說，也就是當所有的投入都增加百分之一，但產出可增加超過百分之一時，就存在著規模經濟。

3. 正式而言，成本函數的定義為：

$$C(Q) = \Sigma \omega_i X_i$$

其中 X_i 是投入項 i 的成本最小化水準，而 ω_i 是個別每單位的機會成本。根據二元理論（duality theory），X_i 是由生產函數和投入價格所單獨決定。投入價格一般假定是廠商外部因素。

4. Kent Healy「在鐵路業的規模效果」（*The Effects of Scale in the Railroad Industry*）（New Haven: Yale University Press, 1961）。

5. 在直航（direct flights）系統，以及輻軸營運（hub-and-spoke）系統之間所作的選擇，其影響力比本章所討論到的更大。例如，請參見 Fujii, Edwin, Eric Im, James Mak「直航的經濟學」（The Economics of Direct Flights），運輸經濟學與政策期刊（*Journal of Transport Economics and Policy*），Vol. 26，No. 2，1992 年 5 月，第 185-95 頁。

6. 請參見 Baumol, William J., John C. Panzar 和 Robert D. Willig「可競爭的市場和產業結構理論」（*Contestable Markets and the Theory of Industry Structure*）（New York: Harcourt Brace Jovanovich, 1982）。

7. 對計算運輸業者成本的方法作了很好說明的，是 Talley, Wayne K.「運輸業者的花

費」（Transport Carrier Costing），運輸研究系列（*Transportation Studies series*），Vol. 9（New York; London; Tokyo and Camberwell, Australia: Gordon and Breach Science, 1988）。

8. 請參見 Ronald R. Braeutigam「在受管制產業，完全分配成本訂價法的分析」（An Analysis of Fully Distributed Cost Pricing in Regulated Industries），Bell 經濟學刊（*Bell Journal of Economics*），03，1980 年，第 182-196 頁。

9. 經典作品有 Borts, George H.「鐵路成本函數的估算」（The Estimation of Rail Cost Functions），（*Econometrica*），01，1960 年，第 103-131 頁，以及 Griliches, Zvi「鐵路管制的成本分配」（Cost Allocation in Railroad Regulation），Bell 經濟學刊（*Bell Journal of Economics*），03，1972 年，第 26-41 頁。

10. 有一個成本函數的估計式，它非常有彈性，而且和有關生產函數形式的標準理論預期相一致，那就是對數轉換（translog），一般是以下列形式來估計：

$$\ln C = a_0 + a_1 \cdot (\ln Q) + a_2 \cdot (\ln Q)^2 + a_3 \cdot \ln W + a_4 \cdot (\ln W)^2 + a_5 \cdot \ln F + a_6 \cdot (\ln F)^2$$
$$+ a_7 \cdot (\ln Q) \cdot (\ln W) + a_8 \cdot (\ln Q) \cdot (\ln F) + a_9 \cdot (\ln F) \cdot (\ln W)$$

其中 C, Q, W, 和 F 都在方程式 5.1 中有所敘述，而 ln 是指該式的自然對數（natural logarithm）。原則上，只要在式子右邊加入更多項，這個估計式就能夠處理多重類別的運輸服務。然而，若在式子右邊增加項目，則也需要增加指數估計所需的項目數。雖然此對數轉換成本函數很有彈性，但卻因為這個估計式的複雜性而失色。這個式子的複雜程度，導致「資料飢渴」（data hungry），也就是說，它需要相當大量的觀察值，以便估計對數轉換成本函數的參數。這使得在許多應該最有用處的情況下，卻因此變得不切實際。

第六章

固定設施的成本

　　固定設施是指運輸設施中不能移動的部分。我們無法任意移動道路、運河和機場，所以產生了兩項重要的結果。首先，固定設施只能貢獻於某特定地理位置的市場中，所以投資於某固定設施並不會一致性地增加整個運輸系統的容量，而只增加其中一部分的容量而已。第二，對固定設施的投資是沉沒的投資。由於設施的沉沒性再加上固定設施只能貢獻於有限的市場中，所以對固定設施的投資和訂價的決策往往與對運輸工具的投資與訂價決策相當的不同。

　　本章的焦點是要探討在不同的運輸方式之間，固定設施成本占總成本的重要性有什麼差別。運輸方式也會隨著它們的擴展或縮小的程度而不同。就如本書的第三篇所強調的，假如某運輸方式正在擴展，那麼就可以使用額外的方式把財務成本分攤到個別使用者之間。

公路（HIGHWAYS）

在已開發國家中，沒有道路可以出入的地方已經很少了。若把美國每一條州際公路、高山道路和城市街道相加起來，則大約有390萬英里長的道路，而且每年大約增加0.1%長度的新道路。大部分新增的道路都是地方道路，而不是城際間的公路。人們出入城際間通常是利用聯邦政府援助建造的公路系統。圖6.1顯示出這些道路的位置。這些道路形成一個緊密的交通網，使得每一個人口集中的地區彼此都幾乎能以直達的路線互相聯繫。

公路品質比其他運輸方式的固定設施之品質更容易變動。雖然所有的道路都能讓汽車使用，但是只有一些最堅固的公路是為了重卡車而設計及建造。在未來，當道路上裝置了一些電子控制系統後，道路可能會更多樣化。現在所發展的電子系統是用來接收駕駛員的指示、告訴駕駛員現在的位置，以及協助駕駛員避免發生意外。❶當這些電子系統可資利用時，它們並不會被用在所有的道路上。然而，不管道路的特性如何，道路成本的經濟學原理都是相同的。

公路的花費（Highway Expenditure）

地方公路是由市政府、郡政府及鎮區政府所經營管理。至於城際公路則由州政府來管理。❷雖然聯邦政府也提供一些援助，但是實際的公路費用還是由州政府及地方政府所承擔。州政府及地方政府將公路的預算排在第三位，只有教育及社會福利的經費超乎其前。

表6.1顯示出所有政府層級對公路的支出類別。1995年總共花了

900 億美金以上，其中差不多有一半的費用是在道路用地的購買與工程設計、新道路的建造、改建、道路的拓寬、路面的重鋪、復原、復建和橋樑工作等資本支出。在以上所指的資本支出中，差不多有 2/3 的費用是投入於州負責的公路（意指主要公路），大約 1/3 才是花在地方道路的改善及興建工程上。另外，政府對道路的另一半支出當中，主要是花在維修保養（占 24%）、警察（8%）和行政（8%）等費用。大部分的建設基金是花在新的城際公路上，而維修費用則主要是花在地方道路上。

表 6.1　1995 年，美國在公路的各項費用

	資本支出（十億）
州政府管理的公路	30.550
地方管理的道路	12.115
未分類的道路	.432
總資本支出：	43.097
	維修
州政府經營的公路	10.359
地方政府管理的道路	14.052
未分類的道路	.071
總維修費用：	24.455
行政和雜項費用	8.332
公路警察及安全設施	7.977
債券利息	3.982
總直接支出	87.843
債券到期支出	4.661
總支付款：	92.504

資料來源：「公路統計表」（Highway Statistics），1995 年，表 HF-10

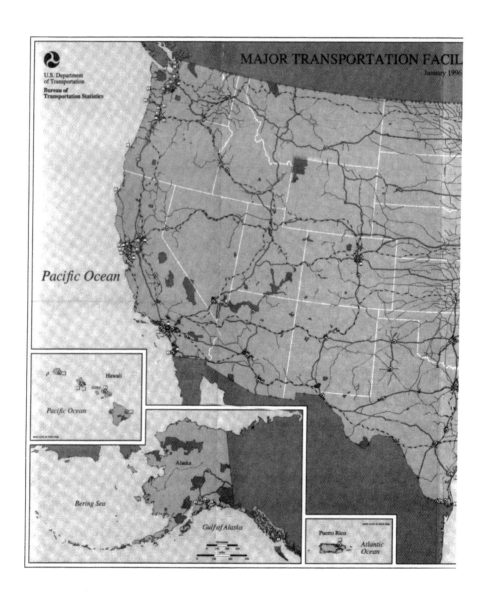

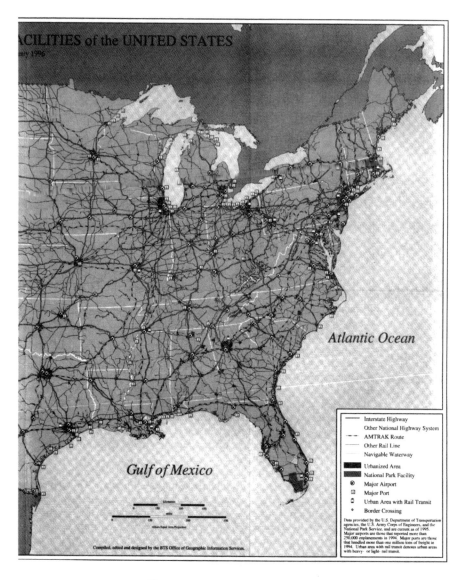

圖 6.1 美國主要的運輸設施

資料來源：Courtesy of Metro-North Railroad and Parsons Brinckerhoff Quade and Douglas, Inc.

若把道路運輸中的固定設施費用拿來與公路的其他相關成本互相比較，可以增進我們對固定設施費用的瞭解。每一年花在道路的費用比汽油和石油的花費還要少，並且比花在新車和二手車的費用還少一半以上，而且這筆費用大約是貨主付給卡車運輸的 1/3，同時是公路運輸各方面總支出的 10% 左右。

　　如同第五章所討論的，費用並不等於經濟學上的成本。所謂經濟學上的成本是，那些用在公路服務生產上的資源，若用在次佳用途時的價值。第五章解釋如何運用機會成本的概念：先把費用找出來，然後看看是否有理由可以相信費用與資源在次佳選擇中的價值有所分歧。在兩個情況下，費用可能與資源在次佳選擇中的價值有所差異。第一個情況是：資源用在公路中所被給付的金額不同於資源用在次佳選擇中被給付的金額，不過通常這不被認為會帶來運輸分析上的問題：只要政府支付公平的市價給為建公路而被徵收土地的地主，在開放的市場中購買原料和機械，支付足以誘使工人願意興建公路的酬勞等，費用和機會成本可能就相同了。

　　第二個讓費用與成本不同的狀況是一個比較大的問題：道路必須占用土地，因此，道路的存在就有了機會成本。但由於政府擁有這片土地的所有權，它並不會向自己收費來使用這片土地，因此，道路成本可能會被低估。由於道路和停車場占了許多城市面積的 30%，所以用在公路運輸的土地機會成本可能相當的大。不過，在另一方面，建造成本必須經過多年才會回收，可是政府卻得在建造的那一年就付費，這往往會誇張了道路所有權的年度成本。另外，道路成本很多是沉沒成本，所以若把任何沉沒成本納入也會誇張了機會成本。由於沒有任何明確的指標指出公路的費用是誇張了還是低估了機會成本，因此我們以 900 億美元當作每年道路擁有權成本的合理概算值。

交通量及交通組合對公路建造成本的影響
（The Effect of Traffic Level and Mix on Highway Construction
Costs）

　　公路所有權的主要三個成本是：資本、維修和交通治安的維持，
這三項會隨著不同的交通水準及交通組合而有所變化。到底這些成本
會如何改變，一直是被重複研究的主題。❸

　　假如預期一條新公路的交通量不多，而且只有客車行駛其間，那
麼這條公路的設計必然和必須承載重型卡車的公路設計有所不同。美
國州際公路與運輸協會（American Association of State Highway and Trans-
portation Officials, AASHTO）依據輪軸的裝載量、道路土壤的類型、道
路使用期限結束時所想要的情況，道路興建的地區等等狀況，來估算
必要的柏油路厚度以及道路設計。在道路使用期限結束時所想要的情
況既定下，預期的交通量愈大，道路就必須建造得更厚實。當然了，
交通組合包含汽車、巴士、卡車和其他運輸工具。AASHTO工程師發
現較重型車輛的運輸對路面的損壞成指數地增加，也就是說，儘管道
路上的汽車比重型卡車多得多，但是道路上的重型卡車數量對車道厚
度決策的影響力，遠比汽車數量的影響力大得多。然而，道路的強度
也隨著厚度而成指數地增加，因此，有效交通運載量若是加倍了，並
不會因此加倍鋪路的成本。

　　車道的寬度也因為不同的交通組合而有所差別。為了能容納較寬
的運輸工具，如卡車和巴士等，高速公路的官員必須興建更寬的道
路。依據運輸部門的統計，為了容納卡車而設計的更厚路面及更寬車
道，所額外增加的成本總共是新路面成本的50%。

　　橋樑結構的強度必須至少能承受橋樑本身的重量。除此之外，橋

樑還需要能夠支撐橋上運輸工具的重量。用在巴士和重型卡車的橋樑則必須設計得更有強度。因此，比起僅僅設計給一般汽車行駛的橋樑，它需要投入更高的成本。根據運輸部門的統計，大約40%的橋樑建造成本都是為了能容納卡車而投入的費用。

最後，道路興建的等級是依據使用此道路的運具的煞車力及爬坡力而定。為了保持交通的順暢，不能建造險峻的道路而讓車輛無法保持在正常的速度。一般說來，假如行駛在此道路的汽車僅僅是那些相對於重量而言有著強馬力的汽車，那麼此道路就可以建造的較為陡峻。同樣地，為重型卡車而設計的道路比起只有一般汽車行駛的道路，其建造費用高了許多。根據運輸部門的統計，差不多20%的道路等級和排水成本都是由於為了容納卡車的設計而造成的。

並不是所有的道路都是為了因應重型卡車而設計與建造。雖然為重型卡車而建造的公路占了大部分的建造費用，但是以公路長度而言，這種公路畢竟只是一小部分而已。一旦公路為了容納重型卡車而設計與建造時，這項成本是沉沒成本。也就是說，一旦道路建好了，那些實際使用此道路的車子，並不會增加道路建造者的成本，改變交通量或交通組合也不會節省任何建造或設計成本。同理，一旦道路的水泥乾了之後，建造成本不再是公路當局經濟學上的營運成本了。本書的第三篇將討論籌措公路財源的方式，以及探討重型卡車如何影響道路的建造。

交通量及交通組合對公路維修成本的影響
（The Effect of Traffic Level and Mix on Highway Repair Costs）

雖然橋樑不會因為車輛的通行而受到破壞（除非有過度超載的事故發生），但是道路路面卻會因車輛的行駛而損壞。平均而言，一條

柏油路的路面可以維持 12 年左右，波特蘭港有一條水泥道路維持了大約 25 年。有些路面的損壞與交通量無關，純粹是受到天氣的影響。道路使用者的行為會影響道路成本的第二種方式是，影響道路的重鋪、重建、修復（rehabilitation）及改建的費用（稱為 4R 成本）。

　　所有主要道路都承載了各種交通組合，從機車到聯結車都有。根據 AASHTO 道路測試的報告，它們發現到（也是爭議最多的部分）道路的損壞會隨著車輛重量的 4 次方而提高。也就是說，典型重型卡車破壞路面的程度，相當於 5,000 輛汽車的破壞力。　一輛承載 100,000 英磅重量的卡車對道路的殺傷力，是承載 80,000 英磅車子的 4 倍之多。不過，鋪設的路面愈厚，車輛造成的損壞程度就愈少。❹

　　不同種類的車輛對路面造成的損壞程度不同，而且重型卡車與汽車的相互作用、路面的厚度，還有天氣等因素也會影響路面的損壞程度，因而影響了公路當局整修路面的費用。依據運輸部門的說法，總結計算費用的不同方法發現，40%～90%的道路維修成本，應該由卡車業者來支付。❺

　　道路管理當局負擔了大部分的道路修復費用，不過，若延遲修路的工程，車輛駕駛者也會因道路的損壞而承擔了一些成本，像是較慢的車速，更高的燃料消耗量以及車子需要額外的維修等。至於其他車子受到道路情況的影響程度，就得視修補道路工程的速度而定了。❻

不可分配的成本（Non-Assignable Costs）

　　並不是所有道路擁有權的成本皆受到交通量或交通組合的影響。即使道路絲毫沒有被使用，一些道路維修還是必須要做，至少橋樑的功效需要保持，即使不被期望能運送任何交通。不管交通的運載狀況，一些道路仍需要分等級，只要道路上有交通，此道路就必須鋪設

一個基本的厚度。那些成本，一半的費用是由道路相關機構所支付，它們是不可分配的成本，就如同第五章所說的不可追蹤的成本。簡單的說，那些成本就是即使沒有交通在道路上移動，仍無法節省的成本。假如道路被廢棄了則能被省下來的成本，所以它是名副其實的機會成本。❼假如道路在沒有任何交通使用的情況下還得繼續維修，則道路行政機構仍然面臨不可分配的成本。

　　成本不可追蹤的理由除了設施需要保持在起碼的強度，還有其他的原因，如同第五章所記述的。一般來說，道路費用和不同的交通組合之間有不可分離及非線形的關係。加總個人的成本負擔，比起道路行政機構所承擔的總成本還低。因此，非線形的成本關係就和設施必須保持起碼強度一樣，都會引起成本不可追蹤的問題。

　　最有趣及最重要的運輸經濟問題，是如何處理那些固定設施營運的不可分配成本。這是此書第三篇的主題之一。要注意的是，有一個看似合理的方法其實是不適當的：對每一種交通工具收取的費用，只等於為此種交通工具而額外強化道路的費用。如果這種說法適當，那麼對重型卡車所收的費用就只有那些未對輕型卡車收取的額外道路強化費用而已。而對輕型卡車收取的只有那些高於汽車必要強度的額外強化費用，以此類推，那麼汽車只要付摩托車不需要的額外強度之費用，而整個一開始的鋪路成本變成得由腳踏車騎士來負責——這種說法顯然既不合理又不可行。

鐵路（RAILROADS）

　　美國的鐵路軌道是由私人所有，而不像公路是由政府所擁有，而且，它也不像其他很多國家一般是由政府擁有鐵路經營權和所有權。

事實上，美國很多軌道就是由經營鐵路服務的同一家公司所有，而且鐵路軌道不像公路一樣無所不在。簡而言之，鐵路運輸與汽車運輸相比，最主要的差異是，美國的鐵路所有權是私人所有，而且缺乏無所不在的便利性。

圖 6.1 的運輸設施圖顯示目前美國經營的主要鐵路幹線位置。主要公路和鐵道的地圖彼此非常的類似，似乎公路和鐵路的路線很相似，而且彼此應該是勢均力敵的對手，其實這種想法不過是受到地圖的矇騙罷了。鐵路提供城際間的運輸，而公路不但提供城際間的運輸，也提供地區性的使用。道路運輸的優點之一便是如第三章所描述的，它能有效率的結合城際間運輸而促進了運輸的機能。

圖 6.1 的整個鐵路路線圖還有一個容易令人誤解之處，那就是美國鐵道是由數量非常少的私人系統所組成的。雖然鐵路業者會彼此互換交通量，但是互換的交通量正在快速的減少當中。鐵路公司有權拒絕運送非其本身路線供給來源的財貨。假如軌道是由所有公司所共有的，則貨物運輸的路線就不必像現在這般迂迴，可惜現在軌道是由經營者私人所有。客運火車就不像貨運火車般有著迂迴路線，因為客運不是由擁有軌道的公司來經營，而是由全國性的公司，即 Amtrack 公司來經營，所以客運火車能為了最佳路線而在不同公司之間轉換軌道。

在公路系統中，許多資本預算都是投注於新公路的建造當中；然而至少到目前為止，鐵路系統的長度卻一直在縮短當中。圖 6.2 顯示西元 1940 年以後美國鐵路系統的長度。鐵路運輸路網在這世紀初達到最大的規模，接著就不斷的縮小了。從 1980 年後，鐵路軌道以每年軌道英里數的 2%左右的速率在加速放棄中。除了 1970 年代因為 Wyoming 煤礦而建造了一些短線鐵軌外，從 1920 年以後就沒有建造什麼重要的新鐵道了。

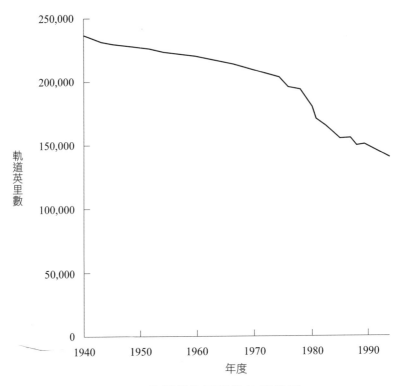

圖 6.2　美國鐵路里程數的趨線圖

資料來源：美國運輸（*Transportation in America*）。

　　鐵路業的固定設施持續縮小而不是擴充，這對我們在比較鐵路成本與卡車成本時是很重要的一點。如同第三篇將會討論到的，政府在設計公路設施前，會研究各種類別的車輛，然後因應不同類別的車輛而調整設施的設計與建造。然而，當年所設計的鐵路系統卻與現在運輸的交通組合相當不同。當初建造鐵路時，超過一半的運輸是客運火車。現在，旅客運輸卻不到鐵路事業的 3%。而且，當初建造鐵路系統時，客運和貨運的交通都集中在美國東北方的工業中心。當人口和經濟活動往南方及往西方移動後，東北地方有很多鐵路軌道成為多餘

的設施。

　　現在鐵路系統的交通量除了讓業者作出放棄鐵軌的決定外，並不能對現存的鐵路系統有任何影響力。假如現在要重新建造鐵路系統，那麼它將和以前相當不一樣：有更寬的鐵軌、不進入市中心，並且建的是較慢速的貨運火車，而非快速的客運火車。我們可以很清楚的看出來，假如美國選擇重建鐵路系統，較小的運輸路網是比較適當的。放棄鐵道的理由之一是因為，鐵路交通控制和車廂設計等的技術革新，使得業者可以提高鐵路系統的容量，卻不必增加鐵軌的數量。

　　美國鐵路業評估它的軌道和建造的價值大約是 540 億美元，再減掉一點折舊。然而，這個數目是基於當初鐵路系統原來的投資成本。建造成本、技術成本和設計成本則都是完全沉沒的成本，因此即使把客運火車及貨運火車所使用的鐵路系統都消除掉，也不會省下任何過去的建造成本。使用鐵路固定設施的成本僅只有鐵軌使用的土地和建築物之機會成本，以及火車使用鐵軌所造成的維修成本罷了。當然了，業者會變更設施以配合新的設備（例如：增加高度以容納雙層貨櫃火車的使用），這些費用也可以合理的視為固定設施所有權的機會成本。

衡量鐵路固定設施的成本
（Measuring the Cost of Fixed Railroad Facilities）

　　在經濟學上，衡量鐵路運輸使用鐵路固定設施的成本，是其他使用者每年為了使用鐵路固定設施所願意支付的總金額。如同我們將在第九章所看到的，計算這個數字常見的方法是，把這個經濟社會現在的利率乘以鐵路資產的市價。雖然有經濟學的原理可以教我們怎麼選擇利率，但是我們不可能從公告的會計帳目中計算出鐵路的資產價

值。部分的理由是因為在 1983 年，鐵路業者的會計帳目在淘汰、更換、擴建以及折舊帳目等都有了變動。但是更重要的理由是因為在財務報表中，鐵路固定設施的價值是根據當初創建鐵路的成本，然而經濟學上衡量固定設施的使用成本的正確方法是根據那些鐵路資產若被放棄時，非鐵路使用者為了購買那些資產所願意支付的金額而定。

　　使用鐵路固定設施的其他成本還包括每年維持營運的費用，這是很容易估算出來的。由於整年不斷有勞動、機器、燃料和原料等費用的支出，所以維持營運的費用可能十分接近經濟學上的活動成本。1995 年，鐵路業者大約每英里鐵軌花了 25,000 美元在維護鐵道和建築物上，固定設施的費用大約占了所有營運費用的 17%左右，這項比例遠遠超過道路費用占公路運輸成本的比例。因此，鐵路運輸的固定設施比公路運輸更加的密集。

　　由於鐵路固定設施的擁有者和使用者都是同一家公司，因此交通對軌道所造成的成本一直被當作是鐵路公司內部的營業成本。雖然鐵路公司想試著像AASHTO的測試般，研究出如何把設施的成本歸之於不同的運輸類別上，然而，這項研究尚未問世。除了鐵路工程部門以外，很少人曉得鐵路交通量的改變，如何影響必要的維修費用水準。我們似乎可以合理的預期有一部分的維修費用與交通量有關，而有一部分僅只受到天氣和其他與使用程度無關的因素所影響。❽比較為人所知的是有關維修費用的時機。在把鐵路會計轉換成折舊會計之前，業者在賺錢時期比較會擴大維修的工作，在財政困難時期，則延緩維修事宜。我們知道鐵路公司在 1970 年代由於虧損而擱置了很多的維修計畫，使得軌道和營運都不安全。到了 1980 年代由於解除管制規定，以及轉換成標準會計，帶來了營運上的欣榮，才排除了延緩維修的動機，而固定進行維修的工作。❾

空運設施（AIR FACILITIES）

　　飛機不像鐵路火車或公路車輛般需要使用鐵軌或道路的固定設施。就技術而言，它們能夠往任何方向飛行，而且能在兩個位置之間採用任何路線。然而實際上，商業的飛行受限於政府決定的空中走廊範圍內。航空交通管制系統為航空公司設立了等同於固定設施的運輸路網。由於航空業需要使用航管系統和用來起飛、降落、旅客與貨物的轉機等用途的機場，使得航空業比一般人所想的更加固定設施密集。然而，它就像公路運輸一樣，固定設施是由政府提供，使得這個行業中的個別公司似乎有著相當低的固定設施成本。

航管系統（The Air Traffic Control System）

　　美國聯邦航空總署負責維護相連 48 個州大約 150,000 英里的高空噴射機路線系統，它也維護大約 200,000 英里不適合噴射機飛行的低空路線。這些路線是由 24 個空中路線交通控制中心和 684 個機場塔台所指揮。這些空中走廊並不是個別經營者的資產。雖然航空公司分別稱霸於不同的領域和路線，但是這種專業化並不像鐵路業一樣，是根據路線所有權而造成的。

　　聯邦政府每年花費 48 億美元在國內的航空管制上。這個支出額差不多占國內航空客運和航空貨運總支出的 2%。比起其他的運輸方式，這個數字似乎高了很多。

　　美國聯邦航空總署在航空管制上的大多數支出是在薪資上。由於勞動支出很容易變動，因此和資本支出比起來，勞動成本通常被認為

能夠更準確地反應出機會成本,所以每年航管系統的花費可能能夠精確地代表著航空業的路線成本。

目前並沒有公開的研究成果詳述航管系統的費用是如何隨著交通量而改變。為了維持空中路線,必須要有起碼的設備和人員。在另一方面,由於每一個航管人員能管制的飛機數量有限,所以固定設備的操作成本大部分都會隨著交通量而變動。我們將視航空業大部分的固定設施費用是變動成本。

機場費用(Airport Expenses)

美國有超過 18,000 座的機場,但是幾乎所有機場的跑道都很短、無燈光設備、而且沒有鋪柏油。僅有 250 座機場的跑道超過 10,000 英呎長,而長跑道卻是大型噴射機飛行所必須具備的。其他 384 座機場的跑道長度是介於 7,000 到 10,000 英呎之間。

機場的所有權及經營權是由州政府、市鎮當局或地方政府成立的專業行政機構所管轄。每年政府花在機場的費用大約是 120 億美元。在這些費用當中,大約 20 億是聯邦政府補助給州政府作為擴充跑道和航管設備的經費。剩下的 100 億機場費用則直接由州政府和地方當局來支付。

機場管理當局是非營利機構,他們所制定的服務價格是根據收支平衡的原則。大型機場花費較高比例在場站,至於跑道的支出則占較小的比例。一般而言,28%左右的機場費用是關於跑道和降落區的支出,包括停車場的場站費用則占了 57%,剩下的是關於飛機機棚和其他租借區或營運區的費用。❿機場管理當局大部分的收入來源是:平均占航空公司收入的 2%的降落費,櫃台、登機門、機棚的出租收入等。而停車費和餐廳營業權及其他服務等的收入,則是另一項機場收

入的主要來源。假如入不敷出，管理當局將會提高航空公司的降落費用，直到收支相抵為止。

在計算機場的成本時，通常都沒有正確地估算出機場土地的利用成本。機場的債券通常在 25 年到 30 年後償清，在這之後，就不再對機場使用者收取土地和建築物的機會成本，這個情況再加上通貨膨脹把土地和建築物的成本向上提高，使得舊機場顯然比新機場的成本還要低。現在並沒有公開的估算結果可以說明機場費用把經濟學上機場設施的使用成本低估到什麼程度。由於機場往往位於都市的首要位置，而且使用了原本可當作工業區或商業區用途的大片土地，因此，機場的機會成本必定比列在會計帳目中的費用還要高出許多。⓫

跑道也有所謂的規模經濟：一個有 4 座跑道的機場比起二個有 2 座跑道的機場費用還低。抵消掉這些規模經濟效果的是場站的規模不經濟：擴充場站時，旅客要出入這些數量漸增的登機門將變得愈來愈難。機場的最適大小必須根據跑道的規模經濟和場站的規模不經濟之間的取捨來決定。⓬

航空公司和機場的關係不是建立在某一時點的市場交易，而是基於長期的合約。航空公司對租借櫃台、登機門和場站簽署的是長期的合約，並且航空公司要為機場管理當局因財務擴充所賣的債券作保，因此現存的航空公司往往在機場占有最佳位置。現存的航空公司也與未來的擴充計畫有利害關係，因為這些計畫可能會帶來更多的競爭，也可能有利於公司自身的飛行安排，這對那些使用率已經達到最高限度的機場而言尤其重要。現今機場並沒有一個機制能有效率的處理擁擠的問題，它必須依靠彼此直接的磋商來限制尖峰時期的班次。航空公司所希望增加的容量通常都比機場管理當局所計畫的還小，以限制其他可能的新對手加入。

一般人會認為航空業的固定設施成本很低，而且機場又是政府所

擁有,所以要進入航空業似乎應該很容易。然而,要進入這個產業其實比一般人所認為得困難多了,部分是因為管理當局為了籌措固定設施的費用,和航空公司簽的都是長期的合約。❸而且機場管理當局和航空公司之間所簽的一些合約讓此航空公司可以否決容量的擴充計畫,以防止新的競爭者加入。由於限制了機場的容量,再加上優惠現存的航空公司,使得新航空公司要搶食這塊大餅更加地困難。

水路運輸(WATER TRANSPORT)

水路運輸使用了兩種固定設施:航道的利用和港口設施。遠洋運輸主要是利用港口設施,而國內水路運輸則和航道的利用比較有密切的關係。

航道的改良工程(Channel Improvement)

美國有三個非遠洋的水路運輸:(1)近海運輸:沿著從德州到佛羅里達的大海灣,以及沿著從佛羅里達到維吉尼亞州的大西洋海岸。(2)河流和運河運輸,主要在密西西比河和它的支流,及範圍小得多的哥倫比亞蜿蜒流域。(3)北美五大湖和聖勞倫斯航路運輸。圖6.1水路的位置與鐵路及公路的位置都不一樣。那些運輸方式(鐵路、車輛等)的固定設施都是位於連接人口集中地區的位置。可是相反地,水路運輸的航道是自然形成的,不需刻意製造。我們現在看到的水路航道圖與南北戰爭時所看到水路航道圖基本上是一樣的。

通常不會為了經濟上的需求,而建造一個全新的水道。從1970年到1982年,美國水路總共25,543英里,到1983年是25,777英里,增

加了 234 英里，這是因為田納西州 Tombigbee 水路的完成所帶來的。大部分美國水路的起碼航行深度是 9 英呎。一些很少被使用的較淺河流是 6 英呎深度。近期內我們預期水道的英里數或深度都不會有什麼新的改變。

　　要正確的計算出某設施在經濟學上的成本，得以此設施在次佳選擇中的使用價值來判定。對於國內的水路而言，衡量水路成本的正確方法是，當它們不再被使用於運輸用途時，為此經濟社會所帶來的資源價值。不管是否有平底貨船通行，河流仍不斷流動者，因此，若不把它作為運輸用途，並不會帶來多大的好處。不把某河流作為運輸用途的好處只在於我們能因此增加水上的休閒活動，以及能把省下來的水路費用拿來提高我們對其他事物的滿足感。

　　假如不把河流和運河作為運輸用途，其中我們可以節省的一個明顯支出就是水路的維護費用（例如挖泥來保持航道的暢通）及水路船閘的營運費用。不但航行援助系統的配置和維護等支出可以省下來，還有營救船員的系統費用也可以省下來。在北美五大湖和密西西比河的上游，每年季節初和季節末為了保持航道通暢所必須作的破冰工作費用也可以省下來。

　　把河流和運河作為運輸用途的另一個較不明顯成本是外部成本，這項成本是加諸於水資源的其他使用者。在某些環境下，水流需要視情況而由人工保持在某個高水位或低水位。海岸邊的一些地主經常抱怨為了航行所保持的高水位往往導致土壤的侵蝕，而且為維持航道所作的破冰工程也對他們造成了損害。在淺海域的拖船活動不但增加了水的混濁度，而且航行也時常干擾了水上休閒活動或者漁業活動。1993 年密西西比河發生的巨大洪水，一些觀測者認為，為了運輸所作的鑿渠工程加強了洪水的氾濫程度。為了穩固及加深運輸航道所作的鑿渠工程也危害了野生動物的繁殖。

一般在估算維持水道的成本時，都沒有把任何上述的外部成本納入其中。美國政府每年大約花費 17 億美元建造和維護可航行的水路，以及維護美國港口的航行。水路每英里的維修和建造成本都非常不一樣，因此，不應該把國會為了改善和維護水路的經費加起來除以美國水路長度，而得到每英里的平均成本，因為這項數字不具代表性。如同第九章所描述的，最近主要的水路建造計畫：田納西州的 Tombigbee 水路，就每英里的費用及每噸水路貨運的費用而論，這項建造計畫的費用是非常高的。

　　現在以及近期的主要航海支出是在水壩和船閘設施的更換與擴充。當河流的運量不斷增加時，就會產生擁擠的現象。大部分現在使用的水壩和船閘都有 50 年歷史，也都到了必須替換的年紀。國內水路運輸所使用的設施都是根據舊技術設計出來的，就像鐵路一樣。不過水路設施在未來一般都會被更新，以配合運輸技術的改良，這點和鐵路可就不同了。

　　從經濟學機會成本的原理可看出，過去改善航道的資本費用，並不是現在的航行成本。然而，為了改善舊助航設備容量不足所需要的費用，或者為了採用新技術所必須投入的改良支出等都要算成航行成本。在每年聯邦政府提供作為航行設施的 17 億美元費用中，我們發現固定設施成本是每年內陸水路運輸業者收入（28 億）的 60%，是沿岸和內陸水路運輸業者加起來年收入（58 億）的 30%。假如大部分的費用是用在內路水道的航行援助設備，那麼水路業將是最固定設施密集的運輸業之一。此外，由於航道的固定設施成本不是完全由水路貨運業所支付，所以固定設施的成本有可能超過業者收入的 100%。❹這些百分比會隨著不同的水路而有很大的變動。

港口成本（Port Costs）

　　除了助航設備外，水路運輸主要使用的固定設施是港口。雖然有數百個港口，但是只有一些港口有處理貨櫃的設備。許多港口都有處理大量商品的專業化設備。需要專門設備的大量商品中，最重要的是：煤、穀類、礦石、石油和液化氣體。

　　雖然港口和航道費用是由聯邦政府支付，然而，港口設施的大部分費用都是由州政府和地方政府創立的港口管理機構負擔的。1995年州政府和地方政府支付大約 20 億美元。在河流／港口的固定設施支出中，每年有一半以上是花在港口上，不到 1/2 的經費則花在航道的發展工程上。

　　如同機場一樣，大部分的費用並不是來自於州和地方納稅人的口袋，而是由港口設施的長期租賃合約來籌措資金。就和機場的情況一樣，船隻的經營者租借公共港口的位置以便自己的船隻使用。少數在公共港口裝卸貨物的公司，與使用這個港口的航運公司並不互相隸屬。就和在其他運具的情況一樣，航運公司總想辦法儘量維持船隻航行的運輸控制權力。在公共港口經營自己的場站就是擴充控制範圍的一個方法。航運公司除了為使用陸上設施而付給港口管理機構的長期租賃費用以外，聯邦政府最近也開始徵稅，使用者每付給給港口管理機構100美元，就要繳 4 分錢的稅，以籌措維持港口正常開放的一些成本。

　　港口的公共建設費用包含碼頭設備、裝貨設備、卸貨設備和倉儲。由於在裝貨和卸貨的技術有著嶄新的進步，特別是能把非散裝貨物的處理設備幾乎完全轉換成貨櫃化設備的技術日新月異，所以港口必須擴大儲存貨物的土地，這使得港口遠離傳統的市中心位置，而移

到都會區的邊緣地帶。不過新式的貨物處理方式是減少港口的倉庫，而增加了裝貨和卸貨的專業化設備。

很多港口的設備支出都是為了吃水深的船隻。每年花在港口的金額中，大約 15%是花在國際遠洋運輸，12%是在國際以及沿海深船的運輸。深船運輸似乎不像鐵路或淺水運輸般地固定設施密集，但是又遠比公路或航空來得固定設施密集。

輸油管（PIPELINES）

輸油管運輸是唯一不需要使用運具的一個運輸方式。固定設施的經營者本身直接就提供了運輸服務。很多有趣和重要的運輸經濟學問題都重視固定設施經營者、運具經營者和他們的顧客之間的關係。由於輸油管不像其他運輸方式般使用了運具，而且此產業的所有權型態把運輸、生產和市場機能都整合在一起，因此，輸油管和其他的運輸方式相比，比較不受到運輸經濟學者的注意。⓯

美國輸油管的地圖看起來一點也不像鐵路、公路和空中運輸的地圖，這反映出輸油管不是一個普遍的運輸方式。它們受到貨物種類和服務地理範圍的嚴格限制。輸油管只運送以下三種商品：天然瓦斯、天然原油和石油產品（主要是汽油和燃料汽油），它們把油田（或港口碼頭）和消費者連接起來。輸油管在地理上的位置是根據石油、瓦斯的蘊藏區及人口的集中位置來決定的。一般輸油管流動的方向是由西南方到東北方，這是遵循生產和消費的地理型態而定的。

美國大約有 450,000 英里長的輸油管，這可比鐵路和水路加起來的長度還長。輸油管運送最多的是天然瓦斯，剩下的是用來運送液體，不是天然原油就是石油製品。不像鐵路般，美國輸油管的英里數

並沒有快速減少的現象。石油製品的輸油管以相同的導管運送不同的產品，它是利用生鐵棒來區隔之。生鐵棒也可以用來區隔不同貨主的產品。輸油管裡混合著不同的產品，帶來了最主要的技術問題和管制問題，因為如第五章所討論的，使用者在共用設施時，造成了不可追蹤的成本。這項問題沒有出現在原油輸油管或天然瓦斯管線上，因為這些管線所運送的產品有較高的同質性。

輸油管的支出主要是花在建造費用上。幾乎一半的建造成本是花在原料（導管和設備），另一半則花在勞動支出上。輸油管的土地成本是極微小的，通常只占建造成本的 3% 左右。為何土地成本只占輸油管成本的一小部分？其中一個理由是因為輸油管深埋在地底下，土地的地面還是能正常的使用，不因為輸油管的存在而受影響。

輸油管的建造成本會隨著輸送管的直徑、長度及建造的地形而變化。較長的輸油管比起較短的輸油管，其每英里的建造成本會稍微便宜一點。輸油管的建造成本會隨著輸送管規模的提高而增加，但成本增加的速度遞減。最近美國內布拉斯加州建造了 10 英里的 36 英寸輸油管，每英里成本是 675,000 美元。一條 17 英里的 20 英寸輸油管在伊利諾州和印第安納州的成本為每英里 954,000 美元。1994 年，建造在乾燥區域而不是在墨西哥海灣或其他水域的輸油管，其平均成本為每英里 650,000 美元。壓縮機站的平均成本為每馬力單位 1,227 美元。❶

一旦輸油管被建造完成後，主要的營運成本都是花在運轉壓縮機和唧筒旳燃料上，以保持液體或天然瓦斯在輸油管中的移動，其他唯一大筆的費用是操作壓縮機和傳送站的勞動成本。不過這些成本和原來的建造成本相比，都顯得微不足道。在運輸業，輸油管的固定成本占總成本的比率是最高的。

輸油管的壽命無法以年度來衡量。輸油管都設計得和輸油管所連接的能源蘊藏地一樣長的壽命。輸油管設施的建造成本是真正的沉沒

成本，所以在輸油管的運輸中，若基於輸油管的建造成本來估算固定設施的機會成本，將會把此機會成本高估了。畢竟這條輸油管線若不用在運輸用途上，就沒有其他功用可以發揮了。不過，新的輸油管會不斷被建造（這很像公路，但不像鐵路），而新建設無疑地需要從別的用途中挪取資源。假如美國當初沒有建造這個輸油管的運輸路網而拖到現在才建造，毫無疑問地，現在所建的輸油管形式和以前的形式將會非常雷同，它不像鐵路系統有著技術過時的現象。輸油管的存在省下了重建的成本，因此，目前的建造成本大約等於使用輸油管系統的固定成本。

　　人們經常對經濟學的新生以輸油管的技術為例來說明規模經濟的原理。事實上，如同第五章所述，運輸市場散布各地的特性，使得我們很難定義規模經濟的概念。雖然如此，我們還是可以考慮下述問題：若要提高從某起點到某終點的原油運輸比率，但是維持從其他起點到終點使用此輸油管的所有其他流量固定不變下，成本將會是多少呢？邏輯、數理和經驗法則都告訴我們，成本應該類似圖 6.3 所顯示的曲線。AA 曲線代表在短期提高流動比率的最低成本，而短期的意思是指輸油管或設備還來不及增加的期間。BB 曲線顯示在中期，提高流動比率的最低成本。而中期是指一段足以增加壓縮機和其他設備的數量和規模，但來不及建造新管線的期間。❼ CC 曲線顯示假如全部的輸油管可以被重新設計和建造，以容納流量的增加時，擴增流動比率所需的最低成本。

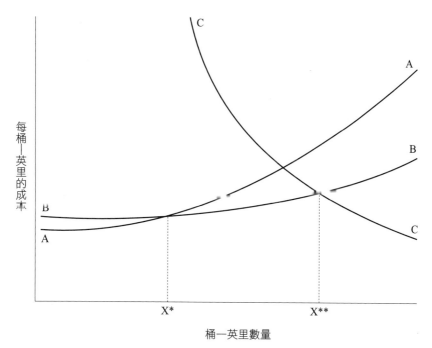

擴充輸油管運輸的每單位成本視情況而定。**AA** 曲線顯示出使用更多燃料
去運轉壓縮機，以擴充產量時，每單位的成本。**BB** 曲線顯示出額外增加
設備以擴充產量的成本。**CC** 曲線顯示建造新管線以擴充產量的成本形式。
CC 曲線的斜率向下反映出建造輸油管的規模經濟。

圖 6.3　輸油管運輸的成本

　　在輸送管的直徑既定下，增加流動比率需要提高輸送管的流動速
度，也就是必須增加用在操作壓縮機和唧筒的燃料數量。A曲線的上
揚部分也就是增加燃料的使用量以提高原油在輸送管的流動速度。若
只想靠著增加唧筒的工作量來大幅增加流動比率，這種作法會因輸油
管的流動阻力而顯得不切實際。若想有效率的使用燃料，則為了增加
流動比率，必須添加更多的唧筒站才行。這顯示在A曲線的下方，X*
點之後的B曲線中。然而，假如重建輸油管，那麼輸送管的規模就能

配合流動比率而發揮最大的效用。小直徑輸送管的優點是每英里的建造成本較小，而且比較容易混合各種產品。大直徑的輸送管則另有獨特的優點，也就是每單位產量的建造成本較低，並且輸油管的流動阻力較小。這些優勢反映於 C 曲線在 X** 點之後的較低成本中。C 曲線的斜率向下顯示出輸油管運輸的規模經濟。❸假如規模經濟（scale economies）昰指建造和操作一個直徑較大的輸油管，會比同樣路線中的兩個直徑較小的輸油管還便宜，那麼顯然輸油管有規模經濟。不過，毫無疑問的，輸油管是最固定設施密集的運輸方式。

結論
（CONCLUSION）

運輸業的固定設施是指，運輸資本中不能實際移動的部分。固定設施通常是沉沒的，並且只服務某地理區域的市場。

放在運輸設施的資本中，數量最高的是投資在公路上。公路是相當獨特的運輸方式，因為它不但提供城際間的運輸道路，也提供地方上的通行方式。城際間的公路是由州政府所提供，但是也從聯邦政府的汽車燃料稅拿到不少的財務支援。每年的公路費用大約是 900 億美元，但是占所有花在公路運輸的總支出不到 10%。由於公路不斷地被擴充、改善和維修，因此，我們應該把每年大部分的公路費用視為汽車、卡車和巴士使用固定設施的經濟學上成本。

在公路成本的議題中，最有爭議的主題之一是，如何決定每一類使用者的成本責任問題。公路的建造和維修費用確實會隨著交通量而變化。公路的建造和設計必須根據不同車輛類別使用公路的預期程度而定。若要讓公路容納重型卡車的行駛，則此公路必須比純粹只有汽

車通行的道路還要平緩、路面要更厚及路肩要更寬等，而且預期這種公路會損壞得比較快。在運輸經濟學上，如何把固定設施的成本分配給個別使用者，長久以來一直是理論及實證上的問題。這個問題在公路的情況中最為突出，因為只有一小部分的成本是可追蹤的。

　　鐵路比公路運輸更加地固定設施成本密集。鐵路是相當特別的運輸方式，因為擁有及維護那些連結城市的鐵路業者，與操作運輸車輛的公司是同一家公司。鐵路運輸路網正在不斷縮減當中，因此與鐵路相關的討論都是有關運輸路網應該多快地縮減，以及應該先廢棄哪些部分等經濟議題（不過，由於貨車車廂和火車頭的技術改良了，所以即使運輸路網縮小了，鐵路系統仍持續提高貨運量）。當初建造現在這個鐵路運輸路網時，是根據異於現在的人口地理分配情況，以及不同於現在的工業據點而設計的。根據現今情況而設計的鐵路系統必然將和以前的設計大不相同。

　　所有以前花在軌道和結構的費用都應該被視為沉沒成本，所以不會影響現今的固定設施成本。然而，這不是意謂著鐵路設施的成本是微不足道的。鐵路占據了很多有用的土地，而這些土地假如不用於鐵路用途上，就可以挪作它用。另外，在會計帳目上很多歸之於鐵路固定設施的成本都是軌道的維修費用。軌道維修支出占所有鐵路費用大約 17% 左右。相比之下，公路維修和建造支出只占所有公路成本 10% 而已。

　　航空公司似乎沒有使用任何固定設施，事實上是有的。航管系統是由聯邦航空行政部門所經營，它就像公路和鐵路軌道一樣是屬於固定設施。其營運費用大約是每年 48 億美元，這個數目幾乎等於每年鐵軌的維修費用。然而，由於航空業的規模比鐵路業要大得多，並且它與政府軍方部門一起分攤航管系統的成本，所以商業航空公司所負擔的路權成本並不多。

機場費用是航空固定設施的另一項成本。雖然經費是來自於航空公司向管理單位繳納的落地費以及場地租借費用（規定於長期的合約中），然而，機場是由地方機場管理當局所經營的。機場管理當局和航空公司所共同簽署的合約往往讓新的競爭者很難進駐機場提供吸引人的服務。機場管理當局利用這些長期合約來籌措機場發展的資金，所以經常授予航空公司有否決機場擴充的權力，因而防止了新航空公司進入這個體系。儘管航空公司支付的固定設施成本不多，但是固定設施仍是影響航空業競爭的主要因素。

　　遠洋運輸和航空運輸有很多類似的特色。遠洋運輸主要的固定設施是港口和航道的改良工程。籌措港口設施資金的方式非常像機場費用：州政府或地方管理當局與船公司簽署長期合約以擔保發展設施的資金。每年發展港口的費用雖然比機場費用還少，但是它占船公司總成本的比例卻大得多。

　　輸油管是不需要使用運具的一項運輸方式。輸油管是規模經濟最典型的例子。不過它就和所有的運輸路網服務一樣，由於衡量規模的方法有問題，因此我們很難證實或否決這個看法。然而，毫無疑問的，輸油管是最固定設施密集的運輸方式。

註　釋

1. 有關智慧型公路（intelligent highways）的發展現況，可參見美國國會，國會預算中心，「高科技公路：智慧型運輸系統與政策」（*High-Tech Highways: Intelligent Transportation Systems and Policy*）（Washington, U.S. Government Printing Office，1995 年 10 月）。

2. 有關公路財務狀況這項主題的更完整討論，請參見 Davis, M. Grant 和 William A. Cunningham「公路融資的入門」（*A Primer on Highway Finance*）（Lanham, Md. and London: University Press of America,1994）。在歐洲的觀點方面，請參見 Papaioamnou, Rodolfos 和 Dinos Stasinopoulos「歐洲社區的道路運輸政策」（The Road Transport Policy of the European Community），運輸經濟學與政策期刊（*Journal of Transport Economics and Policy*），Vol. 25，No.2，1991 年 5 月，第 203-208 頁。

3. 關於最適路面設計的文獻，幾乎完全是來自工程學的觀點。參見 American Association of State Highway Officials「AASHO 道路測試」（The AASHO Road Test），「公路研究董事會」（*Highway Research Board, Special Report No. 73*）（Washington, DC: National Academy of Science, 1962）；「美國州公路協會與運輸官員」（American Association of State Highway and Transportation Official），AASHTO 對路面結構的設計指南（*AASHTO Guide for Design of Pavement Structures*）（Washington, 1986）；另請參見美國運輸局，聯邦公路管理局，「聯邦公路成本分配研究的最終報告」（*Final Report on the Federal Highway Cost Allocation Study*）（Washington, DC: U.S. Government Printing Office, May 1982）。關於道路成本的最近報告，請參見 Kenneth A. Small, Clifford Winston 和 Carol A. Evans「道路研究：新的公路訂價法和投資政策」（*Road Work: A New Highway Pricing and Investment Policy*）（Washington: Brookings Institution, 1989）。

4. Small, Kenneth A. 和 Clifford Winston「最適的公路耐久性」（Optimal Highway Durability），美國經濟評論（*American Economic Review*），Vol. 78，No. 3，1988 年 6 月，第 560-569 頁。這篇文章認為 AASHTO 的測試是根據不正確的統計分析。

他們重新分析 AASHTO 資料後，發現高速公路的損壞，是和重量的三次方較為接近，而非四次方。

5. 美國運輸局，聯邦公路管理局「聯邦公路費用分配研究的最終報告」（*Final Report on the Federal Highway Cost Allocation Study*）（Washington, DC: U.S. Government Printing Office, May 1982），第 D20-D21 頁。對於重型卡車是否應為本身所造成的道路損壞而付費，較近期的評估有 Vitaliano, Donald F. 和 James Held「邊際成本道路損害使用者的費用」（Marginal Cost Road Damage User Charges），經濟學與商業的季評論（*Quarterly Review of Economics and Business*），Vol. 30，No. 2，1990年夏季，第 32-49 頁。

6. 紐柏利（David Newbery）曾計算出在某些條件下，有效率的價格將不考慮道路損害對其他使用者所造成的影響。請參見 Newbery, David M.「道路損壞的外部性和對道路使用者的索費」（Road Damage Externalities and Road User Charges），計量經濟學（*Econometrica*），Vol. 56，No. 2，1988 年 3 月，第 295-316 頁。另請參閱 Newbery, David M.「恢復最適設計道路的成本」（Cost Recovery from Optimally Designed Roads），計量經濟學（*Economica*），Vol.56，No. 222，1989 年 5 月，第 165-185 頁。

7. 道路廢棄（road abandonment）的概念並非如人們所想的那般抽象。就像鐵路一樣，美國有一些鄉村道路系統也是興建過度。相關分析請參見 Hamlett, Cathy A. 和 C. Philip Baumel「鄉村道路的廢棄：政策準則和實證分析」（Rural Road Abandonment: Policy Criteria and Empirical Analysis），美國農業經濟學期刊（*American Journal of Agricultural Economics*），Vol. 72，No. 1，1990 年 2 月，第 114-120 頁。有關另一種提供鄉村道路服務的方法之分析，請參見 Deller, Steven C., David L. Chicoine 和 Norman Walzer「鄉村低容量道路的規模與範圍之經濟學」（Economics of Size and Scope in Rural Low Volume Roads），經濟學與統計資料評論（*Review of Economics and Statistics*），Vol. 70，No. 3，1988 年 8 月，第 459-465 頁。

8. ICC 運用了整體的資料後指出，道路維護支出中，有 45% 是會隨著交通量而改變的可變動支出，55% 為固定支出。請參見 Denver D. Tolliver「在鐵路成本判決中，密度的經濟學：對鐵路 A 型的應用」（Economics in Density in Railroad Cost Finding: Applications to Rail Form A），後勤與運輸評論（*The Logistics and Transportation Review*），Vol. 20，No. 1。當然，總成本中的變動與固定成本比率，必定會隨著

交通狀況而改變。第八章將會討論到鐵路的固定成本。

9. 參見 Wood, Wallace R.「任意的支出和鐵路成本估算的偏差」（Discretionary Spending and Railroad Costing Bias），後勤與運輸評論（*Logistics and Transportation Review*），Vol. 21，No. 2，1985 年 6 月，第 99-114 頁。

10. Howard, George P.等其他人「機場經濟上的計畫」（*Airport Economic Planning*）（Cambridge: MIT Press, 1974）。

11. Walters, A. A.「機場：經濟上的調查」（Airports: An Economic Survey），運輸經濟學與政策評論（*Journal of Transport Economics and Policy*），12，1978 年 5 月，第 125-160 頁。 另請參閱 Dienemann, Paul F.和 Armando M. Lago「使用者的負擔和美國機場與空中航道系統成本的分配」（User Taxes and Allocations of the United States Airport and Airway System Costs），運輸經濟學與政策評論（*Journal of Transport Economics and Policy*），10，1976 年 1 月，以及 O'Connor, William E.「航空經濟學的介紹」（*An Introduction to Airline Economics*）2nd Ed.（New York: Praeger, 1982）、Doganis, Rigas「機場事務」（*The Airport Business*）（New York and London: Routledge, 1992）。

12. Walters, A. A.「機場：經濟上的調查」（Airports: An Economic Survey），運輸經濟學與政策評論（*Journal of Transport Economics and Policy*），12，1978 年 5 月，第 125-160 頁。

13. Golaszewski, Richard「航空的基礎結構：新思維的時候了？」（Aviation Infrastructure: A Time for Perestroika?），後勤與運輸評論（*Logistics and Transportation Review*），Vol. 28，No. 1，1992 年 3 月，第 75-101 頁。 固定設施成本對新航空公司而言相當低的標準說法，在最近受到新調查報告的挑戰。作者們計算了新航空公司地面設施的最低投資額之後，發現比航空公司的其他營運成本還大許多。請參見 R. V. Butler 和 J. H. Huston「航空市場的可競爭性多大呢？」（How Contestable Are Airline Markets?），大西洋經濟學刊（*Atlantic Economic Journal*），Vol. 17，No. 2，1989 年 6 月，第 27-35 頁。

14. 船東所運用的燃料稅，預期涵蓋一部分未來航海輔助器材的年度建造成本。關於航道的維護和營運，將繼續由國庫來支應。

15. 有一份油管產業的優良資訊來源，是由 OGJ 所出版的產業年報：石油與天然氣期刊（*Oil and Gas Journal*）。 另請參閱 Hansen, John A.「美國油管市場：結構、訂

價和公共政策」（*U.S. Oil Pipeline Markets: Structure, Pricing, and Public Policy*）
（Cambridge: The MIT Press, 1983）。

16.所有數據均來自：True, Warren R.「美國州際輸油管在 1994 行進得更有效率」（U.
S. Interstate Pipelines Ran More Efficiently in 1994），石油與天然氣期刊（*Oil and Gas Journal*），1995 年 11 月 27 日，第 3958-3964 頁。

17.還有第二種類型的中間成本曲線（intermediate cost curve）：由於石油或天然氣在
不同的地方進出輸油管，所以可能會因短的伸張力而形成瓶頸，因此可以藉由加
倍輸油管的特定伸張力，來增加整個系統的容量，而不是重建整個系統。另一個
中間成本曲線的型態，可以從極小化總成本而得出，也就是增加唧筒抽取容量，
以及建造數量有限的輸油管。

18.由於鋼瓶的容量是隨著半徑的平方而增加，因此將直徑加倍的話，便可以使輸送
的油量增加四倍。事實上，當直徑增加時，內部每單位表面摩擦力也會減少，故
增加量會更多。因為鋼瓶的表面積是隨著直徑呈比例增加，因此所需要增加的鋼
材，遠比所增加的容量還慢；其他成本要素的模式則是大略相仿。根據舊的估計
式，發現油管輸送有一個成本函數是 2 次方，這表示：

$$C(\lambda Q^*) = \lambda^2 \cdot Q^*$$

這種成本曲線會隨著產出增加，而快速減少平均成本，這也是規模經濟的特徵。
請參見 Leslie Cookenboo, Jr.「在石油業，天然石油輸送管與競爭」（*Crude Oil Pipelines and Competition in the Oil Industry*）（Cambridge: Harvard University Press, 1955）。

第七章

運具成本

　　除了輸油管以外，所有的運輸方式都是以運具來運送旅客或貨物。這一章要針對每一種運輸方式，討論運具的擁有成本。至於運具的操作成本則留到第八章探討。

　　出租運具的公司直接負擔的是運具的擁有成本，而非操作成本。個人或公司若擁有並且使用他們自己的運具，則是把運具的擁有成本及操作成本合在一起。我們在這一章分析運輸的營運時，假設所有者和經營者是獨立的個體，各自負擔不同成本。

　　運具的擁有者負擔三種主要的成本：(1)運具的折舊成本；(2)把投資資金套牢於運具的成本；(3)運具的維護成本。在不同的運輸方式下，這三種要素的重要性不同，計算這三種成本的難易程度不同，而且要把維護成本當作擁有成本還是經營成本的傳統也不一樣。

擁有運具的固定和變動成本
（FIXED AND VARIABLE COSTS OF VEHICLE OWNING）

　　運具會隨著年齡的老化，以及使用量的增加而日漸磨損。由年齡或使用量造成運具價值的減少，稱作折舊。有些運具在實際老化前，就已經因為技術原因而過時。如果運具是因為年齡而非使用率，而加速磨損，則可以把折舊成本當作擁有權的固定成本，因為運具需要被汰換的時機與使用水準無關。如果運具的壽命可以用英里數來衡量，或者以起飛和降落次數來衡量，則折舊是擁有權的變動成本。把擁有權的變動成本當作交通工作的操作成本，通常比較容易分析。

　　在某些情況，適當的維護顯然能夠讓運具無限期的保持在服務狀態，那麼它們壽命的結束是由於技術的退化，或者交通意外所造成的自然磨損。如果運具的壽命可以用年齡或使用量來預期，那麼就可以估算出逐年所降低的價值，而且可以事先算出折舊津貼。如果運具的壽命無法預期，則二手車逐年價值的變動和折舊津貼就沒有什麼密切的關係了。事實上，這種設備的價值甚至可能逐年增加。若無法從每年的折舊津貼預期舊設備的價值，則運具就沒有可計算的折舊成本了。

　　所有的運輸方式都有運具的成本，而且此成本可以被追溯到套牢在運具上的投資資金價值。這些成本是取決於舊運具市場的價值。航空公司若有10億美元價值的飛機，假定此經濟社會的年利率是10%，則此航空公司每年隱含的利率成本是1億美元。即使此航空公司擁有自己的飛機而非租來的，它仍必須把這隱含的利息成本當作飛機擁有權的成本。若非如此，它就無法作出明智的商業決策。我們將在第九章繼續討論這個問題。

　　幾乎對所有運具的需求都有周期性的變動。舉例來說，在收割期，對鐵路車箱的需求大於在其他的時期。在石油尖峰需求期間，油輪服務的市場比其他時候都大得多。從事個別旅次的運具服務成本，是取決於使用此運具的總體市場。在運具的擁有者提供旅次服務的情況下，使用運具的機會成本就可以明顯的根據貨運的發票數據來判斷──它是付給運具所有者的必要金額，以鼓勵它在此運輸市場提供容量，而非在其他市場。至於在運具所有者沒有旅次出租的一般情況下，對於使用某運具從事特定旅行的成本也有類似的定義，但是金額並沒有列在任何公告的檔案中。在這些情況下，經濟學家必須把運具的成本歸於某特定旅次中。我們將在第十章描述這方面的問題。

　　有些運具需要一年一度的維修，而不論使用量的多寡。這是運具擁有權的固定成本。若維護成本是根據使用水準而定，則根據定義，它算是變動成本。就和折舊成本一樣，把變動的維護成本當作營運成本，而非擁有權的成本，則比較容易計算出來。由於搜集每種運具成本的統計方式不同，所以有時候本章會把維護成本視為運具的擁有權成本，因此放在本章討論。而在其他情況，則把維護成本視為營運成本，放在下一章討論。

汽車（AUTOMOBILES）

　　到底什麼才算是私人客運的運具，已經不再有嚴格的界線了。逐漸地，卡車、廂型車以及休旅車現在也都被用在幾年前汽車獨有的用途上。美國消費者、商業界、和政府等所持有的汽車數目每年持續增加，從圖 7.1 可看得出來。但是因為作為個人運輸用途的卡車數目和其他非汽車類的運具比汽車數目成長得還快，因此個人乘坐的運具的

實際增加率甚至比圖 7.1 所畫的還陡。就如第四章所提的，在美國以及每一個國家，乘坐用的運具比人口增加得還快。

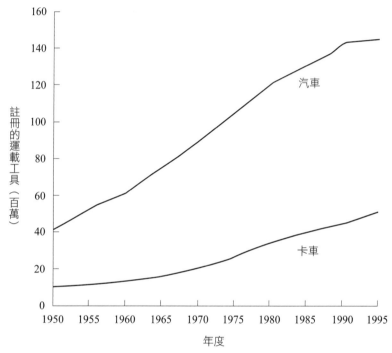

圖 7.1　美國私有和公共擁有的汽車註冊量

資料來源：美國運輸（*Transportation in American*）。

　　就像任何人口數一樣，美國汽車數目是根據汽車的出生率、死亡率而定，或者以汽車術語來說，就是根據汽車的生產和廢棄而定。美國汽車存量正不斷增加，因為每年生產的車子比廢棄的還多。「出生」這個決定因素已經吸引了很大的注意力。汽車是一些最早期計量性研究商品需求的主題。計量經濟學家能夠根據經濟理論認為對汽車的需求和消費者的所得、汽車的價格、以及互補財的價格等息息相關

——互補財主要是石油產品。就如第四章提到的，消費者的所得顯然是決定汽車需求的最重要因素。

但是和探討車輛存量數一樣重要的是，決定出何時終止汽車的生命。這是比較不模糊的主題，因為所發現的資料不是在代理商的展覽室，而是在註冊檔案上。當運具沒有出現在州汽車當局的檔案中，就假定這台車已經報廢了。運具是以可預期的時間表廢棄。圖 7.2 顯示出三群汽車在它壽命期間內的每一年所存活的數目。每年消失的汽車比率一直增加，直到因為同型成員愈來愈少，廢棄率才下降（以原來建造車輛數目的百分比來衡量）。

廢棄一台汽車是經濟性的決策。我們可以預期新車（舊車的代替品）價格，以及燃料和修理（舊車的互補品）的成本對報廢率的影響。在經濟衰退期，家計減少車輛的報廢率，以及減少購買新車的比率。因此，高速公路上的汽車車齡在衰退期增加，在繁榮期減少。當新車價格的增加率比通貨膨脹率還高的期間，家計往往延長持有舊車的時間。然而，不管在任何經濟條件下，美國家計持有的汽車量還是持續擴增。

任何駕駛者都知道汽車不具同質性。汽車的差異不只是在車齡——這是計算汽車的經濟壽命時所強調的因素——而且在大小和特性上。銷售的新車中，大約有 30% 歸類為小型車，45% 是中型車，12% 是大型車，以及 13% 是高級車。❶在過去十年，中型車和高級車占有率提高，而小型車的比率則降低了，由於汽車的異質性，使得家計能隨著經濟情況的改變，來調整車輛的持有，而沒有明顯調整總體車輛存量。舉例來說，隨著油價的變動，家計不會因此買較多或較少的汽車，而是買較大或較小的車。許多家計擁有數台車子，而且可以隨著油價的變動，來調整開大台車和小台車的比例。

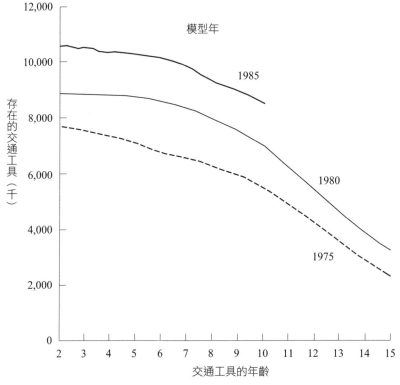

圖 7.2　汽車的生存率（1975-1985）

資料來源：美國車輛製造協會，汽車實況與數據（*MotorVehicle Facts and Figures*），
1988 和 1995 版。

購買和擁有汽車的成本
（The Costs of Purchasing and Owning Automobiles）

　　駕駛汽車的最大支出是購買以及擁有車子的費用，而非開車本身。圖 7.3 顯示汽車所有者擁有每一輛車所平均面對的支出。擁有一輛新車的每年平均固定成本是 4,130 美元，其中 211 美元是付在牌照和註冊費上──這筆金額顯然與駕駛量無關，因此算是固定成本。保

險成本雖然有時多少隨著保險公司所預期的駕駛量而不同，但是這筆支出的主要部分還是固定成本。在圖 7.3，所有的支出都被視為固定成本。但是顯然擁有車子的最大成本，還是在於車子的購買和融資上。

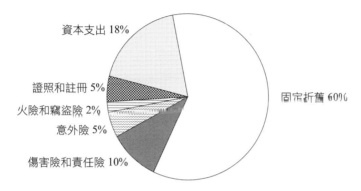

資本支出 18%

證照和註冊 5%

火險和竊盜險 2%

意外險 5%

傷害險和責任險 10%

固定折舊 60%

圖 7.3　維持一輛中等的 1995 年汽車每年的固定成本

資料來源：汽車製造協會：汽車實況與數據，1995，第 58 頁。針對折舊費用所作的調整是根據每英里減少車子價值 0.05 美元，以及平均每年 12,500 的英里數而定。

在 1995 年，新車的平均價格大約是 20,000 美元。要衡量一輛車的每年折舊費用，是根據它逐年所減少的價值而定。大部分車子的折舊都只因為車齡──一輛 10 年的車子不管英里數多寡，都比一輛新車的價值還低。然而，舊車價格的藍皮書顯示出，大部分的車子每年平均所駕駛的英里數是 12,500，依此數目來看，超過正常 12,500 後的每英里，舊車的價格大約減少 5 分。在圖 7.3，計算與使用量無關的折舊金額時，是把報告中的折舊金額減掉 625 美元，因為這項價值的減少（$625）和車子的平均駕駛量有關。與使用量無關的折舊費占了擁有新車的年固定成本的 60%。

所有的新車購買者當中，大約有 70% 是借錢買車。那些消費者每年為了貸款所需要付的金額是一種固定成本，因此也列在圖 7.3。然

而，沒有借錢買車的那 30%的消費者也放棄了其他的選擇而買這台車
——它們放棄把錢存在銀行來賺利息，而把它花在買車上。這隱含的
利率就和那些為貸款而付的利率一樣，都是擁有車子的固定成本。不
過，因為圖 7.3 是根據實際支出，而非經濟原理畫出來的，所以那些
沒有借錢買車的人，其資金的機會成本就沒有包含這隱含利率，因此
擁有新車的 4,130 美元年固定成本可能多少被低估了。

　　圖 7.4 所顯示的是，擁有全國現存私人汽車的固定成本。圖 7.4 沒
有估計折舊費，而是把汽車的購買成本當作所有汽車的折舊總額。如
果對所有汽車的需求都是為了替換舊車，以及如果汽車的替換比率是
固定的，那麼把購買成本當作折舊支出是一種合理的措施。（如果所
有的車子都在 10 年耗盡，以及每年有 1/10 的車子需要替換，則對所
有車子而言，每年車子的購買金額，就會等於折舊總額——每輛車的
1/10。）圖 7.4 在計算保險成本時，把對保險公司的索賠金額扣掉，因
此大幅減少有關保險的固定成本。

　　把所有家計擁有汽車的固定成本支出加總起來，可以讓我們更清
楚的看出這些成本的規模。消費者每年大約花 2,220 億美元購買個人
運輸用途的車子。消費者在汽車本身的支出——不算花在其他車子種
類的支出——比高速公路年度支出的三倍還高。在圖 7.4， 擁有汽車
總的年成本大約是 3000 億美元，這比消費者花在所有運輸種類的一
半總支出還高。擁有運具的固定成本是所有家計支出中很重要的一部
分。私人汽車運輸的成本顯然主要是擁有車子的固定成本。

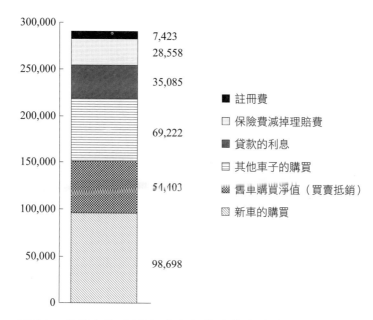

圖 7.4　美國在汽車固定成本上的消費者支出（百萬美元）

資料來源：汽車製造協會：汽車實況與數據，1995。美國運輸（*Transportation in American*），第 14 版。

卡車（TRUCKS）

人們容易認為卡車運輸業只有一種，但事實上，比較正確的說法是有好幾種卡車運輸業。卡車司機只有在他們使用卡車以及公路來產生他們的服務時，司機們才算一體。然而，他們使用的設備種類以及所提供的服務形式，都遠比任何其他運輸類別還要多樣化。

卡車和卡車司機的多樣化
（The Diversity of Trucks and Truckers）

在 1992 年，美國大約有 6,000 萬輛的卡車奔馳於路上，但是有 500 萬輛是小貨卡、四面有擋板的小型運貨車或者有蓋貨車、實用車或旅行車——這種車子主要是用在個人運輸上。若把這些車子也算進卡車運輸業，而成為產業資本的一部分，則這種對卡車運輸業的定義方式是不常見的。剩下的車子包含了平台貨車、冷藏貨車、載家畜卡車、拆除車、垃圾車、有傾倒台的卡車、混凝土混合機，還有基本的封閉式貨車，這種貨車是我們所認為的傳統卡車。圖 7.5 顯示出，若不包括小貨卡、四面有擋板的小型運貨車與休旅車時，卡車運輸業的卡車主要是用在建造業和農業上。出租的卡車大約占所有卡車的 16%，主要是用在貨運上。大部分的卡車運輸都不是由卡車運輸業負責，而是與運輸無關的公司自己提供卡車服務，而成為營業的一部分。

卡車運輸業者所使用的卡車種類往往和其他產業自己從事的卡車運輸所用的不同。大部分城際間的卡車運輸業者使用有蓋貨車，卡車運輸業者是標準有蓋貨車的最大使用者，但是只有 1/3 的標準有蓋貨車是用在卡車運輸業者。剩下在公路上奔馳的有蓋貨車是由私人貨主使用在私人用途上。卡車運輸業者是重型卡車（在 60,000 到 80,000 磅之間）、長型卡車和混合車的最大使用者。但是在每一種情況下，卡車運輸業者都少於這些車種使用者的 1/2。大部分的卡車和鐵路運輸互相競爭，而且卡車運輸影響了公路的維護和建造。

就像汽車存量一樣，任何時候，在公路上的卡車數目都要視卡車的購買數以及卡車的廢棄數而定。表 7.1 的注意力只單獨侷限在卡車運輸業者可能使用的卡車類別，以及為自己提供服務的私人卡車擁有

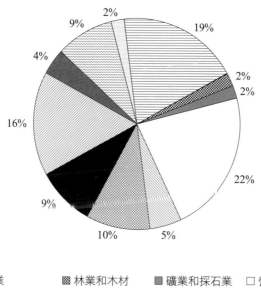

2%

9%

4%

16%

19%

2%

2%

22%

9%

10%

5%

▤ 農業	▨ 林業和木材	▦ 礦業和採石業	☐ 營建業
▨ 製造業	▩ 批發	■ 零售	▨ 出租
■ 公用事業	▨ 服務業	☐ 日租	

圖 7.5　卡車的使用類別

資料來源：美國普查局，卡車庫存和使用調查（*Truck Inventory and Use Survey*），
　　　　　1992

者所用的卡車——重型卡車和它們的組成零件：曳引車以及拖車。大約每一台曳引車，就有三台拖車，這反映出在某些情況下，曳引車拉的拖車超過一台，而且往往把拖車留下來上下貨，讓沒有被鉤住的曳引車跑去載另一批貨物。就像所有的運輸設備一樣，曳引車和拖車的訂購量並不穩定。最近重型卡車的低銷售點是在 1982 年的 75,800 單位；近期的高點是在 1994 年的 185,700。拖車的銷售量則沒那麼不穩定，就同時期而論，普遍在 100,000 和 200,000 單位之間打轉。曳引車─拖車的混合車（聯結車）的平均價格在 1994 年是 127,000 美元，其中大約 16,000 美元是代表拖車的價值，而大約 111,000 美元是曳引車

的成本。拖車比曳引車的預期壽命還長。重型卡車的中等壽命是 12 年。

表 7.1　美國重型曳引車—拖車的銷售量與現存數量（千輛）

年	新重型卡車的銷售量	新拖車的銷售量	註冊的曳引車數量	註冊的拖車數量
1982	75.8	103.9	1,193.1	3,202.3
1983	81.6	117.7	1,240.3	3,127.8
1984	137.7	213.9	1,100.3	3,241.3
1985	133.6	175.1	1,150.3	3,413.3
1986	112.9	169.2	1,121.8	3,367.5
1987	131.2	180.1	1,134.9	3,484.2
1988	148.4	186.5	1,182.7	3,557.9
1989	145.1	181.5	1,237.1	3,717.1
1990	121.3	149.1	1,240.3	3,606.2
1991	98.7	122.4	1,236.1	3,607.8
1992	119.1	165.3	1,278.8	3,801.9
1993	157.9	185.7	1,288.8	3,906.2
1994	185.7	227.8	1,315.0	4,121.0

資料來源：美國卡車協會，美國卡車運輸趨勢（*Amercan Truck Trends*），1995，
以及美國運輸（*Transportation in American*）。新重型卡車的銷售量是
針對車子總重量超過 33,001 磅的卡車。

擁有卡車的成本（The Costs of Owning Trucks）

　　由於卡車的異質性和卡車使用者的多樣性，使人們難以估算擁有
卡車的成本。擁有小貨車的成本顯然小於擁有重型卡車的成本。若以
12 年的分期付款，利息 10% 來購買一台 100,000 美元的重型卡車，每
年需要付 14,676 美元。卡車的使用率比汽車密集得多，所以經濟壽命
是以英里數，而非年來衡量。有些折舊被算在年付款的估價當中，因
此在大部分的情況下，折舊應該被視為擁有權的變動成本，或者是營
運成本。

在卡車運輸業，公司的專業化逐漸提高，而各自成為整車運輸的公司、或是提供 LTL（零擔貨物）運輸的公司。這兩種運輸的成本相當不同。整車運輸業者不需要理貨站。例如，J. B. Hunt 是一家卡車公司，車輛占公司資產的80%以上。但是在小心選擇它們的客戶之後，它們專業於整車的運輸，平衡了來回方向的載貨量，僱用了非工會的勞工、以及使用不太需要維護的新設備，這家整車運輸公司已經達到每噸每英里的成本幾乎接近道路成本。表 7.2 列出美國道路協會對這種整車運輸公司所估計的成本。此表所列的設備成本占這種公司總卡車運輸成本的34.3%。

表 7.2　估計 1994 整車運輸成本（基於單一的 48 呎車單位）

	每英里 （分）	每載貨英里 （分）	每噸一英里 （分）	總百分比 （分）
勞工[1]	39.5	43.8	2.3	35.5
設備[2]	38.3	42.5	2.2	34.3
燃料	18.8	20.8	1.1	16.8
管理費[3]	5.5	6.1	0.3	4.9
其他成本[4]	9.7	10.8	0.6	8.7
總額	111.8	124.1	6.5	100.0

資料來源：L. Lee Lane「卡車業的革新：先進的整車運輸公司」（Innovation in Trucking: Advanced Truckload Firms），這是一篇沒有發表的文章，在美國鐵路協會，複合運送政策部門。他利用生產者的價格指數，把數據從原來 1986 的計算更新到 1994 的資料。

[1] 勞工包括駕駛者的工資、休假時的薪資以及額外津貼。
[2] 設備包括原來的購買價格，折舊費用和分期付款、車輛零件以及輪胎。
[3] 管理費是駕駛者以外的員工薪水和休假時的薪資，以及一般日用品和費用、通訊、水電費，所有非運輸設備和建築的支出以及雜項費用。
[4] 其他成本包括聯邦和州使用者的索價和保險。

像 J. B. Hunt 這種運輸業者仍然只占卡車運輸業中相當小的部分。

大部分的卡車運輸公司就像 Yellow 貨運系統（Yellow Freight System），此公司的大部分收入是來自零擔貨物運輸。處理這種貨物不可避免的要比整車運輸的費用還高，因為他們需要在主要運輸路線的一端設立理貨站來結合那些小量貨物，等運到另一端後，再把貨物拆裝。因為需要額外的固定設施，以及額外的勞力來處理零擔貨物運輸，所以可以預期到車輛成本占總成本的比例比較小，我們從表 7.3 就可看出來。此表展示了 Yellow Freight System 的所得報表和平衡收支表。在 1994 年期間，此公司的總支出是 28 億美元，其中大約 19 億是薪資，燃料和其他日常用品的支出則比 4 億多一點。

表 7.3　二家卡車運輸公司的營業支出和財產價值

營運支出（千元計）		
	Yellow	J. B. Hunt
薪資、工資以及員工津貼	$1,918,406	$457,567
營業支出和日用品	433,789	237,831
營業稅和執照	110,004	26,422
保險理賠與保險費	76,953	50,707
通訊與水電費	41,046	14,822
折舊	133,970	130,265
購買的運輸	142,295	362,989
總營業支出	$2,856,481	1,280,603
營業財產價值（千元計）		
	Yellow	J.B. Hunt
土地	141,134	17,313
建築	613,530	50,962
財源設備	897,426	1,050,986
其他營業財產	214,475	65,547
總營業財產	1,866,565	1,184,808
（減）折舊	989,281	375,798
淨營業財產	877,284	809,010

資料來源：Yellow Freight System（1994 會計年度）和 J. B. Hunt（1995 會計年度）的年報。

Yellow Freight估計他們的曳引車有3～5年的有效壽命，而拖車的折舊壽命是 6～8 年（不過，之後通常會把舊的設備賣給其他人，所以舊設備還會在路上多跑好幾年）。這家公司的營業設備大約價值9億美元。為了每5年替換一次設備，這家公司應該有的年預算大約1.8億美元。這大約是此公司總成本的 6%。即使保險和理賠費（這筆金額當然會隨著設備的使用多寡而變動）被當作擁有設施的成本，這家LTL 公司的車輛成本仍比總支出的10%小很多。

 ## 大眾運輸（PUBLIC TRANSIT）

雖然美國好幾個都市有著以鐵路為基礎的大眾運輸系統，但是大部分的都市卻只有巴士的大眾運輸系統。就如表 7.4 所顯示的，汽車巴士和根據需求而反應的汽車（例如迷你巴士、都市的計程車、或高級出租汽車）構成所有大眾運輸車輛的80%以上。火車大約占了15%。除了通勤火車沒有隨著磨損而那麼快被重置以外，持續購買新車大概足以讓大眾運輸車輛維持在固定的平均年齡，就如此表最後一欄所列的。巴士似乎和私人汽車有著大致相同的預期壽命。鐵路車廂則相對耐久許多。

當運具以穩定的速度不斷被替換時，每年在運具的支出可以正確的代表運具的累積折舊。為了完整的衡量擁有運具的成本，必須把投資在現存車子的資金機會成本，以及和使用量無關的維護費用也加進去。不幸的是，我們在公布的報告中找不到這些統計值，而部分原因是舊大眾運輸車輛並沒有一個積極活躍的市場。在缺乏這種市場的情況下，我們被迫要依賴一些帳目，例如表 7.5 來作分析。所有大眾運具的維護費用大約是總大眾運輸系統營運成本的20%。這項金額和使

用量有緊密的關係，因此是車輛的營運成本，而非擁有權的成本。

表 7.4　美國現存大眾運輸車輛的特性（1994）

	運具數目	新運具的數目	運具的平均車齡
巴士	67,492	5,418	8.9
鐵路捷運	10,138	55	18.9
輕軌火車	1,054	72	20.9
無軌電車	877	36	12.5
根據需求而反應的車	31,872	無資料	4.0
通勤火車	4,517	8	18.8
總數	118,589	5,628	

資料來源：美國大眾運輸協會，大眾運輸實相（*Transit Fact Book*），1994-96 版。
總數大於個別的加總是因為把其他次要的大眾運輸車輛類別也包含
進去（例如渡船）。根據需求而反應的新車輛被包含在公共巴士類
別內。平均車齡是就 1993 年而論。

表 7.5　美國不同大眾運輸方式的成本輪廓（1993）

種類	車輛營運成本	車輛維護成本	總數	維護成本占總數的百分比
巴士	$3,503,919	$1,424,461	$6,359,200	.22
鐵路捷運	781,603	586,202	3,101,600	.19
街上電車	60,122	42,764	157,800	.27
無軌電車	56,563	19,836	98,200	.20
根據需求而反應的車輛	84,528	12,855	176,100	.07
通勤火車	400,233	272,290	1,640,300	.17
總數	$4,980,940	$2,384,743	$11,747,500	.20

資料來源：美國大眾運輸協會，大眾運輸實相（*Transit Fact Book*），1994-95 版

　　大部分的大眾運輸系統擁有權成本都是隱藏的，因為資本支出不
但受到聯邦政府的補助，而且還得到州和地方政府不同程度的補助。
在 1994 年，總大眾運輸資本支出總共為 55.98 億美元，其中將近一半

是來自聯邦政府的補助款。此金額當中，固定設施的支出（主要是重型鐵路和通勤鐵路）占了大約50%，而鐵路車輛就占了大約1/4。每年花在新巴士約6億1,100萬美元，花在新的鐵路車廂大約是3億美元。因為資本成本受到了政府補助，所以大眾運輸系統的帳目表中沒有把花在大眾運輸車輛資金的機會成本放進去。那些支持窮人的人質疑政府對巴士和鐵路的資本分配不當，因為他們注意到，巴士主要的使用者是低收入的族群，而通勤鐵路卻主要是較富有的人在搭乘。不過，還沒有一項大眾運輸的收入足敷總支出，因此，若要找出維護這種服務的經濟上理由，則必須從服務的存在對大環境有著非市場性的影響力著手。不同的運輸方式對這種非市場的特性可能有不同的貢獻，像是影響空氣品質，和提升市中心的社會活力等。

鐵路（RAILROADS）

鐵路使用二種主要設備：火車頭和鐵路車廂。和道路運輸相比，鐵路超過道路運輸的主要技術優勢是，鐵路的單一火車頭可以拉許多車廂，因此節省了員工和燃料成本。

鐵路運輸車輛（Railroad Vehicle Stocks）

在過去十年，美國鐵路所用的火車頭數目巨幅下降。如圖7.6所示，火車頭的數量在1982年之前大約是28,000輛，而現在卻只有22,000輛。下降的原因是火車頭到了有效壽命的盡頭時，逐漸受到淘汰，以及從1981年開始，火車頭的生產量大幅減少所致。圖7.7顯示在1990年代中期火車頭的產量只是1970年代末期產量的一小部分而已。

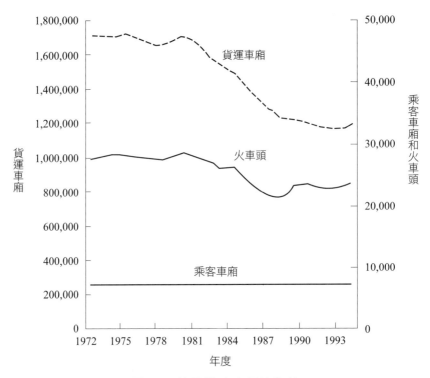

圖 7.6　美國鐵路車輛的趨勢

資料來源：美國運輸（*Transportation in American*）。

　　雖然火車頭數量減少了，然而火車貨運的實際延噸英里數卻提高了。管制的取消讓鐵路業能夠以較少、但較長而較重型的貨運火車，以較高的營運速度奔馳於鐵軌上。較高的營運速度代表著火車頭每天可以拉更多的火車。較少、但較長且較重型的火車表示同樣數目的火車頭可以產生更多的延噸英里數。所購置的新火車頭也比淘汰掉的火車頭更強而有力。一列需要四個舊火車頭的火車，只需要三個現代引擎就可以前進。

　　圖 7.6 顯示貨運車廂的數目也下降了，下降的理由是一樣的──營

運方式的改變使得業者可以用更少的設施來載運更多的貨物。因為新
型車廂比較不需要維護,所以每年可使用的天數也就比較長了。就和
改善使用火車頭的方式一樣,在鐵路支線上以慢車拉的車廂較少了,
因而提高了利用率。新的貨運車廂也比較大,表示業者可以用更少的
車廂處理更多的貨物。當比較小的車廂退休了,而大的車廂被購置
時,貨運車廂的平均大小逐漸提高,因而抵銷掉部分貨運車廂數目下
降的效果。

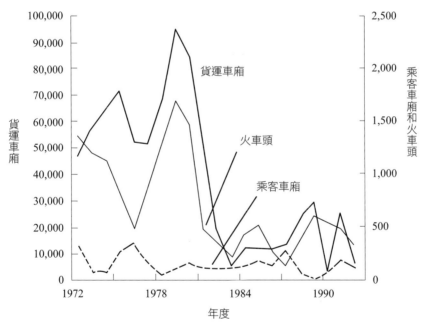

圖 7.7　美國鐵路設備的購置

資料來源：**美國運輸**（*Transportation in American*）。

不是所有種類的貨運車廂數目都減少。表 7.6 顯示出,在鐵路貨
運車廂中,數量最多的是漏斗型車廂。有蓋的漏斗型車廂主要是運載
穀物,而開放式的漏斗型車廂則是運煤專用。這種車廂的數目下降最

少。在新設備當中，容量增加最顯著的就是漏斗型車廂。有蓋包廂主要是用來運載製造業的商品。不過，這種財貨愈來愈多是由卡車運送，而鐵路運輸則更常作為複合運送的設備。

表 7.6　美國鐵路和其他團體擁有的鐵路貨運設備種類

種類	第 1 級鐵路	其他鐵路	車廂公司和貨主
有蓋包廂	104,568	33,113	26,333
簡易包廂	17,970	11,836	17,884
有配備包廂	86,598	21,277	8,449
有蓋漏斗型車廂	148,611	11,076	152,223
無蓬無邊的鐵路貨車	78,217	62,581	44,292
冷藏車	27,326	3,834	2,568
無蓋貨車廂	92,342	15,014	49,272
漏斗型車廂	133,302	14,636	39,927
油槽車	1,056	36	198,226
其他	5,508	2,153	2,521
總數	590,930	86,120	515,362

資料來源：鐵路實相（*Railroad Facts*），1995 版，美國鐵路協會。

複合運送的設備在傳統上是指用於國內運輸，在平台型車廂上面的拖車，以及為了進出口商品，放在平台型貨車上面的貨櫃。在這部門，日新月異的技術已經改變了這項傳統。有愈來愈多的趨勢是，國內和國際運輸都朝向雙層貨櫃。把二個標準貨櫃疊起來，然後以特製的平台型貨車運送，這使得鐵路業者能夠大量改善處理貨物的方式，以及大幅把複合運送的成本降低到比競爭中的卡車運輸還低。然而，在國內的許多地方，這項技術需要修改路基或者修改間隙。另一項引人注意的革新是，以鐵路輪子把修改過的卡車拖車直接放在火車頭後面搬運貨物，而沒有使用平台車廂。

Amtrak 的創立，穩定了客運服務量不斷減少的狀況。在 1971 年

現存的客運車廂所能提供的鐵路旅客量比現在多很多。當旅行大眾已經習慣了航空公司所提供的舒適服務後，火車客運並未提供像航空公司般的舒適。因此 Amtrak 淘汰了一些沒有用的車廂，並翻修一些車廂來符合更現代的舒適與可靠的標準，並購買數量有限的新車廂。

 鐵路設備交替的問題
（Problems of Railroad Equipment Interchange）

鐵路一直存在著設備利用率太低的問題。在 1985 年，一般鐵路車廂才運載了 13.67 次貨物。換句話說，一般的貨物車廂每 3.8 週才運載一次貨物。不過車廂利用率太低的問題正受到改善。到 1994 年，一般車廂每年運載 19.5 次，或者說是每 2.7 週載一次貨。❷因此，即使鐵路車輛的規模持續縮小，可是鐵路生產的車廂—英里數卻增加了。

鐵路業在努力改善車廂使用率的同時，卻受到設備交替的必要性所阻撓。在某項估計中指出，1970 年代中期，鐵路車廂—英里數的 70%都有運輸交替的情況，也就是貨物的運輸始於某一鐵路業者，而終於另一鐵路業者。❸設備必須能夠交替的要求已經妨礙了鐵路設備的革新，因為要改變車廂的標準需要得到同行業者的許可才行，這限制了個別鐵路公司要控制設備使用率的能力。此外，就如第十三章將探討到的，車廂若不在自己的鐵軌上移動時，需要受到管制的約束，而管制的目標並不是為了極大化效率。所以，某鐵路業者可能計畫要改善設備的使用率，但卻不能實現，因為它違反了政府的管制措施。

如果所有的鐵路鐵軌都由單一公司擁有，那麼就可以徹底改善設備的利用率，因為設備交替的問題將消失無蹤。由於近期的合併動作可以減少設備交替的情況，所以應該有助於車廂使用率的改進。有些種類的車廂——跨運輸方式的設備和油槽車——是由經營者共同擁

有，而非個別鐵路業者所有。舉例來說，利用拖車火車來調度複合運送的設備到需求最大的地方。這讓它能夠把設備的使用率提高到每年超過 50 次的運載。在理論上，設備集中的原則應該能夠增加車廂的利用率，因為它增加滿載的可能性。

擁有鐵路設備的成本
（The Cost of Owning Railroad Equipment）

　　貨車廂的成本大約是每台 50,000 美元，火車頭則超過 1,000,000 美元。由於二項理由，讓人難以決定到底哪些鐵路成本可歸於設備成本：首先，如之前提到的，設備的購買行為是極端不規律的。近幾年的購置範圍是從總數的 1% 到 4%。第二，融資購買的方式容易隱藏設備的真實成本。

　　表 7.7 顯示出美國鐵路在車廂、鐵軌以及建造上的支出。從表中可看出，從 1981 年開始，設備的支出很明顯的減少，反應出設備購買量嚴重下降的趨勢。大約同時期，軌道和建造的支出則顯著的提高，使得設備的資本支出百分比，從 2/3 降到 1/4。

　　有關設備的費用中，表 7.7 的數字只有列出在設備上的資本支出。在傳統的設備融資方法中，設備是銀行為鐵路業者所購買的，而鐵路業者則在 15 年當中付清債務。近期以來，有愈來愈多的設備是由非鐵路業者所購置。這樣的設備支出並沒有被列在表 7.7，但是卻會在鐵路公司的帳目中被列為支出項目。鐵路的設備支出平均是鐵路總申報支出的 25% 左右。因為有些設備支出是由貨主以及其他非鐵路業者所負擔的，所以把 25% 當作設備支出占鐵路總成本的比例下限是很合理的。真正的數據可能還大於 30% 呢！

表 7.7　美國鐵路業的資本支出（1973-1994）

年	總資本支出（百萬）	鐵路車輛支出（百萬）	鐵路車輛占總資本支出的百分比	軌道和建築支出（百萬）	軌道和建築支出占總支出的百分比
1973	$1,342	$ 893	66.5%	$ 449	33.5%
1974	1,565	1,038	66.3	527	33.7
1975	1,790	1,303	72.8	486	27.2
1976	1,725	1,175	68.1	550	31.9
1977	2,290	1,540	67.2	751	32.8
1978	2,738	1,883	68.8	855	31.2
1979	3,325	2,285	68.7	1,039	31.3
1980	3,621	2,346	64.8	1,275	35.2
1981	2,855	1,521	53.3	1,334	46.7
1982	1,975	713	36.1	1,262	63.9
1983	2,761	455	16.5	2,306	83.5
1984	3,744	806	21.5	2,938	78.5
1985	4,423	956	21.8	3,458	78.2
1986	3,601	693	19.2	2,938	80.8
1987	2,971	657	22.1	2,314	77.9
1988	3,681	1,027	27.9	2,654	72.1
1989	3,709	1,171	31.6	2,538	68.4
1990	3,640	996	27.4	2,644	72.6
1991	3,437	1,068	31.1	2,369	68.9
1992	3,610	874	24.2	2,736	75.8
1993	4,177	1,382	33.1	2,795	66.9
1994	4,885	1,734	35.5	3,152	64.5

資料來源：美國鐵路協會，*鐵路十年趨勢*（*Railroad Ten-Tear Trends*），以及*鐵路實相*（*Railroad Facts*），1995 版。1983 年前後的資料是不能互相比較的，因為折舊方法改變之故。

船、舟和平底貨船
（SHIP, BOATS, AND BARGES）

在美國，有四種不同的水上貨運，每一種都有自己的船隻以及自己的成本結構。根據運輸類別的支出順序，它們是(1)海洋運輸（幾乎都是進出口貿易），(2)沿岸貿易，(3)內陸河流和運河的營運，(4)五大湖／聖勞倫斯航線的航行。內陸河和運河一般是用吃水淺的船隻來運輸，而其他三種的水上運輸一般是用吃水深的船隻。雖然這二種水上運輸類別都能夠以很小的動力來運送大量的貨物，但是每一種船隻的擁有權成本都不同，而且成本差異大到足以需要個別討論。

深海船隻（Deep Sea Ships）

深海船隻是用來處理散裝乾貨（像是穀物或煤）、液體商品（天然石油或其製品）、或者貨櫃化的運送。貨櫃化的運輸可以由完全劃分的船隻（這種船隻只用來運輸貨櫃）、滾進／滾出（複雜的渡船），或者半貨櫃船（裝載散裝貨物和貨櫃的綜合船隻）所運載。衡量貨櫃船大小的標準方法是 20 呎等量單位的數目，或者所運載的 TEUs。現代的貨櫃船可以運輸好幾千個 TEUs。對於運送散裝貨的業者來說，普遍衡量大小的方法是，總淨重的噸數，或者以英噸來衡量船隻的運送容量。

美國進出口的海上運輸是由服務世界各港口的船隊來負責的。美國商品海運業雖然也為沿岸貿易以及一些國際貿易而服務，但是在大部分的情況下，美國深海運輸使用了部分的世界船隊。因此，貨主必

須為海洋運輸付多少錢，是由世界船隊的大小，而非美國商品海運業的大小來決定的。圖 7.8 顯示出在過去 20 年，世界深海船隊的規模幾乎加倍，和國際貿易量的增加旗鼓相當。雖然「其他船艦類型」（包括一般貨輪、一般客貨輪、冷藏貨輪、貨櫃船以及滾進／滾出船隻）持續穩定的成長，但是油輪隊的規模卻呈不規律性的增加，這是由於 1970 年代末期油價暴漲，以及 1980 年代油價暴跌所造成的。在這期間的一開始，油輪構成世界船隻的 39%，而礦石和散裝乾貨的運輸占了船隻的 24%，在 1993 年，這二種船隻各自占總數的 31%。在圖的第一年和最後一年，其他船艦類型大約是總數的 38%。

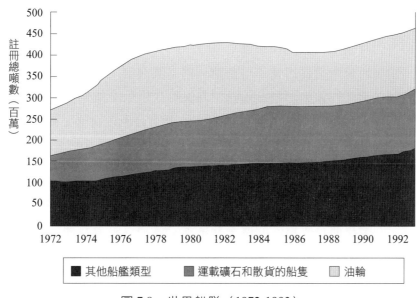

圖 7.8　世界船隊（1972-1993）

資料來源：經濟合作發展組織，*海上運輸 1993*（*Marine Transport 1993*）（Paris: 1995）。數字是針對總登記噸數 100 以及 100 以上的船隻而論的。

　　深海船隻是根據買方需求而訂作的，而且船隻通常是用在特定的

路線和服務。現代船隻一般都是在其他國家的造船廠所建造的，其成本可以高達 1 億美元或者更多。因為每條船隻都是根據買方要求的規格而建造的，所以船運公司所訂購的船隻可以完全配合它們所提供的服務量。很大的船隻和較小的船比起來，每容量單位的營運成本和建造成本都較低。與輸油管直徑的規模經濟相同的原則，也影響了船隻的建造成本：容量是取決於體積，然而建造成本卻往往和表面積大約成比例。從計量上的成本計算發現到，船隻成本屬於「三分之二次方法則」，代表著船隻成本和船隻大小成 2/3 次方的比例。❹雖然大船隻可以省下很多建造成本以及營運成本，但是這些效果卻都因為大型運輸的機會較少，以及為了大船上下貨需要加長港口時間而被抵銷掉了。新船隻的平均大小受到燃料價格、貨船路線的開放與封閉，以及變動中的時速重要性等所影響。

　　船隻的壽命很長而且不可預期。它不像汽車，可以用過去淘汰車子的模式來估計新車的預期壽命，在過去三十年，遠洋運輸業快速的提高船隊的規模，然而新型船隻的淘汰率卻相對小得多。❺當訂購新船時，通常假定有 20 年的壽命，不過大部分的船隻卻活得比 20 年還久得多。

　　表 7.8 顯示出在 1991 年，三種不同散裝貨船的資料。顯然地，對吃水深的船隻而言，最大的成本要素是償還購買船隻的貸款。對最小的船而言，年資本成本占了總年成本的 44%。對最大的船來說，則是 69%。有一部分的維護和保險成本可能也應該視為船隻成本。在所有運具中，吃水深的船隻擁有權成本占總成本的比例是最高的。

　　船隻的壽命不但長而且不可預期，所以和投資在這艘船的資金機會成本比起來，折舊是一項比較不重要的擁有權成本。船隊的長壽和對未來船隻服務需求的不確定使得船隊價值經常在變動，而且可能和原來建構船隻的成本根本不雷同。就如第十一章將要解釋的，當對船

表 7.8 三種散裝貨船的年成本預估

船隻的描述和用途			
船隻大小	25,000 噸	65,000 噸	120,000 噸
建造船隻的成本	$17,000,000	$31,700,000	$59,000,000
商品	穀物	煤	鐵礦
載貨港口	美國海灣	維吉尼亞	巴西
卸貨港口	日本	日本	鹿特丹港
航行哩數	14,400	13,000	10,000
每趟航行在海上的天數	44	41	31
每趟航行在港口的天數	8	6	6
每年的航行次數	6.7	7.4	9.5
燃料（每趟航行的公噸數）	960	1,220	1,480
柴油（每趟航行的公噸數）	105	120	115
成本計算			
配置船員	$ 611,000	$ 592,000	$ 633,000
維護和修理	276,000	320,000	428,000
備用品和潤滑油	189,000	272,000	317,000
保險	247,000	288,000	390,000
管理費	131,000	128,000	150,000
燃料成本	1,140,675	1,576,200	2,382,125
年資本支出	2,100,000	4,438,000	9,436,000
總年成本	$ 4,694,675	$ 7,614,200	$ 13,736,125

資料來源：Lane C. Kendall，船運業（The Business of Shipping），第 5 版（Centreville,
　　　　　MD: Cornell Maritime Press，1986 年，第 356 頁），燃料成本是根據燃
　　　　　料每公噸 150 美元和船用柴油每公噸 250 美元而計算出來的。

隻服務的需求高時，若要在某特定路線用船，則可能必須出高價，才
能把船從適合的另一條路線中拿走。當對船隻服務的需求相對低，而
有許多空船時，使用船隻的機會成本可能相當低，船隻的機會成本被
反映在舊船隻的價值上。

　　舊船的價格，也就是擁有它們的機會成本，是極端不定的。當船
隻供過於求，船隻的擁有權成本會遠小於表 7.8 的數據。市場情況轉
佳又會導致船隻的擁有權成本比表上數據高出許多。在 1996 年 7 月，

要從事一趟橫越大西洋的來回旅次，租一艘標準班輪的價格是每天
8,621 美元。可是在最近幾年，這項數據老隨著市場條件而變化不定。

內陸河和運河船隻（Inland River and Canal Boats）

　　現代的內陸河船隻和馬克吐溫描述的明輪船幾乎沒有雷同之處。
大多數操作吃水淺的船隻方式是以人的拖船來推動平底船。每一艘拖
船能夠對付 20 條或 20 條以上的平底貨船，把它們綁在一起，讓它們
就像一條船般的易於操縱。組成後的拖船一般都太長且太寬而無法通
過水閘。為了要通過水閘，必須把它們分解，通常是以九條平底貨船
為一組，然後過了水閘之後才又重新組合繼續航行。一般的平底貨船
可以運載 1,400 噸的貨物──這遠比一般鐵路車廂的 70 噸還多，也比
標準卡車的 40 噸總重量限制還高。標準的拖船所載的貨物可以和許
多遠洋船隻一樣多。❻

　　美國平底貨船的數目大約是 30,000 艘的乾貨船，以及 5,000 艘的
油輪。1994 年，有 5,210 艘的拖船。大拖船的購買價格大約是 700,000
美元，而平底貨船的成本大概是 500,000 美元。表 7.9 列出了 7 家拖船
公司在 1970 年代末期的支出細目。假定保險、折舊和維護費用都是
船隻擁有權的成本（以及減掉他人的拖船成本，以避免重複計算），
在平底船的運輸中，船隻擁有權的成本大約是總費用的 30%。就和吃
水深的船隻一樣，平底貨船和拖船都是長壽而且定期有供過於求以及
短缺的情況。在 1970 年代，船隊快速增加，到了 1980 年代初期，又
突然停止成長。平底貨船和拖船的容量過剩減少了船隻的價值，而且
船隻擁有權成本占運輸成本的比例也隨之減少。在 1980 年代那幾年，
停止了平底貨船的建造。到了 1990 年代，才又恢復平底貨船的興建。

表 7.9　內陸水上運輸的成本

歸因於拖船營運的成本	百分比
工資和額外津貼	13.78
保險	2.86
船隻的折舊	2.78
維護	4.88
燃料	16.03
潤滑油	0.69
其他	4.04
其他拖船的費用	13.73
歸因於平底船營運的成本	
保險	2.06
平底船的折舊	8.17
維護	4.59
其他	1.01
港口成本	
移動／位置變換	12.60
船貨成本	
清潔和船貨保險	3.10
一般和行政費用	9.68
總計	100.00

資料來源：全國運輸政策研究委員會，*到 2000 年的全國運輸政策*，最終報告（*National Transportation Policies Through the Year 2000, Final Report*），1979 年 6 月。數據是根據州際商業委員會對 7 家公司調查所得的，在 Suspension Board Case No. 68652，註明日期是 1978 年 11 月 3 日。

航空公司（AIRLINES）

　　就和遠洋運輸的情況一樣，飛機的擁有權成本是取決於世界的飛機市場。飛機可以根據引擎種類（活塞或噴射引擎）、座位容量以及飛行距離而區別之。最人的飛機可以容納 600 人，而且可以連續飛行 8,000 英里，中途不必加油。在 1994 年，世界上有 18, 342 架固定翼的飛機從事商業服務。其中大約有 7,000 架是由美國航空運輸業者所有。最多數量的是屬於短程飛行距離類的飛機。有著最高價值的──而且增加最快速的飛機──是由波音 747 主導的長程高容量類的飛機。

　　二手的飛機市場很活躍。在二手的飛機市場中，價格的變動情況就和二手船市場類似，而且變動的理由也雷同。就和船隻一樣，飛機是壽命很長的設備，其有效壽命無法根據年齡或使用量來正確預估出來。當世界各地對飛行的需求增加時，飛機價值也隨之增加。當需求降低時，飛機的價值也隨之減少。

　　在 1980 年代末期，因為飛行的旅客數量一直在成長，而且人們愈來愈不能忍受老式飛機的噪音，也擔心舊飛機的安全性，再加上遵照慣例，客機壽終正寢時，業者會把它轉換成貨機，所以當時世界飛機工業預期飛機的訂購率會愈來愈高。這項對提高需求的預期哄抬了二手飛機的價值，並為世界的飛機製造者帶來了大量的訂單。然而，在 1990 年代初期，市場的運量並未如預期般的提高，加上美國航空公司的財務狀況妨礙了他們訂購飛機的計畫，而造成了二手飛機市場的崩潰。這讓二手飛機的價格猛烈下滑，而且也把製造商的儲備訂單一掃而空。

　　在 1996 年，新的 747-400 飛機的公告價格是 1.56 億美元。根據這

個價格,航空公司每天每個座位必須賺 100 美元以上,才付得起買這架飛機的 20 年貸款。新飛機的高昂費用促使航空公司更常利用出租公司,而出租公司則直接向製造商購買飛機,並向使用它們飛機的顧客收取費用。美國航空公司的營運資產中,有大約 79% 是飛行設備的價值(剩下的是各種地勤設備和建築物)。

　　人們對於飛機的經濟壽命長短眾說紛紜。由於燃料價格的變動,以及在過去十年,燃料在飛機設計者的快速改進下更加節省,使得某些飛機在技術上顯得過時了。飛機的設計壽命是在 20 到 30 年之間。然而,前一代的螺旋槳飛機在增加維修下,仍無限制的維持在服務狀態,而且美國產業認定當代的飛機也會如此。不過,由於發生了數起飛機在飛行時部分解體的偶發事件,以及老飛機發生了數起意外後,讓人們不禁懷疑這項假設的適當性,也就是懷疑飛機的經濟壽命比它們的設計壽命還久的想法。歐洲飛行管制局規定那些提供商業旅客服務的飛機要小於 25 歲,而美國聯邦飛行管理局則不同意這種限制,因為它們看不出有任何理由要假定較老的飛機比新飛機有任何比較不安全的地方。

　　我們可從表 7.10 看出飛機所有權成本的重要性。那裡展示了 1996 年 9 種不同二手飛機的價值。飛機價值隨著年齡與大小而不同。對最現代的大飛機來說,折舊和利息津貼大約占了固定成本和變動成本加總起來的 1/3。可是較小的通勤飛機往往是燃料和勞動的支出比例較高,所以上述的那項數據較小。小飛機每年花比較多的時數在地面上,因此設備的固定成本需要被分攤到較少的預期營運時數。相反地,747-400 的飛行距離長,一年當中有一半以上的時間是在載客。就如同任何舊設備一樣,擁有者以較低的固定成本來面對較高的營運成本。如表 7.10 所列的,1978 年的 727 是特別便宜的飛機,因此擁有設備的固定成本很低——只占總飛行成本的 5% 而已。

表 7.10　1996 年各種舊飛機的價值和營運費用

飛機類別和 製造年份	美國飛機 隊伍的單 位數量	每年每架 飛機的預 期時數	在 1996 年 的價值 （$百萬）	每小時營 運的折舊 +利息	每小時營 運的直接 成本	折舊+利息 占總成本的 百分比
767-300（1991）	105	4,655	$ 55.3	$1,396	$3,083	31
MD-11（1995）	28	4,635	90.1	2,071	4,397	32
747-400（1992）	33	4,950	105.0	2,267	6,603	34
737-300（1990）	426	3,895	23.9	916	1,830	33
727-200A-17（1978）	443	3,155	2.5	123	2,231	5
A320-200（1992）	92	4,012	33.1	399	1,900	17
巴西利亞（1991）	89	3,181	4.7	185	514	26
Metro IIIA（1986）	22	2,812	1.0	43	531	8
Dash 8-100（1992）	23	3,032	6.0	283	851	25

資料來源：航空運輸（*Air Transport*）在 1996 年的數個發行號中，發表了飛機價
　　　　　值和飛機營運的資料，然後把它們除以每架飛機的年時數；然後拿
　　　　　這項數據和世界（World）公布的總直接成本相比較。此表最後一欄
　　　　　是把年度化的 5 年折舊率和 10% 的利率應用於飛機價值的計算上。

結論
（CONCLUSION）

　　擁有運具的成本（相對的是使用運具的成本，或者挖馬路和鐵路
以便經營的成本）是運輸成本中，最大的一部分，這是因為汽車運輸
在美國人的預算上有著令人咋舌的重要性，以及汽車擁有權的成本占
汽車運輸成本的一半以上所致。在美國，所有男性、女性和小孩加總
起來，與車子的比例是十比六。在汽車淘汰率比新車購買率還遲緩的
情況下，每年汽車的持有率仍持續增加著。

　　人口的快速成長率讓輕型卡車的用途變成了個人運輸，而且美國
產業也成功的維持卡車製造業的優勢地位。卡車是非常變化多端的車

種。在1992年的前一個卡車普查中，有800,000輛重型卡車拉著有蓋貨車奔馳於美國公路上，雖然多數的這些卡車是由那些沒有自稱為卡車運輸業者的公司所擁有，但這些卡車是卡車運輸業在路上的基本車種。大多數的卡車運輸並不是由出租卡車運輸業來負責的，而是製造商、零售商、或者大盤商自己負責運貨的。卡車運輸業的多樣化使得我們無法估算出單一的車輛擁有權成本。車輛的擁有權成本——沒有斟酌舊卡車的折舊和維護成本——範圍從零擔貨物運輸公司占總成本的5%左右，到整車運輸公司的大約15%。如果維護成本和折舊成本也加進去的話，那麼車輛成本會接近所有卡車運輸成本的1/3。

鐵路異於其他運輸方式之處在於鐵路的設備——火車頭和車廂——正在快速的萎縮當中。鐵路車輛下降的部分原因是，管制取消後帶來設備使用率的改善而造成的。我們無法預期使用率的改善能讓未來的設備數量下降到什麼程度。現在，鐵路車輛的費用比總鐵路成本的30%還多。

吃水深的船隻運輸和鐵路比起來，運具的成本要密集得多。根據某項估計，散裝貨物海運的總成本當中，有1/2到2/3是用來償付購買船隻的貸款（或等額的隱藏成本）。船隻愈大，資本成本占總成本的比例就愈高。不過，船隻的價值會根據船運的需求與供給情況而變動，因此若基於船隻的原來價格來制定費用，並不能看出擁有船隻的機會成本。吃水淺的船隻運輸比較是勞動密集，所以擁有平底貨船和拖船的成本占總成本的比例就比較小。大約30%的運輸成本是擁有、維護和折舊設備的費用。這項百分比和整車運輸業的數據旗鼓相當。

對現代的長程飛機而言，飛機的成本往往占所有費用的1/3左右。因為通勤飛機往往比較勞動密集，所以飛機的成本就相對的比較不重要。對所有的運輸設備而言，運具成本和維護費用之間具有取捨交換的關係。老飛機往往比較便宜，因此在帳面上，飛機成本相對於營運

成本而言，也就低了很多。

註　釋

1. AAMA，汽車實相與數據（*Motor Vehicle Facts and Figures*），1995，第 20 頁。
   要注意，這些數據並沒有考慮到，最近愈來愈多人把卡車作為個人運輸用途的趨勢。

2. 在 1985 年，滿車廂的數目是 1,942 萬，除以可服務的車廂數目，142 萬輛。在 1995 年，2,318 萬次的滿車貨物是由 119 萬量的車廂運送的。來自 *AAR 鐵路實相*，1995 年。

3. Harris, Robert G. 和 Clifford Winston「鐵路合併的潛在利益：運輸網對服務品質的影響之計量經濟分析」（Potential Benefits of Rail Mergers: An Econometric Analysis of Network Effects on Service Quality），經濟學與統計資料評論（*The Review of Economics and Statistics*），Vol. 65，1983 年 2 月，第 32-40 頁。

4. Jansson, J. O. 和 D. Shneerson「班輪運輸經濟學」（*Liner Shipping Economics*）（London: Chapman and Hall, 1987），第 129-130 頁。作者發現到在 1976/77 年所交付的船，log（建造成本）＝-4.236＋.655（log S），這裡 S 是船隻的總淨重噸數。

5. Pearson, Roy 和 John Fossey「世界遠洋貨櫃船運」（*World Deep-Sea Container Shipping*）（Aldershop, Haunts, England: Gower Publishing），1983。

6. 這項說明是基於全國水道基金會「美國水道生產力：私人和公共的合作關係」（*U. S. Waterways Productivity: A Private and Public Partnership*）（Huntsville, Alabama: The Strode Publishers, 1983）。

第八章

運具的營運成本

　　在運輸的營運成本中，最明顯的成本就是駕駛者（或機員）的時間成本和燃料成本。對於運輸的營運費用是否是真的機會成本，這點是非常明確的。幾乎在所有情況下，它的機會成本是：不駕駛車輛所省下的燃料，可以用來生產電力或製造塑膠。燃料的機會成本可以用電力或塑膠製品的價值來衡量。機員操作車輛的時間可以挪來製造物品；勞動的價值是，機員若在非交通部門工作，其雇主為此機員的工作所願意付的金額。

　　車輛的營運成本不只包括明顯的燃料支出和機員的時間，還包括其他費用，例如，在第六章所討論到的，火車營運會造成鐵軌的磨損。或者如第七章所言，我們看到車輛所需的維修量會隨著使用程度的不同而改變，因此即使維修支出是車輛所有者負擔而非營運者，但仍可把它視為是車輛的營運成本，而且維修是車輛營運的必要工作，但卻由非車輛營運人員負責的最明顯例子。其實每一種運輸的營運都需要非車輛營運人員的支援，例如訂票人員、調度員和律師等。這些後援人員的需求一般都隨著不同的營運程度而有所不同。

火車的營運成本
(THE COST OF OPERATING RAILROAD TRAINS)

鐵路運輸因鋼輪在鐵軌上的低滾動阻力而非常省燃料。鐵路每消耗一加崙燃料,可以提供 360 噸－英里的貨物運輸。❶燃料成本占鐵路營運費用的 8%左右。這遠比其他的運輸方式低很多,而且這也是鐵路運輸所占的主要優勢。

不過,相同的優勢並不存在於勞動成本中。薪水、工資、福利和薪資稅等加起來,超過鐵路營運成本的 43%。雖然貨運火車上的鐵路員工很少,使得鐵路業看起來似乎勞動成本非常低,但事實上,鐵路是最勞動密集的運輸方式之一。勞動成本遠較預期的還高,一部分是因為火車的運作遠比其他的運輸方式需要更多的支援人員。鐵軌維護、車輛調度、車廂維修、銷售人員,這些都是維持火車運轉的必要人員。圖 8-1 顯示大約只有 3/8 的鐵路員工與火車的運行有直接的關係。大部分的雇員是維護路基、鐵路車廂,或是從事一般的行政工作。

另一個造成鐵路高勞動成本的原因是,鐵路資方和勞工之間的傳統關係大部分是由聯邦法規和工會契約來決定。鐵路僱用超過效率原則所需的員工數目,並且付給他們的薪水,比他們在其他職業所能賺取的還高。鐵路員工 1994 年的工資與額外津貼平均是 69,671 美元,而一二級車輛運輸業是 42,728 美元,航空業是 45,812 美元,海上運輸則是 45,343 美元。❷如果鐵路業付的是市場的平均工資,並且被允許根據商業準則,而非過去的需求來決定員工數量,則鐵路的成本將會比現在更低。❸

在 1994 年,把運輸支出除以收費的延噸英里數,則每噸英里不

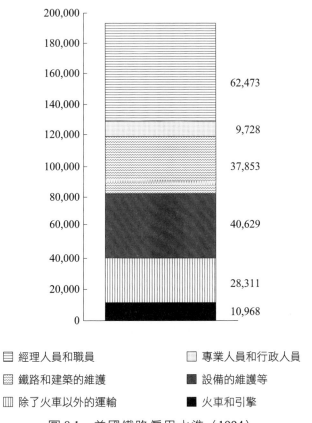

圖 8.1 美國鐵路僱用水準（1994）

資料來源：美國鐵路協會，鐵路實相（*Railroad Facts*），1995 版。

到 1 分錢。把所有支出除以產出，則每噸英里稍微多於 2 分錢。因為部分的設備支出、行政管理，以及鐵路和建造成本是依運量而定，所以我們可以合理的假設，真正平均的鐵路營運變動成本是介於這二個極端值之間。❹

個別運輸的成本（The Cost of Individual Movements）

上述的估計是針對所有的鐵路營運，包括短距離的石頭運載和長程的雙層貨櫃火車、小麥、汽車和化學物品的運輸等。個別的鐵路運輸成本可能遠較整個的平均成本低或高。由於鐵路營運本身的特質，使得營運成本的變化還較其他運輸方式的變化還大。造成個別運輸成本變化多端的原因中，最著名的原因是回程設備。鐵路車廂把貨從貨主那裡運到收貨者的地方後，不管回程是否有貨可載，都必須回到原來的地點。移動一輛滿載的車廂所需勞動和移動一輛空車的所需勞動是一樣的，而且移動滿載的車廂所增加的燃料支出很少。所以若以返程車來運載貨物，其運送貨物的經濟學上的成本會遠低於產生貨運延噸英里數的平均成本。事實上，在多數狀況下，我們應該把車廂返回原運輸點的成本，也當作原來那趟去程的運送成本。在第十章我們還會繼續討論返程的運送成本。

返程運輸並不是造成個別運輸成本變化不定的唯一原因。運送一噸鐵路貨物的燃料和勞動處理成本會因下列因素而變化很大：在此車廂內的其他貨物數量、處理貨物的設備類別、火車的長度、地形、鐵軌品質、運輸路線的鐵軌擁擠程度、運輸沿途的調車廠數和那些調車廠的擁擠程度，這類運輸的規模和規則性，以及其他更多的因素。

和其他運輸方式比起來，鐵路成本比較不能根據幾個簡單的交通情況資料來預測。一個卡車運輸經理只要知道是否返程有貨物可以裝載，便可以相當準確地預測出運送一卡車柳橙 1,000 英里的成本。在鐵路可就行不通：一位經理必須熟知鐵路的營運細節才能預測一趟運輸成本。例如某顧問若要計算從明尼蘇達鐵山到 Duluth，134 英里長的鐵礦運送費時，他需要有關此鐵路線的 6 頁報告和超過 100 頁有關

此單次火車營運的報告，才能準確的衡量出來。計算一次運輸的成本需要詳細瞭解火車長短、車廂形式與大小、鐵軌等級、速限、交通擁擠度、火車延誤、行車時間、車廂的利用率、在相同路線上其他火車的行駛狀況，以及沿線的調車廠和車站等資料才行。❺

　　如果鐵路業者想調整價格來追求最大的利潤，以及如果管制者想要評估某價格是否合理時，有關鐵路營運的真正成本資料是非常重要的。由於鐵路成本變化多端，而且鐵路都是針對個別運量而訂價，因此鐵路的經營者和管制者都想要有盡可能詳細的成本資料——最好是個別車廂的資料。但是，不幸的是，理想的成本資料是遙不可及的——即使鐵路經營者自己也沒有這種資料。為了算出某次運送成本所花的支出肯定比執行此運輸本身的支出還高。

　　為了決定某次貨物運輸的成本，政府管理機關執行數量有限的鐵路運輸功能，然後根據那些功能的整個平均來發展出一套代替詳細工程研究的系統。在單一鐵路成本系統（Uniform Rail Costing System）下，鐵路公司必須報告下列幾項支出：鐵軌的維修、操作機員的工資、燃料、調車廠的經營、車廠火車頭和車廂的修理等等。然後管制者從幾項指數中，個別找出與上述各項支出最接近的指數。這些指數包括車廂—英里數、總延噸英里數、火車頭—英里數、調車廠的時數等等。下一步是以所有鐵路公司的總結果為基準，來決定當指數變數增加時，每一類支出所增加的金額。例如，管制者可以根據所有鐵路業者的經驗而決定出，每增加一小時調車廠時間會增加調車廠支出25.64 美元。因此我們可以算出某運輸造成的調車廠時數、噸數、延噸英里數、鐵路—英里數等等來估算出某次貨物運輸的變動成本。然後把在每個類別的每個項目的每單位金額加總起來，得到某個別運輸的大概成本。❻

經營所有鐵路服務的成本 （The Cost of Operating All Railroad Services）

　　單一鐵路成本系統未能正確找出個別運輸成本的原因之一是，它並沒有適當的反應運量和支出之間的關係。如第五章所述，當固定設備的實際容量達到飽和時，營運成本很可能會增加。這種高運作率中的處罰成本是因為重點路線和設備很擁塞造成效率低落所引起的。擁塞造成交通遲緩，因而增加完成這趟運輸的勞動時間及工資。擁塞同時也增加僱用車廂的時間，因而增加車輛擁有權的成本。經濟學者也假定，當任何固定設施的操作量超過當初設計的負荷量時，會造成生產的瓶頸，因而帶來各種其他成本效果。這些過度使用固定設備造成的效率低落也許很難找出其來源，卻都會在公司的年末成本帳目中出現。

　　不管是 URCS 還是在工程技術上的探討，都只有考慮那些在成本研究期間普遍存在的因素，而沒有考慮交通量的因素。也就是，它們並不打算來回答這個問題：如果運量擴張或收縮，平均成本及邊際成本會如何變動？它們只是想要決定當前的平均成本水準——而且它們假設此成本水準並不因運量的改變而變動。要回答成本水準和運量之間關係的問題，唯一的方法是要改成以總體運量的觀點來看問題。雖然這種改變的主要理由是因為我們拿得到總體運量的資料——不過以總體資料來分析成本和交通水準之間的關係，還有一項好的經濟理由：鐵路業以相同的鐵軌和車廂來產生許多不同的服務。當某鐵軌的運量提高到變得擁擠時，不但那些所增加的運量本身感到擁擠，而且所有在那條路線的運輸也都變得擁擠不堪。

　　一些作者在嘗試評估成本隨著交通水準而增減的程度時，並沒有

區別營運成本和總成本，而總成本包括車輛的擁有權成本和固定設施的成本。納入這些成本會使鐵路成本圖看起來像圖 8.2 所示的。圖 8.2 顯示平均軌道成本與平均鐵路車廂成本的向下傾斜曲線，有著平均固定成本的形狀。在圖 8.2，火車和固定設施的水準維持固定，但是假定每一種交通類別的運量都呈比例性的增加。把平均火車營運成本、火車成本和固定設施成本加總起來，會得到平均總成本曲線。它的形狀就和所有個體經濟學分析的典型平均成本曲線相同。它一開始斜率向下，是因為把火車和設施的固定成本分攤到愈來愈大的運量上。接著斜率向上，是因為高產出水準會導致平均火車營運成本的增加，而此增加金額高於把火車和固定設施的固定成本分攤到更大運量所減少的金額。

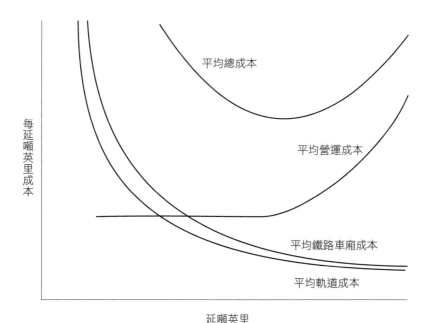

圖 8.2　總鐵路成本的近似圖形

　　有很多文獻涵蓋了鐵路業平均總成本曲線的計量估計。沒有例外的，所有對鐵路成本的研究都顯示出，鐵路的經營可能位於平均總成本達到最低的區域，或者在平均總成本最低點的左邊。簡而言之，沒有證據顯示鐵路的經營是位於變動投入的報酬遞減區：顯然平均而言，固定設施並沒有受到過度使用。在一項有名的估計中，Keeler 估算出若要達到成本的極小──鐵路公司必須經營到運量等於固定設施的極限處──這需要鐵路公司廢棄 10,000 英里以上的鐵軌才行。❼

 ## 設備規模經濟和密度經濟
（Economies of Size versus Economies of Density）

　　對提供多種服務的企業來說，規模經濟的觀念是基於一項假設情況，也就是所有的運量都以共同的比例提高時──像是 10%──所有的投入都會得到最適的調整，來配合運量的改變。就如第五章所解釋的，像鐵路業這種運輸企業，規模經濟的概念是不可行的，因為鐵軌有著地理上的特徵。若把所有的鐵軌增加 10%，來配合運量 10% 的提高，是沒有意義的作法。若要增加 10% 的鐵軌需要把路線擴張到新的地理區域（因此增加此公司的服務範圍）；或者若把某路線的鐵軌多加一倍，只有部分的貨主受惠而已。減少 10% 的鐵軌所必須作的調整同樣只影響到部分使用者，而非所有的使用者。要清楚的衡量出成本對運量變動的反應，唯一的方式是在所有的產出以同樣的百分比變動時，仍維持固定的鐵軌數目來作成本的估算。就如第五章所討論的，這種衡量方法稱作密度經濟，以強調它和規模經濟的觀念並非完全一樣。

　　能準確衡量鐵路密度經濟或設備規模經濟的那些方法並不符合對成本概念的精確定義。在所有的鐵路成本研究中，只有二份研究是對

個別鐵路業者從事時間數列的分析,其他研究都使用橫斷面的分析。
❽在這些研究中,它們對不同的鐵路業者,比較在不同的運輸路網大
小、貨運運量以及各種控制變數下,每延噸英里貨物的運輸成本。儘
管鐵路業者因交通的組成、以及運輸路網的地理分布而不同,但是研
究者把成本對延噸英里數變動的反應程度視為衡量設備規模經濟的方
法,而且也把成本隨著每一英里鐵軌的延噸英里數的變動程度,視為
衡量密度經濟的方法。它們當然不是精確的衡量方法。理論上正確的
衡量方法必須是所有的鐵路都有完全相同的運輸組合,以及完全相同
(雖然多少有點不同)的運輸路網。然而,就已知的資料來說,這可
能已經是可行方法中最好的了。

　　現代研究鐵路成本所得到的普遍結論是,運輸業者大致都有著固
定的規模報酬,以及很強的密度經濟。❾易言之,那些每一英里鐵軌
有高交通量的鐵路業者,平均成本較低,而那些交通量和鐵軌量都很
大的鐵路業者則不見得是低成本的運輸業者。圖 8.3 出現了密度經濟
但缺乏規模經濟。在圖 8.3 中,A 鐵路業者和 B 鐵路業者都位於平均
總成本曲線下降的部分,這表示此二家鐵路業者都沒有受到鐵軌容量
限制所造成的營運困難。A 鐵路業者比 B 鐵路業者還大,這從它的運
量較大即可看出(它生產 X_A 延噸英里數,而 B 才生產 X_B 延噸英里
數),以及較高的ATC曲線,這反應出它有較高的固定成本。儘管它
們的設備大小不同,但是它們有著相同的平均總成本,而且它們的經
營點都在平均總成本曲線最低點的左邊。

　　這裡的成本估算是根據營運的總成本,包括火車車輛和軌道成
本,而不是只有火車車輛成本。這項研究發現到業者有密度經濟,但
沒有生產設備經濟,造成密度經濟的可能解釋之一,僅是因為把鐵軌
成本分攤到更多的運量所造成的。然而,因為鐵軌成本只占總鐵路成
本的20%左右,所以固定成本的分攤不可能是計量研究所發現的強烈

密度經濟的唯一解釋。強烈的密度經濟有可能是因為，如果交通比較高度集中於少數路線中，火車可以達到最適長度，而且如第五章所闡釋的，可以改善營運過程，因而降低操作成本。

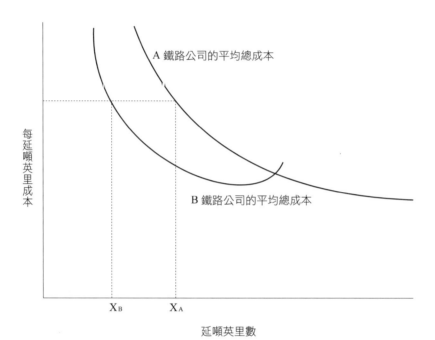

圖 8.3　調和密度經濟和規模經濟

卡車的營運成本
（THE COSTS OF OPERATING TRUCKS）

　　第七章描述了卡車種類的多樣化。大部分的卡車並非由卡車運輸業使用，而被是個人和公司用來為自己提供運輸服務。卡車的營運成本得根據卡車種類和卡車的營運方式而定。在城際運輸中駕駛一台滿

載的 80,000 磅貨車，其每延噸英里的成本和在都市內提供地方性的小
包裹運輸的每延噸英里成本比起來，金額是很小的。

　　經濟學者把對卡車業的注意力，都集中在提供卡車運輸服務的業
者。其實卡車的私人使用者比運輸業者操作更多卡車，而且產生更多
運輸服務的延噸英里數。不過實際上，經濟學家忽略了私人車隊的經
營，是因為經濟學者假定經營私人車隊的成本必定和運輸業者的經營
成本類似，而運輸業者卻有較好的資料可供參考，所以才把焦點放在
運輸業者。

　　運輸一般性商品的廠商在營運上不同於運送特定財貨的公司：家
計財貨、重機械、液體石油製品、林木製品、汽車、建築材料、冷藏
食品等。值得注意的是，鐵路和卡車業者競爭得最成功的商品是那些
由特定商品運輸業者所運輸的商品。在過去，特定商品的運輸業者受
到的管制監督一直比一般商品運輸業者還少。傳統上，運輸管制可分
為豁免的運輸業者（主要是搬運農產品的業者，可以免於所有的管
制）、簽約的運輸業者（它們受限於可以交涉的貨主數目，但是一般
在其他方面可以自由協定費率，而不須經過政府的許可），以及具公
共運送人身份的運輸業者（被視為公用事業，而受到如同公用事業的
管制）。普通運輸義務條例要求，卡車運輸公司必須能夠讓大眾根據
公告的許可費率來使用它的服務。任何願意付公告價格的貨主都必須
能從運輸業者那裡得到沒有差別的服務。對普通運輸的限制於 1980 年
開始解除，而在 1994 年完全取消管制。卡車運輸的管制和管制的取
消將在第十三章介紹。

整車運輸和零擔貨物運輸業的成本
（Costs of the Truckload and Less-than-Truckload Industries）

　　如第七章所提的，TL 和 LTL 車輛運輸業者之間的區別是很重要的，因為這二種營運方式的營運成本相當不同。整車運輸業者的營運費用主要是勞動和燃料成本，但是部分的設備維護和保險費也應該歸類為卡車的營運費用。整車運輸業者的勞動以及燃料成本大約每延噸英里是 3.5 分錢。

　　整車運輸的成本很容易預測和分析，而且每一輛貨車的出現讓車隊的運作成本變動多少，也都可以很清楚的算出來。分析整車運輸的唯一困難是，如何處理回程空車的成本。不過，還好整車運輸的回程空車情況並不普遍。業者可以透過和貨運經紀人的交涉、從事三角形的旅程來極大化滿貨的英里數比例，以及規定若事前沒有排好回程的貨物時，不願意載貨等措施，都會使整車運輸業者極小化空車的英里數。此外，根據經濟理論，整車市場的競爭很激烈，能確保收取的費用剛好等於邊際成本，因此若要找出從事一趟整車的運輸成本，只需要找到它所收取的費用是多少即可。

　　零擔貨物運輸業者在定義成本上，和鐵路業者一樣有許多的困難。運輸路網的結構也可能導致業者有著同樣形式的密度經濟。❿TL運輸業者直接從某貨主搜集到一卡車的貨物，然後直接運到收貨者那裡即可。然而典型的LTL運輸是駕駛者得繞著都市地區向各種貨主蒐集貨物，然後把這些貨物載到理貨站，從地方性的車子把它們卸下來，再把這些貨物堆置在長程的運輸卡車上，駛向不同收貨者的都市地區。等載到目的地的理貨站後，貨物受到第二次的處理，也就是把它放到地方上的貨車以作最後的運輸。有時還必須把貨物存在起點的

理貨站一小段時間，等足夠放滿一卡車的貨物到齊為止。如果卡車運輸公司沒有同時服務於寄貨者與收貨者的所居都市，則有必要跨公司的運輸，因此使得貨物得被處理一次以上才行。

　　LTL運輸業者所負擔的成本除了擁有和經營卡車的成本以外，還包括擁有和經營理貨站的成本。理貨站的經營比運貨本身更加勞動密集。Yellow Freight是一家LTL運輸公司，第七章列出它的營運費用，其中2/3的營運預算是花在勞動成本上，然而所有車輛運輸業者的平均比例則少於1/2。至於整車運輸業者在勞動成本上只花了大約1/3的營運預算。J. B. Hunt是一家整車運輸公司，花在理貨站和其他建築的費用少於資產的5%。相對地，Yellow的數據則是30%。

 卡車運輸業規模經濟的估算
　　（Econometric Estimates of Scale Economies in Trucking）

　　對於個別卡車的移動成本，一般都沒有什麼爭議性，而且也很少人想要發展方法來確認某報價水準下的成本是多少。部分的理由是整車的營運很容易分析，而且所有的市場參與者都相信競爭下的費率會相當接近提供服務的成本。相對地，零擔貨物運輸的成本可就沒那麼容易分析了。很少人有興趣找出某次LTL運輸的成本，可能是因為運費對於貨主的財務狀況不會造成重大影響。舉例來說，穀物穀倉或是煤礦山可能會把它的所有產出都運到單一的目的地，這時運費若從每延噸英里的2分錢變成2.5分錢，可能此貨主的利潤會全部被運費吃光了。可是把卡片寄到不同目的地的貨主並不會因為某次寄500磅卡片的運輸價格，從每延噸英里的20分錢變成25分錢，而受到類似重大的影響，因為運輸成本只占這項產品的一小部分而已，而且不具同質性的製造業財貨比較容易把成本轉嫁給消費者。❶

雖然個別卡車運輸的成本不受關心，但是人們卻很有興趣探討卡車運輸業是否有規模經濟。❷人們會關心規模經濟的存在與否是因為，許多卡車業的參與者相信產業若存在著規模經濟，則傳統的管制方式就有了正當的理由。在整車運輸業，規模經濟似乎不重要，因為它的資本要求很低，而且極端小的公司顯然也能夠生存，並且蓬勃發展。不過同樣的說法可不能套在LTL運輸業者身上。這些公司必須要具備理貨站來協調取貨和遞貨的服務，而且要在數個方向中平衡貨物的數量。LTL運輸業者必須僱用銷售人員和為運輸打廣告。它們必須有複雜的通訊系統來追蹤貨物的流向，以及分析貨物到達理貨站時，如何最佳的分配貨物。LTL運輸業者從事的是運輸路網的經營，而非簡單的點到點的運輸。一般而言，在運輸路網中較大的交通量能使整個運輸路網達到較大的使用水準，就如第五章所討論的。大的運輸業者應該能為一般貨主提供更密集的服務。服務大地理區域的業者比較可能不需要跨公司的運輸來到達貨物的最終目的地，因此節省了跨公司運輸的成本，並且能提供給消費者所認為的較好服務。然而，對照著這些可能的優勢，是那些限制所有大公司效率的標準要素：大公司比較難以監督員工，而且比較難以提供員工誘因，為公司的最佳利益來效力。

對卡車運輸的規模經濟所作的評估，大部分都是使用 1980 年車輛運輸法案以前的資料。（到目前為止，所有的成本估計都是結合了理貨站、卡車、以及卡車營運等成本。）如之前所提的，在 1980 年之前，大部分受管制的卡車運輸公司都受限於固定的運輸路網，而且 LTL 和 TL 運輸業者之間的差別也比現在少。探討傳統管制方式下運輸的研究中，最有名的一篇是 Friedlaender 和 Spady 所發表的，他們分別根據卡車運輸公司的運輸組合（traffic mix）特色是否受到控制，來計算平均成本和公司規模之間的關係。作者所使用的1972年樣本中，

最大的公司有較長的平均搬運距離、較重的平均貨物量以及較大比例的整車運輸。所有的這三種特性都會降低平均操作成本，因此，他們發現到大公司比小公司的成本還低。不過，如果把卡車運輸公司的運輸組合（traffic mix）差異所造成的效果拿掉，只衡量純粹的規模效果，則結果剛好相反。換句話說，卡車運輸公司容易造成規模報酬遞減。❸

　　如果大卡車運輸公司因為較好的設備利用率（那是因為它們結合個別貨物的能力較佳）而使平均載貨量較重，那麼應該把大卡車運輸業者有較重的載貨量視為真正規模經濟的來源；大公司可以更便宜地服務任何消費者。如果相反地，大公司只專業於服務那些能提供較重貨物的貨主，或者只在能產生較重貨物的地區經營，那麼不應該把大載貨量的成本優勢當作規模的優勢，因為大運輸業者只是剛好服務了低成本的顧客而已。越過業者的規模變數，對於運輸組合的其他變數也可以合理的作類似的主張。對取消管制後的卡車規模經濟的研究中，最近的報告是由 Xu、Grimm 和 Corsi 所發表的，他們持續找尋規模經濟的存在是根據研究者控制的哪些特性而定。他們注意到大卡車公司有較長的運輸距離以及較大的平均載貨規模。因為他們相信能降低成本的這些特性是公司規模所造成的結果，所以他們發現到卡車運輸業有很強的規模經濟。❹這些發現可以視為和在鐵路業的發現大同小異：那些密集經營的廠商──也就是，運輸路網的每一單位有較繁忙的運量──有較低的成本。運輸路網所遍及的地理區域顯然可以靠著提高平均的搬運距離以及改善設備的使用率，來增加運輸的密集程度。

　　1980 年的車輛運輸法案讓車輛運輸業者可以自由發展它們自己的運輸路網，以及自由結合所有種類的運輸。如之前提到的，這項法案鼓勵了規模較大的業者朝向零擔貨物運輸的專業化，而把整車運輸轉

讓給規模較小的業者，並且轉讓給朝向專業於整車運輸的新業者們。就如那些基於 1980 年前資料的研究所作的預期，卡車運輸公司會擴大服務的地理區域，來競相發展出低成本運輸的特色。許多無法發展全國服務範圍的業者都宣告破產，而最大的那些業者則提高了市場的占有率。這可以視為 1980 年代末期，LTL 卡車運輸業的規模經濟的指標。❶另一項研究則發現 1980 年的車輛運輸法案的主要效果是，讓 LTL 得以調整平均的運貨距離以及平均的運輸重量來提高它們的經營效率。

在一項近期的研究中，發現到專業於整車運輸的一群運輸業者，在 1980 年以前表現出規模經濟，在 1980 年之後則表現出固定的規模報酬。這項研究的作者們推測，因為卡車運輸業的技術並沒有巨大的改變，所以規模經濟的存在是因為管制，而非因為產業的技術。❶管制者控制了卡車運輸公司可以服務的路線，來強迫整車業者以某運輸路網的方式經營（在此有規模經濟），而非以點到點的方式經營（有固定的規模報酬），而點對點對整車運輸來說是比較有效率的經營方式。LTL 的運輸若以運輸路網的方式來運送是比較有效率的，因此把對運輸路網的限制拿掉後，LTL 業得以更清楚的表現出規模的優勢。雖然不是所有對車輛運輸成本的研究都證明出下列的結果：在 1980 年後幾年，LTL 運輸業者都變成規模報酬遞增，而 TL 卡車業者則變成固定的規模報酬。但是，所有的研究都指出，不論廠商的大小如何，卡車運輸成本在 1980 年後都有戲劇性的下降。❶而部分是因為最近幾年，沒有加入工會（使得成本較低）的卡車運輸業者愈來愈多的結果。

雖然現在 LTL 卡車運輸業似乎有規模經濟，但是還不清楚這些經濟效果會擴大到多遠——也就是，它們是否能在所有的廠商規模中繼續稱霸（在這情況下，這產業可以視為自然壟斷的產業），還是它們只存在於較小的產出水準。最近 Wang Chiang 和 Friedlaender 所作的估

計主張，看起來像生產設備的優勢，事實上是因為在同一家廠商內，經營各種LTL服務之間的互補所造成的。他們認為這些規模經濟在相對小的產出水準就耗盡了。他們主張，儘管卡車運輸公司現在的規模有明顯的規模經濟，但是卡車運輸業的長期發展並不會朝向LTL由一家或一小撮廠商來主控的情勢。❸

航空運輸的營運成本
(AIR CARRIER OPERATIONS COSTS)

　　航空運輸業的經營技術和成本結構相當類似零擔貨物卡車運輸業。就像LTL卡車運輸公司，航空公司可以付費來使用公共所提供的固定設施，而這項費用具有變動成本的特色。就像LTL卡車運輸公司般，航空公司必須負責自己的設備維護設施和轉運站。它們也必須注意運輸的合併，以及路線的發展來極大化設備的利用率。

　　雖然此產業的成本結構類似於LTL業，但是如底下將要描述的，航空業的廠商設備規模比LTL龐大得多。其中的一項指標是，被歸類為主要（major）業者的收入下限，相當於鐵路或者車輛運輸的第一級業者。要成為主要航空運輸業者需要年收入達到10億美元。相對地，卡車業者是5百萬美元。有好幾萬個卡車運輸公司，但是經營中的航空公司卻不到100家。不過，若根據運具的數量來比，航空公司可就小得多：大部分的主要業者所經營的飛機少於500架。相對地，Yellow Freight卻有將近10,000輛車子和20,000輛拖車。整體來說，航空業也是小於卡車運輸業：1995年城際的卡車運輸費用超過2,000億美元，而同年國內航空業者的總收入大約才680億美元。

飛行成本（Flight Operation Costs）

　　根據美國聯邦航空總署所發表的統計數字，表 8.1 列出飛機的飛行成本是航空公司總營運成本的28%。飛行成本包括飛機駕駛艙的機員成本以及飛行的燃料費，但不包括服務旅客的那些空服員費用。

表 8.1　1994 年國內航空運輸業者的營運費用細目表（百萬美元）

費用類別	金額	百分比
飛行	$17,701	28
維護	7,169	11
旅客服務	5,307	8
飛機與運務	10,362	17
促銷與銷售	9,782	16
折舊和分期付款	3,750	6
其他與運輸相關的一般費用及行政費用	8,902	14
總營運費用	$62,974	100%

資料來源：航行實相與數據（*Aerospace Facts and Figures*），1995/96 版

　　飛行成本的最大要素是燃料。如表 8.2 所列的，燃料成本在過去 20 年起伏非常大，可以從總營運費用的12%提高到將近30%，然後到了 1994 年又降到小於12%。雖然在過去幾年，飛機變得省油很多，但是油價的大幅震盪使得飛行操作支出成為總航空公司成本中最不可預測的要素。

　　飛機駕駛艙的人員配置是由工會契約和飛機技術所決定的。不過，在整個 1980 年代，飛機駕駛艙的機員工資水準下降了。由於機員成本的下降再加上燃料成本較低，所以減少了那 10 年期間的飛行操作成本，從總營運成本的39%左右降到28%。和整車運輸類似機員

表 8-2　1972-1994 美國航空運輸的燃料支出

年度	消費的加崙數（百萬）	總成本（百萬）	每加崙的燃料成本（分）	燃料成本占營運費用的百分比
1972	10,100.8	$ 1,178.2	11.7	12.1
1973	10,700.4	1,365.3	12.8	12.1
1974	9,565.2	2,333.5	24.2	17.3
1975	9,495.3	2,777.3	29.2	18.9
1976	9,820.8	3,116.1	31.7	19.2
1977	10,282.0	3,729.8	36.3	20.1
1978	10,627.1	4,178.2	39.3	20.1
1979	11,278.1	6,503.0	57.7	24.4
1980	10,874.0	9,769.5	89.8	29.7
1981	10,087.8	10,498.0	104.1	29.3
1982	9,942.1	9,755.2	98.1	27.2
1983	10,214.4	9,073.1	88.8	24.5
1984	11,050.4	9,361.7	84.7	23.8
1985	11,675.1	9,326.7	79.9	22.3
1986	12,643.0	6,995.8	55.3	16.3
1987	13,629.5	7,593.8	55.7	16.0
1988	14,204.8	7,557.2	53.2	14.4
1989	14,103.9	8,472.7	60.1	14.9
1990	14,841.1	11,645.2	77.3	17.6
1991	13,798.4	9,.329.5	67.6	14.8
1992	14,172.0	8,907.9	62.9	13.5
1993	14,165.0	8,452.9	59.7	12.7
1994	14,153.4	7,722.7	54.6	11.7

資料來源：航行實相與數據（*Aerospace Facts and Figures*）。

與燃料的項目相比，這二個數字都代表著相對較小的比例，不過高於在鐵路業的比例。但是，就和其他的運輸方式一樣，還有其他為了飛行所必要的支援人員成本，而且它的規模會隨著飛行次數而改變。雖然有些部分的維護費用是必要的，而不論飛機的飛行次數，但是有一

部分的維護支出也會隨飛行次數而改變。維護支出大約占航空公司營運成本的 11%。有一部分的運輸服務、一般費用，以及行政成本會隨著飛行次數而改變，所以應該把它們視為營運成本。

1994 年整體美國航空公司在國內飛行了 5,850 億的機位—英里數，總操作費用為 629 億元，相當於每座位英里 10.7 分錢。假定這項成本的 30% 到 40% 之間是飛行的直接和間接營運成本，則在美國駕駛一架飛機的每座位英里成本大約是 3 到 4 分錢之間。這部分會隨著航空燃料價格以及駕駛艙勞動成本的變動而起伏不定。

旅客服務成本和載客率 (Passenger Service Costs and Load Factors)

旅客服務的成本就像 LTL 卡車業者的貨物處理成本，但是雖然 LTL 處理貨物的成本在運輸業者的帳簿上被隱藏為理貨站費用（terminal expenses），而旅客服務成本在航空公司的帳簿中卻被明確的列出來，就如表 8.1 所示的。旅客服務成本有助於在飛行時提供旅客舒適、安全與便利。旅客服務的成本大約占航空公司所有操作成本的 8%，費用主要是在空服員的薪水和旅客餐點上。這些成本和飛行成本有別，因為如果沒有旅客，這些成本就可以免了。這些成本會隨著飛機上的旅客數目而改變。每旅客英里的這些直接旅客服務成本是 1.4 分錢。

還有其他成本也會隨著旅客的數目而非飛行數目而變動，那就是飛機的清潔、行李的處理、登機門、機位的預定以及機位的銷售等。飛機的清潔和運務共占總營運成本的 17%，而促銷和銷售費用（包括訂位、價格的訂定以及行程的安排）則占了 16%。這二項成本要素雖然不能指定成某次飛行的旅客成本，但卻可以歸類成航空公司在某一季運載旅客的成本，這二項成本共占了航空公司成本的 33%。把所有

這些直接的旅客服務成本加起來，共占了航空公司營運費用的 41%，和歸類為飛行成本的金額大致相同。把美國航空公司總國內營運費用的 41% 視為與旅客相關的費用，則可估計出每延人英里的費用是 6 分錢。

這些百分比是針對標準的航空公司服務，這和 LTL 卡車運輸的服務旗鼓相當。在航空業，等同於整車運輸服務的是包機服務。包機公司的經營可以比定期班機的航空公司成本低廉許多，因為它們對轉運站以及地勤支援人員的需求很低。表 8.3 列出在倫敦和新加坡之間新包機服務的估算費用。因為這項服務只涵蓋長距離的飛行，所以燃料成本遠比大部分的航空公司占更高的比例。因為這種航空公司沒有預定機位的服務系統，而且沒有實質的地勤人員，所以間接的旅客服務成本小到可以忽略。出現在表中的租借飛機成本——應該把它視為擁有權的成本而非營運飛機的成本——因為航空公司是租借，而非擁有

表 8.3　倫敦到新加坡包機服務的具體花費

成本類別	占總成本的百分比
燃料	42.8
租借飛機的成本	11.6
保險	4.2
維護	20.8
其他的飛機成本	3.0
人事費（機員）	5.7
旅客成本（餐點提供等）	6.2
其他、主要的行政成本	5.8
總數	100%

資料來源：M. E. Beesley「實行、沉沒成本以及加入航空業」（Commitment, Sunk Costs, and Entry to the Airline Industry），運輸經濟與政策期刊（*Journal of Transport Economics and Policy*），1986 年 5 月，第 185 頁，1985 年秋季的估計值。

這架飛機。在這包機服務中,飛機的營運成本占總成本的 51.5%(燃料、其他成本以及機員成本)到 72.3%(包括維護),若加上旅客成本,則再加 6.2%。雖然包機服務和定期班機服務相比,直接和間接的旅客服務成本低很多,但是飛行的營運成本顯然高得多。

讀者可能會注意到,飛行成本的估價是根據每座位英里,然而旅客成本的估價則根據每延人英里。就如第五章所提的,載客率是延人英里數對座位英里數的比例,它是衡量總座位的平均乘坐比例,可以根據個別班機來計算,也可以就整個系統來計算。在 1995 年,美國主要的國內航空公司有歷史性的高平均載客率:70%。當然個別班機載客率的變動情況遠比整體大得多。雖然還沒聽說過有零載客率(沒有旅客搭乘的班機)的情形,但是 100% 的載客率(客滿的飛機)卻屢見不鮮。

我們可以把載客率視為座位成本轉換成旅客成本的乘數。在其他因素維持固定下,載客率愈高,則每延人英里的營運成本就愈低。很多航空公司所設計的營運政策都是為了要提升載客率。舉例來說,本來航空公司的主要營運方式是都市到都市的成對飛行服務,之後隨著管制的取消,則轉變成服務某地理區域,而在此區域設立一、二個通過中心轉運站的點。如第五章所描述的,航空公司多少要透過軸輻式的組織來產生運輸路網經濟,才能提升載客率。❶⑨

包機服務的每延人英里成本往往比固定航班的成本低很多,理由是包機服務可以事前安排妥當來完全符合預期的需求,如果需求沒有如預期的高,還可以把包機服務取消掉,而造成包機服務的預期載客率接近 100%,而非如固定航班的 65% 預期載客率。較高的載客率再加上較低的賣票成本,使得包機服務的成本非常的低。

飛機營運的規模經濟
（Scale Economies in Aircraft Operations）

　　LTL 業者被認為能夠因為改善設備的使用率而有規模經濟的機會：運量很大的業者可以有著較低的空卡車—英里數，易言之，就是較高的載貨率。如第五章所描述的，航空公司可以造成運輸路網經濟的第二個來源是：用來容納許多旅客的長飛行距離飛機和用來飛行短距離的小飛機相比，其每延人英里的營運成本較低。舉例來說，在航空公司管制取消後的一份立即的計算中發現，一架 737-200 有著 121 個座位、最遠 1,000 英里飛行距離的飛機，若從事 1,000 英里的飛行，則每座位—英里的直接營運成本是 6 分錢。一架 747 有著 500 個座位的飛機，若從事 2,500 英里的飛行時，其每座位—英里的直接營運成本才 3.7 分錢。❷第五章已經另外提供了同時使用不同規模的運具所造成的運輸路網經濟的例子。

　　卡車運輸公司在傳統上所使用的，是法律對路線運輸所許可的最大型車輛，不過最近LTL運輸業者已經朝向以小車，28 英尺的車輛，來取代標準的 40 英尺貨車。小車的使用使得 LTL 更像航空公司，因為航空公司使用各種大小的飛機來符合每一條路線的需求。航空公司在某路線若有穩定而大量的旅客數目，就有機會使用較大型的飛機而不犧牲到載客率，而且在這情況下也能節省轉運站的經營成本，因為航空公司若有相當多的旅客進入轉運站，則它能比旅客總數較少的航空公司以更低的平均成本來處理旅客事宜。不過，就和所有的大型組織一樣，大規模會帶來經營上的困難，而可能因此造成規模報酬遞減的情況。

　　一般而言，要直接從帳目看出營運成本隨著產出的改變而變動的

程度是不可能的，通常的情況是，經濟學家得依靠營運成本的計量分析，在那些分析中，可看出總申報成本和產出水準的變動以及其他控制變數有密切關係。取消管制前最仔細的研究是由 Caves、Christensen 和 Tretheway 所作的，他們發現若其他營運特性都維持固定：例如服務地點、行程的長度（起飛和降落之間的距離）、載客率以及生產投入的價格等，則產出增加 1%（延人英里數占壓倒性的部分，但是也包括郵件和貨運）時會造成總成本提高 0.8%。研究的作者認為航空業有密度經濟，因為當其他要素維持固定時，成本並沒有像產出一樣增加那麼快。這裡的密度經濟（Density economies）往往和在鐵路業的意義一樣：在固定的運輸路網範圍內提高運量來達到節約效果。鐵路業的規模經濟是指，當延頓英里數和鐵路運輸路網的規模都以同樣的數量調整時，成本的變動多寡。因此 Caves、Christensen 和 Tretheway 定義航空業的規模經濟是根據產出增加 1%，同時系統規模（以服務的地點數目來衡量）也增加 1% 時，成本的變動大小。根據作者的計算，服務地點的數目若增加 1%，會使航空公司的成本提高 0.13%。產出的成本彈性以及服務地點數目的成本彈性加起來是 0.94，這和 1.0 沒有統計上的顯著差別，表示航空業有固定的規模報酬，因此他們結論出，航空公司和鐵路業有著相同的經濟特性：固定規模報酬，但是強的密度經濟。

很重要的一點是要注意到，雖然 Caves、Christensen 和 Tretheway 的結果符合統計上的規模報酬，但是 0.94 是在規模報酬遞增的數字範圍內。作者也發現到，平均的飛行距離若增加 1%，則會減少 0.148% 的成本，而載客量若增加 1%，也會減少 2.64% 的成本。但是載客率和飛行長度都可能會受到運輸路網的性質以及航空公司的設備規模所影響。事實上，大航空公司要降低成本的唯一方式是，透過較高的載客率以及較長的飛行路線來達成。若認為載客率和航空公司的規模無

關，則會漏掉規模經濟的一項來源。

　　那些衡量在解除管制的環境下，航空公司的規模經濟和密度經濟的所有研究，並非對於設備規模所帶來的成本優勢大小都有同樣的看法。❹雖然小航空公司和卡車運輸業相比，算是相對地大了，可是最大的航空公司卻仍在快速的擴張它們的運輸路網當中。航空業可不像卡車運輸業般，我們多少要懷疑每一家小航空公司在產業內的存活能力。到 1990 年，沒有和其他公司聯合的小航空公司幾乎都消失了，不過，到了 1990 年代中期，再次又有一些小規模的航空公司成功的加入市場，小航空公司若要在產業內存活，二手飛機的價格以及找到機場登機門的能力等，顯然比運輸路網的設備規模所帶來的天生優勢還更重要。

水運的經營成本
（OPERATING COSTS OF WATER TRANSPORT）

　　各種水上運輸的經濟學——遠洋或內陸、散裝或貨櫃——都受到船隻的設計所支配，尤其是受到船隻本身和拖船的大小所主導。其實航空運輸的成本也受到類似要素的影響（大飛機的成本較低是空中運輸有明顯密度經濟的一項理由），而其他的運輸方式也有運具設計上的限制，而這些限制實際上是由固定設施的規模所決定的。舉例來說，典型的卡車不會超過 48 英尺長，或超過 102 英寸寬，但是不上路的卡車就大很多了。鐵路的車廂大小是決定於 4 英尺 8 英寸的傳統鐵軌寬度、鐵軌的彎曲半徑以及橋和隧道的高度等。內陸水運也因為 110 英尺寬的水閘而限制了船隻的大小。五大湖的船很長但是很窄，以剛好配合 Sault Ste. Marie 的水閘大小。在密西西比河系的平底

貨船則需要 195 英尺長，35 英尺寬，才能讓拉著 9 條船的拖船同時通過 600 × 110 英尺的水閘。不過，組成後拖船通常比這個還大，所以必須在每一個水閘前把它們分解，之後再把它們裝回去。

　　至於對遠洋船隻的唯一技術限制是，在船隻所行駛的路線，和港口深度相比的吃水深度。不過除了油輪和乾貨散運船以外，通常這並不算限制。水運在所有運輸方式中的獨特之處是，船隻是為每一個顧客而訂製的，而且能夠完全配合這條船所打算從事的貿易活動。船運公司的最重要決策是：要訂購多大的船。大船有缺點也有優點，船運公司有機會可以衡量優缺點，來為每一條路線選擇最有效率的船隻規模。❷

🖾 船隻的設備規模經濟（Economies of Ship Size）

　　如前一章提過的，船隻的建造成本會隨著船隻規模的提高而以三分之二次方（two-thirds power rule）的法則來增加。❷這項法則，是來自於船隻的容量和它的體積成比例，然而建造成本卻和表面積呈比例，這說明了建造成本的增加速度只有船隻規模提高速度的 2/3。每單位容量的建造成本顯然可以沒有限制的遞減。

　　每單位容量的營運成本甚至表現出更強的遞減情況，理由是船員的配置是決定於固定事務的數目而不論船隻大小。因為自動化的關係，使得必要的船員配置人數可以不斷快速減少。其他的營運成本（像是維護等）和船隻規模的關係可就密切得多。Jansson 和 Shneerson 估計出，營運成本對貨櫃船規模的彈性等於 0.43，表示船隻的規模增加 1%，會造成營運成本增加 0.43%。這項估計並沒有包括燃料成本。燃料成本的彈性值是 0.72，這更強化了船隻的設備規模經濟。每單位容量的燃料成本隨著船隻規模的提高而遞減是由於液體動力學原則，

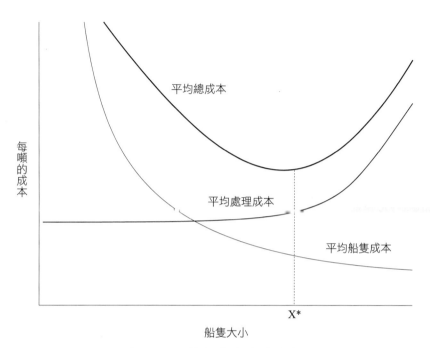

圖 8.4　最適船隻大小的決定

也就是在船隻的速度維持固定下，抗水性並不會像船隻規模一樣增加得那麼快。

　　因為決定船隻成本的這三項因素的彈性值都低於 1，似乎表示大規模的船隻所擁有的營運優勢並沒有極限。我們以圖 8.4 的平均船隻成本線來表示，每單位的貨物容量之平均建造成本和平均營運成本都沒有極限地遞減。不過，還有另一項船隻的營運成本：港口成本。港口成本，或者說是船貨的處理成本，對大船而言是很大的成本。大船必須花更長的時間在港口上下貨。雖然貨櫃化已經大大加速非散貨商品的處理速度，但是船隻花在港口的時間仍然很長。對傳統的班輪來說，一條船可能停泊於港口的時間比航行的時間還長，即使是貨櫃船，一年也要花 20% 到 30% 的時間停泊。❷大船靠港的時間更長，而

原因就像大浴缸要比小浴缸花更久的時間才能填滿水是一樣的。在某個假定的載貨和卸貨速度下，二倍大的船要花二倍的時間載貨、卸貨。雖然從大船卸貨的速率多少可以比小船還快，但是差異並不大：船的規模增加 1%頂多提高船貨的處理速率 0.3%。花較長時間停港的船，每年來回行駛的次數較低，因而造成每年的載貨量也較少，而且不見得隨時有足以填滿大船的貨物，這也造成了航行次數的減少（因此較差的服務品質），或者造成大船得到數個港口才能把船填滿，而加劇了大船設備利用率不足的問題。在圖 8.4，平均處理成本線上揚是因為大船停港時間的不利所造成的。在同一張圖，平均的總成本線是把這二個成本加起來，最低點在 X*，那是船隻的最適規模。最適規模的船隻代表著對大船在海上的優勢和小船在港口的優勢之間所作的取捨。根據航行的長度（其增加海上成本的重要性）以及貨物的處理成本，來決定船隻在某路線的最適大小。在過去這幾十年，貨物處理技術的革新，尤其是貨物貨櫃化，已經讓平均處理曲線往下移，而且也把平均總成本的最低點移到右邊，使得有些情況的最適船隻規模變得很大。

因為船隻的大小變化很大，所以船運公司的成本類別之間的關係也變化很大。表 8.4 列出三家貨櫃船公司的成本細目。每一家公司分析成本的方式多少有些不同。三家的其中二家在估算成本時，把港口和貨源地間的運送費用也包括進去。燃料成本（在表 8.4 列為燃料庫）占總成本的 8%到 22%。行駛成本（或者說是船隻成本）占總成本的 16%到 24%，而這項成本的總合則占總成本的 34%到 39%。不過，港口成本相當可觀。理貨站的成本、貨櫃成本、定位、港口費，以及與貨物相關的費用加起來總共占總成本的30%到35%。這些成本是指貨櫃船的成本。雖然散貨運輸花了10%到20%的時間在港口，而在停留期間，船隻和貨物的機會成本都可能快速上漲，但是散貨運輸的港口

成本仍然比貨櫃船低很多。

表 8.4　三家貨櫃船公司的成本結構（百分比）

成本類別	公司 1	公司 2	公司 3
理貨站的成本	15	21.5	
運輸成本	9	9.6	
與船貨相關的成本			35
貨櫃成本	13		
佣金	5	16.0	
宣傳費和促銷		4.8	
港口費	4	4.8	
定位		4.0	
行駛成本			16
船隻成本	24	21.7	
燃料庫	10	8.0	22
行政費	10		4
其他固定成本	10		
資本成本			23
設備		9.6	
總數	100%	100%	100%

公司 1：小公司主要從事歐洲到東地中海、南非和澳洲的貿易；數據是根據 75% 載貨
　　　　率計算所得。

公司 2：大公司在北大西洋經營船運；數據是根據 90% 載貨率計算所得。

公司 3：大公司從事歐洲／遠東的貿易運輸；數據是根據 90% 載貨率計算所得。

運輸成本是把貨櫃從內陸貨源移到港口，與從港口移到目的地的成本。

資料來源：J. E. Davies「在班輪運輸業，成本和供給條件的分析」（An Analysis
　　　　　of Cost and Supply Conditions in the Liner Shipping Industry），產業經濟
　　　　　期刊（*The Journal of Industrial Economics*），Vol. XXI，No. 4（1983 年 6
　　　　　月），第 420 頁。

船隊的設備規模經濟（Economies of Fleet Size）

　　海洋運輸業的分類法和卡車運輸業一樣：油輪對照著專業化的卡車業者，不定期貨船等同於非公共運送業者，而LTL卡車運輸業則等同於定期航運的服務。就像人們不太注意卡車運輸業的非公共運送業者和專業化業者的規模經濟般，人們唯一對海洋運輸業者的規模經濟感到興趣的是在定期航運的業者。❷這產業深深相信規模經濟不但存在，而且重要。他們認為規模經濟是源自於航行的次數愈頻繁，就能吸引愈多的貨物，以及業者運載的貨物量愈多，航行就愈頻繁。在北大西洋，貨主希望至少一週一次的航行。在從事一趟來回旅程的時間既定下，想要進入這個航線的公司必須至少要有三艘船，而這些船因為港口處理貨物的效率改善而變得愈來愈大。根據某項估計，在1978年若要進入美國／遠東的貿易市場，得買五艘設備好的貨櫃船以及必要的港口設施，所以一開始必須投資3.73億美元。至今，通貨膨脹率已經把這數據膨脹成二倍。由於人們認為整個市場都存有規模經濟，使得業者有藉口與貨主協商出非競爭費率，而這些協商主宰了最重要的幾個世界貿易路線。❷世界船運業因此被政府視為有發展市場獨占力量的可能性。然而，其實根本沒有人對這產業的規模經濟有任何直接的估計。❷在寫這本書的同時，國際遠洋運輸是少數仍必須提出運費申請要求的少數運輸業之一。

　　人們對內陸船運業者的規模經濟比較不在乎。有一項評估從1960年代開始研究，也就是平底貨船受到的管制比今日強烈得多的時代，這份研究發現船隊的規模經濟在統計上是不顯著的。❷另一份研究也從1960年代開始估計，顯示出拖船的大小有強的規模經濟（等於發現吃水深的運輸有設備規模經濟），而船隊規模的經濟在統計上是不

顯著的。❷大眾對規模經濟的大小有最多意見的,顯然是在固定船班的運輸路網,因為內陸船運業的作為如同非公共運送業者,所以人們對它們的規模經濟沒什麼興趣。

汽車的營運成本
（AUTOMOBILE OPERATING COSTS）

運具的營運成本會隨著其駕駛時間或距離而變動。對大部分的運輸方式來說,運具營運成本的最重要成分是駕駛員的機會成本和移動這項運具所用的燃料。在某些運輸方式中,根據使用量計算的折舊或者根據使用量決定的維護支出也都是重要的營運成本。

圖 8.5 顯示出在 1995、1987 和 1981 年,一般汽車每英里的實質營運費用。汽油和機油是主要的營運費用,而維護費用則遠遠落後它。若以每車輛—英里的營運費用來衡量,則 1995 年汽車的每車輛—英里的總營運費用才 10 分錢,這使得汽車運輸成為最便宜的運輸方式。圖 8.5 的費用應該加入停車和車庫、洗車以及其他與駕駛有關的費用。在 1994 年,汽油、機油、輪胎、內胎和配件、修理、注入潤滑油、洗車、停車、車庫以及租金等所有消費者支出總共是 2,520 億美元,這是那年總汽車支出的 49%左右。燃油支出只有汽車運輸的總年支出的 20%。

圖 8.5 也展示出,在 1981 和 1987 年之間汽車燃料價格下降時,每英里的實質營運成本也有顯著的減少。1987 年之後則因為輪胎和維護支出的提高,而使營運支出有適量的增加。

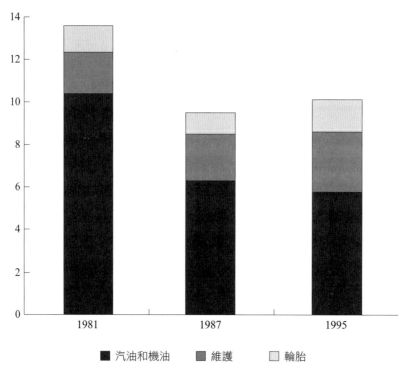

圖 8.5　實質的汽車營運費用，1981-1995（1995 每英里分錢）

資料來源：汽車製造協會，MVMA 實相與數據（*MVMA Facts and Figures*），1995，
　　　　　第 58 頁。

汽車擁塞成本（Automobile Congestion Costs）

　　然而在計算汽車的費用時，很明顯的遺漏了一項，就是駕駛員的
勞動成本。遺漏的理由是因為大部分汽車運輸是私人的。除了一些僱
用司機的車子以外，根本沒有駕駛的工作人員，因此沒有勞動支出。
不過，這並不表示駕駛者的時間一文不值。駕駛的時間成本假定和駕
駛者與旅客的時薪成比例，背後的邏輯就和計算所有機會成本的理由
是一樣的：如果坐在車內的人不開車，則可以把時間拿來賺取和他們

工資率成比例的錢，因此開車從事一個旅次的成本得根據他完成這個旅次所花的時間多寡而定。以高速完成的旅程比低速旅程的成本還少。

　　有一項有名的交通工程原則就是，交通速度是根據在任何時間有多少車子想要使用這條道路而定。因為車輛與車輛間的距離隨著時速的增加而增加，當許多車子擠在公路（減少車距）時，車流速度自然就會減少。圖 8.6 顯示出交通密度——在任何時間想要使用某段公路的車輛數目——和在某段公路的車流速度之間的關係。圖上的那些點代表著真正的觀察值。這位工程師選擇把時速和交通密度之間的關係視為接近一條直線。❸最符合資料的這條直線方程式是

$$S = 34.17 - 0.2124D \qquad\qquad (8.1)$$

其中
S = 每小時的車流速度（英里／小時）
D = 公路車道每英里的汽車數（交通密度）

　　這條方程式說明如果公路是（幾乎）空的，則車輛的時速是 34 英里。車道每英里若多一輛車，則時速大約會減少 1/5 英里。

　　以圖 8.6 和方程式 8.1 所表示的車流速度和密度之間的簡單關係是瞭解交通擁塞經濟學的關鍵。愈多車想要使用某段道路，車速就愈慢。如果愈來愈多的車想要使用這段道路，最後車流會慢到每小時通過的實質車輛數會下降。我們可從表 8.5 看出，它把圖 8.6 某公路路段每小時的交通密度乘以車流速度而得到此公路路段所能處理的交通量。這條公路的絕對容量是每小時 1,374 輛車。在最大容量下，車子每小時以 17 英里的速度移動，這時候，公路每英里將有 80 輛車。如果每英里超過 80 輛的車子想要使用這段公路，則對車輛一旅次數而言，車速降低的效果會大於道路增加車輛數的效果。當 150 輛車子想要使用這 1 英里的道路，交通會慢到時速只比 2 英里多一點而已，而

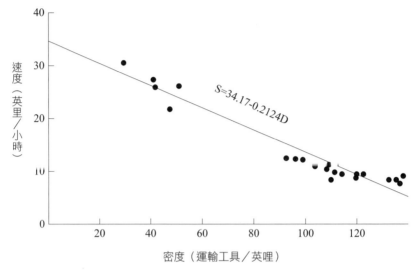

$$S=34.17-0.2124D$$

縱軸:速度(英里／小時)

橫軸:密度(運輸工具／英哩)

圖 8.6　車流速度和交通密度之間的關係

資料來源:Mathew J. Huber「臨時橋對公園大道的性能所造成的影響」(Effect of Temporary Bridge on Parkway Performance),*公路研究公報 167*(*Highway Reaserch Bulletin 167*),運輸研究公報,全國研究委員會,華盛頓 D. C.,1957,轉載於 John Baerwald,運輸和交通工程手冊,Prentice Hall,1976,第 97 頁。

且每小時只有 346 輛車通過。

　　在任何時間若讓 80 輛以上的車子使用 1 英里的公路是不理性的作為,因為這實際上會減低公路每小時所能服務的車輛數。把使用公路的車輛限制到每英里不到 80 輛的數目,可能相當合理,因為即使公路還未達到極限,但是交通的擁塞就已經會降低車速,而增加每英里公路的駕駛時間的機會成本。舉例來說,如果可以把使用公路的車輛數限制到每英里 70 輛,每小時只減少了 23 輛車(減少量小於 2%),但是所有車輛的平均時速卻增加了 2 英里(時速大約增加了 12%)。

　　增加交通速度會減少駕駛成本,至於減少多少則根據每輛車的時間機會成本而定。 駕駛者時間的機會成本計算列在表 8.6,這張表顯

表 8.5　交通密度和交通量的關係

交通密度（每英里汽車數）	車流速度（每小時英里數）	交通量（每小時的車輛數）
1	33.96	33.96
10	32.05	320.46
20	29.92	598.44
30	27.80	833.94
40	25.67	1026.96
50	23.55	1177.50
60	21.43	1285.56
70	19.30	1351.14
80	17.18	1374.24
90	15.05	1354.86
100	12.93	1293.00
110	10.81	1188.66
120	8.68	1041.84
130	6.56	852.54
140	4.43	620.76
150	2.31	346.50
160	0.19	29.76

資料來源：計算值是來自圖 8.6，選擇一些交通密度，然後計算交通速度為：速度＝34.17－0.2124×密度。交通量等於速度×密度。

示出對應到每小時 1,100 輛到 1,374 輛之間的交通量、車流的速度和交通密度。讀表 8.6 的第一行，我們會發現這段公路每小時有 1,100 輛的交通量，是從每英里 44.5 輛車以 24.7 英里的時速行駛而得出的。在 24.72 英里的時速，1 英里道路跑了 0.0405 小時，也就是 2 分鐘 24 秒。如果我們假定車輛駕駛員時間的機會成本是每小時 10 美元，則每英里開了 0.0405 小時 × 10 美元，也就是每英里的勞動成本是 40.5 分錢。這項金額列在第 4 欄，成為每駕駛 1 英里的平均成本。隨著交通量的增加（在第 1 欄），車流速度減少（在第 3 欄），駕駛的勞動成本也就隨之提高。在每小時 1,374 輛汽車的容量和 17.33 英里的時速下，每 1 英里幾乎需要花 3.5 分鐘，或者說車子駕駛者的時間成本損失是 57.7

表 8.6　交通量和駕駛成本之間的關係（假定時間的機會成本：每一台車一小時是 10 美元）

交通量	交通密度 （每英里的車輛數）	車流速度 （每小時英里數）	平均成本 （$/英里）	邊際成本 （$/英里）
1,100	44.50	24.72	0.405	0.654
1,110	45.16	24.58	0.407	0.667
1,120	45.84	24.43	0.409	0.680
1,130	46.52	24.29	0.412	0.693
1,140	47.23	24.14	0.414	0.708
1,150	47.94	23.99	0.417	0.724
1,160	48.68	23.83	0.420	0.740
1,170	49.43	23.67	0.422	0.758
1,180	50.19	23.51	0.425	0.777
1,190	50.98	23.34	0.428	0.798
1,200	51.79	23.17	0.432	0.821
1,210	52.63	22.99	0.435	0.845
1,220	53.49	22.81	0.438	0.872
1,230	54.37	22.62	0.442	0.902
1,240	55.29	22.43	0.446	0.935
1,250	56.25	22.22	0.450	0.971
1,260	57.24	22.01	0.454	1.013
1,270	58.28	21.79	0.459	1.060
1,280	59.37	21.56	0.464	1.114
1,290	60.52	21.32	0.469	1.178
1,300	61.74	21.06	0.475	1.255
1,310	63.04	20.78	0.481	1.348
1,320	64.45	20.48	0.488	1.466
1,330	66.00	20.15	0.496	1.621
1,340	67.73	19.78	0.505	1.840
1,350	69.75	19.36	0.517	2.180
1,360	72.24	18.83	0.531	2.822
1,370	75.95	18.04	0.554	4.969
1,371	76.51	17.92	0.558	5.592
1,372	77.16	17.78	0.562	6.533
1,373	77.98	17.61	0.568	8.213
1,374	79.29	17.33	0.577	13.059

分錢。

根據方程式 8.1，每額外多一台車上路就會減少所有車輛的時速 0.2124 英里。根據表 8.6，如果每小時的交通量從 1, 370 增加到 1, 371 輛，則需要把交通密度從每英里 75.95 輛提高到 76.51 輛，使得時速從 18.04 英里降低到 17.92 英里。時速的降低也增加了 1,370 輛車子的旅行成本，每英里大概 0.4 分錢。交通量從 1,370 提高到 1,371 輛造成總旅行成本的增加額是，第 1,371 輛車的旅行成本（每英里 55.8 分錢）加上每英里大約增加的 0.4 分錢乘以已經在路上的 1,370 輛。表 8.6 第 5 欄是邊際成本（marginal cost）。邊際成本代表著每小時的交通量增加一台，所增加的總時間成本。

在交通量低的時候，大部分的駕駛成本是駕駛者和旅客的時間成本，而平均成本（每一台車引起的）大致與邊際成本相同。但是當交通量不斷增加而使車速減緩時，邊際成本開始與平均成本分道揚鑣。在極端高的交通量，大部分的駕駛成本並不是駕駛者和旅客本身引起的，而是卡在路上的其他車輛駕駛者所引起的。舉例來說，在每小時 1,370 台的交通量，每增加一台車子的成本共是 5.59 美元。但是這第 1,371 輛車子卻只負擔 55.8 分錢，剩下的都是由其他所有的駕駛者負擔，因為它們的車速都因最後的這一台車而降低了。當交通量不斷增加時，邊際成本和平均成本愈離愈遠，直到達到每小時 1,374 的最高交通量為止。因為交通量不能超過這水準，所以之後的邊際成本並沒有下定義，或者說是無限的。圖 8.7 是以圖表示表 8.6 的第 4 和第 5 欄的資料。

圖 8.7 是描述任何運輸方式的擁塞經濟學。產生這張圖的經濟條件對任何實質的運輸方式來說都是合適的，而不是只針對汽車而已。因為這張圖廣泛的被運輸經濟學使用，它值得我們停下來探討它所針對的問題。這個模型假定某單一公路有著同質性的交通（表示所有車

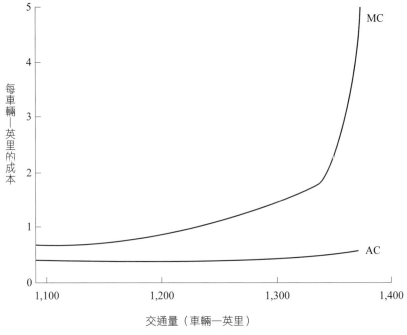

圖 8.7 駕駛的邊際與平均成本

輛的時間價值固定，而且交通密度和速度之間的關係也固定）。如果
時間的價值變動，或者如果車流速度與交通密度的關係改變，都會使
這些線移動。舉例來說，高山道路顯然有很不同的速度／密度的關係，
而且乘載數位旅客的車子（可能是因為共乘制）也會有較高的時間價
值，因此它的操作成本比車內只有一位駕駛者的操作成本還高。

　　道路工程的改變和車內人員的時間價值變動都會使駕駛成本曲線
移上或移下。若把交通同質性的假設拿掉，也會改變成本曲線的形狀
和解釋。舉例來說，如果同一條道路混合著汽車、卡車和巴士，則交
通量的邊際和成本曲線會根據邊際車輛的特性而不同。此外，在異質
的交通，可能塞車隊伍的某些車輛會離開隊伍，因為有些車子決定改
駛其他路線，改開其他種類的運具、或者改在其他時間駕駛。如果交

通是異質性的，我們可以很合理的假設那些時間價值最高的車輛會選擇其他的路線。因此，當交通量提高時，車子的平均時間價值可能會降低。❸

大眾運輸的營運成本
（TRANSIT OPERATING COSTS）

　　計算運輸成本的方法之一是比較不同運輸方式的成本。當比較私人汽車運輸和其他種類的旅客運輸時，必須始終一貫地處理駕駛者和旅客的時間成本。可能作法之一是把巴士旅客的時間算成營運巴士的成本。❷因為在大部分的情況，大眾運輸比私人運輸還慢，所以這種算法一般會發現公共運輸比私人汽車的成本更高。

　　另一種計算法是忽略這二種運具的旅客時間成本，而假定時間成本的差異是一項會影響對自掏腰包成本需求的反應的因素。大部分對巴士和大眾運輸成本的分析都遵循這種作法。這種方法的好處是，我們可以用公開可取的帳目來分析大眾運輸費用。在 1993 年，所有大眾運輸系統的總支出是 168 億美元，不包括購買固定設施和車輛的折舊與付款。（如第七章所討論的，在大部分的情況，折舊和債務給付並不能適當的評估出擁有大眾運輸車輛的擁有成本，因為它們一般是由運輸當局以外的政府機構所購買的。）大眾運輸系統產生了 37.5 億英里的等同巴士的服務（為火車較大的座位容量而作了調整），因此大眾運輸車輛的成本是每巴士─英里 3.73 美元。

　　表 8.7 列出三種大眾運輸系統的費用細目。如第七章提到的，車輛維護應該算成汽車擁有權的成本，還是營運車輛的成本，是根據必要的維護金額是否會隨著使用水準而改變。在只有巴士的系統下，大

約總費用的 50%是用在車輛營運上,而車輛的營運費用幾乎是花在燃料、駕駛者和調度員身上。在只有巴士的系統下,幾乎有 3/4 的費用可歸類為車輛的營運支出。把非巴士(通常是鐵路捷運)也包含進來的大眾運輸系統則有著非常不同的成本輪廓。從表 8.7 可看出這樣的系統有較低的營運成本比例,以及較高的非車輛方面的維護比例,這是因為維護鐵軌和車站的成本較高,而部分抵銷了火車每座位—英里的較低營運成本。在 1994 年,公共巴士的每車輛—英里的營運成本是 5.70 美元,重型鐵路運輸的每車廂—英里是 5.20 美元,而輕型火車是 12.30 美元。

表 8.7　美國大眾運輸系統的營運費用細目(1993)

費用類別	數種運輸方式,所有地區	只有巴士,大城市	只有巴士,小城市
車輛營運	45.3%	49.2%	54.2%
車輛維護	17.6	19.0	17.4
非車輛方面的維護	13.2	3.3	2.9
一般行政費	16.7	13.8	17.8
所購買的運輸	7.2	14.7	7 7

資料來源:美國大眾運輸協會,1994-95 運輸實相(Transit Fact Book),表 20。大城市是指人口 100 萬或以上的營運範圍。小城市是指人口居於 200,000 到 500,000 之間的營運範圍。

　　在某單一大都會區,大眾運輸業者之間的競爭並不多,原因是美國大眾運輸的服務從旅客身上賺取的收入並不敷成本,所以美國傳統上是讓它成為政府的公司而受到公共的補貼,另一種方法則是對競爭中的公司補貼。❸競爭的穩定性需要根據規模經濟的條件而定。這項題材有著各種證據。雖然大部分的研究都發現公共運輸有固定的規模報酬,但是某份研究卻主張它有規模經濟,以及超過相當小的規模之

後，其他的規模不經濟。❸

結論
（CONCLUSION）

　　在運輸的營運成本中，經營運輸服務的人員成本以及燃料是最明顯的成本。有些運輸方式還有數項比較不明顯的成本，但間接和運輸營運有關：調度員、預定座位的辦事員以及轉轍員等，他們都是支援交通運輸的必要人員。這些支援人員的工資是屬於運輸營運的固定成本還是變動成本，得根據這些員工的人數與交通量是否有關來決定。

　　鐵路和其他運輸方式相比，主要的優勢在於燃料的低使用水準。不過，鐵路是勞動密集的運輸方式，因為它需要極多的必要支援人員來配合火車的營運。火車的移動成本平均是所有鐵路費用的 20%到50%之間。但是鐵路成本的變動更大，而且比其他運輸方式更難以分析，因為它的聯合成本和共同成本占有很重要的一席之地，所以幾乎不可能正確計算出個別車箱的移動成本。

　　學者也對鐵路運輸的總體成本作了經濟計量的研究。把焦點移到總體運輸讓研究者有機會發現交通量到底如何影響成本。這些研究的一般結論是，鐵路有固定的規模報酬但有強的密度經濟。

　　把卡車運輸業拿來和鐵路運輸比較時，第一眼的印象讓我們沒有理由認為卡車運輸業是屬於規模經濟的產業 。這個產業顯然很容易進入，而且資本要求也低。不過，這種說法只有在整車運輸業才對。卡車運輸部門分成許多不同的部分。每一部分都有不同的成本條件。大部分的卡車運輸都是由從事製造業，或提供非運輸服務的公司所完成的。不過，人們對這些所謂的私人卡車運輸者（ private trucker）的

成本所知甚少，實際上，在卡車運輸業這一行業，也只有整車運輸這部分容易進入而已。大的卡車運輸公司都集中在零擔貨物運輸市場。要進入這部分的市場並不容易，因為它需要投資於理貨站以及僱用一些支援人員，像是行銷人員以及倉庫管理員。在零擔貨物運輸的市場部分，對成本的計量評估結果是，這些運輸業者和鐵路有著類似的成本條件：有密度經濟，但沒有規模經濟。不過，這些評估是基於卡車運輸解除管制以前的資料，而這產業快速的合併現象已經告訴我們它有很強的規模經濟。

航空公司比卡車運輸公司大得多，但是卻和LTL卡車業者有著類似的成本結構。它的燃料成本高了很多，就如同高很多的處理貨物成本一般。但是航空公司就像卡車業者，必須維護和經營理貨站，以及協調航空網事宜。就如第五章所描述的航空運輸路網經濟，顯然航空運輸路網很大的公司能占很大的優勢。一份對管制前航空業的研究發現，就像鐵路業和LTL卡車業一樣，航空業有很強的密度經濟，但沒有規模經濟。另一份根據比較現代資料所作的研究則發現，由於航空公司有了調整航空運輸路網的自由，所以事實上大航空公司比小航空公司的成本還低。

至於水上運輸業，業者需要從行駛大船的經濟效果、與取貨、卸貨的不經濟效果之間作取捨，而水上運輸業的營運成本則主要受到這項取捨所主導。船隻的貨櫃化，可以大量減少取貨、卸貨的時間，因而提高了最適的船隻規模。貿易的路線愈長，航行成本占總成本的比例就愈重要，因此最適的船隻規模也就愈大。短程的貿易路線要求較小的船隻而有較高的航行成本。世界船運業相信船隻的經濟不只在船隻大小上，而且也在船隊的規模上。這份信念被用來作為把世界一般貨運船隊組織成卡特爾的藉口。其他的世界船隊部分——乾散裝貨業者和油輪業者——是以非公共運送人的方式經營。就好像我們沒有理

由相信整車運輸部門有規模經濟一樣，這裡也沒有什麼理由相信散裝貨和油輪的營運有什麼規模經濟。

汽車的營運成本顯然占總成本（把擁有權的成本和營運成本加起來）的比例很小。部分原因是駕駛者的時間一般都不算入成本中。一但把駕駛者的時間成本也納入其中，則駕駛汽車的成本顯然會強烈受到交通量的大小所影響。因為公路上交通密度的提高會降低車速，所以駕駛的每英里成本必定隨著交通量的增加而提高。邊際成本提高比平均成本還快，因為每多一輛車上路不但會降低這台剛進入車陣的車子速度，而且會降低整個車陣的速度。不過，駕駛者可不會在乎自己造成其他車速度的減慢。駕駛者對他人造成的這項外部成本是第十章將討論的有效率擁塞通行費的收費基礎。

把駕駛者和旅客的時間也納入考慮之後，要比較汽車和都市公共運輸就更複雜了。若忽略旅客的時間成本，則都市巴士的營運成本占總成本的比例較高，然而對鐵路的大眾運輸系統來說，與營運車廂相關的成本占總成本的比例則低許多。

註　釋

1. 這部分的數據是來自美國鐵路協會，鐵路實相，1995 年版。

2. 美國運輸（*Transportation in America*），第 14 版。

3. 要分析必要工作人員對鐵路成本和服務品質的影響，見 Keaton, Mark H.「在美國鐵路業，單一滿車廂貨運運輸，工作人員數目、工作人員成本和服務水準」（Train Crew Size, Crew Cost, and Service Levels for Single Carload Freight Traffic in the U.S. Rail Industry），後勤與運輸評論（*Logistics and Transportation Review*），Vol. 27，No. 4，1991 年 12 月，第 333-349 頁。

4. 要注意，這是平均的會計成本。平均機會成本可能比較低。

5. 描述於 McBride, M. E.「估計鐵路成本的各種方法的評估」（An Evaluation of various Methods fo Estimation Railway Costs），後勤與運輸評論（*Logistics and Transportation Review*），Vol. 19，No. 1，1983 年 3 月，第 60 頁。

6. 描述統一鐵路費用系統，見 McBride, M. E.「估算鐵路成本的各種方法之評估」（An Evaluation of various Methods of Estimation Railway Costs），後勤與運輸評論（*Logistics and Transportation Review*），Vol. 19，No. 1，1983 年 3 月，第 45-66 頁。

7. Keeler, Theodore E.「鐵路成本、規模報酬和超額的容量」（Railroad Costs, Returns to Scale, and Excess Capacity），經濟學與統計資料評論（*Review of Economics and Statistics*），Vol. 56，1974 年 5 月，第 201-208 頁。

8. 見 Braeutigam, Ronald R., Andrew F. Daughety 和 Mark A. Turnquist「鐵路公司的混合成本函數之評估」（The Esitmation of Hybrid Cost Function for a Railroad Firm），經濟學與統計資料評論（*Review of Economics and Statistics*），Vol. 64，1982 年 8 月，第 394-404 頁；以及 Braeutigam, R. R., A. F. Daughety 和 M. A. Turnquist「在美國鐵路業，公司特定的密度經濟分析」（A Firm Specific Analysis of Economies of Density in the U.S. Railroad Industry），產業經濟學期刊（*Journal of Industrial Economics*），Vol. 33，1982 年 9 月，第 3-20 頁。

9. 近期對北美鐵路成本的計量經濟分析包括 Friedlaender, Ann F. 等「在半管制環境下，鐵路成本和資本調整」（Rail Costs and Capital Adjustments in a Quasi Regulated Environment），運輸經濟學與政策期刊（*Journal of Transport Economics and Policy*），Vol. 27，No. 2，1993 年 5 月，第 131-152 頁。Keaton, Mark H.「在美國鐵路業，密度經濟和服務水準：實驗性分析」（Economies of Density and Service Levels on U.S. Railroads: An Experimental Analysis），後勤與運輸評論（*Logistics and Transportation Review*），Vol. 26，No. 3，1990 年 9 月，第 211-227 頁。Kumbhakar, Subal C.「使用 Stochastic Frontier 函數來估計技術與分配的無效率：美國頭等鐵路的例子」（On the Estimation of Technical and Allocative Inefficiency Using Stochastic Frontier Functions: The case of U.S. Class 1 Railroads），國際經濟評論（*International Economic Review*），Vol. 29，No. 4，1988 年 11 月，第 727 頁。Caves, Douglas W., Laurits R. Christensen「解釋產業間在生產力成長上的差別時，規模經濟、容量的利用率和密度的重要性」（The Importance of Economies of Scale, Capacity Utilization and Density in Explaining Interindustry Differences in Productivity Growth），後勤與

運輸評論（*Logistics and Transportation Review*），Vol. 24，No. 1，1988 年 3 月，第 3-32 頁。Freeman, Kenneth D. 等「加拿大頭等鐵路的總要素生產力：1956-1981」（The Total Factor Productivity of the Canadian Class I Railway: 1956-1981），後勤與運輸評論（*Logistics and Transportation Review*），Vol. 21，No. 3，1985 年 9 月，第 249-276 頁。Caves, Douglas W., Laurits R. Christensen, Joseph A. Swanson「在美國鐵路業，生產力的成長、規模經濟和容量利用率，1955-1974」（Productivity Growth, Scale Economies, and Capacity Utilization in U.S. Railroads, 1955-1974），美國經濟評論（*American Economic Review*），Vol. 71，No. 5，1981 年 12 月，第 994-1002 頁。至於歐洲的經驗，見 McGeehan, Harry「鐵路成本和生產力的成長：愛爾蘭共和國的例子，1973-1983」（Railway Costs and Productivity Growth: The Case of the Republic of Ireland, 1973-1983），運輸經濟學與政策期刊（*Journal of Transport Economics and Policy*），Vol. 27，No. 1，1993 年 1 月，第 19-32 頁。Filippini, Massimo 和 Rico Maggi「瑞士私人鐵路的成本結構」（The Cost Structure of the Swiss Private Railways），國際運輸經濟期刊（*International Journal of Transport Economics*），Vol. 19，No. 3，1992 年 10 月。Gathon, Henry Jean Sergio Perelman「衡量歐洲鐵路在技術上的效率：Panel 資料法」（Measuring Technical Efficiency in European Railway: A Panel Data Approach），生產力分析期刊（*Journal of Productivity Analysis*），Vol. 3，Nos. 1-2，1992 年 6 月，第 135-151 頁。

10.舉例，見 Walker, W. Thomas「短程整車營運的運輸網經濟」（Network Economies of Scale in Short Haul Truckload Operations），運輸經濟學與政策期刊（*Journal of Transport Economics and Policy*），Vol. 26，No. 1，1992 年 1 月，第 3-17 頁。

11.這項主張是由 Boyer, Kenneth D. 提出的「在運輸費率管制下，平等化差別訂價和卡特爾訂價」（Equalizing Discrimination and Cartel Pricing in Transport Rate Regulation），政治經濟期刊（*Journal of Political Economy*），Vol. 89，No. 2，1981 年 4 月，第 270-287 頁。

12.說明不同卡車運輸之間邊際成本的變異性之研究是由 Jara Diaz, Sergio R., Pedro P. Donoso 和 Jorge A. Araneda 提出的「邊際運輸成本的評估：流量加總函數法」（Estimation of Marginal Transport Costs: The Flow Aggregation Function Approach），運輸經濟學與政策期刊（*Journal of Transport Economics and Policy*），Vol. 26，No. 1，1992 年 1 月，第 35-48 頁。

13. 見 Friedlaender, Ann 和 Richard Spady「貨運管制：在鐵路和和卡車運輸業，公平、效率與競爭」（*Freight Transport Regulation: Equity, Efficiency and Competition in the Rail and Trucking Industries*）（Cambridge, Massachusetts: MIT Press, 1981）。一份對這些技巧的評論可見於 Daughety, Andrew F., Forrest Nelson 和 William Vigdor「卡車運輸業的成本和生產結構的計量分析」（An Econometric Analysis of the Costs and Production Structure of the Trucking Industry），在 Andrew F. Daughety「在運輸經濟學的解析研究」（*Analytical Studies in Transport Economics*）（Cambridge: Cambridge University Press, 1985）。

14. Kefung Xu, Robert Windle, Curtis Grimm 和 Thomas Corsi「重新評估運輸業的規模報酬」（Re-evaluating Returns to Scale in Transport），運輸經濟學與政策期刊（*Journal of Transport Economics and Policy*，Vol. 28，No. 3，1994 年 9 月，第 275-286 頁。也見 Gagne, Robert「對於卡車運輸業的成本結構分析，有關的彈性估計」（On the Relevant Elasticity Estimates for Cost Structure Analyses of the Trucking Industry），經濟學與統計資料評論（*Review of Economics and Statistics*），Vol. 72，No. 1，1990 年 2 月，第 160-164 頁。

15. Keeler, Theodore E.「在美國卡車運輸業，取消管制和規模經濟：存活原則的計量擴張」（Deregulation and Scale Economies in the U.S. Trucking Industry: An Econometric Extension of the Survivor Principle），法律與經濟期刊（*Journal of Law and Economics*），Vol. 32，No. 2，第 1 部分，1989 年 10 月，第 229-253 頁。

16. McMullen, B. S. 和 L. R. Stanley「取消管制對車輛運輸業生產結構的衝擊」（The Impact of Deregulation on the Production Structure of the Motor Carrier Industry），經濟研討（*Economic Inquiry*），Vol. 26，No. 2，1988 年 4 月，第 299-316 頁。也見 Christensen, L. R. 和 J. H. Huston「重新檢驗專業化車輛運輸業者的成本結構」（A Reexamination of the Cost Structure for Specialized Motor Carriers），後勤與運輸評論（*Logistics and Transportation Review*），Vol. 23，No. 4，1987 年 12 月，第 339-351 頁；以及 Thomas, Janet M. 和 Scott J. Callan「在後取消管制時期呈固定規模報酬；專業化車輛運輸業者的例子」（Constant Returns to Scale in the Post Deregulatory Period; the Case of Specialized Motor Carriers），後勤與運輸評論（*Logistics and Transportation Review*），Vol. 25，No. 3，1989 年 9 月，第 271-288 頁。

17. 舉例，見 Daughety, Andrew F. 和 Forrest D. Nelson「卡車運輸業在成本和生產結構

上的變動之計量分析，1953-1982」（An Econometric Analysis of Changes in the Cost and Production Structure of the Trucking Industry, 1953-1982），經濟學與統計資料評論（*Review of Economics and Statistics*），Vol. 70，No. 1，1988 年 2 月，第 67-75 頁。Harmatuck, D. J.「五大共同運輸業者的短期成本函數」（Short Run Motor Carrier Cost Functions for Five Large Common Carriers），後勤與運輸評論（*Logistics and Transportation Review*），Vol. 21，No.3，1985 年 9 月，第 217-237 頁。

18. Wang Chiang, J. S.和 A. F. Friedlaender「卡車技術和有效率的市場結構」（Truck Technology and Efficient Market Structure），經濟學與統計資料評論（*Review of Economics and Statistics*），Vol. 67，No. 2，1985 年 5 月，第 250-258 頁。也見Bruning, E. R.「衡量卡車運輸業的成本效率：Stochastic Frontier 法的應用」（Cost Efficiency Measurement in the Trucking Industry: An Application of the Stochastic Frontier Approach），國際運輸經濟期刊（*International Journal of Transport Economics*），Vol. 19，No. 2，1992 年 6 月，第 165-186 頁。Harmatuck, Donald J.「在車輛運輸業的規模經濟和範圍經濟：對 17 大 LTL 共同運輸業者的成本函數分析」（Economies of Scale and Scope in the Motor Carrier Industry: An Analysis of the Cost Functions for Seventeen Large LTL Common Motor Carriers），運輸經濟學與政策期刊（*Journal of Transport Economics and Policy*），Vol. 25，No. 2，1991 年 5 月，第 135-151 頁。Ying, John S.「管制的改革和技術的變動：卡車運輸的規模經濟之新證據」（Regulatory Reform and Technical Change: New Evidence of Scale Economies in Trucking），南方經濟期刊（*Southern Economic Journal*），Vol. 56，No. 4，1990 年 4 月，第 996-1009 頁。Grimm, Curtis M., Thomas M. Corsi 和 Judith L. Jarrell「取消管制下，美國車輛運輸業者的成本結構」（U.S. Motor Carrier Cost Structure under Deregulation），後勤與運輸評論（*Logistics and Transportation Review*），Vol. 25，No. 3，1989 年 9 月，第 231-249 頁。

19. 見 Keeler, Theodore 和 M. Abrahams「取消管制下，航空公司的市場結構、訂價和服務品質」（Market Structure, Pricing, and Service Quality in the Airline Industry under Deregulation）在 W. Sichel T. Gies「在公用事業的經濟學原則應用」（*Application of Economic Principles in Public Utilities Industries*）（Ann Arbor: Graduate School of business Administration, 1981）。

20. Bailey, E. E., David R. Graham 和 Daniel P. Kaplan「取消航空公司的管制」（Deregu-

lating the Airlines）（Cambridge: MIT Press, 1985），第 51 頁。造成大飛機成本較低的來源之一是燃料成本。見 Steven A. Morrison「飛機設計的經濟分析」（An Economic Analysis of Aircraft Design），運輸經濟學與政策期刊（*Journal of Transport Economics and Policy*），1984 年 5 月，第 123-143 頁。

21. Brueckner, Jan K. 和 Pablo T. Spiller「取消管制下的航空業之交通密度經濟」（Economies of Traffic Density in the Deregulated Airline Industry），法律與經濟期刊（*Journal of Law and Economics*），Vol. 37，No. 2，1994 年 10 月，第 379-415 頁。對於航空公司規模經濟的實證文獻，是由 Antonious, Andreas 所調查的「航空業的規模經濟：證據重訪」（Economies of Scale in the Airline Industry: The Evidence Revisited），後勤與運輸評論（*Logistics and Transportation Review*），Vol. 27，No. 2，1991 年 6 月，第 159-184 頁。也見 Jha, Raghbendra 和 B. S. Sahni「衡量航空公司技術的無效率：加拿大航空業的例子」（Toward Measuring Airline Technical Inefficiency: The Case of Canadian Airlines Industry），國際運輸經濟期刊（*International Journal of Transport Economics*），Vol. 19，No. 1，1992 年 2 月，第 45-59 頁。Windle, Robert J.「世界航空公司：成本和生產力的比較」（The World's Airlines: A Cost and Productivity Comparison），運輸經濟學與政策期刊（*Journal of Transport Economics and Policy*），Vol. 25，No. 1，1991 年 1 月。Mechling, George W., Jr.「取消管制和容量，前航空幹線的設備生產力和技術效率」（Deregulation and the Capacity Productivity and Technical Efficiency of Equipment of Former Trunk Airlines），運輸經濟學與政策期刊（*Journal of Transport Economics and Policy*），Vol. 25，No. 1，1991 年 1 月，第 51-61 頁。Kumbhakar, Subal C.「重新檢驗美國航空公司的規模、密度與技術進展之報酬」（A Reexamination of Returns to Scale, Density and Technical Progress in U. S. Airlines），南方經濟期刊（*Southern Economic Journal*），Vol. 57，No. 2.，1990 年 10 月，第 428-442 頁。Gillen, David W., Tae Hoon Oum 和 Michael W. Tretheway「航空公司的成本結構和政策涵義：加拿大航空公司的多產品策略」（Airline Cost Structure and Policy Implication: A Multi-product Approach for Canadian Airlines），運輸經濟學與政策期刊（*Journal of Transport Economics and Policy*），Vol. 24，No. 1，1990 年 1 月，第 9-34 頁。Kirby, Michael G.「航空公司的規模經濟和澳洲國內航空運輸政策」（Airline Economics of 'Scale' and Australian Domestic Air Transport Policy），運輸經濟學與政策期刊（*Journal of Transport Economics and*

Policy），Vol. 20，No. 3，1986 年 9 月，第 339-352 頁。

22. 關於好的國際運輸參考資料是 White, Lawrence J.「遠洋運輸的國際貿易：美國和
世界，在服務系列的美國企業組織貿易」（*International Trade in Ocean Shipping
Services: The United States and the World, American Enterprise Institute Trade in Services
Series*）（Washington, D.C.: American Enterprise Institute for Public Policy Research;
Cambridge, Mass.: Harper and Row, Ballinger, 1988）。

23. J. O. Jansson 和 D. Shneerson「船班運輸經濟學」（*Liner Shipping Economics*）
（London: Chapman and Hall, 1987）。

24. J. O. Jansson 和 D. Shneerson「船班運輸的貿易密度經濟」（Economies of Trade
Density in Liner Shipping），運輸經濟學與政策期刊（*Journal of Transport Economics
and Policy*），1985 年 1 月，第 7-22 頁。也見 Tolofari, S. R., K. J. Button 和 D. E. Pit-
field「船運業油輪部門的成本結構之計量分析」（An Econometric Analysis of the
Cost Structure of the Tank Sector of the Shipping Industry），國際運輸經濟期刊（*In-
ternational Journal of Transport Economics*），Vol. 14，No. 1，1987 年，第 71-84
頁。de Borger, B. 和 W. Nonneman「散裝乾貨運輸業者在統計上的成本函數」（Stat-
istical Cost Functions for Dry Bulk Carriers），運輸經濟學與政策期刊（*Journal of
Transport Economics and Policy*），Vol. 15，No. 2，1981 年 5 月，第 155-165 頁。

25. 舉例，見 Wayne K.Talley, Vinod B. Agarwal 和 James W. Breakfield「遠洋油輪船隻的
密度經濟」（The Economies of Density of Ocean Tanker Ships），運輸經濟學與政策
期刊（*Journal of Transport Economics and Policy*），1986 年 1 月，第 91-99 頁。

26. J. E. Davies「在船班貨運業，成本與供給條件的分析」（An Analysis of Cost and
Supply Conditions in The Liner Shipping Industry），產業經濟期刊（*The Journal of
Industrial Economics*），Vol. XXI，No. 4，1983 年 6 月，第 417-435 頁。和 J. D.
Davies「競爭、可競爭性和船班運輸」（Competition, Contestability and Liner
Shipping），運輸經濟學與政策期刊（*Journal of Transport Economics and Policy*），
1986 年 9 月，第 299-312 頁。

27. J. O. Jansson 和 D. Shneerson「船班運輸的貿易密度經濟」（Economies of Trade
Density in Liner Shipping），運輸經濟學與政策期刊（*Journal of Transport Economics
and Policy*），1985 年 1 月，第 7-22 頁。作者們模擬了貿易路線的均衡結構，發
現到雖然個別路線有密度經濟，但是此密度經濟卻沒有大到能阻絕業者的競爭。

28. Leland S. Case 和 Lester B. Lave「美國內陸水上運輸的成本函數」（Cost Functions for Inland Waterways Transport in the United States），運輸經濟學與政策期刊（*Journal of Transport Economics and Policy*），1970 年 5 月，第 181-191 頁。

29. Charles W. Howe 等人「內陸水上運輸」（*Inland Waterway Transportation*）（Baltimore, Johns Hopkins Press, 1969）。

30. 在邏輯上，交通密度和速度的真正關係必須呈曲線型，而現代的分析顯示出這樣的曲線。見 John Baerwald「運輸和交通工程手冊」（*Transportation and Traffic Engineering Handbook*）（Englewood Cliffs, N. J.: Prentice Hall, Inc., 1976），第 7 章。為了簡化這樣的分析，這裡只考慮直線型的速度—交通量曲線。

31. 進一步描述塞車情況變得嚴重時，交通長隊突然停止的處理，見 Stephen Glaister「運輸經濟學的基本法則」（*Fundamentals of Transport Economics*）（New York: St. Martin's Press, 1981）。

32. Herbert Mohring「巴士運輸的最適化和規模經濟」（Optimaization and Scale Economies in Bus Transportation），美國經濟評論（*American Economic Review*），Vol. 62，1972 年，第 591-604 頁，主張這是邏輯上的較佳過程。

33. 討論私人都市客運，見 Charles Lave「都市大眾運輸：私人公司對公共運輸的挑戰」（*Urban Transit: The Private Challenge to Public Transportation*）（San Francisco: The Pacific Institute for Public Policy, 1985）。

34. Viton, Philip A.「都市大眾運輸的規模和範圍的整合」（Consolidations of Scale and Scope in Urban Transit），區域科學與都市經濟學（*Regional Science and Urban Economics*），Vol. 22，1992 年，第 25-49 頁。也見 Berechman, J.「巴士運輸的成本、規模經濟和要素需求：一項分析」（Costs, Economies of Scale and Factor Demand in Bus Transport: An Analysis），運輸經濟學與政策期刊（*Journal of Transport Economics and Policy*），1983 年 1 月，17，第 7-24 頁。以及 Tauchen, H., F. D. Fravel 和 G. Gilbert「城際巴士運輸業的成本結構」（Cost Structure of the Intercity Bus Industry），運輸經濟學與政策期刊（*Journal of Transport Economics and Policy*），1983 年 1 月，17，第 25-47 頁。Tauchen 等人也發現到城際巴士、地方服務、包租的營運和校車等之間有很強的範圍經濟。

第三篇

運輸訂價法的經濟學原理

第九章

運輸投資與收回投資

在運輸部門的經濟政策主要都是針對固定設施的設置及付款事宜。在世界各國，最基本的運輸議題是關於應該投資於何種運輸資產，及應該如何訂定使用那些資產的價格。本章一開始先描述評估投資的標準工具，來討論運輸政策的經濟分析之主要成分。第一個主題是交通工具的投資。由於交通工具的投資不是沉沒的，故引用基本個體經濟學的簡單曲線來描述投資準則。接下來描述的主題是固定設施的投資，這需要用到預測及貼現的概念。本章最後是評估財務準則和經濟學準則所得出的運輸投資之間有何不同。

 ## 運具的投資與收回投資
（INVESTMENT AND DISINVESTMENT IN VEHICLES）

與飛機每天的租金相比，在市場內移動飛機的機會成本比較小。這使得在各地提供這項服務的價格趨向一致。如果所有運具的服務都

是單一價格，那麼像圖 9.1 的圖例，就足以說明應該投資還是賣出部分機隊的決策。圖 9.1 顯示機隊經營者的單位成本曲線。如圖所示，機隊成本主要是資本成本。從本章所述的理由可看出，資本成本是由飛機機隊的美元價值乘以放在飛機機隊的一美元之機會成本所計算出來的。在多數的情況下，可以把這個經濟社會的現行利率當作一美元的機會成本。平均資本成本曲線是一條斜率向下的曲線，這是因為在機隊價值固定下，每增加租用飛機的天數，則飛機每一天的平均資本成本（average capital cost per vehicle-day）便會減少。

　　以水平線表示擁有權、維修及折舊等運具的變動成本，但是當使用量達到飛機每日所能負荷的容量時，這條水平線便開始上揚。這條曲線的斜率向上，是因為飛機每年使用的天數愈多，飛機維修費用的增加速度就愈快。維修和折舊的平均成本斜率向上的另一個可能原因是，如果飛機的操作時數比當初飛機所設計的時數還久，則會增加了設備折舊的可能性。

　　如同第七章所討論的，加總平均資本成本（AFC）和平均維護及折舊成本（AVC），即等於運具擁有者的平均總成本（ATC）。每一天使用運具（per vehicle-day）的邊際成本（MC），是現有機隊每月多使用一天（one more vehicle-day）的成本，它切過平均總維護和折舊的成本曲線之最低處。在數學上，當邊際成本曲線高於平均成本曲線時，平均成本曲線的斜率向上；當邊際成本曲線低於平均成本曲線時，則平均成本曲線的斜率向下。

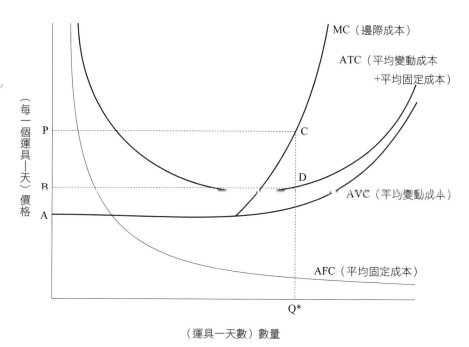

圖 9.1　投資在運具的獲利機會

　　圖 9.1 顯示價格在 P 的水準，運具的服務價格為水平線，這表示運具的服務價格不受飛機持有者決定提供多少天的運具服務而影響。假設運具的服務價格是由全國市場的供給與需求來制定的。從價格線和運具服務的邊際成本之交點可得到利潤極大化下的運具服務天數，也就是圖中的 Q*。這個結果隱藏的意義就是個體經濟學中最著名的法則之一：飛機持有者不管提供比 Q*天多或比 Q*天少的服務，都比不上 Q*天服務所帶來的福利。如果服務天數比 Q*天少，飛機持有者失去的收入會大於省下的成本；反之，比 Q*天多，多出的收入又不能填補維修及折舊所加速帶來的額外成本。所以 Q*天是利潤極大化的產出。在數學上，Q*是在下列條件下得出的：

$$P = MC \qquad\qquad (9.1)$$

或價格等於邊際成本

　　在數量 Q*，平均總成本和運具服務價格的差額等於每一單位的利潤。顯示在圖 9.1 的 PCDB 區域，單位利潤 PB 乘以 Q*，其代表機隊持有者每段時期的利潤。這是純利潤（pure profit）或稱經濟利潤（economic profit），亦即收入超過資本成本的利潤。由於機隊持有者獲得了利潤，而且假定他們相信現在的狀況將來會持續到未來，那麼我們認為他們應該會購買新的或二手的運具以擴充機隊的規模。❶擴充機隊所帶來的收入會超過資本成本、折舊及維修成本。

 運具現存量的收回投資（Disinvesting in Vehicle Stocks）

　　圖 9.2 與圖 9.1 完全相同，只是圖 9.2 的機隊持有者面對的運具服務價格比較低。其發生原因可能是因為全國的運具擴充的太迅速，又或許是在經營者服務的地方，對運輸服務的需求下降所致。顯示在圖 9.2 的價格使得飛機擁有者沒有賺得經濟利潤。收入雖然能夠支付維修及折舊成本，但在此運輸服務的價格下，擁有者在機隊的投資上卻未能獲得正常報酬。這是提醒機隊持有者不應投資新運具的訊號。事實上，持有者應以不再更新老舊的運具或把運具賣給其他經營者，以縮小機隊的規模。

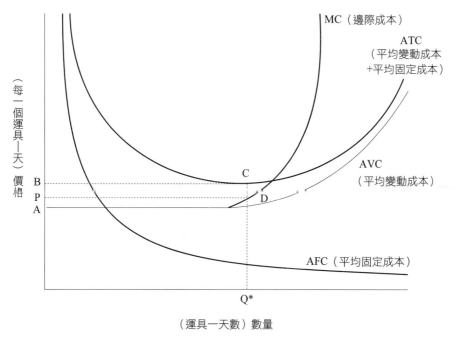

圖9.2 應該縮小而非擴張運具現存量

注意圖 9.2，因為營運收入足以支付維修及折舊成本，而且經營的收入也確實可以支付經常性費用，所以機隊經營者還是應該繼續經營。面對這種價格的適當反應是，延長維修的週期，以及運具若需要大修時，乾脆把它淘汰掉。只有當運輸服務價格下跌至低於維修及折舊的平均成本時，持有者才應該把機隊封存起來，以等候較佳的時機。以下是數學上的表達式：

$$P \geq AVC \hspace{4cm} (9.2)$$

若要繼續經營，價格一定要大於或等於平均變動成本

私人投資的原理
（PRINCIPLES OF PRIVATE INVESTMENT）

　　以上的圖例分析是過度簡化的分析。其實所有的投資決策都有長期的影響作用。除了那些在二手飛機市場買賣飛機而使機隊規模有小量變動的決策以外，所有的投資決策都需要預測在未來數月、數年及數十年，營運機隊的利潤是多少。如第七章所述，每一種交通工具的壽命都不相同：汽車的壽命是最短的，而飛機似乎有無限的經濟壽命，除非運具持有者打算將來在二手市場把運具賣掉，否則運具的經濟壽命將決定了預估的計畫範圍。我們以一個特定例子來說明如何探討投資決策的長期影響力。

　　1986 年，聯合太平洋鐵路公司以 12 億美元購買了奧佛尼運輸公司，這是一間很大的貨車運輸公司。多年後繼任聯合太平洋鐵路公司總裁的 Drew Lewis 卻批評這項決策，Lewis 認為，利息若是 10%，那麼公司每年花了 1 億 2 千萬美元才獲得 6 千萬的收入。❷這顯示聯合太平洋鐵路公司作了一個不利的投資決策。

　　有幾種方法可解釋此政策的失敗。最常見的方法是計算在年利率 10%，每年若要從奧佛尼公司賺取美金 6 千萬時，聯合太平洋鐵路公司需要投資多少金額。我們可算出從奧佛尼公司賺取的貼現值（discounted value）是 6 億美元。未來一連串所得金額的貼現值是指，在某利率下，為了能在未來獲取那一連串的金額，今日所需要投資的金額。如果算出的貼現值是正確的，那麼投資者今日手上握有的一筆資本，和在將來保證獲取的某筆金額之貼現值一樣的。

　　表 9.1 中，第 2 至第 4 欄顯示出，假設利率 10%，如何計算出每年

賺取 6,000 萬美元的貼現值。為了在 1987 年賺取 6,000 萬美元,在 10%
的利率下,聯合太平洋鐵路公司須在 1986 年投資 5,454 萬美元。一年
後,這項投資的本利和在一年後價值美金 6,000 萬。為了在 1988 年賺
取 6,000 萬美元,在 1986 年則須投資 4,958.7 萬美元。同樣地,二年
後的本利和也是 6,000 萬。為了在未來年度能賺取某數量的金額,現
在需要投資多少金額的計算公式為:

$$PDV(n) = \frac{I(n)}{(1+r)^n} \qquad\qquad (9.3)$$

$PDV（n）$＝第 n 年所得的貼現值

$I（n）$＝第 n 年的所得

r＝利率,以小數點表示

n＝從現在算起的年數

　　表 9.1 的第 3 欄,列出每年貼現因子 $1/(1+r)^n$。假設利率為 r,那麼
某特定一年的貼現因子代表現在必須投資多少金額,才能使得本金加
上複利到了那一年會等於一美元。第 4 欄是預期奧佛尼公司每年可賺
取的 6,000 萬美元除以貼現因子。第 4 欄底下是每年貼現值的加總,
等於 594 萬美元,這是以 10%的利率算出奧佛尼公司 50 年來收入的貼
現值。第 6 欄底下顯示假設年利率為 5%,那麼把 50 年每年 6,000 萬美
元的貼現值加總起來是 10.9536 億美元,其計算公式為:

$$PDV = \sum_{n=1}^{50} \frac{I(n)}{(1+r)^n} \qquad\qquad (9.4)$$

　　上式只是把第 1 至 50 年的所得貼現值加總起來。再簡單化一點,
如果年所得及利率都不變,且預期報酬將無限持續下去,那麼公式可
以簡化為:

表 9.1　聯合太平洋於 1986 年購買奧佛尼運輸公司的貼現值計算

年度	以$百萬為單位的收入	10%的貼現率	貼現後的金額	5%的貼現率	貼現後的金額
1987	60	1.10	54.55	1.05	57.14
1988	60	1.21	49.59	1.10	54.42
1989	60	1.33	45.08	1.16	51.83
1990	60	1.46	40.98	1.22	49.36
1991	60	1.61	37.26	1.28	47.01
1992	60	1.77	33.87	1.34	44.77
1993	60	1.95	30.79	1.41	42.64
1994	60	2.14	27.99	1.48	40.61
1995	60	2.36	25.45	1.55	38.68
1996	60	2.59	23.13	1.63	36.83
1997	60	2.85	21.03	1.71	35.08
1998	60	3.14	19.12	1.80	33.41
1999	60	3.45	17.38	1.89	31.82
2000	60	3.80	15.80	1.98	30.30
2001	60	4.18	14.36	2.08	28.86
2002	60	4.59	13.06	2.18	27.49
2003	60	5.05	11.87	2.29	26.18
2004	60	5.56	10.79	2.41	24.93
2005	60	6.12	9.81	2.53	23.74
2006	60	6.73	8.92	2.65	22.61
2007	60	7.40	8.11	2.79	21.54
2008	60	8.14	7.37	2.93	20.51
2009	60	8.95	6.70	3.07	19.53
2010	60	9.85	6.09	3.23	18.60
2011	60	10.83	5.54	3.39	17.72
2012	60	11.92	5.03	3.56	16.87
2013	60	13.11	4.58	3.73	16.07
2014	60	14.42	4.16	3.92	15.31
2015	60	15.86	3.78	4.12	14.58
2016	60	17.45	3.44	4.32	13.88
總數	60		594.89		1,095.36

$$PDV = I / r \qquad\qquad (9.5)$$

如果利率為 10%，每年收入是 6,000 萬美元，那麼從這公式很快就可算出現值為 6 億美元（注意，50 年貼現的 5.9489 億美元和無限年貼現的 6 億美元之間差額不到此金額的 1%）。這筆金額就是聯合太平洋鐵路公司對於 10%的投資報酬率所應該投資的金額，而且這筆投資的報酬就等於陸續從奧佛尼公司獲得的所得流。因為聯合太平洋付了 12 億元來投資，而其投資報酬竟然與投資 6 億所能得到的報酬相同，從這點我們就能瞭解為何 Drew Lewis 批評這是錯誤的投資。

雖然貼現值準則是評估投資機會最容易且最可靠的方法，但是在許多情形下，還有一種很普遍的方法可以給我們相同的資訊，那就是投資的內部報酬率（internal rate of return），它是讓投資成本等於每年投資收入貼現值時的利率。以前述例子而言，可算出內部報酬率=$60/$1,200=0.05，易言之，內部報酬率等於來自奧佛尼公司的年所得除以聯合太平洋所支付的金額。從表 9.1 的第 5 欄至第 6 欄可看出，5%至少接近投資的內部報酬率，至於 12 億美元和 10.95 億美元的差額，是由於貼現值是以 50 年來計算而非無限年。若以無窮時間來計算，當利率為 5%時，奧佛尼公司的預期年收入貼現值總和會剛好等於公司支付的美金 12 億。

把投資的內部報酬率與這個經濟體系的其他利率作一個比較，便能看出投資機會的優劣。所以我們可以從另一個角度來看 Drew Lewis 的抱怨：以 12 億美元投資奧佛尼公司，只獲得 5%的投資內部報酬率，然而當時還有其他報酬率更高的投資機會。

既然這項投資是如此的不利，為何聯合太平洋仍然以 12 億美元來投資奧佛尼呢？這有幾個可能性。也許公司預期利率很快會跌到 5%以下，這樣一來，5%的內部報酬率便高於市場利率，而每年 6,000

萬美元收入的貼現值將會高於購買價格。另一個可能是聯合太平洋預期每年所得會高於 6,000 萬美元。事實上這是很合理的解釋。Drew Lewis 對前人購買奧佛尼的評論中提到：「他們談到與鐵路的配合事宜，事實上卻沒有。」顯然的，之前的管理者預期卡車運輸路線有助於鐵路所得的增加，而鐵路也會有助於貨車運輸公司所得的增加。事實上卻沒有。

如果聯合太平洋對奧佛尼的投資是錯誤的，是否意味著這家鐵路公司應該收回對貨車運輸公司的投資呢？其實不盡然，當人們作出一項投資的決策時，所支付的金額是機會成本，而且投資的打算，是根據機會成本和未來預期所得的貼現值之間的比較而決定的。收回投資的決策和投資的決策類似（除了計算出來的機會成本和以前不同以外）。聯合太平洋所犯的 6 億美元投資錯誤（這是給付金額高於奧佛尼價值的數目），顯然是沉沒成本。聯合太平洋持有奧佛尼的機會成本是，潛在購買者為此卡車運輸公司所願意支付的金額。如果機會成本高於奧佛尼預期收入的貼現值，則應該賣掉該公司；如果機會成本低於奧佛尼預期收入的貼現值，則應該繼續保有該公司。當然了，任何潛在的購買者同樣是以如表 9.1 的貼現值來計算為了購買奧佛尼所願意支付的金額，其他購買者若願意支付比第 4 欄底下還多的金額，其唯一原因是他們認為能以不同的方式來經營奧佛尼，而獲得比第 2 欄還多的收入，又或許他們對於未來的市場利率比聯合太平洋還樂觀，所以採用較低的貼現因子來計算未來收入的貼現值。

私人投資固定設施與否的準則
（CRITERIA FOR PRIVATE INVESTMENT AND DISINVEST-
MENT IN FIXED FACILITIES）

如第六章所述，除了LTL經營者需要用到理貨站以外，一般的車輛運輸業者對固定設施的需求都比較低。當私人公司作出投資固定資產的決策時，它需要像Drew Lewis對奧佛尼購買案的評估一樣，來比較未來預期收入的貼現值和此決策行為的機會成本。不過固定設施的投資決策，需要比投資於流動性較高的資本更加小心，因為大部分的投資價值將成為沉沒成本，特別是鐵路，這個部門一直在縮小而非擴充當中。固定設施的投資風險也很高，投資金額通常很大，而且是成批投資，通常在需求來臨之前就得投資了。固定設施的投資決策也是比較難以評估的，因為投資通常不但影響到未來的成本和收益，甚至有時候我們還預測不出影響力的大小。

為了探討私人公司對固定設施的投資決策過程，我們舉例說明：有一個工程開挖了 31 英里的鐵路隧道以連接英國和法國，這個工程計畫就是有名的「海底隧道」。這項工程是由私人提供財力來興建的，因此這個計畫是屬於私人投資分析的例子，而非本章稍後所描述的公共計畫評估方法的例子。這個隧道的設計是用來讓客運火車、貨運火車及開在特別設計的平面車廂上之汽車和卡車所使用的。在興建隧道之前，兩國之間的運輸皆賴渡輪。❸

就像許多其他投資運輸業的固定設施一樣，海底隧道造成三個效果：⑴增加英國和法國之間往來的運輸容量；⑵與渡輪相比，降低了營運成本；⑶提供更快更可靠的運輸，而改善了服務品質。但是，這

個工程耗資甚大。到了隧道公開使用時，公司已累積超過120億美元的債務，而這些資本原可花在鐵路系統的其他固定設施工程上，或者花在其他的運輸方式上，或者非運輸業的工程上。作為一位投資者，到底該如何決定海底隧道是否是最佳的投資地方呢？

要回答這個問題，應該要預測投資能為未來帶來多少利潤。以成本面來看，需要預測建造成本、購買特殊的運具來運送道路旅客的成本以及經營成本等。以需求面來看，必須預測運量及此項服務可收取的價格。由於海底隧道是項新的服務，從來未有過，故沒有任何直接的經驗能應用在這個新隧道上。這項工程的投資人需要基於對建造成本、經營成本、價格、運量等的最佳預期來作出決策，同時，利率的預測對工程成本和收益的貼現都是必要的。

如同許多沒有任何過去記錄可循的工程計畫之投資人一樣，那些投下許多資本於此計畫的銀行都大失所望。首先，建造成本遠高於原來所計畫的支出。在好幾個建造的時點中，都有人提出是否要放棄此計畫的問題，但最後都是決定繼續下去。到了工程完成的時候，建造期間引起的債務利息成本已經增加到每天300萬美元。換句話說，海底隧道每天需要比營業成本多賺取300萬美元的收入，才能償還建設貸款。

整個海底隧道的評估中有二個大的誤差，而建造成本的錯估是誤差之一。❹經營成本的預測還算精確（雖然技術很複雜的火車發生了一些發動的問題，以及連接隧道和倫敦的鐵路環節並沒有改善到原來預期的水準）。對運量的預測也還算準確。但是，事先沒有預測到的是，隧道使用者所願意支付的票價。由於隧道的開放，英國水道有了超額的容量（因為渡輪就如同所有運輸設備般，有很長的使用壽命），所以渡輪票價遽跌。為了維持至少的商機，渡輪必須和隧道競爭，所以業者發展新的廣告及市場行銷策略，且大幅削減票價。結果，海底

隧道的經營者便無法照原來預定的票價來收費了。

　　海底隧道的收費足以支付通過隧道的火車的經營成本。如同第六至第八章的描述，鐵路的成本結構是偏向運具的固定成本及鐵軌的擁有權成本。經營的變動成本是非常低的，當然比渡輪的經營成本來得低。但是，由於隧道經營者的收費不能如預期般地高，使得每天淨收入少於 300 萬美元。因此，資金根本不足以支付建造成本的債務，在寫本書的同時，擁有隧道的私人公司因為無法履行債務的利息支付，而導致破產。

　　破產並不代表隧道經營的結束。因為如同許多運輸建設的花費般，隧道的建造成本是沉沒的。該公司的一位職員評論：「如果你把海底這個洞關起來，那麼這個洞也賣不了多少錢了。」❺所以旅客看不到公司破產的任何影響。損失者是原來那些借錢給公司來建設隧道的私人投資者，他們只能眼睜睜的看著原來投資價值的徹底縮水，但是，只要收入足以支付經營費用，公司繼續營運下去的價值會比放棄這項資產的價值還高。

　　對運輸固定設施的投資主要都是沉沒的，這其中有兩個重要的涵義。首先，運輸固定設施的投資風險是相當高的。故銀行比較不願意放款給固定設施的投資，而寧願放款給運具的投資，因為（假定運具不是只適合某種特定服務）即使某經營者失敗了，運具的價值不會降低多少。第二，因為使用運輸固定設施的機會成本通常相當低，所以設施會為了原來的目的而不斷使用下去，所賺取的報酬率甚至低於原本投資資本該有的正常報酬率。由於投資成本主要是沉沒的，所以儘管美國鐵路公司並沒有賺到原始投資的正常報酬率，卻仍然繼續經營了數十年。一旦那些與海底隧道競爭的渡輪被淘汰而且沒有被更新，或者直到需求增加到足以減少英法之間通行的超額容量時，隧道票價應該就能恢復到比較正常的水準了。

運輸投資的公共評估
（PUBLIC EVALUATION OF TRANSPORT INVESTMENT）

由於運輸計畫的風險很高，所以很少計畫會像海底隧道般純粹由私人來提供所有的資金。大部分對公共運輸建設的投資，例如高速公路及機場，都是由政府機構來負責的，他們使用的是公共財政的準則，而非公司財務的準則。在這一段，我們將比較對運輸工程的公共財政評價和公司財務評價，然後說明他們的評估結果有時雖然一樣，都是決定投資同一項計畫，而且廢棄的也是同一個使用不足的設施，然而，結果並非總是這樣。兩個評估結果不同的地方，幾乎都是在公共財政認為應該投資的，但私人公司卻不會去作的情況中。本章稍後將會看到的一個例子是，雖然經營者不預期能獲取利潤，但這項運輸計畫仍是合於經濟實利的。

淨社會福利（Net Social Welfare）

經濟學對投資的評估與財政學對投資的評估相反，它是以淨社會福利為基礎，而不是基於利潤（或更正確地說是淨貼現值）。淨社會福利（net social welfare）的定義是利益減去成本。而公司利潤的定義是收入減去成本。探討私人投資決策的一種方法是以收入取代效益的概念來考慮私人利益—成本的計算。除了少數以外，公共工程不收費的行為也可視為是一種效益。

但是，公共計畫的確有需求曲線，而這正是在成本／效益分析中計算效益的來源。如同前面所描述的，需求曲線是消費者為每一單位

所付的金額和所購買的單位數量之間的關係。圖 9.3 顯示出具代表性的需求曲線。當我們改變對圖 9.3 的看法時，我們就更能感受到需求曲線在定義運輸工程效益上的用處了。一般看待圖 9.3 的方式是，在 P*的價格，消費者願意使用 Q*單位的勞務或商品。但是試問：「如果消費者現在的消費量是 Q*單位，那麼消費者為了額外一單位的商品或勞務，所願意支付的最高價格為多少。」答案就是對應到 Q*的價格。亦即圖 9.3 的 P*，如果現在的消費水準在 Q*，則 P*等於消費者對 Q 單位所賦予的邊際價值。由於需求曲線的斜率向下，所以消費的單位愈少，則邊際價值會愈高。消費者對消費 Q*單位所賦予的總價值，是所有消費單位的邊際價值之總和，以圖 9.3 而言，這就是直到 Q*消費水準為止的需求曲線下面區域。

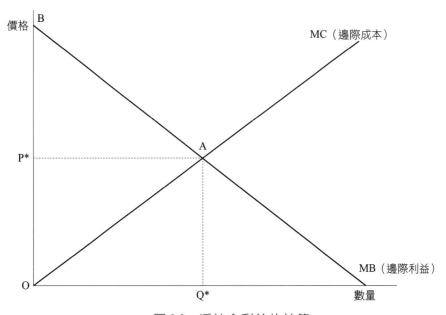

圖 9.3　淨社會剩餘的計算

傳統上我們會將總效益分成二部分,一部分是對應到消費者支出,另一部分則對應到消費者剩餘。在圖9.3,消費者支出是OP*AQ*區。消費者剩餘則是此面積以上、需求曲線以下,即 P*AB 的區域。消費者剩餘是消費者為了獲得商品或勞務所願意支付的金額高於實際支付金額的部分。我們很難準確地測量出消費者剩餘。衡量消費者剩餘需要知道整條需求曲線。為了要完全準確地評估整條需求曲線,則必須要以許多不同的價格來提供該商品或勞務,包括那些還高於成本的價格。❻

　　衡量某工程社會福利的主要方法是,衡量一直到所提供的勞務水準為止的需求曲線下面的區域,亦即消費者支出及消費者剩餘的和。換句話說,可以用人們願意支付的運輸費用來計算運輸的效益。不過這種說法很容易被誤導,而使人們所認為的運輸設施的效益比實際來得大而且來得廣泛。高估運輸工程效益的其中一個原因是,同樣的效益被算了兩次。例如,因為興建新的高速公路,零售商的運輸成本減少,而把省下的成本轉送到消費者身上,使他們能以更便宜的價格購得商品。在此情況下,一般大眾受到了新道路的好處。然而,消費者的需求會被反映在業者對運輸的需求,以及貨車運輸公司為新道路所願意支付的通行費上。在計算效益時,不但包含運輸業者為道路所願意支付的金額,且包含了消費者為商品所付的較低價格,因此計畫的效益被重複計算了。為了避免重複計算,公共財政假設新設施的總效益只能計算直接使用者所願意支付的總和,而不算那些間接效益。

　　只有在沒有外部性的情況下,把願意支付的金額和設施提供者的成本拿來直接比較才算是有效的「成本－效益」分析方法。外部性是指某人的消費對他人福利的影響。如果汽車旅次有外部性,則此汽車旅次帶給這個經濟社會的總效益便不同於旅次帶給此人的效益。在有負的外部效果的情況下(如汽車燃料的燃燒會導致空氣污染),必須

把總效益往下調整，而往下減少的部分就等於受影響的人為了避免受到傷害所願意支付的金額。（更普遍的作法是，把邊際成本往上調整與上述同等的金額。）所以，如果傑克開車到電影院的成本是 1 美元，又假設那些呼吸到這趟車程所排放廢氣的人願意為了較清新的空氣付 0.2 美元，則傑克的這段車程帶來的總社會福利為美金 0.8 元。在運輸計畫的成本效益分析中，最困難的部分是衡量運輸的外部成本及效益。有關衡量運輸外部性的一些技巧，將於本書的最後一章敘述。

潭有另一種情況會使得評估人們願意支付金額的社會評價法不同於私人的方法，那就是競爭中的運輸方式之價格會低於完全邊際成本，例如，競爭者可能獲得補貼或不必負擔完全的污染成本。在這些情況下，使用無污染或無補貼的運輸方式之真正的運輸社會效益會大於使用者所願意支付的金額。本章後面會舉例說明。

由於消費者的支出和公司的收入是相等的（未含銷售稅和貨物稅），所以私人公司的利潤計算及公共機構的成本－效益計算，有兩個主要的不同點。成本－效益分析：(1)考慮了外部效果；(2)包含消費者剩餘。然而，還有一個差別我們一直沒有強調到：在成本－效益分析中，它將消費者願意支付給設施所有者的費用視為效益，而不管消費者實際支付的金額多寡。在利潤的分析中，只有當消費者願意支付的金額變成公司投資的收入時，消費者的支出才算存在。例如，假設價格受到管制，那麼私人公司便不能從消費者所願意支付的金額賺取收入，因此，即使潛在的收入大於投資成本，私人公司仍可能不願意投資。

淨社會福利是投資的社會效益和社會成本之間的差額，或更準確的說，社會效益和社會成本差額之貼現值。對美國大部分的運輸投資而言，社會成本可視為建造和維護固定設施的支出，加上外部的成本。❼依照經濟效率的原理，如果某項投資能使整體經濟的淨社會福

利增加，這個投資對此社會而言便是好的投資。除了可以把淨社會福利定義成需求曲線以下的區域減去總成本，還有另一種定義可以描述淨社會福利：

$$利潤＝收入－成本 \qquad\qquad (9.6)$$

上式的意思是成本＝收入－利潤。但是，假設沒有外部性，而且支付給設施所有者的金額是使用此設施的唯一費用時，則公司的收入將等於消費者支出。還記得總社會效益是消費者剩餘及消費者支出之和，故淨社會福利可以寫成：

$$淨社會福利＝消費者剩餘＋利潤 \qquad\qquad (9.7)$$

或

$$淨社會福利＝消費者剩餘＋收入－成本 \qquad\qquad (9.8)$$

在考慮淨社會福利時，這公式非常有用，這準則可決定是否要從事投資，因為它所強調的成本－效益分析並不在乎誰享受了效益或誰負擔了成本。例如，若依照淨社會福利為正的準則來投資，那麼只要消費者剩餘大於任何因投資所帶來的損失，便應從事這項投資。所以只要投資計畫能使消費者受惠，那麼即使投資者會因而受損，這項計畫還是應該要作的。但是，以同樣的道理來看，即使計畫沒有帶來消費者剩餘，但是只要它帶給投資人利潤，這項投資還是該進行。按照成本－效益分析，公共投資決策應該忽略分配效果，❽這就是公共投資五大湖航道背後所隱含的一個邏輯，這個航道的深度足夠容納1,000英呎的運礦船，然而卻只有少數的大鋼鐵生產者從航道的改良工程中獲益：縱使這個工程就整個國家而言是虧本的，但是只要它帶給鋼鐵公司的效益大於政府所投入的成本，則這項投資還是值得的。

如果凡是計畫的受惠者都不需付費，那麼他們往往會誇大對該固定設施的需求。政治系統的責任就是只選擇投資那些真正符合成本－效益原理的計畫，而不投資其他的計畫。不過這樣的系統卻常常失敗，就如本章稍後介紹的 Tennessee-Tombigbee 航道的例子所闡明的意義是一樣的。若要求計畫的受惠者自願支付等同於他所收到效益的金額，這是行不通的。不過如果真的可行，那麼政府就不可能過度投資於那些不可靠的計畫。在經濟學上，這種無法要求受惠者自願支付公共財政計畫的費用稱為搭便車的問題（free rider problem）。為了部分抵銷地方或區域政府從事那些不符合成本－效益標準的投資趨勢，聯邦政府要求州及當地政府要配合負擔部分聯邦的支出。某些高速公路計畫的比例是 9 比 1：每 1 元的建造成本，聯邦政府支付 9 毛，而地方政府支付 1 毛。但是並不是所有的運輸計畫都有這樣的搭配出資要求。例如，到目前為止，水道改良工程的費用仍全部由聯邦政府負擔。

投資在公共貨物運輸設施上
（INVESTMENT IN PUBLIC FREIGHT FACILITIES）

採用成本－效益的分析來投資運輸固定設施的一個著名的例子是 Tennessee-Tombigbeee 水路，這條運河於 1986 年建造完成，使得貨船不需通過密西西比河，而能由田納西河到 Tombigbee 河，然後在阿拉巴馬州的摩比港市到達墨西哥海灣。一些人形容為 Tenn-Tom，並且暱稱此運河為「密西西比河的替代航線」。為了判斷這項計畫的興建是否適當，負責內陸航行的美國工程師軍團，受委託作了數項的成本－效益分析。

表 9.2 列出成本－效益分析的要素。這個表是美國工程師軍團於

表 9.2　1977 年，Tennessee-Tombigbee 水路的成本─效益計算表

年度	3.25%的貼現因子	年利益	每年的營運及維護成本	淨效益的現值
1986	1.00	94.69	36.30	58.40
1987	1.03	94.69	36.30	56.56
1988	1.07	94.69	36.30	54.78
1989	1.10	94.69	36.30	53.05
1990	1.14	94.69	36.30	51.38
1991	1.17	94.69	36.30	49.77
1992	1.21	94.69	36.30	48.20
1993	1.25	94.69	36.30	46.68
1994	1.29	94.69	36.30	45.21
1995	1.33	94.69	36.30	43.79
....	....	....	....	....
2026	3.59	94.69	36.30	16.25
2027	3.71	94.69	36.30	15.74
2028	3.83	94.69	36.30	15.24
2029	3.96	94.69	36.30	14.76
2030	4.08	94.69	36.30	14.30
2031	4.22	94.69	36.30	13.85
2032	4.35	94.69	36.30	13.41
2033	4.50	94.69	36.30	12.99
2034	4.64	94.69	36.30	12.58
2035	4.79	94.69	36.30	12.18
工程的總淨效益現值				$1,480.30
工程的預計成本				$1,410.00
效益／成本比（估算）				1.04

資料來源：估算的資料來自 Carroll, Joseph L. 和 Srikanth Rao「內陸航行的公共投
　　　　　資經濟學」（Economics of Public Investment in Inland Navigation: Unan-
　　　　　swered Question），運輸期刊（*Transportation Journal*）（1978 春季），
　　　　　第 39 頁。貼現因子是在 1986 投資美金 1 元，利率 3.25%的累積複利。
　　　　　每年的營運成本和維修成本大約是工程的 14.1 億最初成本的年費用
　　　　　和分期付款。要注意，這個計算假設整個原始支出是發生在 1986 年。
　　　　　淨效益的現值是，每年的效益減掉營運成本和維護成本，然後再
　　　　　除以貼現因子。

1977 年所提出的成本－效益分析之大綱。當時，工程師們估計運河的
總建造成本為 14.1 億美元，然後進一步估計出每年利益為 9,469 萬美
元；運河每年的維護及經營成本為 3,630 萬美元。若不計運河當初的
建造成本，則運河每年預計可產生 5,840 萬美元的淨效益。他們採用
3.25%的貼現率，而算出在未來整個五十年的預期壽命中，淨利益的
貼現值總共是 14.8 億美元。由於效益的貼現值大於計畫的初置成本
14.1 億美元，因此，他們認為水路的興建是合乎經濟效益的。

　　經濟學家對上述分析的二項觀點提出強烈的批評。首先，他們認
為該計畫用來計算未來成本及效益的貼現率太低了。如果採用實際一
點的利率，建議 6.875%，則淨效益的貼現值會降低到遠低於原來的工
程成本，所以不應興建該運河。管理及預算機關現在提議應以 7% 作
為貼現因子來從事成本－效益的分析。

　　第二項批評是有關效益的計算。該計畫所算出的 9,469 萬美元年
預期效益是由再開發效益（1,565 萬美元）、休閒效益（478 萬美元）
及航行效益（7,407 萬美元）所構成的。再開發效益包括了計畫起草
者相信運河會帶來當地的經濟發展，而降低了失業率。休閒效益是基
於 Tenn-Tom 工程創造了新湖泊及航道，人們為了使用這些新航道及
湖泊所願意支付的價值。但是這項工程所帶來的最大好處是航行的效
益，他們預期這個顯著的航行效益主要是能為美國東南部的公用設施
以及出口業降低從伊利諾州 、肯塔基州、田納西州及阿拉巴馬州運
煤到墨西哥海灣的成本。

　　圖 9.4 簡單地說明航行效益的計算，它說明了煤炭由生產地藉由
運河運送到墨西哥海灣的需求。❾從圖 9.4 可看出運河的效果是使運
煤的成本下降，相關的邊際成本曲線由 MC(2)下移至 MC(1)。依照工
程師軍團的估算，預期運河的興建能使貨主每噸減少 2 美元的運輸成
本。由於運送成本下降，預計每年從產煤地區到墨西哥海灣的運煤

量，每年可增加 2,000 萬到 2,500 萬噸左右。圖 9.4 的 ABCFE 區域是航運效益，這個面積相等於 ABFE 區域（每年 4,000 萬美元）和 BCF 區域（每年 500 萬美元）之和。

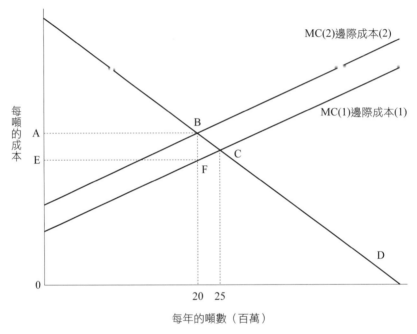

橫軸的單位代表使用水準，縱軸的單位代表 Tenn-Tom 流域的煤田和墨西哥海灣之間的運輸之邊際成本及需求。

圖 9.4　Tennessee-Tombigbee 運河所帶來的航運效益

　　就理論上而言，這樣計算出來的航運效益必須依賴準確的航運需求曲線，以及運河為貨主所能節省的成本。運輸經濟學者認為他們對這條需求曲線所根據的運煤量預期得太樂觀了。事實上，如果要讓工程師軍團的估計正確，那麼在成本效益分析的那段期間以及運河開放的期間，煤產量都必須提高數倍才行。

再說，運輸經濟學者們懷疑運河是否真的能使每噸的運輸節省 2 美元。事實上，很多人懷疑，運河是否能讓不採取次佳選擇（利用密西西比河運送煤）的貨主省到錢，而且除非貨主能節省成本，否則貨主仍寧願繼續通行密西西比河而不願意走新的運河，因為密西西比河比運河的河道寬得多，所以能讓很大的拖船通行其間。而拖船的規模比實際的航行距離更能影響平底貨船的運輸成本。實際上，Tennessee-Tombigbee 水路設計得太小了。應該為了容納較大規模的拖船設計的較大的系統，而進行正確的運河成本與效益的計算。

　　不幸地，運輸經濟學者預期的結果很準確。在經營的頭一年，運河只運輸了 500,000 噸的煤，而不是之前所預測的 1,700 萬噸。之後幾年，運河的運量都少於 100 萬噸。實際運量與預期差距那麼大的原因是，在運河服務區所開採的煤量比預期少了許多，而且很多貨主仍然寧願利用密西西比河來運貨而不願使用新運河。這項工程的最終成本也提高了 20 億美元以上。回顧細想之下，顯然運河並沒有通過準確的成本—效益分析，而且運河根本不應該被建造。

　　如果我們當初願意留意經濟學家對 Tennessee-Tombigbee 水路的成本—效益分析，政府就可以省下 20 億美元了。不幸地，由於對運輸固定設施的投資是成批的，而且是沉沒的成本，所以保證未來還是會犯同樣的錯誤。如同 Tennessee-Tombigbee 水路工程所闡述的，在設施還沒啟用之前，我們不可能準確地預測出此設施所能吸引的交通量。它不像這個經濟體系的其他部門，公司在投資以前，可以先作產品的市場測試來確認是否有購買者。除非我們可以只先建造 Tennessee-Tombigbee 水路的前 10 英里，來正確的測定出未來的交通程度時，才能避免重蹈覆轍。然而運輸固定設施的投資通常是整批的，因此不可能從事像上述般的部分投資，所以固定設施的投資風險比其他投資都來得大。

水路的建設成本現在是沉沒的,所以繼續經營這條運河的機會成本僅是運河的維護成本及水閘的經營成本。如果使用者的效益大於每年的成本,運河就應該繼續營運下去。由於船隻的經營者並不支付內陸水道的通行費,所以無法以運河的實際收入來衡量效益。取而代之的是,應該採用類似圖 9.4 的分析來計算運河是否應該繼續經營。其中該探討的一個重要問題是,如果關閉這條運河,現在的使用者必須額外支付多少運輸費?如果保持運河的營運,使當前使用者能省下的金額大於河道維持在運輸用途的機會成本時,這條運河就該繼續經營下去。

投資在公共客運的設施
(INVESTMENT IN PUBLIC PASSENGER FACILITIES)

　　採用成本—效益分析來判斷公共旅客運輸設施的過程,基本上與探討貨運設施的過程相同。主要的不同點是在於效益來源的確認。在 1993 年,紐約都會運輸局的一個通勤鐵路單位:Metro-North 鐵路公司,計畫建造一條橫越紐約市哈德遜河北部的鐵路。圖 9.5 顯示該分析所考慮的六條橫越該河的路線。有一條路線只適合建橋來橫越,而另一路線只適合使用隧道,但是就其他四條路線而言,在該地建橋樑或隧道都可以。

　　表 9.3 以數字來表示分析的結果。標著淨現值的欄位說明了在整個 70 年的使用壽命中,每一項工程都會虧損,而使用路線 2 或路線 3 的橋樑工程是損失最少的,它在這個工程的使用期限內,成本的貼現值比預計收入的貼現值多出 10 億美元。而財務狀況預計最糟的是路線 5 的隧道。

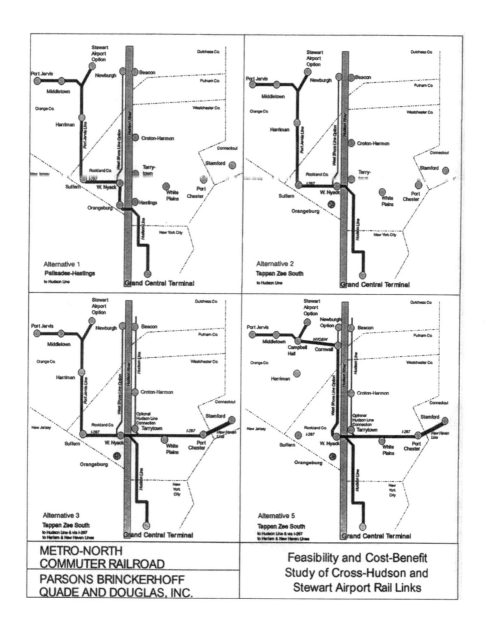

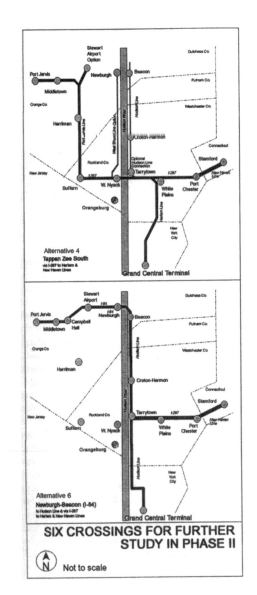

圖 9.5　橫越哈德遜河所擬的新工程位置

資料來源：Metro-North 鐵路公司和 Parsons Brinckerhoff Quade 以及 Douglas 公司

表 9.3　為哈德遜河新的橫越工程計算成本—效益

橫越的位置	建造的類型	淨現值（以$十億計）	效益成本比
1	隧道	$-1.3	1.23
2	橋樑	-1.0	1.45
2	隧道	-1.2	1.27
3	橋樑	-1.0	1.45
3	隧道	-1.2	1.27
4	橋樑	-1.5	.99
4	隧道	-1.7	.90
5	橋樑	-1.9	.82
5	隧道	-2.1	.75
6	橋樑	-1.1	.23

資料來源：紐約都會運輸局，Metro-North 鐵路公司。計算方法請見正文。

　　雖然如此，但是根據最後一欄的數據，Metro-North 鐵路公司仍然認為橫越工程是符合經濟效益的。雖然路線 4、5 和 6 的橫跨工程之效益成本比率都少於 1，而不合乎經濟原則，但是路線 1、2 或 3 的橫跨工程則有利可圖。最佳的選擇是在路線 2 或 3 建造橋樑，它們有 1.45 的效益成本比，代表每 1 美元的成本能獲 1.45 美元的報酬。

　　值得觀察的是，這些數字是如何算出來的，以及為何某工程即使終其使用年限都是賠錢的，但此工程的興建仍然可能合乎經濟原則。首先，是估計在新橫越工程的服務地區和主要終點站的紐約商業中心之間的旅客人數是多少。對橫跨工程 2 而言，當前鐵路搭乘量占總運量為 60%。若建造了橫越哈德遜河的新工程，每年可增加 0.5% 的火車搭乘率，且假設總旅行量不變，則到了 75 年的使用年限時，鐵路的市場占有率可望增加到 87%。這使 27% 的運量從其他的運輸方式（最主要的是汽車行程）轉移到鐵路上。

　　第二個步驟是計算新的鐵路橫越工程能為旅客節省多少時間。假設現存的鐵路旅客視每小時的旅程時間是價值 9 美元，而且同樣假定

來自原本自己開車的旅客每小時的旅程也是價值 9 美元。他們不但算出這種駕駛者的人數，而且還估算出這項新設施的出現，消除了到曼哈頓島的汽車旅次，因此額外帶來每減少一汽車旅次獲得 12.9 美元的價值。這樣的計費可以被合理化，因為它立基於道路的訂價可能是無效率的，特別是在沒有徵收擁塞通行費的情況下。12.9 美元的估價是這樣來的：高速公路的使用者為高速公路付費太少。就整個社區而言所作的估算，汽車進入紐約市這個旅次所使用的資源（特別是高速公路的空間），比個別駕駛者為其旅次所實際支付的費用還多出 12.9 美元。因此，駕駛者若改搭乘鐵路將使這個社區每一個旅次節省 12.9 美元。

　　Metro-North 鐵路公司注意到還有其他的效益沒有被量化。其中最重要的是，社區對於開車量減少而改善的空氣品質以及減少消耗的石油量所賦予的美元價值，他們注意到這些改良會提升在紐約市中心商業區和鄰近新車站的土地價值。他們也認為建造新的鐵路跨越工程，會舒緩擴張高速公路設施的壓力，而進一步帶來無法衡量的未來效益。（他們也注意到，若考量了環境因素後，會比較偏好隧道，因此根據社區對環境品質的評價，儘管在位置 2、3、4 和 5，隧道的效益成本比率比較低，但是仍寧願選擇隧道而不是橋樑）。

　　但是如果這項計畫的效益這麼大，怎麼還會有財務損失呢？我們可從圖 9.6 找到答案。此圖顯示從這個新連接工程所服務的地方到紐約商業區的旅次需求，成本效益分析對於這項新服務所帶來的效果主要是著重於這條新運輸路線可減少的旅行時間。我們以圖 9.6 把完全的旅次價格由 P_1 下降至 P_2，來說明旅行時間的減少。 對本來就搭乘鐵路的人而言，他們省下通車時間的總效益是 P_1abP_2 區域，而那些來自其他運輸方式的搭乘者省下時間的總效益是 abc 區域。如果 Metro-North 是一家追求利潤極大化的公司，那麼我們可以預期此公司對這項改良

第九章　運輸投資與收回投資 309

服務所收取的費用會等於消費者為這項服務所願意支付的金額。也就
是，我們可以預期鐵路的收入至少能增加P_1abP_2區域，而且也許還能
夠獲得新消費者所願意支付的金額，也就是 abc。但是，事實上，公
司在計算成本效益時，已經假定票價將維持一樣。由於鐵路業者並不
打算把投資的效益轉換（至少某部分）成它自己的收入，所以才會造
成投資的財務結果和成本效益的分析有所不同。

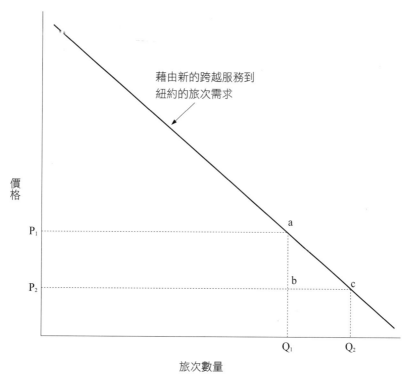

圖 9.6　改良跨越哈德遜河工程的效益

　　如果所預期的搭乘量和旅客所願支付的金額都是正確的，如果預
期的鐵路建造成本和工程營運成本也是正確的，如果預測用來貼現成
本和效益的貼現率也是正確的，以及如果鐵路業者願意把消費者剩餘

轉移成它自己的利潤，也就是提高票價，而提高的金額就等於消費者所增加的利益時，那麼這項工程應該就有可能在私人資本市場籌措到資金，而不必受到政府的援助。畢竟每投資 1 美元就有 1.45 美元的貼現報酬，這對私人投資者而言是頗具吸引力的。利用私人市場來籌措運輸計畫的資金，最主要的魅力是在於他們會很仔細的注意上述的每一個假設。舉例來說，那些會投資在高風險計畫的投資人，是不會輕易被 Tennessee-Tombigbee 工程錯誤的成本效益分析所愚弄的。所以他們會使社會省下這筆工程投資支出。

寫這本書時，美國有幾條私人高速公路正在興建當中，而數項鐵路計畫也被提出來了。Gomex-Ibanez 和 Meyer 近期對私人投資運輸建設的國際經驗進行評估，而結論出，要完全靠私人投資於運輸公共建設的資金來籌措到適當的資本額，這種情況是相當少見的。❿主要的問題在於大眾不可能完全授權私人公司來決定公共設施的價格。所以，縱使 Metro-North 是私人公司，也不太可能大幅提高票價，而使改善服務所帶來的消費者剩餘全部轉嫁到生產者的收入裡。因為大眾會擔心經營者的壟斷權力，而且也不希望無計畫的使用土地。凡是因工程而遭受損失的人（也許這項工程會使地主的土地貶值）都有能力凍結新的計畫案。Gomex-Ibanez 和 Meyer 推斷出，若要私人來負責運輸建設，需要在一個特別的環境下才行，也就是這項工程的利潤不至於過高、所得重分配的效果不大，不會引起大眾對公司握有市場權力的疑慮，而且還要讓大眾相信自己不能只是癡癡地等待就能從政府身上來取得計畫的融資。

 結論
（CONCLUSION）

　　運具的投資決策是蠻單純的。由於運具是流動性高的資產,有著現成的二手市場,所以只要運輸服務的價格高於成本,經濟學就會認為提高車隊容量所作的投資是一項適當的投資。這個原理的另一項說法是,只要這個事業有利可圖時就應該提高運輸的容量,而無利可圖時就應該縮小容量。這是所有經濟學學生所學的基本原理。

　　運輸固定設施的投資就比較複雜了,因為投資是沉沒的。在投資之前,必須要先預測設施的使用需求和成本,才能作出明智的決策。私人公司和政府團體所依據的投資決策準則是不同的,私人公司是把未來淨收入的現值拿來和當前建造成本加以比較來作出決策,而公共團體則採用成本—利益分析法來決定投資事宜。

　　如果所有在運輸固定設施的投資都遵循簡單的財政學原理,則投資就不會帶來這麼多的問題了,而運輸經濟學也不會那麼有趣了。只有淨收入的貼現值大於工程的成本時,才會著手進行這項工程,有虧損的話便不會經營,並且事先便要保證能付清整個計畫的成本。

　　但是在運輸固定設施的投資很少是像上述這個樣子。工程往往是成批的,並不能逐項的建造。在預測需求時,需要以建造後的預期運量為基礎,而不能作市場測試。計畫的興建通常是在需求產生之前,因為他們預期新設施的存在會產生運量,而使這項工程成為一項適當的建設。運輸固定設施的計畫通常也是屬於沉沒成本密集的工程。沉沒成本是指把這項工程的資源移轉到次佳選擇時,不可拿回來的投資成本。由於沉沒成本的存在,所以即使人們對運量的預期過度樂觀,

但是工程一旦完成了，一般還是會繼續經營下去。

　　許多的運輸固定設施都不是由私人公司投資，而是由政府投資的。政府以成本－效益分析法取代利潤分析法來作為投資決策的準則。雖然成本－效益分析所計算出來的效益總和是鼓勵計畫的興建，但是由於使用者不必付錢給設施所有者，所以工程建設的成本往往無法回收。在運輸計畫的成本－效益分析下，計畫帶來的主要利益是，使用者所省下的成本和時間、意外的減少，以及帶給設施使用者以外的人的利益。由於這些利益通常無法從受益人身上取回來，所以從事這項投資的政府機關，總是預期它所作的每一項投資都會虧錢。

註　釋

1. 從短期曲線決定投資獲利率時，需要假設固定規模報酬，而這個假設在交通工具的例子中，是一個合理的假設。

2. Daniel Machalaba「在新的主席下，聯合太平洋鐵路公司改變它狹窄的方式」（Union Pacific Changes Its Hidebound Ways under New Chairman），華爾街日報（*The Wall Street Journal*），1989 年 1 月 18 日，第 1 頁。

3. 有關海底隧道的一篇分析，可參見 John Kay, Alan Manning 和 Stefan Szymanski「海底隧道的經濟利益」（The Economic Benefit of the Channel Tunnel），經濟政策（*Economic Policy*），1989 年，第 212-234 頁。

4. 1963 年為英國政府所準備的一份隧道評估摘要，可參見 Denys Munby「運輸：選擇性的閱覽」（*Transport: Selected Readings*）（Baltimore: Penguin Books, 1968）。英國政府相信原來提案所預估的成本太過樂觀。他們預估的建造成本，比最後完成成本的 10%還多一點。

5. John Darnton「海底隧道在財政危機時，停止為高築的債台付利息」（Channel Tunnel, in Fiscal Crisis, Stops Paying Interest on Big Debt），紐約時報（*The New York Times*），1995 年 9 月 15，p. A1。

6. 在處理所得效果（income effects）和市場互賴（interdependence of markets）時，衡量消費者剩餘的正確方法仍有其他問題存在。不過，仍請參閱 Robert D. Willig「沒有辯解的消費者剩餘」（Consumer's Surplus without Apology），美國經濟評論（*American Economic Review*），Vol. 66，No. 4，1976 年 9 月，第 589-597 頁。

7. 在低度開發國家中，情況並非如此，他們有普遍的失業狀況，而且也缺乏有效運作的勞動、資本以及外匯市場。在此種環境下，用在某計畫的資源，便必須根據影子價格來預估。請參見 Hans Adler「運輸計畫的經濟鑑定，附上案例研究的指南：修改和擴充版」（*Economic Appraisal of Transport Projects, A Manual with Case Studies: Revised and Expanded Edition*）（Baltimore: Johns Hopskins University Press, 1987）。

8. 成本效益分析並不關心所得分配的結果，這在數種理論基礎上都站不住腳。描述這些疑慮的快速方式是去注意：若要漠視所得分配的結果，那麼人們必須相信所得的邊際效用，對所有人而言都是一樣的。

9. 應該把圖 9.4 當作計算航道帶給運煤船的利益之典型代表。若欲知道更精確的代表，請見 Joseph L. Carroll「重訪 Tennessee-Tombigbee 水道」（Tennessee-Tombigbee Waterway Revisited），運輸期刊（*Transportation Journal*），1982 年冬季，第 5-20 頁。

10. Jose Gomex-Ibanez 和 John R. Meyer「往民營化邁進：運輸民營化的國際經驗」（*Going Private: The International Experience with Transport Privatization*）（Washington, D.C.: The Brookings Institution, 1993）。

第十章

有效率的訂價法

　　前一章我們討論了投資運輸設施的經濟原則。這一章則將探討這些運輸設施的訂價法。這二項議題——訂價與投資是息息相關的。投資過程所創造出的設施容量決定了使用這項設施的價格；而且人們為了使用這項設施所願意付的價格主導了應該投資運輸設施的時間與地點。這一章我們要介紹經濟效率的概念以及探討這項概念是如何用在運輸的經濟分析上。

效率原理
（THE EFFICIENCY PRINCIPLE）

　　在經濟學上，判斷訂價結構的主要標準是經濟效率。好的訂價結構能促進經濟效率；訂價結構若導致設施無效率的使用，則被判成未基於經濟原理而訂價。

　　經濟效率必須要生產者充分利用他們手頭的資源。卡車公司若空

車返程的里數比必要的還多，明顯就是無效率的表現。在巴士修理站，若僱用五個人做四個人在同樣時間就可完成的事也是同樣無效率的使用資源。若無效率的使用資源，則讓土地、勞力與資本無法生產出像有效率般一樣多的財貨與服務。為什麼經濟效率是一項這麼重要的原則？因為遵循效率法則讓人們在擁有固定數量的土地、勞力與資本下，可以極大化他們的生活水準。以經濟術語而言，這個經濟社會若有效率的使用資源，就等於經濟福利，或生活水準是極大化的。

把效率和經濟福利極大化劃上等號，相較於僅只是限制空車里數的觀念而言，是一項更廣的概念。經濟效率也關心生產哪些財貨、服務及那些財貨、服務的生產水準是否理想。初次乍看，會以為效率應該只是處理如何生產財貨、服務的議題，不應牽涉到該生產什麼財貨、服務。其實不然，我們會舉例說明他們之間是緊緊相連的：交通阻塞——造成人力與資本極大的浪費——這是對擁擠道路有過度需求所引起的無效率例子之一。事實上，這種無效率顯而易見，因為人們和車輛若不堵在路上，則可從事財貨與服務的生產。塞車與公司僱用三個人做二個人就可完成的事都造成了資源的浪費，都造成平均生活水準的降低，也都讓社會福利減少，所以都是經濟上無效率的例子。原因之一是僱用太多人生產產品；另一個原因是錯誤的訂價法引導消費者需求那些不該這麼便宜提供的服務。

許多無效率的例子常常可追溯到不適當的訂價上。價格主導了消費者和生產者的選擇。訂價太低促使一些財貨與服務的過度消費。也就是有些財貨與服務的價格若太低會吸引消費者使用過多的資源來消費那些財貨或服務。價格若定得無效率的高，則降低人們對這項可以相對便宜生產的財貨與服務的購買慾，轉而購買那些比較難以生產的財貨上。無效率的訂價代表著，為了提供某消費滿足水準，❶人們所使用的資源比必要的還多。運輸服務的私人生產者也會受到價格的影

響，他們所見的價格會影響他們是否能作出有效率的選擇。有效率的、或最適的訂價會讓生產者提供剛好最能滿足消費者需求的服務類別與數量。

　　效率是經濟學家評估價格時所用的基本準則，在效率原則下，能消費到某財貨與服務的人就是那些願意付最高價格的人。舉例而言，如果從紐約飛到丹佛的飛機只剩一個空位，史密斯為這個位子願意付500美元，而布朗只願意出價200美元來爭取這個位子，那麼位子若賣給布朗，整個經濟則少了300美元的價值。這就和閒置一位一天可以生產300美元價值財貨的員工是一樣的無效率。

　　讀者很快就會明瞭，以經濟效率來分析價格隱含著加重個人效用的重要性（個人效用是根據個人為產品願意付的價錢來衡量的），而個人願意付的多寡則與付錢能力以及所得大小息息相關。也就是，史密斯為到丹佛的座位願意付比布朗多的原因之一是史密斯比較富有。就某個程度而言，這個原則不幸地似乎排除了那些無所得者的希望，而把他們視為對此財貨不感興趣，或比較不需要滿足的一群。雖然經濟效率的捍衛者視此觀點為理所當然，但是他們也注意到所得不當分配的問題不能藉由扭曲某特定部門而解決。畢竟，效率原則是市場系統決定該生產什麼，以及由誰消費的基本方法。為什麼就獨選交通部門以不同於效率法則的方式來運作，而不選冰箱業或娛樂業？所得分配的問題無法藉由扭曲公路的使用價格而解決。所得分配的問題應該直接透過稅法以及攸關管理房租、利率、股利、利潤、以及工資的法律來處理。若想透過交通部門的無效率來解決所得分配的問題似乎是用錯方法了。❷

達到經濟效率的黃金法則
（The Golden Rule for Pricing to Achieve Economic Efficiency）

　　為了最有效率的使用可資利用的資源，任何運輸服務的收費應該等於使用生產此服務的機會成本。這項法則適用於所有的情況。不但適用於短期，也適用於長期。所有運輸的訂價法則都立基於此。這項經濟效率法則背後的邏輯相當簡單，如果某服務的收費大於它的機會成本，這個經濟將投注過少的資源在這項服務上；如果價格少於機會成本，則會投注過多的資源在這項服務上。只有當服務的價格等於它的機會成本，這個經濟才會投注正確數量的資源於此服務。大貨車應該繳交他們損害公路所造成的費用，不是因為公平原則，而是因為這是有效率的作法。如果卡車業不為他們造成的損害付費，他們會過度使用資源──也就是，社區修理道路的成本會高於卡車業從便宜的道路所得到的利益。這就是效率主張。雖然在很多情況下，那些主張凡是破壞的人就應該負責還原的說法也得到與效率原則相同的結論，但其實這二種觀點是相當不同的。

　　假設一個從紐約 Scarsdale 到紐澤西 Tenefly 的小客車旅次的機會成本是 10.00 美元，但是司機為這趟付的價格是 5.00 美元。這讓司機對資源的稀少性產生不正確的看法：他們認為這趟車程成本只有 5.00 美元且依此行事，而事實上這趟車程拿走了本來能夠生產 10.00 美元價值的資源。有些駕駛者願意為他們的車程付 10.00 美元，顯然應該鼓勵他們從事這些車程──如果拒給他們機會則是沒有效率的。然而，有些駕駛者對車程的評價介於 5.00 美元和 10.00 美元之間，這些駕駛者就是問題的來源，因為他們如果得付全部的價格，他們是不會從事

這趟車旅的，但是因為價格只收 5.00 美元，所以他們還是旅行了。他們是在浪費資源，因為他們的這趟車旅從這個經濟拿走 10.00 美元的資源，但是這趟旅程的價值對他們而言卻不到 10.00 美元。如果他們面對的是完全價格，那麼他們就不會開這趟車，而資源也就可節省下來了。

　　個人從事單程小客車旅次的機會成本稱作短期邊際成本，稱作短期是因為固定設施的數量或者車子的購買數都已經決定了之後，才決定要從事多少車程。在討論極大化經濟效率的訂價法則時，最顯為人知的形式是：

$$P=SRMC \tag{10.1}$$

　　為了促進經濟效率，對個別旅次或運送的收費應該等於這趟旅次或運送的短期邊際成本。❸

　　方程式 10.1 提供了極大化社會福利問題的前半段解答。後半段則要把所有使用這項資源的人加總起來：

　　　所有願意為這項服務而付的金額 ≥ 資源的機會成本（10.2）

　　所有使用者對某服務所評估的總價值（以所有使用者願意付的全部金額來衡量）和生產這項服務所消耗資源的機會成本之間的差額，稱作如前一章所述的社會剩餘（social surplus），所以描述第二個條件的另一種方式是：提供服務所帶來的社會剩餘必須為正。

　　值得注意的是，第二種效率條件並不是要決定水準的多寡，而是決定要／不要放棄——到底要不要提供這項服務？這就是為什麼經濟效率並非要求總願意付的金額必須等於它的機會成本，而是等於或大於持有這項服務的機會成本。經濟分析要求下述二個條件都要成立：願意付的金額大於或等於服務的機會成本，以及價格等於短期邊際成

本。然而，記得從第九章開始提到，如果放棄某服務的結果會持續好幾年，那麼未來的成本與收益結果都必須要折現。因此以最一般性的形式而言，維持某服務的法則應該是：

$$PDV（願意付的金額）\geq PDV（機會成本）\qquad （10.3）$$

以文字而言，不等式 10.3 說明了某服務帶給所有使用者的總利益現值必須大於或等於服務的機會成本現值。否則，經濟效率的原理會要求排除這項服務。

圖 10.1 闡述前面所描述的有效率的訂價原理。圖上顯示的是正常斜率向下的需求曲線，以及正常的邊際成本曲線，曲線在超過某一點後斜率向上。二條曲線相交於 X* 點，這點是有效率的活動量，假定滿足不等式 10.3。讓人們選擇 X 數量的價格是 P*。因此 P* 可暫時視為此服務的有效率價格。

從圖 10.1 不能明確決定出結果是否滿足不等式的條件。如第九章所言，為了某服務，總願意付的金額（或它的總利益）等於需求曲線下面一直到所提供的服務量為止的區域。如果價格是在最適價格，那麼這就是圖 10.1 的 OBCX* 區域。❹此服務的機會成本是由二部分組成的，但是圖 10.1 只出現其中一部分。邊際成本曲線下面的區域是此服務的變動成本。下述理由告訴我們為何需求曲線下面的區域就是總願意付的金額：邊際成本是多生產一單位的成本，所以如果我們把生產每一單位的邊際成本線的高度加起來，則可以得到扣掉固定成本後的總成本。就定義而言，這對應到生產的變動成本。在圖 10.1，這是 OACX* 區域。從圖 10.1 無法顯示出固定設施的成本，而且必須把它加到 OACX* 才會得到總成本。最佳說法是：如果這部分的社會剩餘（如圖 10.1 的 ABC）大於用來生產此服務的固定設施成本，則這項服務應該繼續維持下去，否則就該放棄這項服務。

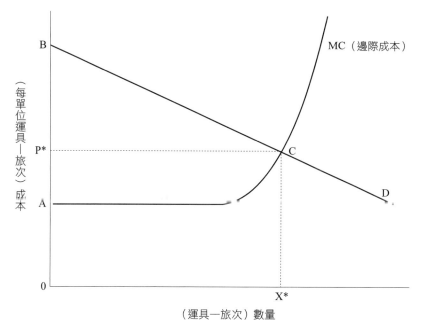

橫軸的單位代表服務量,如果提供此服務的固定成本沒有超過ABC區域,
則 X*和 P*是有效率的數量與價格。

圖 10.1 有效率的服務訂價法

 ## 有效率的價格和運具的成本
(EFFICIENT PRICES AND VEHICLE COSTS)

讀者應該還記得我們在第五～八章提到,運輸成本可以分成三
類:固定設施、運具所有權以及運具的營運成本。我們稍後才討論固
定設施成本如何影響有效率的價格,因為這項議題比其他都要複雜,
而且在邏輯上它可獨立討論。首先我們要探討有關運具的有效率訂價。

對新的大型飛機而言,每架飛機一天每個座位的機會成本大約是

100 美元。這項數據是從其他航空公司（可能在其他國家）租這架班機大約是一天每個座位 100 美元所得出的。所以如果要達到最大利潤，那們航空公司至少每架飛機一天每個座位要收取 100 美元，而且基於這種計算的訂價也是合乎效率原則的。如果另一家航空公司租這架飛機所願意付的金額，比這家航空公司使用這架飛機本身所能賺取的還多，那麼不把飛機租出去就是無效率了。租這架飛機的航空公司顯然能把服務提供給那些願意付更高金額的消費者，因此如果這架飛機沒有讓那些人使用，將讓整個經濟無法創造出它原本能夠產生的一些價值。❺舉例來說，那些想要租借額外載客量的航空公司可能是位於一個國家的成長地區，而那些發現每個座位一天無法產生那麼多淨收入的航空公司，可能是位於經濟蕭條的地區。基於運具所有權的機會成本而訂價所產生的效率，部分是來自於把有限資源（這裡是指運具）分配到願意為服務付更多金額的市場的市場機制。基於機會成本而訂價所獲取的效率，還可來自於運具所有者在維護運具時所作的明智判斷。在租費高的時候，運具所有者會努力做好維護工作，讓可營運的運具愈多愈好。在租費低的時候，他們則延遲維護時間，而讓可營運的數量減少。基於機會成本而制定的運具服務價格，能夠促進運具所有者在維護費用和可營運數量之間作出明確的取捨。

為單向旅次使用運具的價格：回程訂價法
（The Price of Using Vehicles for One-Way Trips: Back-Haul Pricing）

競爭壓力也會確保雙向旅次的成本能夠有效率的分配在去程和回程之間。到目前為止，我們只探討了在某特定地點，運具的租費問題。但是運輸是指從某地行進到另一個地點，即運輸是指一系列的單

向旅次。一般而言，商品的運輸通常是單向的，即使運送它們的運具可能會來回跑，但是商品通常不再運回原來的地點。至於就客運而言，除了那些決定改變居住地點的人以外，每個人都會再回到原來的地點，而且大多數會以相同的運輸方式回去。儘管如此，他們對運具的需求可能會由於旅行的時間而不均衡──早晚的通勤服務就是一例──即使是載客運輸。需求的不均衡會引起去程與回程價格有所差別。

　　運輸經濟學用來分析單向旅次成本的技巧是假設所有的運具旅次都是雙向的。實際上，航空公司當然不會在飛向國外之後，總是以原來飛去的航線飛回來。而卡車業者回程的載貨地點，通常是找靠近他們送貨的城市。貨船業者發現到從 Halifax 抵達 Norfolk 的船，若再駛向 Jacksonville 則能讓船達到最佳利用。要分析這些三向旅次以及更複雜的交通路線，得把運輸系統視為完整的運輸路網才行。然而計算運輸路網的數學超過本書範圍。此外，從運輸路網數學所得的觀點和假設所有運具都是跑來回程，而不是三向或更複雜的旅程的觀點相比，其實沒什麼差別。

　　如第五章所提的，在雙向中應該把回程與去程對運具的使用視為聯合產品，因為在雙向旅次中，有了去程，也就不可避免的也創造了回程。舉例來說，有一些貨櫃船來回行進於臺灣的高雄和加州的長堤之間。一般從臺灣載到加州的產品是電腦組件，從加州到臺灣的主要出口品是紙片。

　　以圖 10.2 說明把成本分配到聯合產品每一半的經濟分析。橫軸代表一年貨櫃船所行駛的來回程次數。所示的二條需求曲線是加州運送紙片到臺灣（較低的需求曲線），以及從臺灣運送電腦組件到加州的船隻使用需求。因為這二項需求彼此不衝突──也就是利用船隻運送臺灣的出口品並不會限制運送美國出口品到臺灣的船隻空間──我們可以垂直加總這二條需求曲線而產生對雙程運送的聯合需求曲線。這

條聯合需求曲線有一個轉折點，它所對應的是，如果可以免費使用船隻時把紙從加州運到臺灣所運送的紙張數量。這個數量以圖 10.2 的 Q* 點表示。如果船隻航行的次數少於 Q*，則進口商和出口商都願意為船隻的使用而付費。聯合需求曲線比任一方向的需求曲線都陡的原因是，它代表著當航行次數改變時，進口商和出口商聯合願意付的金額的變動量。

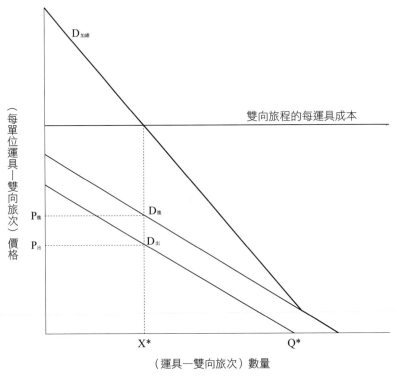

圖 10.2　在雙向旅次中各向旅次對旅次成本的付出

　　圖 10.2 的水平線代表貨櫃船的日租費乘以雙向所航行的天數。這是為了完成來回航程而使用船隻的機會成本。它的水準是由長堤或高雄（看是哪裡使用船隻的價格較低）對船隻的供給與需求而決定的。

這條線可視為使用船隻航向加州的供給曲線，而不是到新加坡或到大阪港等的曲線。從圖 10.2 可看出航次的均衡數是 X^*，也就是使供給等於需求的數量。此均衡點取決於臺灣出口商對於加州的旅次所願意付的邊際金額，也就是圖 10.2 的 $P_進$，以及加州紙出口商所願意付的邊際金額，如圖 10.2 的 $P_出$。航向國外和歸航所各分擔的成本正好平衡所有人的利益。進口到美國的商人不會失望，因為他們在這個費率可以得到他們所需的所有空間；從美國出口的商人也同樣發現，在這個費率下，他們所得的運輸容量既不會太多，也不會太少。船公司也會發現到這個價格平衡了二個方向的貨量，而且租船成本正好等於二個方向的給付總和。

　　如果運輸市場是競爭市場，則這個市場會自動把較高比例的旅程成本分配到高需求的方向，而分配較少比例到低需求的方向，通常稱作回程（back-haul）。這種分配是有效率的，因為如果二方向索價相同，則高需求方向對船隻航次數目的需求會比回程高許多，而可能會造成回程有著許多空位，或者主要運送方向的運輸容量不足，或者二者情況都同時發生。

　　到目前為止的分析都假定去程和回程的船隻都是滿載貨量。然而更實際的情況是如圖 10.3 所示的。這圖和圖 10.2 相同，唯一的修改是在回程方向的需求比前一個圖低。由於回程方向的需求非常的低，導致即使船隻的空間是免費提供的，回程的最大航次數量 Q^*，仍低於 X^*，也就是航次的均衡數量。在這個情況下，我們稱為交通的失衡。也就是有些運具的回程載貨量小於滿載貨量。這時候，不管回程是滿載貨量還是有部分空位，使用運具的所有成本都是由去程負擔。這種情況就稱為尖峰負擔計價法（peak load pricing）。由於回程可載的貨物量有限，所以載貨者之間的競爭會驅使回程方向的價格不斷下降，降低至幾乎毫無利潤可言。這時除非回程有較高的載貨量，否則不太

可能會有額外的淨收入。

　　通勤火車也可以闡釋尖峰負擔的訂價法，它們通常一天至少跑二次雙向旅次：一次在早上把通勤者送到市中心，然後回到郊外的鐵路調車廠；第二趟則在傍晚時從調車廠到市中心載滿通勤者開回郊外。一般而言，早上開到調車廠和傍晚開到市中心載客的載客量都很小。根據回程訂價法的原理，在這情況下，運具的所有權成本應該由大多數通勤者搭乘的那一方向來負擔；那些搭乘離峰方向的旅客則該享有很大的折扣優惠。這項原理受到一些都市通勤系統的青睞，像是在華盛頓特區的地鐵系統中，票價會隨著搭乘方向而不同，而且在早上和傍晚的熱門時段，票價也都比中午和晚上高，這些都是尖峰負擔訂價法的表徵。

　　當價格是由競爭的條件決定時，我們可由來程與回程的相對運輸價格來推斷出哪一方是高需求方向。因此在 1990 年代初期，從高雄運送一個貨櫃到加州的費用大約是 1,200 美元，而從加州運送一個貨櫃到高雄的費用大約是 1,000 美元。從這不等的價格，我們可推論出在北太平洋往東運輸的需求高於往西運輸的需求。至於價格沒有差異太大，可能是因為在這條航線上的競爭並非完全自由的，而是部分受到合法卡特爾的支配。因為往東運送的貨櫃量比往西還多，所以就效率原則，來回程的貨櫃日租費並不適用在往西岸的運送上。也就是，適當的市場特性應該如圖 10.3 般。雖然制定這種價格的原因可能是在來回程總成本中，只有 200 美元可認定為貨櫃的租用成本（剩下的是處理貨櫃的費用和與重量緊密相關的搬移成本）。但是比較可能的原因是，北太平洋所議定的費率使得從美國到遠東的出口無法完全收到二岸之間貿易失衡所帶來的好處。

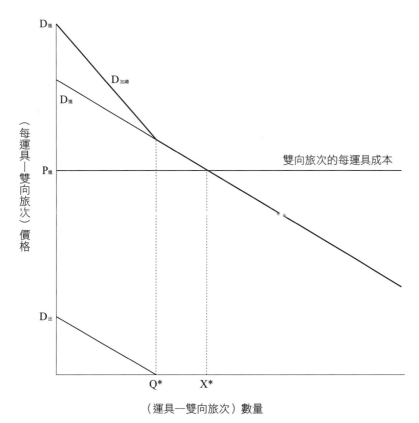

圖 10.3　雙向中的其中一向旅次並未支付旅次成本

有效率的價格和運具的營運成本
（EFFICIENT PRICES AND VEHICLE OPERATING COSTS）

　　有效率的訂價法明確要求運具的使用者付邊際的營運成本。如果
價格定得比邊際營運成本還低，那麼會引起過多的運輸需求；如果
價格定得比邊際營運成本還高，則會使運輸消費過低而造成浪費——

—消費者會把資源挪到其他事物上,而獲得比原本該用在運輸上所享用的快樂還少。

　　儘管要求使用者付營運成本的這項法則很簡單,但是還有二個複雜之處使得這項法則的應用比原來想得還難。首先,雖然私人運輸業者(汽車駕駛者,卡車的擁有者—營運者等)顯然會付他們自己的成本,可是很多運具是由大家共同使用的。這時問題來了:如何把營運成本分配給个同的使用者。這個問題的答案和把固定設施成本分配給不同使用者的答案是一樣的,所以我們延到下一章再一起討論。

　　有效率地分配營運成本的第二個複雜之處是在設施擁塞的情況下。這時,使用者愈多,營運成本也愈高。所以我們需要有效率運輸訂價法的基本特性:擁擠通行費。❻

有效率的價格與擁擠通行費
(Efficient Prices and Congestion Tolls)

　　圖 10.1 的需求曲線和邊際成本曲線與經濟學原理課所看到的形狀沒有兩樣:需求曲線斜率向下,邊際成本曲線(超過某點)斜率向上,但是為什麼邊際成本曲線斜率向上?經濟學所給的答案有數種,但是邏輯都是相同的:超過某點後,短期邊際成本斜率向上是因為變動的生產投入開始使固定的生產投入擁擠起來。在運輸經濟學,特別容易看出固定設施的擁塞如何使邊際成本提高的。交通的擁塞會降低車流量,就如第八章所討論的例子一樣,每多一輛車子都會降低公路的車速。使用道路的短期平均成本是指一般駕駛者的成本。在擁塞公路上開車的邊際成本是,當開上公路的車子增加時,整條車流總成本的變動量。車速愈低,邊際成本就愈高。

　　有效率的訂價法則要求公路的每個使用者都要為使用公路所造成

的短期邊際成本而付費。這是說，駕駛者除了付汽油錢、機油錢、車子的折舊費、以及他們自己的時間成本以外，還由於額外的車子加入車陣造成車速降低，而損失了時間價值。這隱含了塞車時，對每位駕駛者收取通行費是有效率的。要注意，收取通行費不是為了公路的任何相關成本，而僅是想讓車流更順利罷了。通行費可以減少車流量，使得擁擠的公路可以加快車速，讓駕駛者得以更短時間到達目的地。

我們以圖 10.4 說明通行費的最適值。此圖和圖 10.1 所畫的曲線一樣，但是多了一條標為 AVC 的平均變動成本曲線。這條曲線是把直接的營運成本，包括所有駕駛者的時間成本加總起來，然後除以駕駛人數。稱作平均成本曲線是因為它除以每小時在公路上的駕駛人數。但是實際上，它是指一般或平均駕駛者開在公路上所引起的成本，這是直接成本加上每個個別駕駛者的時間成本。它比邊際成本還低，因為它沒有包含每增加一輛車對其他車輛造成速度降低的效果。換句話說，當交通愈來愈擁擠時，車速的降低會造成平均成本提高。但是邊際成本提高得比平均成本還快，因為每增加一輛車都會使得車速愈來愈慢。

除非公路上收取通行費，否則個別駕駛者所見到的價格僅只是他或她所負擔的成本罷了，也就是一般駕駛者的短期平均成本。需求曲線和短期平均成本的相交點，也就是圖 10.4 的 E 點決定了未收取通行費時的交通量，也就是 X'。但是 X' 大於 X*，也就是有效率的交通量。所以缺少通行費會造成無效率，這是因為駕駛者並未付此旅程的邊際成本，他們付得比邊際成本還低，而造成這個社會投入太多資源、人力和運具在此擁塞的交通上。

如果收取的通行費等於圖 10.4 的 CF 距離，則交通量會減至最適水準 X*。車流量的降低使得通行更順暢，而降低了如圖 E 點和 F 點之間的平均成本。至於駕駛者所付的價格，包括通行費和他們自己的成

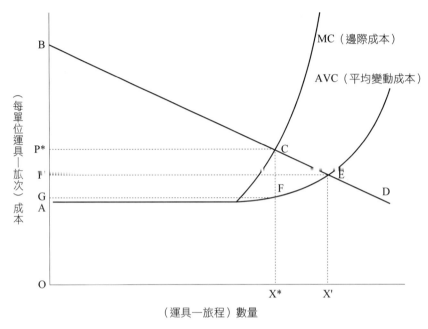

圖 10.4　找出有效率的擁塞通行費

本，則等於 P*，這是有效率的價格水準。❼

　　若沒有對擁擠路段收取通行費，則造成的無效率之一是，沒有方法可以把有限的公路空間分配給那些對公路空間評價最高的使用者——像是公共汽車。實際上，不收取通行費反而造成不當的誘因：那些評估自己時間成本最低的人在塞車時的損失最小，所以最有可能擠到擁塞的路段去。如果收取了通行費，那些評估自己時間成本最低的人就不會跑到熱門的路段去，而讓多人乘坐的車子，以及讓那些視開這路段是最重要的駕駛者有較高的車速。擁塞通行費會提高擁塞路段上每輛車的平均乘坐人數，因而提高公路的容量。熱門路段的通行費讓公共運輸能用到更多的熱門設施，因而可以減少現有公共／私人運輸選擇的扭曲。

　　沒有對擁擠的機場收取通行費也同樣會造成無效率。如果所有的

飛機都付通行費，有限的跑道就可以保留給那些願意付最高費用的飛機。在最擁擠的機場，較大的飛機則能享有最高優先權，因為私人飛機根本無法或不想付最熱門時段的降落費。在最大的那些機場，通行費的徵收會使得飛機的平均規模提高，因而有效的提高每日旅客容量，而無需建造新的跑道。私人飛機則選擇在離峰時間降落、利用比較不擠的機場、或乾脆減少飛行次數。❽

實現擁擠通行費時所遇到的實際問題
（Practical Problems in Implementing Congestion Tolls）

要把擁擠路段的通行費應用到飛機上很容易，因為所有的飛機都必須從機場塔台得到降落許可，所以很容易排定每個機場的降落費。機場行政人員可以調整每天不同時段的降落費，使得每個期間希望降落的飛行次數剛好等於機場的容量。在有額外空間的時段，降落費僅是多引導一架飛機降落在不擁塞跑道所造成的機會成本而已。在擁擠的機場，每日的開始與結束是需求最高的時段，因此這時段的降落費也最高。每個機場各有不同的收費表。私人飛行員在決定飛行計畫前，為使成本降至最低，他們會查看目的地機場的收費表，以找出最佳機場以及飛行的最佳時段。固定航班的航空公司在排定時間時則會事先購買必要的降落權，而且所安排的行程是儘量把降落費降至最低的行程。

公路的擁擠通行費則遠比機場通行費難以管理，因為它需要找出方法讓駕駛者知道他們考慮的各個路徑，在不同時段的通行費多寡，然後對駕駛者所選擇的路徑收取通行費。毫無疑問的，這種方法需要發展出複雜的電子裝置，以確認和記錄車輛的通行，以及提供駕駛者必要的價格訊息。傳統的收費亭對擁塞訂價法而言並不適當，因為公

路的每個路段都需要有不同的價格,而且價格也會隨著車流量而變動。若讓駕駛者每幾英里就停下來,在第一個投錢櫃丟 53 分,下一個丟 22 分,第三個丟 1.55 美元等等,這種作法是相當無效率的。此外,價格也會根據每小時的擁擠水準而作必要的變動。收費亭本身製造了塞車,而且人事與維護費用都是一筆不小的開銷。

寫此書時,運具在收費站依次通過保留車道,利用電子辨識證來辨認車輛的技術已經存在了。其止的擁基訂價法所需要的技術是,當車輛就像在一般都市快速道路般以正常車速並行成群地駕駛時,機器要能同時認讀這些辨識證。而這種辨識證的價格也必須能夠從當前每個大約 100 美元降低到 5.00 美元以下才行。這時,就可以廢除收費站,而車輛只要一出現在塞車路段上,就會被計費。

現在籌措公路資金的方式並非使用擁塞訂價法的原理。實際上,傳統籌措公路費用的方式和此原理恰好相反。橋和隧道都利用過路費來償還建造成本——當建橋費還清時,就不再收過橋費了。這是密西根麥肯諾橋籌措財源的方式,在第十二章還會提及。若使用這種籌措財源的方法,則交通量增加時,過路費反而減少,因而牴觸了有效率的訂價原理。公路當局對駕駛者索取的主要費用——牌照稅和油稅——並未根據路徑或時段而變動,因此也沒有遵照效率法則。

新加坡成功的運用擁塞訂價法的原始方式。車輛在營業時間進入市中心需要特別的通行證,每天大約是 5.00 美元。❾然而,新加坡的這套系統並未最適化收費水準,費用也沒有隨著時段或路徑而改變。價格隨著時段以及位置而快速及廣泛地變動,是擁塞通行費的基本精神。毫無疑問的,任何有效率的通行收費系統都會綜合出,在不同路徑以及在不同時間的不同方向,各種懸殊的索費標準。

若要設定複雜的最適擁塞通行費時,需要用到複雜的電子裝置,這會引起人們對個人自由的顧慮。基本而言,車輛的裝置可以提供何

地以及何時駕駛的電子紀錄。監測人民移動的能力與現在日益講求個人自由的趨勢相違背。不過針對這項顧慮，道路訂價法可以採用事前付費的方式，例如個人可以先買一張 50 美元的駕駛卡，當他通過收費點時，這張卡會自動被扣掉擁塞通行費；使用這項方案，就不會有何地以及何時駕駛車輛的記錄了。

　　擁擠訂價法也會受到那些顧慮所得分配效果者的反對。沒有人喜歡為原來免費的事物而付費。毫無疑問的，一定有人會主張道路的索價對最無法付費的人所造成的影響最大。不過這是很容易還擊的說法。只要給每位有牌照的駕駛者一張證明，讓他或她每月能夠使用價值 100 美元的道路就可以了。這個證明可以買賣，沒有急著要開到最擁擠公路的人就可以把證明賣給別人。最貧窮的人馬上就可以把他們的證明賣掉，每個月額外收到 100 美元的所得，他們唯一需要放棄的是在最尖峰時段使用最熱門交通路線的權利而已。

　　若要求任何道路訂價方案都得包含像上述這種補償辦法，算是苛求。但是沒有這種補償方案，卻會不利於每位使用公路的人：課徵擁塞通行費後，仍然使用這條道路的駕駛者得為這項權利付得比以前還多（例如他們的平均變動成本加上通行費會高於課徵道路費前的平均變動成本）。對那些認為收費太高的人顯然也不利，因為他們現在會選擇走另一條道路，而那條道路是他們原來就比較不喜歡的；至於對原來就走不塞車路線的駕駛者而言也有害處，因為一些交通流量會為了避免通行費而轉移到這些路線來。❿有人可能會認為收到的擁塞通行費可以讓政府降低其他稅賦，或額外提供一些服務，但是那些繳費的人可不這麼認為。為了讓這套系統得以圓滿實施，可能必須透過直接轉移給駕駛者的補償方案才行。

　　道路收費方案顯然提高了在大都會的移動成本：課徵擁塞通行費後，每位開到都市塞車路段的人都會發現開車成本提高了。其中一個

可能結果是加速反都市化的腳步，不過現在還不清楚是否會導致這樣的結果。通行費當然會促進更多區域發展經濟活動。通行費把那些原來走擁擠路段，而且不在乎在哪裡消費、娛樂的駕駛者移到比較不塞車的路線，而讓那些非到都市區不可的人更容易到達了，所以到市中心的通勤時間減少，而公路上的巴士服務則更吸引人了。

擁塞通行費不僅是經濟學家提出的一個有趣而理性的課題而已，我們也開始在新聞雜誌和地方報紙的專欄看到人家對擁塞稅收提案的初步討論，以及探討實施的初步作法。在這二十一世紀的開始，我們應該對於實施這樣方案的最佳方式有著相當多的資訊。道路收費計畫為什麼不可避免？因為塞車是日益嚴重的問題，而且在很多情況下，根本不可能增加道路的容量。實際上，塞車通常只在一天的幾小時而已，提高道路容量可能是一項很沒有效率的作法。空氣污染和塞車浪費時間等問題都需要理性的作法。如果不用擁塞通行費，至少也要實行類似的制度，因為已經沒有其他可行的辦法可以解決交通問題了。

有效率的訂價法和固定設施成本
（EFFICIENT PRICING AND FIXED FACILITIES COSTS）

讀者可能會注意到，收取有效率的通行費是為了讓交通流量更順利，但是人們一般都認為公路通行費的徵收是為了償付固定設施的成本。到底有效率的擁塞通行費和固定設施成本之間的必然關係是什麼？

有效率的訂價法要求：使用公路的人所付的金額要等於使用這條路的邊際成本，至於怎麼用這筆收入則不重要。公路當局對所有道路使用者收取的總通行費若等於圖 10.4 的 P*CFG 區域是最適的，而這筆收入並不見得會等於維護公路的固定成本。效率法則要求公路當局要

收取這筆資金，儘管每多一輛車上路是對其他駕駛者造成塞車成本，而非公路當局本身。

如果通行費和固定設施的維護或擴建之間沒有關聯，而把收來的錢棄而無用，則有損於所有的駕駛者，就如之前所提的。雖然根據效率原則所計算出來的通行費並沒有考慮到固定設施的成本，但事實上，是由道路的容量水準來決定通行費的金額。如果容量相對於實際交通量而言很大，很少塞車，那麼擁塞通行費就很低。同樣的，如果交通量超過容量，則擁塞通行費就會比較高。

只有透過投資與否的決策，固定設施的成本才會進入有效率通行費的計算中。讀者可能還記得在第九章提過，事前若完全不知道交通水準是否提高或下降時，效率原則會要求只要下式成立，就該提高容量：

$$P > ATC.\qquad\qquad(10.4)$$

同樣地，只要下式成立，就應該縮減容量：

$$P < ATC.\qquad\qquad(10.5)$$

如果收來的通行費大於擴張公路的機會成本時，應該要支持擴張固定設施的提案，就如第九章所述，因為能收到這麼多通行費，就表示駕駛者願意為改善交通所付的錢至少和改善交通的成本一樣高。新的公路會有較大的容量，因此可以較高的時速開車，所以擁塞通行費也較低。如果新的公路消除了塞車的情況，使用這條公路的邊際成本將與平均成本一樣，因此也就沒有機會課徵通行費來提高經濟效率。但是如果這條道路在擴建後一樣會塞車，則還是有機會課徵有效率的通行費——雖然通行費較少——但是還是可以減少車流量而提高車速。

如果設施不必整批地建造，而且沒有一項建造成本是沉沒的，同

時對交通量有完全的先見之明，那麼設施大小就可能會完全配合交通量，我們以圖 10.5 來闡述此情況。SMC 和 SAVC 曲線和圖 10.4 一樣，而且對應到固定設施的某特定規模。只要設施的規模可以無限制的變動，而且沒有成本是沉沒的，那麼標為 LAC 的線就是長期平均成本，LAC 的水平線部分是表示沒有建造大設施或小設施的處罰成本，也就是沒有規模經濟或規模不經濟。

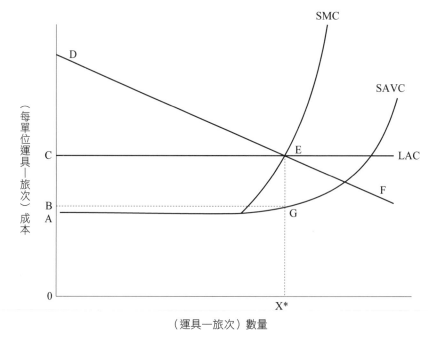

圖 10.5　在某些情況下，尖峰期間使用者所付的最適通行費可以償付整個設施的成本

　　有效率的容量水準是在 LAC 和需求曲線的相交點。因為所建造的設施規模能完全符合需求，所以 SMC 也會在同一點和需求曲線相交。最適的擁塞通行費是 BC，剛好等於平均固定成本。CEGB 區域是

固定成本，而OBGX*是變動成本。假設駕駛者會付自己的變動成本，那麼有效率的通行費會剛好涵蓋設施的固定成本。若透過擁塞通行費來籌措建造基金——而計算通行費時並未考慮這些建設成本時——這就是設置有效率的容量水準之方法，也是通行費和公路資金之間的關係。❶

　　讀者可能會注意到，在課徵通行費後，若把擁塞通行費拿來償付建設基金，而不是退還給消費者，將無法使駕駛者在課徵通行費之後覺得福利揖高了。這裡的問題是，就如第六章描述的，駕駛者通常看不到建設所需的資金。雖然以擁塞通行費來償付交通設施的整個綜合計畫可能會使燃料稅降低，但是如果要證明這個計畫是可行的，那麼直接退還給消費者的部分可能必須要比只是簡單地減少汽油稅還要更大而明確才行。

結論
（CONCLUSION）

　　一旦固定設施建好了，下一步是要探討應該多密集使用這些設施，以及使用費應該收多少。這些問題可以利用經濟學的效率原理來一併回答。如果符合效率的條件，則運輸設施的社會價值就會達到極大。

　　要達到經濟學上的效率，必須符合二種條件。首先，設施的價格應該能導引資源的使用以極大化設施的社會價值。第二，若要提供服務，服務的總利益必須大於提供此設施的短期機會成本。第一個條件確保整個社會成員能得到設施的全部利益——沒有任何人被剝奪了願意為使用設施而付款的機會，而且只有那些把這項設施評價得最高的

人們可以使用之。第二項條件確保那些被評價最高的設施得以繼續維持下去,而那些被視為價值比機會成本還低的設施則被廢棄,以利益整個經濟社會。

應用有效率訂價原理的領域之一是在回程的訂價上。在一般情況,運具在旅程之後都會返回原處,而效率原理決定了來回旅程的總成本該如何分配於來程與去程。如果來回程的運量平衡,這項原理要求應該根據二方向的需求水準來分配成本。在比較實際的情況,亦即有些車輛是空車返回時,則來回程的總成本應該由高需求方向來負擔。

應用經濟效率準則最有力的時候是在為擁塞道路或交通建設訂定通行費時。如第八章所述,使用固定設施的邊際成本通常會一直保持固定,直到設施開始擁塞才變動。例如,每英里的車輛數在達到某特定數量以前,車流速都不會降低,因為使用此公路的邊際成本必須包含設施擁有者的成本,以及使用者的成本,所以當車流量增加時,邊際成本也就跟著增加。對使用某道路或任何固定設施所徵收的有效率價格是:使用者所付的完全價格等於使用此公路的邊際成本。通常把為了最適化固定設施的使用而定的價格稱作擁塞通行費,以強調使用道路、鐵路以及其他運輸設施的主要成本。

有效率的通行費取決於使用設施的平均和邊際成本之間的差異,因為使用者付的是(直接的費用和時間)使用此設施的平均成本,然而每一次的使用成本卻是邊際成本。為了確保駕駛者付的是有效率的金額,徵收擁塞通行費是有必要的。

雖然擁塞通行費是有效率的,但是除非把通行費退還給旅行大眾,否則通行費只會不利於運輸大眾。若能適當的退還通行費,則收取通行費會使每一個人感覺比從前更好。

把擁塞通行費退給駕駛者的傳統作法是,把這筆錢用來作為建設固定設施的資金。在規模報酬固定(也就是固定設施可以擴增或縮

減，而沒有處罰成本）的情況下，擁塞通行費會正好等於固定設施的成本。有人把它視為公平的給付，因為使用設施者所付的金額正好可以付設施的成本。然而，通行費的大小並非取決於設施的固定成本。有效率的通行費是決定於駕駛成本，而且是為了鼓勵駕駛者作出有效率的決定才制定的。

在一般的情況下，運輸設施都是在需求發生之前就建造好了，所以擁擠程度在早期數年很低，到後來幾年才會高了起來；若設施必須成批建造，則可能很多時候我們都會預期此設施從來不會有擁擠現象。在這些情況下，如果有關當局想要籌措固定設施的成本，則需要另一種制度才能彌補固定設施的費用，至於這種制度的技術則是下一章的主題，請拭目以待。

註　釋

1. 福利經濟學的基本問題是，如何協調不同使用族群的各種喜好和所得。一般的捷徑是把這整個經濟視為是由單一生產者和單一消費者所組成的，因為在這假設下，這些問題就消失了。

2. 雖然從經濟效率的角度來解決所得分配的問題，很吸引經濟學者，但在邏輯上比表面所見的還難，因為是所得決定了反應在競爭經濟的嗜好份量。因此生產什麼，以及資源的分配，與所得的分配有關。

3. 論述邊際成本訂價法優點的模範文章是 William Vickrey 的「公共設施的邊際成本訂價法的一些涵義」（Some Implication of Marginal Cost Pricing for Public Utilities），美國經濟評論（*American Economic Review*）附刊，Vol. 45，No. 2，1955年，第 605-620 頁。

4. 把服務的總福利認為是直到消費點，需求下面的區域是正確的，不過必須是沒有重要的所得效果才行。如果運輸市場價格的改變會造成整個經濟更大的變動，則

這種傳統說法就失去適當性了。在這種情況下，如本書所述的片面均衡模型（partial equilibrium model）必須由全面均衡模型（general equilibrium）來取代。不過幾乎在所有的情況，全面均衡模型都會作簡化假設，所以它們對此地的這種衡量方法並沒有多大用處。

5. 如果所有的市場都是競爭市場，則這種說法是正確的。一旦有了寡占動機，營運的邊際變動之效率涵義就會複雜許多。

6. 擁塞通行費的基本參考文章是 A. A. Walters「公路的私人與社會成本之理論與衡量」（The Theory and Measurement of Private and Social Cost of Highway Congestion），計量經濟學（*Econometrica*），Vol. 29，1961 年，第 676-699 頁。

7. 對都市快速道路系統的最適擁塞通行費之標準計算是在 Theodore E. Keeler 和 Lenneth A. Small「對都會快速道路的最適尖峰訂價、投資和服務水準」（Optimal Peak-Load Pricing, Investment, and Service Levels on Urban Expressways），政治經濟學（*Journal of Political Economy*），Vol. 85，No. 1，1977 年，第 1-25 頁。

8. 此觀點可見於 Steven A. Morrison 和 Clifford Winston「提高管制取消後的空中運輸系統之成果」（Enhancing the performance of the Deregulated Air Transportation System），（*Brookings Papers on Economic Activity*），特別報導，1989 年，第 61-112 頁。

9. 見 B. W. Ang「抑制汽車擁有權與使用量以及運輸能源的需求：新加坡的例子」（Restraining Automobile Ownership and Usage and Transportation Energy Demand: The Case of Singapore），能源發展期刊（*Journal of Energy and Development*），Vol. 17，No. 2，1992 春季，第 263-278 頁；Rex S. Toh「在新加坡，對防止道路擁塞的實驗性措施：訂價與配額」（Experimental Measures to Curb Road Congestion in Singapore: Pricing and Quotas），後勤與運輸評論（*Logistics and Transportation Review*），Vol. 28，No. 3，1992 春季，第 289-317 頁；以及 Peter Smith「以管制汽車所有權來控制交通的擁擠：新加坡最近的經驗」（Controlling Traffic Congestion by Regulating Car Ownership: Singapore's Recent Experience），運輸經濟學與政策期刊（*Journal of Transport Economics and Policy*），Vol. 26，No. 1，1992 年 1 月，第 89-95 頁。

10. 此觀點可見於 Martin Wohl 和 Chris Hendrickson「運輸投資和訂價原理：為工程師、籌畫者和經濟學家的介紹」（*Transportation Investment and Pricing Principles: An In-*

troduction for Engineers, Planners, and Economists）（New York: Wiley, 1984）。要注意，這項結論只對同質交通才正確。如果交通異質，則可能當有些駕駛者現在選擇比較不擠的路線時，那些視自己時間價值較高的駕駛者能獲利。

11. 為擁塞通行費視作建設基金的主要工具而辯解的文章之一是 Clifford Winston「有效率的運輸建設政策」（Efficient Transportation Infrastructure Policy），經濟展望期刊（*Journal of Economic Perspectives*），Vol. 5，No.1，1991 冬季，第 113-127 頁。

第十一章

使用運輸設施的給付

　　有效率的運輸價格是基於運具的成本，而非提供建設的成本。如前一章所描述的，在規模報酬固定，達到長期競爭均衡時，固定設施能設置在最適的水準，使得擁塞通行費正好涵蓋固定設施的成本。也就是，故意忽略固定設施成本的價格準則，和運輸系統的融資能力之間，天生並沒有什麼矛盾。

　　有效率的訂價法則並不會假設固定設施無效益或不重要。相反地，有效率的訂價法則會努力充分利用現有的固定設施。在理想的情況下，有效率的訂價法則能讓正確的固定設施水準籌到資金；為了不讓人們過度使用設施而定的付費辦法正好能補償設施擁有者的費用。

　　雖然在理想狀況下，利用擁塞通行費來付固定設施的費用沒什麼問題，但是情況通常不會那麼理想。至少有三種理由讓固定設施的給付問題變得很普遍：首先，如本書第一部分所述的，運輸建設的壽命通常很長。在很多情況，對運輸固定設施的投資都會造成地貌永久的改變。這些支出都是沉沒成本，從文字上和經濟準則上都可清楚看出，沉沒成本和價格的決定並沒有相關。此外，設施的壽命愈長，通

貨膨脹愈有可能拉大原來的建造成本和它們現在價值之間的差距。由於建設大和通貨膨脹，現在高速公路系統的當初成本只是今日重建所需資金的一小部分罷了。

由於投資報酬率的不確定，資金市場通常不願意接受這種長期投資的報酬模式。例如，如果建橋時預期可以有 75 年的壽命，而且預期前 25 年都不會擁擠，則有效率的訂價原理會認為在此橋的前三分之一壽命都不應該收費。也就是，經營者在 25 年都收不到投資報酬。為了鼓勵投資，在短期有必要接受高於邊際成本的某個無效率價格。

第二，運輸建設投資的基本特性是，它們都是成批建造的。如前章所述，這使得所建造的運輸設施往往大於剛使用時的交通情況所要求的規模。這在鄉村的州際道路尤是如此，當初若不把它們設計成標準的四線道系統，而只是二線道的話，會比較有效率。只要所建設的系統大於交通量，就不能課徵擁塞通行費，也就沒有合乎效率的機制來籌措此設施的成本。

第三，如第九章所提的，有些基礎建設計畫雖然合乎經濟原則，但卻不能從收費中拿回所有的建設成本。如果已經決定不要透過對使用者徵收較高的價格，來取回固定設施的費用，那麼很可能某固定設施的計畫就經濟學而言是適當的，但卻會發生財務困難。舉例來說，以鐵路取代高速公路，在經濟學上的理由是為了減少高速公路所引起的污染。這樣的鐵路可能無法回收成本，但是從全方位的角度來看，卻是最適的抉擇。此外，在很多國家運輸建設是為了各種非經濟理由，最顯著的就是為了區域性的發展和國防安全。只要交通建設是為了非經濟理由，那麼根據嚴格的經濟準則所定的價格卻無法償付債務，也就不足為奇了。

雖然有效率的價格可能足敷運輸建設的成本，但是為了上述的理由，我們可以預期到在大部分的情況下，有效率的價格並不敷資本成

本。不過，如果維護固定設施的固定成本有不足的部分，政府準備吸收，則即使此設施是非擁塞設施，要制定出有效率的價格還是有可能的。然而，若是私人融資此建設的改良工程，則還是得背離嚴格的效率準則，因為資金市場不會允許建商借錢，卻不期待資金的回本——不管這項建設是否有經濟效率。不管是什麼原因讓有效率價格不敷建設的財務成本，解決問題的技巧都一樣，而這就是本章的主題。

在多個使用族群間分配固定成本的一般方式

（FAMILIAR TOOLS FOR ALLOCATING FIXED COSTS AMONG MULTIPLE USER GROUPS）

　　固定設施的訂價問題通常被當作成本分配的問題。舉例來說，在第六章提到州和聯邦公路當局估算年支出是 900 億美元，到底卡車應該付百分之幾？客運應該付百分之幾？這問題受到卡車業、汽車業以及鐵路業的強烈關切。會發生成本分配的問題是因為幾乎所有的運輸固定設施都是由數個族群共同使用。卡車以及私人汽車都使用道路；貨運火車和客運火車也都使用鐵軌。貨運火車運送許多不同貨主的商品；機場除了服務普通航空業，也服務商業客機和貨機。到底每一類使用者應該付多少錢來償付設施成本？這個問題的傳統答案有二種，我們將在下一段討論。

完全分配成本的標準（The Fully-Allocated Cost Standard）

　　提供固定設施的成本應該由使用設施的人一起分攤，這只是一般常識，真的嗎？這所謂完全分配成本（fully-allocated cost）的背後邏

輯是基於簡易性和基本的公平性。以公路使用費為例，完全分配成本的方法是，把總年支出 900 億美元除以道路的車輛數。若忽略摩托車和腳踏車，1995 年美國註冊的車輛數大約是 2 億。這二個數目相除得知每輛車子是 450 美元。這算是完全分配成本的方式，因為它把全部固定設施的成本除以使用數。完全分配成本方法的捍衛者認為，所有使用者的負擔都相同是一種基本的公平，而且完全分配成本法能給予上述問題一個明確的答案。

不幸的，不同的人使用完全分配成本法卻不會得到相同的答案：它不像乍看般的明確與公平。舉例來說，有人可能會認定支出除以車輛數是一種分割成本的明確而公平的作法，但是別人可能會認為除以輪軸數更為適當。畢竟，卡車比較龐大，應該付得較多。大卡車通常有 5 個輪軸，不像一般轎車只有 2 個。因此每輛大卡車應該分攤一般汽車的 2.5 倍。還有人可能會注意到大卡車有 18 個輪胎，而一般汽車只有 4 個。所以，每輛大卡車應該分攤一般汽車的 4 又 1/2 倍。還有人在應用完全分配成本原理時，注意到大卡車的重量大約是 80,000 磅，一般汽車大約是 4,000 磅。這個人在應用此原理時，可能會主張卡車應該付一般汽車的 20 倍。而且還有更多的可能性：卡車駕駛的里程數每年超過一般汽車的 2 倍。如果成本的分配要基於車輛—里程，輪軸—里程，輪胎—里程或大約的車輛重量—里程，答案也都會各異其趣。到底哪一個是公平的分配？哪一個才對？完全分配成本法並未給我們明示。

但是除了選擇比較運具的公平指數模糊不清以外，還有更嚴重的問題：這些基於常識或基於公平的訂價原理容易導致固定設施的使用者作出不利於整個社會的決策。例如，如果如上面提的第一個方案，重卡車的稅和一般汽車一樣，那麼人們容易擴張重卡車的使用量，因而加重輕卡車和其他種運輸工具的成本，且加速公路的折損，最終使

社會的成本更高。若把完全分配成本原理應用到單一設施，使用此原理的不理性會更顯著。舉例來說，如果此原理應用到第九章所述的田納西－湯比格比運河，則運河上的遊船和偶然出現的運煤貨船都該分攤開發和維護此運河的年支出，但是這樣每條船得分攤數千元，這麼高的費用會嚇跑一些使用者，使得剩下的船得付愈來愈高的費用，直到最終沒有任何船負擔得起通過這條運河的費用為止。在另一方面，像是舊金山的海灣橋，因為此設施很擁擠，每輛車分攤的費用很低，所以會吸引愈來愈多的車輛來使用這原來就過度擁擠的設施。從數學邏輯上就可看出，把某固定金額除以某使用指數，必然會導致過度擁擠的設施更擁擠，而懲罰那些還有額外容量的設施使用者。若設施在啟用的第一天就價格過高（會減少使用者），則會發現使用者將愈來愈少，而每位使用者的費用將愈來愈高，所以使用者就更加的少了。若啟用第一天的價格過低，會發現與上述相反的結果，而造成過度擁擠的現象。

對根據完全分配成本法而制定固定設施價格的主要批評是，他們無法促成現存設施的最佳使用量。易言之，完全分配成本法違背了經濟效率的原理。

 ## 尖峰負擔訂價法（Peak-Load Pricing）

最早把經濟分析應用到運輸方面，是闡釋應用尖峰負擔訂價模型（而非完全分配成本模型）的效率利益。對於如何把設施的成本分攤到不同使用族群的問題而言，古典經濟學的解答是根據第十章描述回程訂價法時所用的聯合成本計算方案，聯合成本計算法是根據此模型所建議的方式來決定每日不同時間的價格，或者尖峰載貨時的價格。

在效率的考量下，擁塞通行費必須整日隨著車流量而變動。如果

運輸設施並不擁擠，則不會課徵擁塞通行費。在邊際成本開始提高前，價格會等於邊際成本。我們以圖 11.1 闡釋此情況。最適的價格在 OA，而有效率的服務量等於 X*。變動成本，也就是短期邊際成本曲線下面的區域，是 OABX*。但是使用此設施的總支出也是 OABX*。只要設施不會擁擠，最適價格就只有包含變動成本而已，而不包括固定成本，當交通量開始擴增，擁塞通行費也就應該提高。

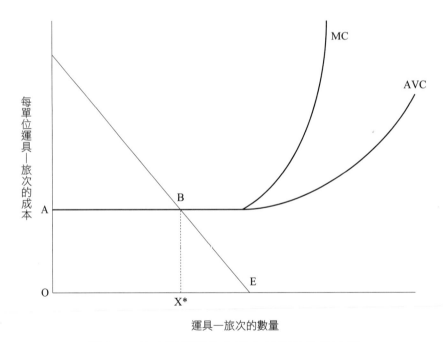

圖 11.1　擁塞通行費沒有產生任何收入的時候

在尖峰負擔的訂價法下，一般都會假設整日的交通流量並非規律的波動，所以我們用二個不同的需求水準來形容之。以圖 11.2 為例，DEF 是在高需求期間的需求曲線，而低需求期間的需求曲線則如圖 11.1 所示。如果設施在尖峰期間顯得擁擠，則只有在那段期間使用設

施的人需要付擁塞費用，在此例中，就是 BC。唯一決定設施大小的因素就是這群尖峰期使用者的需求水準，而且只需對他們徵收通行費來償付設施的固定成本。若也對離峰期間的使用者收費，是沒有必要且無效率的。

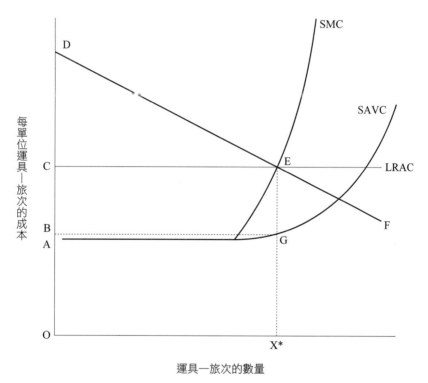

圖 11.2 尖峰期的使用者給付全部的設施成本

　　只有這群需求有助於決定設施大小的使用者應該付設施的固定成本——這個尖峰負擔訂價模型的基本結論是最老的運輸經濟學原理之一。❶不過，應用這項原理的時候要小心，因為任何把當前的資本成本分配給當前使用者的設計，往往容易自我封閉於舊有的技術，而且鼓勵投資者犯下錯誤。如果投資的錯誤也要由當前的使用者來承擔，

那麼這社區將被剝奪在投資回收期間使用此設施的機會。此外，在資本成本可以回收的保證下，也可能誘使投資者在評估計畫時比較漫不經心。

尖峰負擔訂價模型的首要法則是：尖峰期的使用者付資本成本，而離峰期的使用者不必付費。這項法則事實上只有在很嚴格的環境下才正確。尖峰負擔訂價模型應該如是說：在設施的容量不是成批的，而且可在規模報酬固定的情況下建造、離峰和尖峰的使用並不會互相排擠、離峰期的使用者不會多到設施容量的限度、在長期均衡時沒有外部性等環境下，對尖峰期使用者課徵最適擁塞通行費時，其淨收入應該正好等於資本成本。

無補貼的訂價法則
(SUBSIDY-FREE PRICING RULES)

尖峰負擔訂價模型讓我們能夠以效率標準來決定在運輸路網中，不同使用者的成本責任歸屬。不幸的是，經濟效率原理並未指示我們，如果某設施從未擁擠過時，這些成本應該如何分配，因為如果設施從未擁擠過，則使用者要不要再多用一次此設施的決定並不會影響設施擁有者的成本，也不會妨礙其他使用者。只要所有使用者願意給付的總金額大於維護此設施的總機會成本，則維持設施的使用就是有效率的。因為使用此設施的邊際成本是零，所以使用此設施的價格也應該是零。當然了，零價格意謂者零收入，所以這時經濟學者會問，你確定你需要從使用者身上尋回設施成本嗎？

這對需要籌措設施資金的人而言，是個沒有助益的答案。當煤炭貨主抱怨他們付的鐵軌使用費太高，應該讓其他商品的貨主分擔更多

時，上一段那種沒有人有責任分擔鐵軌成本的說法就無助於解決這類
紛爭。若要獲得一些指引，我們還需要多介紹一種規範價格的標準：
沒有一種使用族群補貼任何其他的使用族群。這種無補貼的訂價法則
似乎和經濟效率準則有異曲同工之妙，不過事實上卻是基於非效率的
考量。

定義無補貼價格（Subsidy-Free Prices Defined）

　　無補貼價格的觀念起源於運輸設施的所有使用者必須償付他們所
使用設施的全部成本。若非如此，表示他們得到了別人的補貼。在此
觀念下，道路的所有成本必須由道路使用者負責，而且鐵路的所有機
會成本必須全由鐵路使用者償付，以讓使用者所付的價格是無補貼性
的。❷

　　但是即使整體的使用者付了此系統全部的機會成本，還是有可能
某些使用者付太多的機會成本（補貼群），而其他使用者卻付太少
（受補貼群）。如果沒有任何一類使用者或組合族群能夠因為斷絕其
他族群的使用，獨享這個運輸系統而受益時，我們說這是無補貼的價
格結構。❸如果某族群可以藉由消除另一個族群而降低自己的運輸成
本時，我們說這上述的第一個族群交叉補貼第二個族群。易言之，為
了說明價格是無補貼的價格結構，不管使用者如何分類，每一族群至
少都必須為他們的出現所引起的額外成本而付費。維持某服務（或某
群服務）所引起的額外成本稱作增額成本，就如第五章所描述的。這
和以邊際成本來衡量增加某運輸服務量的額外成本之觀念不同。邊際
成本只包含運輸營運的變動成本，而增額成本還包含設施的固定成
本，也就是，增額成本和邊際成本比起來，更接近提供某服務或某群
服務的總成本。

在分配運輸設施的固定成本時，防止某使用族群交叉補貼另一族群的訂價原則是個相當有效的辦法。無補貼訂價原理相當接近於擴展到多使用族群的有效率的訂價法則。讀者應該記得前一章提到，效率原則有兩部分：首先，價格等於邊際成本；第二，願意付的總金額（實際付的加上消費者剩餘）大於總機會成本（包括固定成本）。我們可以發現到，私人競爭廠商所提供的服務不會老是達到有效率的水準，因為他們不會正確的評估第一項條件。競爭廠商計算的是收入是否大於或等於機會成本；而效率要求的是把成本拿來和願意付的總金額相比。

無補貼訂價準則就是把收入必須大於或等於成本的原則延伸到多使用者和多服務上。這項延伸在運輸業是很緊要的，因為在運輸業，設施共用是項準則。如果不可能找出某些使用族群不付等於增額成本的費用時，價格就是無補貼性的。

如果運輸公司是根據利潤極大化而訂價時，則此私人公司所定的價格可以通過無補貼的測試。如果價格沒有符合無補貼的準則，則暫停對某群消費者的服務，有可能因此提高利潤——因為它與利潤極大化的假設相違背。實現無補貼價格的標準對政府提供的運輸設施而言，是個難題——主要是指固定設施，因為政府在決定運輸設施的使用費時，並不容易極大化利潤，所以不能保證一定滿足無補貼的原則。

無補貼訂價原則是指，每一個可能的使用者組合所付的費用，至少要等於服務的增額成本，而此原則是個不等式條件，它說明了服務任何消費群所增加的收入必須大於增加的成本。因為此條件是不等式，所以無補貼原則不能精確算出消費者為固定設施的維護，應該付多少金額。儘管如此，無補貼原則對訂價所設的限制使得訂價空間變得很窄，就如本章稍後所提的例子一般。

在無補貼訂價準則下，投資的意願和收回投資的意願
（Incentives to Invest and Disinvest under Subsidy-Free Pricing
Rules）

　　若要根據無補貼訂價準則來制定運輸路網的價格，則需要計算出假使放棄使用某一部分的運輸建設時，成本的節省和收入的損失各是多少。基本上，無補貼訂價準則要求使用族群付的金額至少大於維持設施營運的成本。不過這時會碰到政府提供固定設施的問題之一：在評估投資和放棄投資時往往過度樂觀。潛在的使用者如果相信他們不必付費時，他們會大聲吵著政府來興建。然而，我們更在乎的是，在沒有比較收入與成本的情況下，政府維持設施的運作，根本過不了效率的測試，也就是總願意付的金額沒有大於或等於維持設施營運的總機會成本。這時，無補貼訂價標準有助於作出有效率的決策（雖然此標準本身並非直接得自效率的考量）。

　　如之前所提的，固定設施的私人擁有者並不會作出完全合乎效率的放棄決策，我們以圖 11.3 來正式分析。是否廢棄某設施的有效率決策是指：消費者剩餘和營業者的收入，ODEX*，加起來是否大於或小於維持此設施營運的機會成本。然而，業者只會計算他或她自己的收入，OCEX*是否大於營運的機會成本。因此，在需求下降時，私人業者可能會過早廢棄此設施的經營。舉例言之，如果業者不能夠拿到消費者剩餘，業者可能會比經濟效率準則所要求的時間還早放棄一些使用中的鐵路路線，這時基於效率原則，直接對業者的補貼是很適當的。

　　私人業者的放棄決策受到資金成本，而非機會成本的影響。而機會成本和沉沒成本尤其不同。因為私人業者得為原來的建造金額償還債務。如果業者沒有辦法償債，債權人可能會扣押此設施，而債權人

若要把此設施賣掉，價格並沒有辦法超過扣掉沉沒成本後的原來成本，因此每一個固定設施都有著雙重價格：一個是基於真正的機會成本，此成本已經扣掉沉沒成本；另一個是基於折舊過的原來成本，其包含沉沒成本。對於隨時可以中止的設施而言，若要估算合乎效率的價格時，應該基於真正的機會成本。當然了，私人業者可能不願意以機會成本來評估他們的設施，而是以原來的成本來計算之。如前一章所解釋的，運輸投資的沉沒成本讓借方不願意為固定設施的發展提供資金。

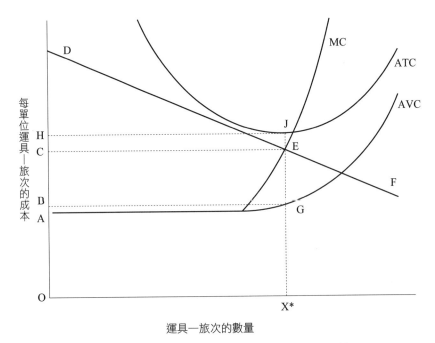

圖 11.3　私人業者容易過早放棄設施的經營

　　雖然私人業者比較可能過早放棄設施的經營，但至少算出每一項設施的收入和成本，確實可為是否放棄設施的決策提供一個架構。以

鐵路為例，業者可以定期計算他們是否應該繼續維持某路線的經營，因為他們蒐集得到此路線的收入資料。相反地，政府並未從任何特定設施獲取收入，所以不容易作出任何有關成本—效益的分析，因此可能太晚才放棄設施。以地下水道為例，一旦興建了，就很少會棄之不用。無補貼訂價法模仿（多少有些粗糙）了私人產業所使用的準則，對投資和放棄投資的決策提供了參考價值。

 ## 以無補貼訂價法來分配固定設施成本的例子
（An Example of Subsidy-Free Pricing to Allocate Fixed Facilities Costs）

　　無補貼訂價法主要是用來指導誰應該付固定設施的成本。舉例說明無補貼訂價法如何在不同使用族群間分配固定成本是最容易的。圖11.4畫出包含四個城市的假設性交通網：稻米從愛可密運到布拉丹頓；小麥從布拉丹頓運到多徹斯特；玉米從愛可密到多徹斯特；小米從愛可密到肯本蘭；而大麥則從肯本蘭到多徹斯特。每條交通流量假設都等於一單位的交通量。此圖顯示從愛可密到多徹斯特有二種路徑，一條是經過布拉丹頓，一條是經過肯本蘭。經過布拉丹頓的路線比經過肯本蘭的路線短，所以就運送的變動成本而論，這路線比較便宜。在固定設施成本不隨著交通量而變動的假設下，玉米的運送並不會造成額外的固定設施成本，因為它所使用的設施早已在運送其他的商品，這就是為什麼在下表中，玉米的運送成本並沒有包含固定設施成本。

　　為了讓交叉補貼的概念有意義，運輸業者必須極小化運輸的總成本——固定加變動成本。我們以極簡易的圖11.4來說明之，這樣比較容易看出所有路線的成本極小化。❹

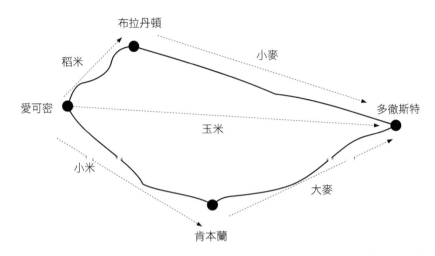

運送路線	商品	距離	運送的變動成本	維護運送路線的設施之固定成本
愛可密到布拉丹頓	稻米	3	3	3
布拉丹頓到多徹斯特	小麥	12	12	12
愛可密到多徹斯特	玉米	15 （經布拉丹頓）	15 （經布拉丹頓）	
愛可密到肯本蘭	小米	10	10	10
肯本蘭到多徹斯特	大麥	10	10	10

圖 11.4　假設性的運輸路網架構

　　分配固定成本的無補貼訂價法得力於考慮不同使用者的出現而重新設計此系統。若刪除某使用者並不會改變此成本極小化的運輸路網，則無補貼訂價法並不能告訴我們，固定設施的成本應該如何分配。然而，如果把某使用群刪掉，就可以放棄一些設施時，則不放棄那些設施因而無法節省的成本就是那群使用者應該負擔的成本。

　　從圖 11.4 可以很容易看出大麥必須付從肯本蘭到多徹斯特這條路線的固定成本，因為大麥是唯一通行這條路線的使用者，所以把大麥

從此系統中刪除能夠節省運輸路網的固定成本。以同樣的論點來看，小米也應該付維持愛可密到肯本蘭這條路線的成本。

　　但是北方的路線如何呢？這比較複雜，因為這些路線牽涉到玉米、稻米和小麥的成本分攤。無補貼法則說明著，每一位使用者和使用族群必須付自己受惠時所引起的成本。如果小麥從此系統中消失，則廢棄布拉丹頓到多徹斯特這條路線是有經濟效益的，因為玉米可以從南方路線運送，而付 20 單位的變動成本，或者說比使用北方路線多付 5 單位成本，然而卻可省下 12 單位的固定成本，換句話說，7 單位的成本（節省的 12 單位固定成本和增加 5 單位變動成本之間的差額）是由服務小麥所引起的。因此，小麥至少應該為此系統付 7 單位的固定成本。另一方面，稻米則沒有最低成本的分配，因為如果從此系統中刪除稻米，為玉米而維持愛可密和布拉丹頓之間的路徑仍是有經濟效益的。

　　如果把玉米從系統中刪除，則放棄布拉丹頓到多徹斯特之間的路線，而經由肯本蘭運送小麥，是有經濟效益的，因為運送小麥的較長距離（23 而非 12）所增加的成本小於放棄布拉丹頓到多徹斯特路線所省下的固定成本（12），因此運送玉米的成本是變動成本加上 1，所以分配給玉米的最低成本是 1。布拉丹頓到多徹斯特路線的使用者，小麥和玉米，必須一起至少付 12 單位固定成本。同樣的，如果我們想要避免交叉補貼，則稻米和玉米必須一起至少付 3 單位的固定成本。最後，我們不能要求玉米付 15 單位以上的固定成本，也就是超過單獨為玉米而設計的運輸路網成本，而且也不能對小麥索價超過 12 單位，不能對稻米索價超過 3 單位，這都是為著同樣的理由。

　　根據交叉補貼的準則來訂價可以大大的減少固定成本應該如何分配給使用者的不確定性，畢竟設施的固定成本並不能任意地分配給使用者。以這裡的例子而言，35 單位固定成本中的 28 單位可以分配出

去,而剩下的 8 單位成本可以打散,由二群或三群使用者聯合負擔,而非由所有的消費者一起負擔。

◪ 適應不均衡位置的法則
(Adapting the Rule to Disequilibrium Positions)

無補貼訂價法的經濟理論原來是為了不分長短期,以及不分固定和沉沒成本的社會而發展的。❺此法則所訴諸的正當性也是來自於交通和建設能立即順應新價格的社會。但是在先見之明和結果有落差且不完美的社會,可能多少有必要偏離結合效率和無補貼訂價法的原則所制定的價格結構。

對結合了效率和無補貼價格的法則遲遲不敢應用的原因之一是,在先天上它隨著時間的變動性比其他法則還大。如果對預期價格有適應成本,則不要課徵明顯的有效率價格反而是合乎效率的。舉例來說,史莫爾、溫斯頓和伊凡推算出,州際公路系統對大卡車而言顯然設計不當。❻他們認為大卡車對現在交通系統路面的毀壞速度比最適速度還快,所以短期邊際成本訂價法會要求提高這種車輛的通行費。然而,他們主張,如果要正確的建造此交通系統,那麼每條車道都應該多增加幾吋厚度。在最適的建造系統下,卡車造成的損害應該比當前少。根據有效率的訂價法和投資計畫,當局應該提高當前卡車的收費,來限制卡車使用那些易損道路,同時重建它們以達到最適的要求。道路重建後,大卡車的收費就可以降低了。不過提高當前價格,同時完全認知到之後會降價的這種模式,可能會促使人們為了配合高價格而作調整,然後在價格減少的未來又調整回來。所以可採取的作法之一是,持續當前對大卡車收取的無效率低價,以避免卡車運輸服務為了適應此系統,而無法達到長期均衡。

還有另一種主張是偏好不要採用合乎效率和無補貼訂價法所要求的這種無情的向前看觀點。我們應該務實的認清，現在的設施使用量會影響未來的投資，而政府也確實會根據道路現在的使用水準，來作為應該在哪裡投資以及作何種投資的指標。在這種情況下，當前對不同使用者的收費應該反應出他們的使用量對未來投資決策的影響。

　　如第六章所述，公路和橋樑會根據不同類別車輛的預期交通量而設計。因此，若預期某公路是由大卡車使用，則必須建得厚一些、寬一些，以及分類到較低的級配，而大卡車通行的橋也必須建得更堅固。通航的水道，若預期是由深水海洋船隻通行，則應該建得比只有電動遊艇和觀光遊船通行的水道更深更寬。如果當前的使用水準會影響未來的投資，那麼應用無補貼訂價原則以取回不同設計所造成的成本是合理的，所以大卡車的給付至少應該能償還為了預期的卡車使用量所額外投資的所有成本。同樣的，深海船隻也至少應該為加深的航道付費。如果某運輸方式需要一些新投資（更新或擴張固定設施）、如果設施的設計會隨著交通量的組合而不同、以及如果當前的交通水準被視為未來投資的指標，則每一種交通類別所付的增額成本，不只是當前設施的成本，還應該包括為了配合它們而造成的投資成本。

　　在使用這項追溯既往法則，也就是，對不同運輸種類的收費反應著過去的設計決策時要當心。因為之前的設計決策可能會有錯誤，它往往基於過去的技術，或著當時的需求預期並不符合現實。舉例來說，第九章提過，田納西湯比格比水道就是一項明顯的錯誤。若認為航道的設計原來主要是為了運煤，所以就想從那些使用水道的少數運煤船收回投資成本，這是不適當的。同樣的，若認為鐵軌原來主要是為了運送旅客而設計，所以要把鐵軌大部分的成本訴諸於 Amtrak 的旅客，這也是不適當的。❼

　　相反的，因為道路還在為了適應未來的預期交通水準而建造以及

重建當中，所以應用此原理而把道路建造成本分配給不同種類的使用者是恰當的。尤其大卡車該付的不只是它們對當前道路所造成的損害，還應該付為了適應它們（而非只是讓輕型卡車、巴士或客車通行）而建造（重建）道路的預期額外成本。若應用此原則將會使得大卡車的使用量達到最適以正確的反應出使用成本；適當的使用水準則能夠給高速公路的籌劃者正確的指標，讓他們知道最有效率的位置和建造型態是什麼。根據史莫爾、溫斯頓和伊凡的估算，要建造恰當的公路需要鋪上更厚的柏油以符合大卡車的需求，所以卡車業者應該經由牌照稅來為此額外的建造成本付費；但是以每英里而論，他們為了對路面造成的損害而付的費用就可以比較少了。

把運具的成本分配到延人英里數與延噸英里數
(ALLOCATING VEHICLE COSTS TO PASSENGER-MILES AND TON-MILES)

事實上，把固定設施成本分配到不同使用族群的有效率和無補貼訂價法是相當具有普及性的。只要具有異質性資本以及有部分費用不可追溯時，就可應用這些法則。運輸設施通常是由一種以上的族群使用，所以把設施使用成本分攤給使用者時會遇到一些觀念性問題。同樣地，對運送許多旅客或運送許多種貨物的運輸車輛而言，一樣也會遇到如何把擁有權成本以及營運此運具的成本分攤到各種使用者的問題。就如第五章所提的，只要在正常營運範圍下，邊際成本小於平均成本所造成不可追溯成本的問題也會在這裡發生。

乍看之下，運具的營運顯然也有成本分配的重大問題。以從克里夫蘭飛到田霸的飛機為例，它有 100 個座位，但是若在起飛前 10 分

鐘，卻只有 50 個旅客，那麼多運送一位旅客的邊際成本是多少？答案顯然是零：也許只是多耗一點油；也許只是處理行李的人員或空中小姐多花了一點時間；如果飛機上有餐點，則也許只是多消耗一份餐點；那些現有的旅客可能因為多一位旅客登機而多耽誤一會，僅上述這些成本罷了。如果就經濟的效率原則，每位旅客的費用是根據邊際成本而論的，那麼每一位旅客都只需要付幾塊錢就可以了，則這趟飛行的收入到底要從哪裡來？

　　這問題和償付非擁塞運輸固定設施的成本時所遇的一樣。實際上，問題的來源都是一樣的：來自運輸設施的成批特性。就如同興建道路和鐵路時所能選擇的車道數或軌道數有限，飛機的大小並不能無限制的改變。如果可以的話，飛機的大小就可以根據每次的飛行而調整，使得每次飛行都不會有空位，則多搭載一位旅客的邊際成本不再是零，而是個別為乘載 50 位旅客與乘載 51 位旅客而設計的有效率營運成本之間的差額了。

　　就定義邊際成本的問題而論，飛機旅客分攤成本的情況，就和使用固定設施時追究使用者的成本責任，或者如何把來回程的成本分配至二個單程時是一樣的，所以同樣的基本機制：擁塞通行費和無補貼價格法則在處理飛機旅客的情況下一樣有效。擁塞通行費對於在確認個別旅客的機會成本上遠比我們一開始認為的還有用，因為服務旅客的邊際成本和一般人所瞭解的比起來，更像正規運輸經濟學中的邊際成本。

　　在飛機還沒有客滿以前，似乎航空公司的邊際旅客成本是極少的，在飛機客滿時，邊際成本曲線大幅提高到等於只有乘載一位旅客時的飛機之總飛行成本，然後又降到同樣微小的水準。顯然，在可運載 100 位旅客的飛機，第一百（以及第二百、第三百）位旅客的邊際成本非常大；除了這位不幸的最後旅客以外，旅客搭飛機都是免費

的，因為這最後一位旅客的搭乘使得航空公司要出動另一輛飛機。所以這時經濟效率原則似乎需要設定機會遊戲，也就是當有人要求訂位時，100個機會中有99個機會將得到只花10.00美元的機位，而100個機會中有一位必須付10,000.00美元。

這種觀點所產生的問題是，它沒有考慮到飛行一次的全部成本。就和分析公路的塞車成本時，需要考慮公路運輸的使用者成本一樣，在分析飛機票價時也需要瞭解旅客對另一位旅客所加諸的成本，就如同高速公路的車速降低，邊際成本開始提高一樣，早在客滿前，旅客造成的邊際成本就已經開始提高了，而原因有二重：首先，旅客愈多的航班就愈令人感到不舒服，而且延長處理載客事宜的時間；第二，當預期的載客量提高，旅客就愈可能訂不到他們喜好的班機，需要等另一班，或改搭比較不喜歡的班機。這項因素稱作隨機性延誤（stochastic delay），是經濟分析所重視的因素之一。❽

預定航班的服務都必須事先宣布服務的時間，然後等著看有多少旅客會出現。航空公司得預測每次的載客量多寡。短時間內所提供的班次愈多，預期的載客率就愈低。而某一天的班機愈可能客滿，旅客就愈可能被耽擱打算搭乘的時間，而換到比較不喜歡的時間。航空公司知道不可能經營到每個航班都達到百分之百的載客率，而且也不希望如此，因為這會使失望的旅客轉搭別家航空公司。所以，每班班機載客的目標率都若干少於百分之百。

圖11.5所顯示的是航空公司在排定班表時，比較實際的邊際成本曲線。在安排班機時，不可能完全預測出每次航班的實際旅客數，所以航空公司是根據成本和預期搭乘量之間的關係而安排班次。在預期載客率未達到百分之百前，班機的邊際成本曲線會隨著旅客數量而適當的提高，以反應較擁擠的航班所造成的較低服務品質，以及高預期載客率所帶來的隨機性延誤。圖11.5包含二對成本曲線，一個假設只

經營單次航班，另一個假設在某既定期間會經營兩個航班。線 AB 和
CD 是邊際成本曲線，而 EF 和 GH 是平均成本曲線。線 CD 和 EF 代表
的是只有一個航班的成本，而 AB 和 GH 則是提供兩個航班的成本。

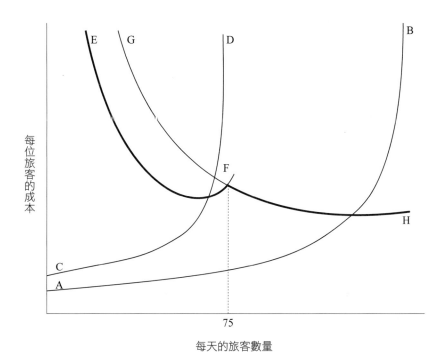

圖 11.5　不同航班數的成本曲線

　　當旅客數超過某點後，飛行兩個航班的邊際成本會少於只有一個
航班的邊際成本，這反應著有相對低載客率的兩個航班時間比較可能
會符合旅客喜好的飛行時間。這二條平均成本曲線底部加粗的部分顯
示著把服務提供給不同旅客數目的最低成本。若每天旅客少於平均的
75 位，則最便宜的服務方式是每天只飛行一個航班；若超過 75 位旅
客，提供兩個航班是有效率的，因為這樣可降低隨機性延誤以及排班
的延誤，以提供旅客較高的服務品質。有效率飛行的相關邊際成本曲

線是一條不連續線，在 75 個旅客前是跟著一個航班的邊際成本線，之後是跟著兩個航班的邊際成本線。

由於圖11.5 的邊際成本是完全價格，其包含旅行者本身的成本，所以實際收取的票價會比邊際成本還低。本質上，有效率的飛機票價就是相當於對旅客徵收擁塞通行費。就像有效率的擁塞通行費會提高個人成本，使得願意給付的邊際金額等於所有使用者的邊際成本一樣，機位的價格也應該反應服務的完全成本，也就是把每多一位旅客而延誤別人時間的金額也包含進去。

就如同運輸建設的訂價一樣，最適的通行費不一定足以支付飛行的機會成本。舉例言之，假設每天有10 位旅客願意為早上 8 點的班機付到平均 500 美元的票價，同時只有少數其他旅客願意搭乘這個班次，而且那時起飛的班機只有一架100 人座的飛機。那麼即使那些旅客的擁塞通行費為零，但是從經濟效率的著眼點來看，那些旅客從這次班機所獲取的好處卻仍能成為飛行的正當理由。我們可把這問題視為和籌措固定設施的成本時所面對的問題是一樣的：固定設施的建造雖然被視為適當的，但因為運輸設施的成批特性，使得設施從未擁擠過。問題的解決之道是引進新的法則：價格是無補貼性的。也就是，整個系統必須自我融資，而且這個系統必須是無法打散成讓每個子系統的使用者能因系統的分散而降低成本。如果每天這 10 位旅客對此系統沒有提供淨收入，卻讓此系統提高成本，就表示他們從其他使用者身上享得補貼。無補貼價格制度要求整體旅客得為他們飛行的機會成本而付費，儘管這會使得價格高於服務個別旅客的機會成本。

至於就其他的運輸方式而言，若同一個運具服務一個以上的消費者，或者如LTL送貨服務公司時，其分析價格的方式就和上述把運具成本分配給個別旅客的討論相似。如同航空公司的情況，車輛運輸業者也是需要預測該準備多少設備以服務預期的貨物量。沒有一家運輸

公司會期待百分之百的貨量，因為這會額外耽誤消費者的時間，或導致太多消費者把貨物轉移到別家運輸公司。最適的載貨率是決定於邊際成本曲線等於需求曲線時的那一點；在最適載貨率，有效率的送貨價格是，使用者成本和整個邊際成本之間的差額。

分配剩餘的固定成本
（ALLOCATING RESIDUAL FIXED COSTS）

　　無補貼準則不太算是收入法則的訂價條件，之間的區分來自於使用者為服務不只付一種價格，例如，駕駛者不管開了多少英里，每年都必須付牌照稅。所以實際上，每年駕駛者所開的第一英里是非常昂貴的——每英里50美元（牌照稅），而接下來的里數就相當便宜了。這在文獻上就是有名的兩段稅率（two-part-tariff）。如果這個起始的固定收費金額（像牌照稅）不會高到趕走潛在的使用者，那麼這樣的機制對籌措設施固定成本而言是有效率的機制。❾如果為運輸的固定成本所收的費用與里程多寡無關，使得駕駛者為邊際里程所付的價格等於邊際成本時，則他所駕駛的里程數是有效率的。

　　送貨業者不能對他們的消費者課徵類似牌照稅之類的費用，然而，他們可以透過業主的貨物量愈多，收取的費率就愈低，或是透過年末退款，或協議其他的數量折扣方式來達到。隨著服務量的增加而下降的費率和牌照稅有著類似性質，只要所收取的最低費率等於邊際成本，而且非固定的價格水準不會嚇跑潛在的消費者時，則消費者會選擇合乎效率的服務量；前幾個服務單位的較高價格，就可用來涵蓋設施的固定成本。

　　對於同樣的服務卻收取不同單價的所有這種價格機制，經濟學家

稱之為差別訂價。對同一位消費者的同一種服務之不同單位卻收取不同價格並不要緊。傳統的差別訂價是對同一種服務的不同消費者收取不同價格；而這裡的差別訂價是因服務單位的不同而收取不同的單價，而不是對不同人收取不同的單價。如果只有單一種類的使用者，唯一可能的差別方式是因服務量的不同而對同一類消費者收取不同的單價。

　　就如之前所提的，無補貼訂價法並沒有提供單一而明確的解答，告訴我們如何把固定成本分配給不同的使用族群。它只是把對不同族群應該收取的上限和下限定出來罷了。一般而言，無補貼訂價法不會指明對個別使用者應該分配的明確金額，通常它都是針對整群使用者而論。以上述運輸穀類的例子而言，經營此運輸系統的大部分固定成本是分配到五個使用族群，但是此訂價法並未明確指出玉米和小麥各應該分攤多少費用。

　　對於該如何處理非單一固定成本的分配問題，有好幾種法則可供參考。❿其中一種由 Fanara 和 Grimm 提出的建議是，成本的分配應該根據不同使用族群的孤立成本（stand-alone costs）而定。⓫所謂孤立成本是指此運輸路網只為這群使用者而設計時來計算它的成本分配。例如，玉米的孤立成本是 30（15 的固定成本加上 15 的變動成本），而小麥的孤立成本是 24（12 的固定成本加上 12 的變動成本），根據 Fanara 和 Grimm 的建議，它們一起分攤這二條路線的成本應該各是 5/9 和 4/9 的交通費用。至於其他的法則是根據邊際成本或服務的淨利益來分攤成本。不過，所有的這些制度，天生都有些武斷。

　　要消除分配剩餘固定成本的武斷，可以採一些效率原則，並使用次佳的訂價機制。所謂次佳是指，不能使用最好的訂價模式（也就是，能達到效率或福利的極大化）時，第二個最好的選擇。如果不可能使用二段稅率來籌措固定成本時，則有必要使用這種機制。次佳的

成本分配法，也稱作 Ramsey 訂價法，是以不同的金額來提高不同使用族群的變動成本以償付固定成本，至於每個使用族群所提高的金額大小，是根據需求彈性而定。❷在 Ramsey 訂價法，使用族群所付總金額接近運輸系統的固定成本，但是那些需求彈性最低的使用者所付的金額最高，也就是，那些最沒有其他選擇的族群漲的價格最多，高出邊際成本的金額最大。背後的邏輯是因為，把價格漲到邊際成本以上會造成無效率，而需求彈性愈高的，減少的購買量也愈大，所以把價格漲到邊際成本以上所引起的無效率也就愈大。為了把總合的無效率降至最低，只好如此以使效率的總損失達到最低。

數學上，Ramsey 訂價法如下：❸

$$(P_i - C_i) / P_i = (\lambda / e_i) \qquad\qquad (11.1)$$

這裡：

P_i 是 i 群使用者為每單位運輸所付的價格

C_i 是 i 群使用者運輸的邊際成本

e_i 是 i 群使用者的需求彈性

λ 是所有使用群的常數，λ 值取決於達到收入目標的必要條件

如何明確地把剩餘固定成本分配給不同的使用族群，Ramsey 訂價法確實提供了方法。然而，它卻是以無效率為代價來分配，而若施行牌照稅、分段訂價或其他最好的非單一價格制度時，是不會產生這種無效率的。只能在用了無補貼訂價原則之後，才能使用 Ramsey 訂價法來分配剩餘成本。

Ramsey 訂價法不一定是將可分配成本的最大比例分給價格最高的那一群。因為 Ramsey 訂價法是把價格定在高於邊際成本的某個金額，所以在相等的需求彈性和相等的交通水準下，邊際成本愈高，分配到的成本就愈高。以前面的數目為例，在無補貼訂價準則下，小麥

除了應該付 7 單位的固定成本，還得和玉米一起分擔 5 單位的固定成本。因為小麥運輸的變動成本是 12，而玉米運輸是 15，所以如果二種穀物的需求彈性相同，則 Ramsey 法則會額外對小麥收取 2.22，對玉米收取 2.78。若要使這二種運輸種類付出相等的追加金額，小麥運輸必須要有低許多的需求彈性才行。

結論
（CONCLUSION）

　　運輸經濟學家對如何分配固定設施成本所提的建議推銷得比其他的主題還勤，因為固定設施占的份量很重，而且通常由政府提供。經濟學家一致否定傳統的完全分配成本法，因為在這種方法下，是以一些武斷的使用指標把成本打散來讓使用者分攤——像是噸、延噸英里或等同於輪軸－英里等指標。完全分配成本法導致設施被無效率的使用，它使得已經擁擠的設施更擁擠，而讓少人使用的路線更沒有人通行。傳統對這種說法的辯護是，這種方法是基於公平的考量，可是這種辯護也有爭議，因為對某使用者公平，不見得對另一個人也公平。

　　對這個成本分配的主題，運輸經濟學所提的第一個建議是直接使用效率原則。進一步言之，就是利用擁塞通行費作為融資固定設施成本的基石。使用擁塞通行費來籌措設施資金還有進一步的好處，就是可以作為決定投資去處時的參考。不過，在很多情況下，以效率為考量基準卻沒有辦法讓設施的興建自給自足，因為經濟效率準則是立基於機會成本，而非資金成本。如果運輸當局背負著財務包袱，必須籌措到固定成本時，則效率原理不見得有幫助。

　　當效率原理不適合成本分配時，運輸經濟學家增加了一個補充性

的準則：價格是無補貼性的，也就是來自任何使用者組合的收入必須至少和提供服務給那些使用者時所因而增加的成本一樣多。除非收入和增額成本一樣大，否則那群使用者是受到其他使用者或納稅人的補貼。對於哪些使用者或哪些使用族群應該為某固定設施付費，無補貼訂價原理提供了有力的工具。假使某使用群不使用那些設施，使得設施可以被廢棄而省下費用時，則那群使用者就該給付設施廢棄時所能省下的這筆成本。

　　一般而言，無補貼訂價原理並沒有嚴格規定每一位使用者該負擔多少錢。這項法則只是介紹了一系列的不等式，縮小對每群使用者收取的最高和最低額界線。因為使用者極可能是這些不同使用族群組合的會員之一，而每一種使用者組合又各有成本分配的最低與最高額，所以無補貼訂價原理在分配超過擁塞通行費的那些固定成本時，可以大幅減少武斷程度。

　　然而，幾乎在每一種情況下，對於到底哪些使用者應該為系統的固定成本擔起責任的問題都具有同樣的不確定性。為分配這些成本而經常提出的建議是，次佳訂價法的 Ramsey 原理。根據 Ramsey 原理，是鼓勵固定設施的擁有者採用寡占性的差別訂價：提高需求無彈性者的價格，使其比高需求彈性的使用者的價格還高。Ramsey 鼓勵的這種寡占性訂價的差別程度受限於固定設施的償還金額。Ramsey 訂價法是一種無效率的方式，而且只有當非線性的訂價方案不能使用時，才算是適當的方法；不過對於誰該負責固定設施成本的問題，它確實提供了明確的答案。

註　釋

1. 這項原則的發展首先是見於 J. Dupuit 的「公共工程設施的衡量」（On the Measu-rement of the Utility of Public works），（*Annales des Ponts et Chaussees, 2nd Series*），Vol. 8，1844 年，再版於 Denys Munby「運輸：精選讀物」（*Transport: Selected Readings*）（Baltimore: Penguin Books, 1968）。這個主張已經重新發現好幾次。見 Richard W. Ault, Robert B. Ekelund Jr.「經濟學中沒必要的創見之問題」（The Problem of Unnecessary Originality in Economics），南方經濟期刊（*Southern Economic Journal*），Vol. 53，No. 3，1987 年 1 月，第 650-661 頁。現代研究則可見於 Sanford V. Berg 和 John Tschirhart「自然寡占條例：原理和應用」（*Natural Monopoly Regulation: Principles and Practice*）（Cambridge: Cambridge University Press, 1988）。把尖峰負擔的訂價法用在高速公路的典型作法可見於 Herbert Mohring「提高報酬和價格限制下的尖峰負擔問題」（The Peak-load Problem with Increasing Returns and Pricing Constraints），美國經濟評論（*American Economic Review*），Vol. 60，No. 4，1970 年 9 月，第 693-705 頁。也可見 A. A. Walters「以需求作為機率分配的聯合成本分配」（The Allocation of Joint Costs with Demands as Probability Distributions），美國經濟評論（*American Economic Review*），Vol. 50，1960 年，第 419-432 頁。

2. 這章的討論是假設，來自使用者的收入所涵蓋的成本是內部的，而非外部的成本，至於來自外部成本的補貼問題則在第十四章討論。

3. 這項看法原來是根據要拋棄此運輸網而以同樣的技術創立另一個運輸網。見 Gerald R. Faulhaber「交叉補貼：公共事業的訂價」（Cross-Subsidization: Pricing in Public Enterprises），美國經濟評論（*American Economic Review*），Vol. 65，第 966-977 頁。由於沉沒成本在運輸成本中具主控地位，所以這對運輸固定設施的問題而言不是有效方式，而是應該根據強迫運輸網之外的族群負擔成本來看待孤立成本。

4. 結果造成不容易以數學來看待選擇成本極小化運輸網的問題。Marshall W. Bern 和 Ronald L. Graham 為此問題的計算複雜性作了簡易的摘要「最短運輸網的問題」

（The Shortest-Network Problem），科學的美國（*Scientific American*），1989 年 1 月，第 84-89 頁，這章所舉例子的格局很小，然而，它的簡單讓我們可以嘗試所有建造運輸網的可能方式，然後選擇成本最低的一種。

5. 無補貼訂價理論和競爭性市場的理念息息相關，見 William Baumol, John C. Panzar 和 Robert D. Willig「可競爭市場和產業結構理論」（*Contestable Markets and the Theory of Industry Structure*）（New York: Harcourt Brace Jovanovich, 1982），在這結構下，沒有區分長期和短期，因此把產出和投資決策混在一起。在決定運輸固定設施時，這項假設顯然不當。

6. Kenneth A. Small, Clifford Winston 和 Carol A. Evans「道路工程：新的公路訂價法和投資政策」（*Road Work: A New Highway Pricing and Investment Policy*）（Washington, D. C.: The Brookings Institution, 1989）。

7. 儘管這章的分析似乎主張在決定最適價格時要斟酌長期成本，但是沒有經濟學上的理由要根據長期的邊際成本而訂價。見 John W. Jordan「容量成本、異質使用者和尖峰負擔的訂價」（異質使用者和尖峰負擔的訂價模型）（Capacity Costs, Heterogeneous Users, and Peak-Load Pricing）（Heterogeneous Users and the Peak-Load Pricing Model），經濟季刊（*Quarterly Journal of Economics*），Vol. 100，No. 4，1985 年 11 月，第 1335-1337 頁，以及 William Vickrey「在尖峰負擔訂價法下，根據長期成本而訂價的謬論」（異質使用者和尖峰負擔的訂價模型）（The Fallacy of Using Long-Run Cost for Peak-Load Pricing）（Heterogeneous Users and the Peak-Load Pricing Model），經濟季刊（*Quarterly Journal of Economics*），Vol. 100，No. 4，1985 年 11 月，第 1331-1334 頁。

8. 這個名詞是來自 G. W. Douglas 和 J. C. Miller III「航空市場的品質競爭」（Quality Competition in the Airline Market），美國經濟評論（*American Economic Review*），Vol. 64，No. 4，1974 年 9 月，第 657-669 頁。

9. 舉例，見 Willig Robert D.「Pareto 優秀的非線性支出計畫表」（Pareto Superior Nonlinear Outlay Schedules），Bell 經濟學刊（*Bell Journal of Economics*），Vol. 9，1978 年，第 56-59 頁。對於非線性訂價方案的一般問題，見 S. J. Brown 和 D. S. Sibley，公用事業的訂價理論（*The Theory of Public Utility Pricing*）（Cambridge: Cambridge University, 1986）。

10. 對於其他的可能性，見 Susan S. Hamlen, William H. Hamlen 和 John T. Tschirhart「評

估聯合成本分配方案時，核心理論的應用」（The Use of Core Theory in Evaluating Joint Cost Allocation Schemes），會計評論（*The Accounting Review*），Vol. 52，No. 3，1977 年 7 月，第 616-627 頁。

11. Philip Fanara Jr. 和 Curtis M. Grimm「孤立成本：決定美國最高鐵路費率時的使用與誤用」（Stand-Alone Cost: Use and Abuse in Determining Maximum U.S. Railroad Rates），運輸研究（*Transportation Reasearch-A*），Vol. 19A，No. 4，1985 年，第 297-303 頁。

12. Ramsey 訂價法的名字來自 William J. Baumol 和 David F. Bradford「背離邊際成本訂價法的最適方法」（Optimal Departures from Marginal Cost Pricing），美國經濟評論（*American Economic Review*），Vol. 60，1970 年，第 265-283 頁。最近在運輸學上，對 Ramsey 訂價法有著理論性貢獻的是 Richard Arnott, Marvin Kraus「易擁擠的設施之 Ramsey 問題」（The Ramsey Problem for Congestible Facilities），公共經濟學期刊（*Journal of Public Economics*），Vol. 50，No. 3，1993 年 3 月，第 371-396 頁；Kenneth E.「火車，最適管制：自然寡占的經濟理論」（Train, Optimal Regulation: The Economic Theory of Natural Monopoly）（Cambridge, Mass. and London: MIT Press,1991）；Tae Hoon Oum 和 Michael W. Tretheway「具有外部成本時的 Ramsey 訂價法」（Ramsey Pricing in the Presence of Externality Costs），運輸經濟學和政策期刊（*Journal of Transport Economics and Policy*），Vol. 22，No.3，1988 年 9 月，第 307-317 頁。一些把 Ramsey 理論實際應用到運輸業的近期作品是 Burce W. Allen「在運輸業的 Ramsey 訂價法」（Ramsey Pricing in the Transportation Industries），運輸經濟學的國際期刊（*International Journal of Transport Economics*），Vol. 13，3，1986 年 10 月，第 293-330 頁；Henry McFarland「在下游獨占性力量和管制條例下，生產投入的 Ramsey 訂價法：在設定鐵路費率的應用」（Ramsey Pricing of Inputs with Downstream Monopoly Power and Regulation: Implications for Railroad Rate Setting），運輸經濟學和政策期刊（*Journal of Transport Economics and Policy*），Vol. 20，No. 1，1986 年 1 月，第 81-90 頁。Sylvester Damus「美國鐵路業的 Ramsey 訂價法：可以生存嗎？」（Ramsey Pricing by U.S. Railroads: Can It Exist?），運輸經濟學和政策期刊（*Journal of Transport Economics and Policy*），Vol. 18，No. 1，1984 年 1 月，第 51-62 頁；以及 Steven A. Morrison「在不擁擠機場的降落費用結構：Ramsey 訂價法的應用」（The Structure of Landing Fees at Uncon-

gested Airports: An Application of Ramsey Pricing），運輸經濟學和政策期刊（*Journal of Transport Economics and Policy*），Vol. 16，No. 2，1982 年 5 月，第 151-159 頁。

13. 在一般的運輸業，不同運輸方式的價格會影響其他人的需求，這時 Ramsey 公式就顯得複雜許多了，見 Ronald Braeutiam「跨運輸方式競爭下的最適訂價」（Optimal Pricing with Intermodal Competition），美國經濟評論（*American Economic Review*），Vol. 698，1979 年，第 38-49 頁。

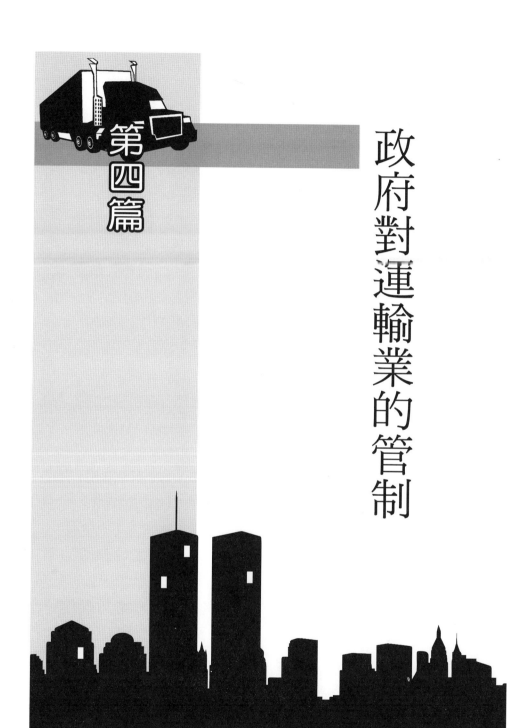

第四篇

政府對運輸業的管制

第十二章

運輸業的市場權力

政府傳統上都把管制的焦點放在市場權力，而最早期的管制幾乎都是針對運輸而來。隨著廣泛地對運輸解除管制的同時，人們在探討管制對產業的一般效果時，都會再次以運輸業作為例子。

回首整個運輸管制的歷史，到底市場權力對運輸的影響程度多少，旅客、貨主、業者與地主的觀點都不同。若要瞭解市場權力的管制對運輸業的效果，確定好我們的觀點是很重要的，這樣我們才能同意應該如何瞭解市場權力，並且要能明察秋毫，在此我們將會舉特定的市場權力例子。

純固定設施壟斷
（A PURE FIXED FACILITIES MONOPOLY）

收費橋不算是運輸方式，而只能算是被其他運輸方式所利用的固定設施。但是收費橋的確把服務賣給車輛駕駛者，而且即使使用這座

橋的車輛沒有市場權力，收費橋還是有可能有著市場權力。要瞭解固定設施如何取得市場權力，收費橋就是一個特別簡單的例子，因為它不像道路或飛機航線，也就是它不被整合在運具的營運當中。

要分析美國產業在無管制下的壟斷行為，是困難重重的，因為並沒有純壟斷的例子出現過，而只有一些受到專利權或執照授與的保護情況而已。同樣的，也沒有任何不受管制的運輸業者具有壟斷的形勢，或壟斷的收費橋不受管制的例子。所以我們舉的例子只能假想，一個沒有受到政府任何管制的收費橋會如何經營。我們所舉的例子是在密西根北部的麥可諾橋（Mackinac Bridge），這座橋是連接密西根北島、南島的唯一道路。對於往返於南北島的旅客或貨主而言，若不想經過這座橋，就只能靠飛行，或沿著密西根湖經由芝加哥，至少再多開 500 英里才行。由於這座橋並沒有什麼實際的替代道路，所以麥可諾橋當局對於南北島之間的旅行或貨運具有壟斷力量。尤有甚者，這個壟斷性是絕對安全可靠的，因為沒有其他適當的位置可以建造另一座橋，所以它是典型壟斷的例子。但是由於這座橋是屬於密西根州麥可諾橋當局，而非私人公司所有，所以追求利潤極大化的意願會受到約束。現在橋當局對每輛小客車收取 1.5 美元（每多一個輪軸多收 1.0 美元；大卡車收更多）。此過橋費是根據州議會的建議而設立的，而建造此橋的基金就是向州議會貸款來的。一開始對客車收取的費用是 3.75 美元，不過就和一般籌措建橋費的方式一樣，一但付清建橋費後，過橋費就降了。

在 1956 年建橋的成本大約是 15,000 萬美元，而且它是世界上最長的吊橋之一，由於整年任何時間都不會塞車，所以不能奢望透過擁塞通行費來籌措建橋費。受到嚴寒下雪天氣的影響，此橋需要定時維修，車輛通行造成的折舊成本或交通控制成本很小。簡而言之，通過此橋的機會成本為零。在人口稀疏的北島，居民以此橋作為連結美國

其他地區的主要道路。北島的主要經濟活動是觀光事業，還有一些數量有限、和森林有關的產業。通過此橋的主要貨物包括運到北島的居民日用品和運到南島的森林物產。大部分的過客是地方居民或旅客，基本上並沒有巴士出入其間。

 ## 典型簡易的壟斷訂價法（Classic Simple Monopoly Pricing）

　　想像一個嚴格遵循利潤極大化原則的私人公司，會如何以不同的方式來經營這座橋，這是個有趣而且益智的課題。圖 12.1 顯示的是過麥可諾橋的假想需求曲線。如果這是真的需求曲線，則分析壟斷行為的傳統說法是，私人公司會把過橋費漲到 5.00 美元，而把過橋人次減至 2 百萬人次。我們可從邊際收益曲線（意即作了必要的降價調整，因而多吸引一個人過橋時，所增加的收入）得知，在此點橋樑擁有者的收入達到極大（利潤也是極大，因為所有的成本假設都是固定的）。因為在 2 百萬人過橋時，邊際收益為零。利潤極大化下的總收益是 1 千萬美元。如果價格降到低於 5.00 美元，所增加的過橋收入無法彌補降價造成的損失。如果價格高於 5.00 美元，所提高的價格也無法補償過橋人次減少所損失的收入。

　　至於合乎效率的價格就和利潤極大化的價格大不相同了，合乎效率的價格等於過橋的機會成本，基本上是 0。因此過橋人次是 4 百萬。來自過橋的總利益是需求曲線下面的區域，也就是 10 美元 × 4/2 = 2 千萬美元／一年。然而，橋樑的擁有者若收取壟斷價格，只能拿到這其中的 1 千萬而已，而壟斷者無法奪取的消費者利益來自二部分：需求曲線下面、5.00 美元價格線上面的部分，這是消費者剩餘。另一部分是在 2 百萬過橋人次右邊、需求曲線下面的區域，這是壟斷價格的淨損失。淨損失是純無效率的，它們代表那些潛在使用者不願意付過

橋費,所以沒有得到服務(在零成本)的價值。這兩部分各是 5 百萬美元。理性的廠商會努力找出方法來捕捉這兩個利益區域,以成為自己的利潤,而經營者所能施行的方式是把單一價格制度,改成比較複雜的價格結構。

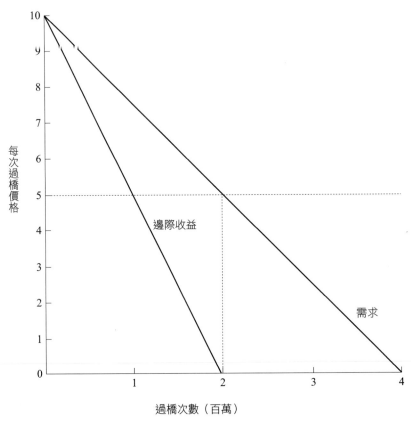

圖 12.1　簡單的壟斷訂價法

市場區隔訂價法（Market Segmentation Pricing）

　　對相同產品索取不同的價格稱作差別訂價。由於商品可以轉賣，所以對大部分的商品而言，差別訂價是不可行的。例如，鋁的壟斷供給者無法以不同的價格對不同的消費群賣同一等級的產品，因為那些以低價買得的人可以把那些商品賣給被製造商收取較高價格的人。為了能成功地差別訂價，販賣商必須能夠控制市場。起碼他必須能夠評估買方的需求，而且能夠把以較高價格出售的那部分產品，和預期只能得到低價的那部分產品區隔開來。他也必須能夠防止那些以低價賣出的那部分產品替代應該取得高價的那部分產品。若要從事差別訂價，運輸公司是處於絕佳位置的，因為要找到某種消費者的特性作為需求水準的指標，一般而言是有可能的，而且因為這種服務不能儲存，所以也不可能轉賣；因為產品（過橋）需要被那些過橋的人立即消費才行。

　　有人可能會推測：對於像麥可諾橋公司這種壟斷者而言，要使用何種指標來區別他的消費者。其中一種可作為指標的特性是：消費者是地方居民、還是來自本州或外州遠方的觀光客。地方居民過橋的頻率比較高，但是對過橋費的反應也比較大。至於觀光客，過橋費只不過占整個度假成本的一小部分而已。如果過橋費漲到 10.00 美元，還是不可能對他們是否要到北島度假的決策具有舉足輕重的地位。可是相對的，如果過橋費漲到 10.00 美元而非 1.50 美元，地方居民可能會巨幅減少過橋購物或休閒娛樂的活動。圖 12.2 的二條需求曲線解釋了上述的邏輯。左圖是一般觀光客過橋的需求曲線，而右圖是則是地方居民的需求曲線。❶由於上述的理由，觀光客的需求曲線比一般地方居民的需求曲線還陡，而地方居民的需求曲線比觀

光客延伸到更右邊。在利潤極大化下，居民的價格是 2.50 美元，遠比觀光客的 10.00 美元低得多。實現這種差別訂價的可能方式是，以觀光客的價格作為標準價格，然後地方居民可以藉由出示具有居住證明的通行證，而得到過橋的折扣。

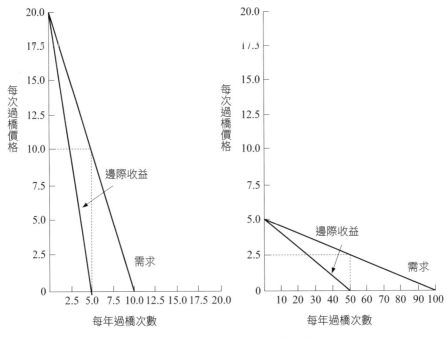

圖 12.2　市場區隔的差別訂價

　　麥可諾橋公司還可用其他的指標來區隔市場：例如週末過橋的人大多數是觀光客，所以他可以在週末收較高的價格，而在平日收較低的價格。或者他也可以在比較不便過橋的時間索取較低價格，因為那些願意延遲到不便時間才過橋的人有較高的價格敏感度。他還可以事前在地方報紙宣布，將在每週的某一天收取低廉的過橋費，這時市場會自我區隔，因為只有那些願意花時間、金錢，搜集必要消息的人，

才知道何時過橋費比較便宜。橋公司也可以在地方報紙登出折價券，因為他知道只有那些對價格敏感的人才會花時間找折價券。

　　所有的這些市場區隔的技巧，都被經濟學稱作第三級差別訂價。這些技巧幫助橋公司得以獲得為過橋所願意付的總金額之一部分。而這部分在只收取單一壟斷價格時，會因為淨損失而浪費掉，或者被使用者保留著而成為消費者剩餘。然而，追求利潤極大化的私人橋公司可能仍不滿意這些方式，而尋找其他技巧以獲取更多的總利益，因為即使施行了第三級差別訂價，仍然有淨損失，而消費者仍然保留了一些消費者剩餘。

二段稅率（Two-Part Tariffs）

　　理性的壟斷者會找出方法來增加總利益，為此他需要改變訂價技巧。回到圖 12.2 可以很容易算出，一般遊客過橋所獲得的最高總利益是 100 美元，而一般地方居民過橋所獲得的最高總利益是 250 美元。橋公司的目標是要從每個人身上拿到這個金額。如果它能夠做到，它就能夠獲取所有的消費者剩餘，同時消除壟斷價格造成的無效率。這很容易辦到，只要對地方居民發行固定年費 250 美元的通行證，讓其可以無限制次數的過橋，而讓遊客購買年費 100 美元的通行證即可。

　　若想把社會利益轉換成橋公司的利潤，提供過橋的年通行證是有效率的作法。它和所謂的第一級差別訂價（First degree discrimination）有相等的效果。在第一級差別訂價下，對消費者索取的價格是消費者為每單位的消費所願意付的最高金額。

　　這並不像簡單的市場區隔訂價法，因為如果橋公司可以賣年通行證，地方居民的年費將比觀光客高很多。為了讓這個辦法可行，橋公司可能需要提供二種不同的通行證：每年 250 美元的年通行證，以及

每週 25 美元的週通行證。為了使通行證得到青睞,橋公司必須提高單次的過橋費,漲幅高到讓只有少數人選擇不買通行證。橋公司也可以對老年人或窮人提供較低價的通行證,以進一步區隔市場。若想利潤極大化,這種把第一級和第三級差別訂價結合起來的方案是有必要的。私人麥可諾公司可能需要嘗試數種對不同族群收取不同過橋費、通行證的組合,直到他找到能囊括最多收入的組合為止。

促銷與搭售(Promotions and Tie-Ins)

積極的橋公司不可能只是被動的接受現有的需求曲線,作為訂價基礎。他同時也想操縱需求曲線。這樣的企圖可以從在觀光客居住的地區打廣告,以促進他們過橋旅遊的意願開始。但是因為橋公司的事業和橋兩端旅遊地點的吸引力息息相關,所以橋公司可能會積極的參與橋兩端地區的發展,使得過橋人數達到極大。其中一種可以嘗試的辦法是,設法讓購物與服務業都只在橋的某一端發展,例如,這端需要傢具的人,必須到橋的另一端才買得到,而那端需要買車子的人也必須過橋到這端才行。

更可行的辦法是,橋公司積極的參與這塊土地的發展,鼓勵地主創造旅遊勝地,以吸引橋另一端的觀光客。橋公司甚至可能買大片土地,自己發展這塊土地,以吸引那些會過橋、而非搭飛機前來的觀光客。

或者,橋公司也可以和地方居民合作發展土地,使過橋需求達到最大。他也可以成立發展顧問公司,以提供潛在發展者一些建議和行銷分析。若要進一步促銷,橋公司還可能採取搭售的促銷計畫,讓度假點的擁有者在提供旅遊套裝計畫時,也把過橋證包含進去。橋公司可能會堅持旅遊業者要把這項搭售計畫提供給度假點的所有消費者,

而不讓消費者有選擇性。實際上，提供這種搭售計畫可能會促使橋公司進一步提高過橋費，讓那些不願參與聯合促銷計畫的旅遊業者發現到自己所處的劣勢地位，因為他們的消費者必須付漲價過的通行費，而競爭對手所服務的消費者卻不必。橋公司和每位地主在談判聯合搭售計畫的價格時，也會以這種情勢作為籌碼。

地主和橋之間的搭售促銷雖然頗具魅力，但對地主來說卻是陷阱重重。因為聰明的橋公司可以用這種搭售計畫，對那些需要過橋才能進出的區域，囊括所有的地租：對那些經營很好的旅遊地擁有者，收取高的搭售促銷價格，而對那些在事業邊緣掙扎的地主，則收取低價；發展顧問中心也可能花大把時間，盡量評估對每位地主所能收取的最高費用，且此高價又不致讓他關門大吉。如果一些旅遊地不會帶來足夠的過橋人潮，橋公司也可能乾脆不和那些旅遊地擁有者實行搭售計畫。

這種能控制某土地或財產進出的能力，讓那些能控制出入的人擁有很大的經濟權力（economic power）。經濟權力能讓橋公司左右當地的商業條件，而對此地區的地主與居民的生活有著舉足輕重的影響力。如果橋公司成功的達到它想要的利潤極大化，則最終所有必須由橋出入其間的地區，其隱含地租都被移轉到橋公司，也就是，所有橋的利益都歸此壟斷者所有。

還有一種情況是，促銷和聯合搭售的計畫施行後，橋帶來的總利益提高了。和橋未移交私人所管的時候比起來，現在的過橋人次可能會因較低的邊際過橋費而提高，而且在橋公司積極的促銷下，這個地區的經濟發展會更發達。但是地方企業的生存卻得依賴和橋公司每年的談判是否有利而定。回顧歷史，這種控制私人決策自由的作法，會引起地方居民和地主採取行動來保護自己免受橋公司的欺凌。

經濟學家的建議（Economist's Advice）

在橋公司發展至此之前，可能已經有人開始設法抑制橋公司的經濟權力，因為地主和地方居民不可能願意把他們的福利交由私人公司決定，自己卻沒有控制權。差別訂價的能力，以及因此把橋的利益移轉到橋公司的事實，顯然都是壟斷力的表徵，而此壟斷力是需要受到約束的。如果技術上可行，地方居民可能會設法組織公司，來建第二座橋與之競爭，讓他們得以擺脫受橋公司左右的命運。不過這顯然在技術上不可行，所以，他們還可能興起渡船事業，並且改善航空服務。

地主和地方居民也可能設法利用法規、公共所有權或其他方法來限制橋公司差別訂價的能力。若把政府干預的可能性考慮進來時，可能需要專業的經濟建議來評論地方居民的抱怨是否正當。經濟學家到底怎麼說？

從嚴格的效率分析角度來看，經濟學者會根據是否達到最適過橋人數的準則來裁奪。經濟學家會認為，以允許人們無限制過橋的通行證來取代單次過橋費時，過橋的邊際價格為零，因而促進了此資源的有效率使用。實際上，和汽車每次通行都得繳納過橋費的時代相比，年通行費是更有效率的作法，因為在此通行系統下，會有更多車輛通過這座橋。經濟學家甚至還會進一步提出，為了預防過橋者受到其他人的交叉補貼，同時如果橋公司要收取合乎效率的價格，則至少必須使用一些差別訂價來拿回它的固定成本。此橋在技術上是自然壟斷的（natural monopoly），因為平均成本曲線從頭到尾都隨著市場的擴張而下降。所以只由單一供給者提供服務，是滿足需求的最便宜方式。

若引進渡船服務來和橋互相競爭，可能會受到經濟學家的批評，因為橋的容量仍大於過橋人次，若以昂貴的渡船運送旅客，是一種浪

費，因為這些旅客本來可以用過橋，無額外社會成本的方式到彼岸。當地社區若只使用橋，而不引進第二種運輸方式時，可以用更便宜的方法來滿足運輸需求。簡而言之，經濟學家會完全站在橋公司那一邊，而且也許還會額外指出：橋公司已經盡力促進經濟的發展，而且過橋人次也因橋的私有化而增加，這顯示出資本已得到更充分的利用，因而帶來比以前更大的利益。當然了，住在橋附近的人可能會因為必須買昂貴的年通行證而更窮，或旅遊業者必須和橋公司合作，把通行證賣給消費者而減少了收入，但是經濟學家可能會認為，租金轉移到橋公司的問題，僅是所得重分配的議題，至於所得重分配的議題，經濟分析並沒有特別的看法。

 設施的評價（The Valuation of Facilities）

　　毫無疑問的，上述的建議並不能讓那些受到橋公司經濟權力所困擾的人滿意，因為居民擔心的是私人自由帶來的經濟權力，而經濟學家的建議卻只根據效率的效果來考量。橋公司多少有能力控制這地區商業的死活，這就是經濟權力，而且即使這經濟權力受到巧妙運用，仍然受人憎惡。傳統上，美國人一直對經濟權力集中在私人手裡的情況，疑慮重重，而且期待政府保護他們，不受經濟權力濫用的危害。

　　不過，重要的是要知道，人們譴責橋公司是壟斷者，不是因為橋公司經濟上的無效率，而是因為橋公司能夠控制地方居民的生死。因此經濟學家以嚴格的效率分析來裁決最適情況時，可能並沒有碰到這些抱怨的核心。不過在討論管制的過程中，這種情況是很典型的，也就是人們在乎的是經濟權力的運用，但是根據公共利益的角度看事情時，卻是以經濟效率的觀點來思量。

　　橋公司的對抗者可能會還擊經濟學家的主張，認為雖然橋公司有

資格取回它的固定成本，可是這並不能作為它採取差別訂價到這種程度與範圍的正當理由。在這點，討論焦點可能又回到橋公司有資格收取的最小收入是多少的問題。筆者認為，除非橋公司賺取的是壟斷的利潤，否則人們不能抱怨它的經濟權力——也就是，收入超過成本很多，顯然才是壟斷行為的表徵。但是到底多少收入算是太多？從第十一章的無補貼訂價法得到的答案是：從使用者身上得到的收入至少等於為了作為運輸用途而維護橋的年機會成本。這些機會成本也含維修和折舊成本，以及為了促使橋的擁有者繼續把橋作為運輸用途，而不挪作次佳用途時所需的支出。

但是建橋的所有費用都是沉沒的：橋根本沒有非運輸的用途。因此反橋團體會主張：私人公司獲取的合理收入應該只是年維護成本，以及折舊成本，而沒有資本的投資報酬收入。經濟學家不得不承認上述說法是正確的。現在有兩種情況：一種情況是，把財產擁有者取得的總利潤移轉到橋公司。另一種主張是，不讓橋公司得到任何的投資報酬，使它的財產充公。只要過橋的邊際價格為零，上述兩種情況都符合經濟效率的。

如果反橋團體想要他人支持下述主張：橋公司的經濟權力需要受到政府約束，對它的收入設限，那麼可以採用一條有名的準則：「合理的價值有合理的報酬」（fair return on fair value）。合理的報酬通常大約等於資本的市場報酬。但是橋的合理價值是多少？以下是一些可能的估價方式。

機會成本（Opportunity Cost）

如前面所述，橋的機會成本是指橋在次佳用途的價值。根據機會成本，橋公司需要賺到的最低收入是稍微高於維護和折舊費用的金額，因為這樣才能促使公司繼續營運，而不是把橋拆了賣掉。把橋的

價值定在機會成本，相當於是把它的價值充公。

　　有人會反對把橋的價值設在等於機會成本，而把橋的商業價值沒收給當地社區，因為這樣會把未來的投資計畫嚇跑。如果當地社區有把握這項投資是獨一無二，而且未來再也不需要任何種類的投資時，那麼這種防止橋公司賺取投資報酬的作法，才不會受到報應。然而，很少地區會希望投資者因為擔心資金的損失而不敢投資。為了持續未來投資的可能性，制定法規者當然會讓橋的擁有者從橋的正價值中收回報酬。

市場價值（Market Value）

　　橋的市場價值是，橋的擁有者從此資產所能賺取的利潤折現值。因此橋的估價須視橋的擁有者能賺取多少收入而定。以合理價值有合理報酬的角度來看，如果合理的價值是以市場價值而論，則這項標準的邏輯是陷入循環當中的。例如，若以最大獨占利潤的折現值來評估橋，表示收取壟斷價格的橋擁有者從此資產的價值所賺取的也只不過是市場報酬罷了。實際上，不管如何制定橋的價格，橋的市場價值總會調整到保證市場價值有市場報酬。而且，政府為了儘可能減輕納稅人的負擔，所以在出售民營化的資產時，為了儘可能取得最高價格，通常會把設施賣給能夠壟斷經營此設施的買主，而不把設施賣給數家廠商來互相競爭，因此政府通常把資產價值的壟斷利潤資本化。在橋公司的情況，如果橋的價值是取決於壟斷經營下的容量收入，而且如果允許此公司對此資產賺取正常報酬率，則立法者不會理會那些抱怨過路費過高的人們。

折舊原來的建造成本（Depreciated Original Cost）

　　這是橋在會計帳上的價值，而且易於計算。資產若是在許多年

前，也就是在勞力、設備和原料成本都比現在便宜許多的時代建造的話，那麼在通貨膨脹的時候，這種方法很容易低估資產價值。此外，因為會計師所用的折舊法因人而異，所以更不可能代表被低估的建橋資源在經濟學上的折舊值。以原來資本成本的折舊值來評估資產，將讓橋的擁有者無法享受資本利得，可是人們若持有可在開放市場自由買賣的類似資產，卻自然都能享有這些資本利得。所以在通貨膨脹的時代，以原來成本的折舊值作為資產價值，將讓消費者獲利不淺（實際上，把為籌措建橋成本而發行的債券付清後，如前面所述，橋的帳面價值是零）。

替換成本的折舊（Depreciated Replacement Cost）

由於原來成本的折舊值顯然低估了資產價值，所以我們還可以用橋當前的替換成本來估價。如果技術在多年來沒什麼改變，則這種估價的計算沒什麼困難。只要把各類的勞力、原料、土地價值全列出來，不要用 1956 年的價格，而以當前價格來估算即可。然而，這種技巧很快就變得不切實際，因為技術總是日新月異。如果 1956 年後，橋的興建有了新原料或新的方法（或如果找到更適合建橋的地點），計算的工作就變得很複雜了，因為經濟價值通常是根據以最低成本的方式來滿足需求為基礎──也就是，基於當前最好的技術來評估經濟價值。在技術發展一日千里的時代，若要計算橋的替換成本，可能需要完全重新設計這個工程。首先要計算以最適技術建橋的成本，然後根據橋現在的年齡，以折舊法來算出價值。儘管計算上有困難，折舊後的替換成本估算法仍是經濟學家在評估資源的價值時最喜好的技巧，因為它最接近機會成本的概念。這也可能是經濟學家在決定橋公司可以收取的最低收入時，所建議的價值。

分配固定成本（Distributing Fixed Costs）

　　但是決定了橋公司被准許賺取的收入金額，只是問題的第一步。第二步是如何把所需收入的來源分配到地方居民和觀光客之間。如果只准許橋公司透過過橋費而非年通行證來獲取收入，而且如果同一類的顧客過橋費都一致，則強有力的 Ramsey 法則可用來決定收入來源的分配，需求彈性愈高的顧客群會被收取較低的價格。但是如前一章所提的，在運輸業很少需要以這種方式來限制價格的選擇，所以沒有必要接受 Ramsey 訂價法裡隱含的無效率。大部分的運輸公司都能夠有效地追蹤消費者的購買行為，所以他們能夠收取等同於兩段式稅率的價格。採取兩段式稅率，就有可能在維護財務健全的同時，讓設施達到有效率的使用。

　　假設橋公司使用了年通行證或其他種類的兩段式稅率，則關於應該如何設立年通行證價格的問題，經濟學家很少提出建議。因為刪除其中一類的消費者，並不能節省固定設施成本，所以無補貼訂價法也無助於上述的分配問題。如果橋公司透過賣年通行證給觀光客，就能得到所有的收入要求，而無須對地方居民收費，則這作法是有效率的。若與上述相反的情況是可行的（假設年通行證便宜到不會阻礙任何潛在使用者的購買），則也是一種效率的作法。我們需要有人為橋付費，但是經濟準則卻不能告訴我們到底是誰該付！

　　這種情況和立法者基於公平性而立法，以解決三方的爭議是類似的：橋公司、地方居民和觀光客。法條必然會引導立法者尋求對三方都公平的解決辦法。以這裡的例子來說，有多種評估橋的方法、也有多種把收入來源分配於地方居民和觀光客之間的辦法，而且都符合經濟效率和無補貼訂價法的準則，所以立法者有很大的自由可以基於公

平準則來訂價（在比較複雜的運輸路網，符合經濟準則的價格範圍比較窄，因此立法者所定的價格容易帶來各種的無效率）。

瞭解與控制市場權力
（RECOGNIZING AND CONTROLLING MARKET POWER）

　　小公司和個人會看到市場權力施威的可怕，而大公司卻視而不見，這是很自然的現象。如前面所述，那些擔心市場權力的人是因為在乎私人自由的任意運用，以及地租的移轉問題。如果公司確實有市場權力，那麼該如何判斷它是否真的施行市場權力來損害這個經濟；或者，我們如何知道某價格結構是否符合效率和無補貼訂價法的準則。

　　若某運輸價格等於運輸的機會成本時，這種價格是合乎經濟效率的。尤其當它是指消費者在決定是否要多運一次貨，或多從事一次旅行時，能讓使用者面對的是等於邊際成本的價格。但是無補貼訂價法也可能會要求額外對使用者課徵某定額稅，以給付固定設施的成本。本章的下一部分將要形容這些原則如何應用到不同的運輸方式，以及競爭力能被賴以產生效率和無補貼訂價結構，而不須政府管制的程度是多少。

完全整合的營業者：鐵路業者
（Fully Integrated Operators: Railroads）

　　在鐵路受到非常嚴格管制的時代，容易看到矛盾的現象：在貨主抱怨鐵路壟斷力量的同時，又看到鐵路業者卻連資本的正常投資報酬率都賺不到。不過這種矛盾並未切中要領。鐵路運輸是唯一完全整合

的運輸方式，因為個別業者擁有運具、固定設施而且還提供服務。這個整合性使鐵路運輸在訂價上有很大的自由度——比其他運輸方式都大。但是這個自由度就是我們在討論麥可諾橋公司時，討論公共控制的核心。這可能就是在國內的運輸方式中，為何只有鐵路運輸目前仍受到經濟管制的原因。

在分析鐵路市場權力的第一步，是要衡量個別使用者所引起的成本。就和其他任何運輸服務一樣，對鐵路消費者收取的合乎效率價格等於，提供鐵路服務的機會成本。市場權力會導致價格高於效率水準下的價格。我們可以把擁有固定設施的機會成本、擁有運具的機會成本、以及運輸過程處理貨物與旅客的機會成本全加起來，而得到總機會成本。當根據機會成本而收取的價格不敷營運的全部成本時，就需要搬出第二種準則，無補貼訂價法了。這種訂價準則的涵義將在下段討論。

分配火車成本（Allocating Train Costs）

把火車成本分配給個別車廂的方式，就如第十一章，把飛機飛行成本分配給個別旅客的方式是一樣的。就和飛機成本一樣，使用者的成本也必須包含在計算之內。火車額外運載一節車廂的機會成本是，多運送這節車廂和未運送這節車廂下，此系統全部營運成本的差額；例如，多了這節車廂，拉這節車廂所需的額外燃料，以及像是栓車輛和解開車輛的時間等。不過，可能更重要的成本是，多運一節車廂使得別的貨主需要額外的運送時間。這等同於擁塞成本，所以這成本應歸之於這節車廂。火車愈長，每節車廂引起的擁塞成本就愈高。這些邊際擁塞成本，應該對那些延誤別人貨物遞送時間的貨主收取。

就和飛機的情況相似，每當火車多載一節車廂，擁塞成本就會不斷增加，直到用二列比較短的火車比用一輛長火車運送還便宜為止。

有效率的火車營運是指，讓價格等於多增加一輛車廂所造成的機會成本，使得每天行進的火車數量能使成本達到最小。就和飛機的情況一樣，這並不保證擁塞成本的總額會等於火車行進的機會成本。實際上，更有可能的是，有效率價格的總合會不等於（一般是小於）來自每位使用者合乎效率的給付總額。這時候，就得搬出無補貼訂價法了。無補貼訂價法要求，若從這個運輸系統消除任何一類的使用者，都不能減低剩餘使用者必須給付的成本。也就是，每輛火車的使用者至少必須付營運此火車的機會成本。這是無補貼訂價原則對價格設置的許多限制之一。如前面所提，要額外收取必要的固定金額，可以對每位使用者收取某固定稅額，不過無補貼訂價法不可能明確指出，到底每位貨主該付多少火車成本。也就是，此法則有可能決定出，某特定火車的某使用族群除了付擁塞通行費，還應該付 1,000 美元。但是不可能告訴我們該如何把這 1,000 美元打破，讓個別使用者來分攤。只要成本的分配不會引起任何使用者決定不用火車運輸，那麼任何分配顯然都是合乎經濟原則的。

分配鐵軌成本（Allocating Track Costs）

火車鐵軌往往用來把許多商品運到不同地方。在世界上大部分國家，鐵軌主要是載貨和載客火車行駛其上。至於鐵軌的成本問題是，如何把擁有鐵軌的成本分配到每張票或分配到使用鐵軌的每次運輸上。我們很難算出某次運輸，或某旅客對鐵軌所造成的折舊費用，而來直接分配鐵軌的成本。所以我們必須使用那些我們所熟悉的技巧，擁塞訂價法和無補貼訂價法，來處理這個問題。

大部分美國鐵軌的使用量並未達到飽和，也就是可能每天每個鐵軌都能夠通行更多火車。儘管如此，在大部分的情況下，若同時有一輛以上的火車使用同一個鐵軌，則容易降低駕駛速度，若雙向都是使

用單軌系統，則情況更是明顯。這樣的經營需要其中一輛火車在一邊等著，讓前來的火車得以通過。鐵軌愈擁擠，火車必須在一旁等的頻率就愈高，因此平均通行的速度就愈慢。而這項邏輯與我們在探討對私人客車收取擁塞通行費時的邏輯類似。一輛火車的操作邊際成本曲線看起來就和畫汽車時一樣。若能夠從單軌和雙軌中選擇一個，則這個邊際成本曲線圖看起來就和第十一章，航空公司可以在每天的同一時段，選擇要一個班機，還是兩個班機的圖很像。在客運和貨運列車共用鐵軌的情況中，貨運列車的擁塞通行費必須包含降低客運列車速度，以及其他貨運列車速度的懲罰成本。有效率的擁塞訂價法會鼓勵那些使用擁擠鐵軌的貨運列車選擇在讓客運列車誤點較少的時間行駛，或乾脆選擇沒有客運列車的路線。

就和固定設施徵收擁塞通行費的所有情況一樣，它並不保證從擁塞通行費徵得的收入會等於為運輸而維護此設施的機會成本。對某特定鐵路路線徵收的擁塞通行費大致等於為了保持良好的經營狀況每年所需的工資和設備成本，加上為了此土地不能作為其他用途的補償費。這條路線的交通量愈小，擁塞通行費就愈低，也就愈不可能涵蓋這條路線的機會成本。就如同本章在討論其他種運輸方式時一樣，為了確保能夠從使用者身上拿到固定設施的所有機會成本，必須要用到無補貼訂價準則。

價格沒有受到交叉補貼的情況是指，每一位使用者和每一類使用群都必須付出(1)至少和服務的機會成本一樣大的金額，以及(2)此金額不會大於只服務這位使用者，或這類使用群時的運輸路網的最低營運成本。在第十一章所延伸的例子中，我們可看出無補貼訂價法的成本分配是不明顯的，因為成本的分配得根據某特定使用者或某特定使用群從此系統中除去時，營運成本的變動多寡而定。在某些情況，刪除使用者得以讓此系統大範圍的放棄一些設施，所以能節省的固定成本

相當可觀。若某群消費者使用了設施會提高此設施的維護費用，則在無補貼訂價原則下，這群消費者應該為設施的機會成本而付費。若在其他情況，除去某群使用者並未對合乎效率的營運成本有什麼影響，那麼這些使用者，最多只要為超過擁塞通行費所能償付的成本範圍分擔一點點費用罷了。

無補貼訂價原理可以幫助我們解決如何把鐵軌成本分配給客運和貨運列車的問題。為客運火車設計的鐵軌通常是根據速度高許多的火車而建造。它們更重視曲度的設計，而且隨時維護以保持運輸的順暢。如果某路線只用在貨運列車，則在某個許可範圍內，業者可降低鐵軌的維護標準，而省下可觀的固定設施機會成本。根據無補貼訂價原則，客運列車至少應該付的費用是，為客運火車而提高鐵軌標準所增加的成本。

對鐵路費率而言，我們不應該低估實現無補貼訂價標準時的實際困難。這法則要求個別計算鐵路系統的機會成本，也就是每種可能的使用者組合所造成的機會成本。這個法則在分配成本上的威力是來自於，能夠以不同方式組合不同使用者，產生各種不等式，來縮小訂價的範圍。但是這些計算都需要根據假設性的系統設計：也就是要設計出如果只包含這群或那群某消費者時，組織鐵路的最有效率方式。這種假設性的計算，費時費事，而且可信度也受到質疑。

鐵路的貨主是價格敏感者（Railroad Shippers Are Price Sensitive）

如果鐵路成本的估算不會太難，我們就比較可能對鐵路費率的設定提出有用的建議。雖然鐵路當局至少對一些使用者真的握有經濟權力，而且有效率價格的制定原則還算清楚（雖然還不算完全明確，因為根據無補貼的成本分配法很少只得到唯一價格結構），可是仍然不確定鐵路當局是否施行它的經濟權力。若要明確判斷，需要局外人能

從事必要的成本探討，以審視鐵路當局是否訂價過高，超過他們的擁有權成本才行。

　　不幸的是，鐵路成本分析的結果可能會得出對貨主和運輸業者不是你死，就是我活的結果。因此那些負責為鐵路訂價而提出成本標準的運輸經濟學家，可能會在他們最不確定的地方受到嚴謹的質疑，因為他們所提的成本標準將深深影響利用鐵路運貨的業者。大部分的鐵路貨物都是商業產品，也就是那些產品和其他賣方的產品可以互相替代。舉例來說，新聞紙是重要的鐵路運輸商品。由於許多生產者都賣這產品，其價格並不是由單一賣方決定，而是由每一個產地的供需情況來決定的。任何單獨的商品賣方不能要求較高的價格來補償這較高的鐵路費率，因為商品的賣方是價格接受者。鐵路費率若上漲了，新聞用紙的製造商若想把這漲價費用轉嫁一些出去，唯有在所有的的賣方都必須支付相同的漲價費率時才行。由於賣方對產品所能制定的價格得視鐵路當局對產品對手所收取的費用，所以人們會強烈關切費率結構。對新聞用紙製造商來說，如果他們的鐵路費率比對手低，會讓他們占有很大好處，但是若所有的新聞用紙運輸費率都一樣那麼低的話，就占不到多大的便宜了。（但是對於以車輛運貨的業者來說就大不相同了，若運貨費率變動個幾分錢，並不會讓產品的生產位置變得不經濟。）

　　只對某一新聞用紙製造商增加運輸價格，而不對其他賣方漲價的話，則所漲的鐵路價格得直接從此公司的利潤扣掉。由於新聞用紙的價格與成本之間的差額一般都很小，加上運輸成本往往占賣方價格的一大部分，所以造成鐵路消費者對費率極端的敏感。在鐵路費率受到管制時，業者可以對管制當局懇求個別的鐵路費率，而管制當局則參考經濟分析，來決定費率的結構應該如何。不幸的是，鐵路成本的分析非常複雜，所以很少能夠得到明確的答案。要形容有效率的鐵路訂

價原則，遠比要決定出一組價格來精確反應真實鐵路成本要容易得多。所以也不必驚訝管制當局要依靠一些法則，像是完全分配成本法，以及和類似的運輸相比較來評估合理的費率等方法。遺憾的是，就如下一章要描述的，鐵路管制當局所用的這些方法，對運輸業者和消費者來說，都是不幸。

 完全無整合性的運輸業者（卡車業者，包機和巴士，半底貨船業者和不定期油輪）
〔Fully Unintegrated Commercial Vehicle Operators（Truckload Motor Carriers, Charter Plans and Buses, Charter Barge Operators, and Tramp Tankers）〕

要形容固定設施所有權帶給運輸公司經濟權力的問題，舉假想性的例子來說明是最恰當的。相反的，缺乏固定設施的擁有權代表業者沒有市場權力，這情況以真實的例子來說明則比較容易。

因為私人運輸業者所付的價格等同於他們所引起的成本，所以只要他們引起的成本能被正確的收取，則他們所定的價格必定是有效率的。如之前討論的，對私人運輸而言，最明顯的無效率是來自於無法對有限的道路空間、飛機跑道索取正確的使用費。這節所討論的運輸服務是和私人運輸息息相關：固定設施成本很小，且沒有任何營運的運輸路網經濟。它們和私人運輸的差別只在於他們把服務賣給其他人。這些運輸方式就和私人運輸的無效率是一樣的形式：除非能夠收取正確的固定設施使用費，否則無整合性的業者對消費者收的價格也可能是無效率的。

運輸業者若沒有擁有也沒有租任何固定設施，則表示他可以自由地移動車輛到任何有貨可載的地方。他們所使用的車輛是標準設備，

而且有現成的二手市場。對把木材從奧勒岡載到加州的整車運輸業者來說，他不受限於貨物種類，或運送地理位置。想把貨從 Milwaukee 運到 Peoria 的貨主若發現 Schneider 對運輸的收費比 J. B. Hunt 的收費還低，則他可以輕易地從這家運輸公司換到另一家。而沒有運到這批貨的運輸業者，只是多跑一些空的里程到別地而已，並沒有任何處罰成本。

　　容易進入某特定次市場，而且不會引起沉沒成本的產業被稱為是可競爭的產業。可競爭的（contestable）這個字用來取代自由競爭（competitive），是為了強調某特定車道可能只有一些運輸業者通行，因此可算是壟斷或非自由競爭。但是那些車道上的運輸業者可能仍不敢把價格定得比成本還高，因為擔心生意會被其他運輸業者搶走。在市場沒有明確的界限時，可競爭的觀念是最有用的。可競爭的理論告訴我們，在這些情況下，對於在決定無管制市場所制定的價格結構上，某特定次市場的結構比進出條件還不重要。根據可競爭性的理論，若可以自由而立即的進出市場，同時規模經濟或範疇經濟並不重要時，所收取的價格將會等於機會成本。也就是，完全無整合的運輸業者會像私人運輸一樣，價格和機會成本之間沒有差別。我們用來確保私人運輸所提供的服務是合乎效率的方法，同樣也能用來確保完全無整合的運輸業者是有效率的。尤其擁塞通行費可用來保證固定設施的使用能達到最適。

　　對完全無整合的運輸方式而言，市場權力看起來應該不是問題，但是其中卻有好幾種運輸方式在過去幾年一直受到經濟的管制。標準的主張是認為，業者所索取的低價常是破壞性的價格，也就是業者之間常互打價格戰而造成低價，因而迫使廠商一個一個地離開這市場，直到只剩單一廠商或一個密切結合的壟斷團體形成為止。這個主張現在看起來好像很古怪，儘管如此，它在分析為何運輸市場總會定期出

現非常低的價格時,是很有用的一種說法。

在運具市場,供給/需求平衡的重要性
(Importance of Supply/Demand Balance in Vehicle Markets)

　　無整合的運輸業者在訂價時,受到在某特定次市場使用運具的機會成本所支配。如第十章所討論的,在任何車道使用運具的機會成本,是根據方向性的供給/需求平衡而決定的。若回程的交通不平衡,卻又需要此運輸設備回來幫忙運載另一批貨,這輛車在那趟回程的機會成本將非常的低。我們可預期這種回程的價格,差不多就只是裝貨、卸貨的支出、回程多用的燃料費,以及以載貨代替空車所增加的保險費等。這種訂價的不平衡是有效率的,因為它的確反映了車輛來回移動的機會成本。另一方面,單程載貨的運輸價格則是駕駛者和運具在來回程所造成的機會成本。根據第十章簡述的回程訂價法則,如果來回程的運量達到平衡,來回程的總成本將由來回兩方共同負擔,並根據每一方需求的高低來分配。價格將定在讓二個方向的需求量相等的點。

　　運具每日的機會成本是由在次市場對此運輸方式服務的總需求所決定的。這表示在淡季因服務的需求較少,使用卡車、巴士、平底貨船的機會成本較低。從邏輯角度來看,衰退期的價格會比景氣好的時候低。同樣的,航行於委內瑞拉和紐約之間的油輪費率也會隨著運送情況而不同。例如,當蘇彝士運河關閉時,從波斯灣開航的油輪必須沿著整個非洲行駛,以到達歐洲或到北美洲。因為這趟航行較長,所以有效減少了可使用的油輪空間,而拉高了使用油輪的機會成本。當蘇彝士運河又重新打開時,整個世界油輪的機會成本就比較低了,即使那些從未經過此運河的油輪也是。從同樣的邏輯來看,降低速限會增加使用卡車的機會成本。提早退休的飛機也同樣會增加使用飛機的

機會成本，因而提高整個航空服務的包租費用。平底貨船的容量過剩也會定期地使水運業者減少服務的收入。

不穩定的價格（Unstable Prices）

由於運具的壽命很長，而且價格又決定於擁有運具的機會成本，所以完全無整合的運輸業者所定的價格容易波動。在容量過剩期間，價格的降低容易導致財務壓力。一趟行程的價格應該等於運輸所用的所有資本和勞力的機會成本總合。雖然這能保證運輸業者賺到每天運具的機會成本，但不保證這會大於為此運具所背的每日債務。例如，擁有運具的運輸業者可能會抵押他的曳引機和拖車，而每天必須付給銀行 50 美元。但是卡車市場可能會因為衰退或歉收而供過於求，使得使用這種運具的機會成本只剩每天 25 美元。這個業者將為了此卡車而有財務損失。除非他有存款可以付貸款，否則競爭壓力會迫使他宣告破產或喪失車子贖回權。當然了，取回這車子的銀行若把車賣掉，價錢根本無法高於這輛車預期賺取的淨收入現值，所以銀行所承受的財務損失會大於車子被取回的業者所承受的。為此理由，銀行可能願意重新再商討貸款事宜，而不想因車子價值的減低而蒙受損失。

設備擁有者在經營無整合性的運輸業時，有時會因市場服務價格的不穩定而承擔財務風險。若個人駕駛的車子是公司所有，則不會直接受到雇主財務壓力的影響（當然了，如果卡車公司發現不能為車子找到可獲利的地方，也就可能無法為所有的司機找到可獲利的機會；這時駕駛者至少會間接受到雇主財務困難的影響）。如果運貨市場或包租服務突然生意興旺，直接獲益的是運具擁有者，而非他們的員工。如第十章所言，這時擁有運具的機會成本經常大於財務成本，這是投資在新設備的最佳獲利時機。

經濟理論並沒有保證公司會一直賺錢。有額外容量的時期，廠商

承受經濟上的損失是合乎效率的。在競爭的環境下，有些廠商無法賺取利潤並不表示市場權力出了問題。然而，在 1935 年，當整個國家的卡車公司都承受財務壓力時，支持卡車運輸管制的人並不瞭解這個觀點，而認為競爭會導致卡車運輸公司的財務危機（大恐慌時期的容量過剩所造成的直接結果），所以競爭必然會導致那些在價格戰之後仍存活的少數廠商能夠對消費者行使壟斷權力。雖然零擔貨物運輸業者比較會有市場權力的問題（本章稍後會解釋理由），但是在邏輯上，我們沒有理由擔心那些對固定設施沒有擁有權的運輸業者之間會有什麼市場權力的問題。

部分整合的運輸業者（LTL 車輛運輸業、固定航班的航空公司、巴士、貨櫃船）〔Partially Integrated Vehicle Operators（LTL Motor Carriers, Scheduled Airlines, Buses, Container Liners）〕

我們不必擔心完全未整合的運輸方式會有行使市場權力的問題，但是我們卻有理由關心完全整合的運輸方式——鐵路行使市場權力的問題（雖然如上面所述，我們沒有能力從事必要的成本研究來評估鐵路是否行使市場權力的問題，而使得經濟學家的建言失色不少）。至於中間地帶也被列入重要的公共政策問題中，也就是需要評估部分整合的運輸方式是否應該受到公共督察。

前一節所討論的運輸業者對使用的任何固定設施都沒有擁有權，這使得他們能夠自由進出個別交通通道，而且可以為了符合他們的需求來移動運具。部分整合的運輸業者和這群運輸業者的不同之處在於，他們擁有一些固定設施。LTL 車輛運輸業者擁有貨物處理站，所以可以在那裡把不同的貨物分類、打散以及合併。定期班機和巴士同

樣也長期投資在登機門和旅客航廈上。不過，他們並沒有擁有所有的固定設施。例如，定期班機並未擁有跑道，也沒有航管系統，而車輛運輸業者也未擁有高速公路。所以這些運輸業者是鐵路（擁有所有使用的固定設施）和卡車業者（未擁有任何固定設施）的混合體。

　　固定設施的擁有權提供了這些部分整合的運輸業者一個營業的地理基礎。固定設施的不可移動性也把這些運輸者綁在他們所根據的地理區域範圍。這種地理的約束深深的改變運輸業者的營運經濟學。整合的運輸業者面對固定設施融資和營運的典型問題：投資的沉沒性，最適設施規模的成批特性，使用者的異質性，以及讓設施的使用量合乎效率的訂價問題等。

　　由於設施有成批的特性，所以設施若只用在單一市場時，會造成大部分期間的設施使用量都太少的情況。除了一些很少的情況以外（像是空中巴士的服務，它的運量很大，所以固定設施可以只用在單一走廊），設施用在一個以上的市場是比較有效率的。根據這個主張，再結合運具的成批特性，就是運輸路網經濟的根基。如第五章所描述的，在運輸路網中營運的運輸業者和完全依賴點到點服務的運輸業者比起來，比較可能以較低價格運送另外的旅客。一般而言，雖然在轉運點的擁塞情況容易限制有效率的運輸路網規模，但是以較大運輸路網來經營的業者和經營較小運輸路網的業者比起來，確實比較能達到較高的載貨率。運輸路網比較大的業者也比較可能在任兩個服務點之間提供更頻繁的服務，而消費者也比較願意為了這更頻繁的服務而額外付費。

　　在 1970 年對解除管制的爭論當中，有人認為定期班機業者就像整車運輸業者或遊覽車業者一樣，是可競爭的，而認為飛機僅是飛行的邊際成本而已。有人主張若解除管制會促成邊際成本訂價法的實施，因為若有業者把城市間的飛行價格定得比有效率的價格水準還

高，則會立刻吸引新業者進入這行業來享有這價格成本差額的利潤。但是這種預期是錯誤的，因為在部分整合的運輸業並不會發生一觸即發式的進入行為。理由之一是，新進的運輸業者需要得到固定設施——以航空公司為例，它需要登機門和支援人員來服務新的城市。在開發新的登機門時，有些成本必定是沉沒的，因此違背了可競爭性市場理論的假設。❷固定設施的成批特性也代表著，只有當運輸業者能提供數個市場的服務時，引進新服務才是有效率的。此外，已知運輸路網的其他服務點的大小和地理位置時，此服務的市場必須是合理的才行，就如第五章所論述的一樣。簡而言之，在這些運輸業者的運輸路網經濟既定下，只有新路線合乎既有服務形式時，才可能有新業者進入市場。

此外，在航空業很多旅客都有重複選擇相同航空公司的習慣，所以航空公司必須要為新的航線打廣告，而且還要打折扣戰來增加新航線的載客量。這些促銷的機票和廣告費都被視為沉沒成本。結果造成有些航空業者針對不同的航線，把價格提高到比邊際成本還高時，卻沒有招來新對手的加入。簡而言之，毫無疑問的，固定航班的航空業不是可競爭的。一些對航空訂價的實證研究已確認了這個事實。❸

當業者數目很少而進入有障礙時，很可能會形成業者之間心照不宣的勾結。在航空業，有默契的勾結的極端例子是，紐約和華盛頓之間的短程來回班機。只有二家公司提供此短程客機服務。在 1990 年，Trump 航空沒有其他路線，而泛美航空在平常路線結構之外，還經營自己的短程來回班機事業。由於航線的二端都有著登機門和降落時段的限制，所以新的廠商被排斥進入市場。這二個公司所提供的服務是相同的，一家在這小時提供服務，另一家就在另外的半小時提供服務。基本上，這二家公司所提供的舒適程度並沒有兩樣。

不意外的，這二家的價格也都一樣，在 1990 年 7 月，二家公司在

平日都收取 119 美元，在週末收取 89 美元。在 1990 年 8 月油價大幅上漲後，二家公司才因此在平日和週末飛行價格多收 10 美元。二家價格的變動量不只相同，而且還是在同一天開始生效。這二家廠商沒有責任要在制定費率上互相勾結，也沒有共謀的需要。在他人無法進入市場，而成本結構又相同的情況下（因為相同形式的服務，而且經營又獨立於此航空公司的其他路網），不用猜也知道另一家公司定的價格是什麼。而且市場上只有二家公司，根本不需要公然的為價格勾結。其中一家公司只需要宣布價格的變動，然後讓另一家跟進，或回報以不同的價格變動。這種價格的領導權，雖然導致和公然勾結的結果一樣，但是在美國反托拉斯法下，卻是合法的。

　　紐約一華盛頓之間的短程來回班機是不尋常的例子，因為它的營運和剩下的航空路網之間沒有整合。一般而言，由於每一家運輸業者占有優勢的地點、路線都不同，所以妨礙了航空公司之間的合作。這表示他們的需求和成本條件彼此不相同，而不像上述兩家公司的短程來回班機服務那樣有同質性。由於需求彈性和成本在每一條航線都不同，所以每家公司能使利潤極大化的價格結構也不同。相反地，上述那兩家短程來回班機的服務不管根據成本或需求結構而言，都沒有類似的不一致性。廠商之間要形成心照不宣式的勾結，需要精確地根據廠商的數目、利益的同質性、資訊的品質，以及排除新公司的能力而定。廠商的數目愈多，它們的成本和需求結構愈分歧，公司對於對手的價格資訊愈貧乏，新廠商愈容易進入此產業，廠商就愈可能彼此形成激烈的競爭。❹

　　十足簡單的價格結構促成了上述二家公司在價格制定上的合作。在比較複雜的結構會使得航空公司不論有沒有配合對手的價格變動，都比較難以透過新聞報紙上的宣布來明確表達公司的意圖。然而，電腦訂位系統使得某公司的價格變動時，對手一定立刻知道。不像商業

產品大部分的賣者那樣,航空公司不必猜對手的價格是多少。這和車輛運輸業者不同,因為基本的訂價要素對於對手來說都是秘密。

定期服務的訂價(Pricing of Scheduled Services)

部分整合的運輸服務通常都有規律的營運時間表。固定班表的服務可以節省使用公共運輸的交易成本。第十一章發展了固定班表服務的訂價原理,並闡述了消費不同服務的機會成本在每個班機之間的差異會很大,而消費者並不瞭解其原因。這理由可以追溯到使用運具的機會成本以及無補貼訂價準則,也就是班機使用者所付的總金額預期足以抵償移動的機會成本。

航空公司

所有固定班表的運輸服務對象都有好幾種類別,這些使用族群之間的重要差別在於其因隨機性延誤而負擔的預期成本。舉例來說,商務旅客經常把他們的時間排得很滿,而且願意為了他們所喜好的班機付出高價。因此載客率提高所增加的邊際成本主要是由於商業旅客的緣故。他們有較高的時間價值,以及更多不可預期的計畫,他們會造成平均載客率減少,以保證他們喜好的班機還有空位可訂。

如果所有的旅行者都能事前計畫,而且和度假遊客般對最適班機時間的偏好不強,則業者有可能不需要預定運輸服務的時間。所有的飛行可以就像包機業者一樣經營,事先宣布得宜,而且設計得達到百分之百的載客率。顯然,這種制度下的經營成本會遠比當今預定航班的運輸路網低得多。實際上,那些擁護運輸路網的經營主張——如果以運輸路網提供服務,則可以達到最適的服務頻率,最適的運具大小,而且平均載客率比較高——這和全是包機的營運沒有關聯。若沒有轉運中心,登機門與跑道的需求就比較小,降落次數也會減少。所有的旅客可以用最大、最有效率的飛機來運載。

預定航班的運輸路網雖然會有額外的營運成本，但是卻適合時間排得很緊或計畫不可預期的旅客，因此對那些符合這些特性的旅客（主要是商業旅客）來說很適當，他們付的費用比度假旅客還高。如果這兩種旅客都付同樣的費用，度假旅客會發現包機的服務更便宜、更好，因而離開這種預定班表的系統。不過只要商業旅客能夠分擔營業成本，而且不降低他們喜好的班機還有位置的可能性，則商業旅客會因度假旅客也參與這預定班表的系統而獲利。要讓此系統能夠運作的關鍵在於，確保這兩群旅客能為了訂價目的而被區隔，而且沒有任一群受到另一群的交叉補貼。保證度假旅客不會讓載客率提高到足以造成商業旅客無法訂到喜好的班機，這也是有效率的，因為這會減少預定班表的系統對商業旅客的好處。

航空公司從事的市場區隔算是所有產業中規模最宏大的其中一種。就和所有的運輸服務一樣，航空公司對不同層次的服務收取不同的價格，這種區隔經常被視為差別性的訂價，因為頭等艙和經濟艙之間的價格差額顯然大於服務旅客的成本差額。航空公司也通常藉著事先購票的不同意願來區隔市場，也就是根據旅客多早以前就願意購票來定出數種不同的票價，使那些最早購票的人能得到最低的票價。另一種重要的市場區隔方式是根據旅客是否願意放棄可以修改旅行計畫的權利。願意放棄修改的權利，也就是同意買不能退機票的消費者，和那些保留購票後可以改變飛行計畫權利的消費者比起來，可以享有較多的票價優惠。市場區隔的另一方式是，願意經過轉運中心飛行的票價較低，而那些堅持直飛的票價則較高。還有一種典型的市場區隔準則是，那些願意在目的地度過週六晚上再飛回來的消費者可以付較低的票價。

在航空公司的營收管理方案中，基於上述準則所作的市場區隔往往更加複雜。這些方案有彈性的限制在每次飛行中，每一種折扣的座

位數目。藉著監督每一種票價的訂位比率,航空公司可以每日更新分配給每種票價水準的座位數目。因此航空公司可以事先調查紐奧爾良在 12 月 27 日和 12 月 31 日之間是否有會議,因為若有會議,這段期間和往年的這時比起來,預期班機會坐得比較滿。所以航空公司可以減少那些飛行的折扣座位數目,以促使一般遊客改搭不同時間的班機,同時保證可以從那段期間的飛行得到儘可能多的收入。這種作法可以藉由減少某些飛行的隨機性延誤來促進飛機有效率的使用。

航空公司的票價結構也是美國產業所使用的價格結構中最複雜的一種。複雜的原因主要是,看起來類似的飛行卻有不同的機會成本,以及以同樣的班機來同時服務對時間敏感和對時間不敏感的旅客所致。然而,由於不能把這個產業視為可競爭的,所以不能保證服務的價格都必然是機會成本,因為航空業者有很多機會可以使用市場權力來提高系統的淨收入。

零擔貨運卡車業者

零擔貨運卡車業者也和航空公司一樣有預定班表的服務。服務的時間表相當簡單:若要運到同一個地區,則保證隔夜送到。送貨地點較遠的,則保證第二天,或第三天送到。對那些經營繁忙路線的大公司而言,這基本的時間表並不會妨礙他們追求成本的極小化。然而,在人口比較不集中的地區,小公司可能難以從所有的服務路線收到一滿車的貨。所以就郊區而言,那些服務據點更多的公司顯然擁有成本上的優勢,因為它們每天收到的貨物量比較可能符合運送表的最低要求,因此這種運輸路網經濟學的競爭壓力可能導致只有少數大的卡車公司服務郊區。業者服務的地理範圍對貨主來說很重要,所以只有少數公司可以適應郊區市場。同樣地,這也導致只有少數的運輸業者能服務全國性的市場。

零擔貨運卡車業者的成本主要是擁有和營運運具的成本。就和航

空公司的問題一樣，我們該如何把擁有和營運運具的成本分配給每輛卡車所運輸的不同貨物的各個貨主？它不像航空公司有簡單的方法可以區別商業和度假旅客（簡單的說，LTL 所有的運輸服務對象等同於商業旅客，而度假旅客則由整車運輸業負責）。LTL 業主要是根據貨物的處理特性，訂出價格表，然後根據價格表和消費者協議折扣。那些寄最多貨量的公司可能得到最大的折扣。

　　運輸路網經濟也可能會造成 LTL 業者快速的增加集中度。這個產業顯然很快的分成：一個有二家運輸業者的組織，其服務範圍遍布全國，以及一組地方性的運輸業者，而他們大到足以利用運輸路網經濟。❺會造成集中度快速增加的部分原因是，1980 年解除管制的結果。這使得小公司不再受到保護，造成那些不經濟的小運輸業者承受了空前的經濟壓力，而這經濟壓力是來自於那些能夠提供更廣的服務、更複雜的貨物服務以及更低廉價格的運輸公司。在寫這段文章的時候，我們還不清楚運輸路網經濟能驅使 LTL 的集中度提高到多高。然而，不管理由是什麼，LTL 卡車運輸業已經變得高度集中，所以有辦法取消對費率的折扣，這真是令消費者氣結。

　　彼此勾結的 LTL 組織所擁有的市場權力可能仍然很小：貨主可能會一直持有貨物，直到他收滿整卡車的貨物（其價格是機會成本），或者把貨物轉給其他運輸者以及中間人，或者在 LTL 想把價格提高到成本之上時，發展自己私人的卡車車隊。此外，那些讓 LTL 業者送貨，而且願意為服務付較高價格的廠商，不太可能因勾結的 LTL 而受到財務壓力。也就是，LTL 不像鐵路業有權力把所有利潤從受束縛的貨主移轉到自己身上，所以我們實在難以相信有貨主能夠受到勾結性的 LTL 組織的束縛。若沒有任何貨主受到束縛，儘管集中度高的產業確實會有一些市場權力，但卻不可能以公共壓力來抑制 LTL 運輸業者的市場權力。

在預定班表的服務中，簡單的壟斷限制
（Simple Monopoly Restriction in Scheduled Service）

如果對不同使用者索取不同價格，不見得算是市場權力的指標，而可能僅是把價格定在機會成本的結果，那麼什麼樣的結果才算是施行市場權力的證據？要回答上述問題，我們需要瞭解部分整合的運輸業者如何施行壟斷力量。最簡單的行為反應是：減少服務頻率。預定班表的業者必須同時作兩項決定：在某段期間提供的班機數目，以及服務的價格多寡，然後班機數和價格一起決定出載客率。低載客率是品質的指標，因為這表示旅客比較可能搭乘到適合自己的班機（以及因同行旅客上下機所造成的誤點機率比較小）。較頻繁的班表也算是較高品質的服務，因為這讓消費者拖到搭乘下一班機的誤點時間比較小。那麼，我們應該到哪裡去找壟斷行為的證據呢？從較高價格、較高的載客率，還是從班機頻率較少的角度來著手呢？

前一章所描述的標準壟斷模型並沒有告訴我們，壟斷者會如何作這些互有關聯的決定。要分析如何最適地減少服務品質是相當複雜的。❻班機頻率的減低顯然會增加城際航線旅客的所有成本。若不對市場有更詳細的瞭解，我們就無法決定：該如何把這些成本分配於較高的平均等待時間（由於較少的飛行）、較高的票價以及較低的載客率之間。只要需求是無彈性的，那麼較少的班機頻率就會增加每班機的載客率，但是壟斷的趨勢又會減低班機的載客率。雖然有人認為在運量受限時，價格會上揚，但是航空公司卻看到了消費者的需求在班機次數較少的制度下，比高班機頻率的制度下還低，因此限制了壟斷者提高機票的能力。在班機頻率高的情況，顯然壟斷者將會提高載客率和票價，而減少班機頻率。至於在班機頻率少的制度下，則不確定結果如何。

其他的壟斷反應（Other Monopoly Responses）

壟斷的航空公司會選擇限制班機頻率和限制每班機的旅客數目等政策，來提高飛機票價，而這些政策是基於航空公司只能收取單一價格的假設。它和假想性的麥可諾橋收取單一的過橋費是同等情況。就和過橋費的情況一樣，這些政策都是無效率的。從壟斷的航空公司角度來看，它也讓消費者保有太多航空運輸的總利益。所以，就和收費橋的壟斷者一樣，我們可預測壟斷者採取的主要策略不是提高價格，而是要操縱需求、區隔市場以及對特定個人和個體間都採取差別訂價。

預定航班的航空公司都想建立商譽，而且努力打廣告來提高知名度。因為在 1978 年解除對航空公司的管制，所以把收入花在廣告上的比例也就增加了。廣告能讓公司的需求曲線往右移，能帶動較高的價格，以及增加在每種價格水準的收入。廣告不但能增加對品牌的忠誠度，而且還能讓消費者對公司需求更無彈性。更無彈性的需求比較能夠承受較大的漲價幅度，讓公司賺取更多的利潤。

航空公司採取的另一種方法是，透過獎勵飛行的方案來增加品牌忠誠度。在這些方案中，航空公司可以追蹤個別顧客的旅行紀錄，然後在消費者飛行了某個里程數之後，送給消費者免費機票。這些方案促使旅客即使在不同市場仍搭乘同一家航空公司，因而增加了大規模運輸路網的好處。只在有限的運輸路網飛行的航空公司會發現到，他們必須和其他大的航空公司結合，才能提供顧客經常飛行的利益。獎勵飛行的方案造成對小運輸路網的需求降低，這是業者進入此預定航班的航空業的絆腳石。

獎勵飛行的方案是有效的，部分原因是它們對出資者和決策者採用了不同的誘因。以商業旅客為例，促銷飛行的獎勵是由旅客享有，而非為他或她付錢的雇主獲得。雖然雇主（即此交易中的出資者）希

望選擇票價最低的航空公司，出資者的代理人（即旅客）則以最高的飛行獎勵來選擇航空公司。因此這項促銷方案改變了旅客飛行的決策，而不選擇成本最低的運輸者，使商業旅客的價值受損。商業旅客不搭新的、小的航空公司飛機而選擇大的、有獎勵飛行方案、更有制度的航空公司，這些都將不利於新加入此產業的業者。

航空公司也想藉由影響旅行社來提高需求，航空公司使盡各種佣金計畫，鼓勵旅行社儘量讓訂某航線的顧客都訂此公司的機票，以獲取最多的佣金。此外，航空公司自己擁有的電腦訂位系統也有助於生意的推展。

最後，我們應該知道，用來有效率區別商業旅客和一般旅客的市場區隔，同樣也可以用價格來區別他們。無補貼訂價法要求商業旅客付比較多的錢，同時它也合理的假設他們的需求彈性比較低，因此能夠承擔比較高的票價。這是任何有市場權力的公司都會採取的傳統差別訂價法。還沒有人評估出區隔市場的訂價法是否能夠反應出預定航班服務的主要受惠對象是商業旅客，而且市場區隔是否符合經濟效率。然而我們必須臆測，由於航空業部分整合的結構，造成了市場權力，因而成為差別訂價的部分原因。

結論
（CONCLUSION）

經濟學對市場權力的觀點是立基於效率原則，也就是為運輸所付的價格應該等於提供服務的所有邊際成本，包括使用者和運輸者的成本都計算在邊際成本內。有市場權力的運輸業者會把價格提高到邊際成本之上，迫使一些消費者離開，因而產生了無效率。在有些情況

下，業者必須把收入提高到超過邊際成本訂價法下所產生的收入，以敷提供此服務的所有成本。如果沒有獲得這些額外收入，服務的提供就不算是未受補貼的。

大家對市場權力的疑慮不是根據和經濟學家同樣的分析。以收費橋為例，這一章描述一些運輸業者可以用來提高收入的技巧，使得收入超過簡單的壟斷訂價法所獲得的收入。這些技巧包括市場區隔、非線性的訂價法、操縱需求，以及促進經營者和運輸使用者之間的關係等。從經濟學的效率觀點來看，這些技巧都是良性的，因為它們能夠讓經營者提高設施的服務量。然而，這些作法很明顯的牽涉到在經營者和消費者之間，財富重分配的問題。經濟學家理應作為公平的觀察者，不對這種議題作評論，可是攸關運輸的公共政策總是被消費者牽著鼻子走，唯恐他們的財富被不正當的減少。

運輸業者能夠從事市場區隔或著類似動作的能力，主要是根據它們和固定設施的整合程度而定。固定設施創造了營業的地理基礎，而且把那地區的消費者吸引到經營此設施的公司來。就極端的例子來說，運輸業者甚至可以控制出入權，而奪取了所有的消費者剩餘。

和固定設施整合最完全的運輸方式是鐵路業，這使得鐵路業有權力拿取不同地理位置的好處。然而，鐵路業必須把價格定得比邊際成本還高，而且差額和其他運輸方式相比都還要多，以拿回經營火車和維護鐵軌的成本。要足以涵蓋上述成本的無補貼訂價法很複雜，所以若要作必要的計算以察明某特訂價格是否高於上述成本，這種計算一般都太費時費事而不符合效率原則。

和鐵路相反的極端例子是完全沒有整合的商業運輸業者，包括整車運輸業者、包機和巴士、平底貨船以及不定期油船。因為它們和它們的固定設施沒有整合，所以它們不會受到經營地理位置的限制。這使得我們能用可競爭性市場的模型來分析，也就是在競爭的情況和其

他未整合業者可能加入的威脅下，會使得價格等於機會成本。然而，這並非要求價格等於經營的財務成本。所以我們可預期：在這些市場，雖然來回運輸的二方向的財務成本都旗鼓相當，但是高需求方向的價格會比低需求方向還高。

在未整合固定設施的市場所定的價格可能並不穩定。在容量剩餘的期間，未整合業者可能賺的都還不夠償還租設備所背的債務。在設備短缺期間，使用設備的機會成本可能遠高於它實際付給設備擁有者的金額。

在完全整合的鐵路業和未整合的整車運輸業之間，還有一種是部分整合的運輸業者。也就是擁有部分的固定設施，但是大部分的設施還是依靠政府機關提供。最顯著的例子就是預定班表的航空業和零擔貨運卡車業者。

部分整合的運輸業者都不能視為是可競爭的產業。運輸路網經濟、設施的龐大性以及運具的大小都妨礙了進出產業的自由，所以造成這些運輸方式的市場有不具名的訂價結構。預定航班的航空公司和類似的運輸方式都需要同時決定服務的次數以及價格。如果對每位消費者索取的預期完全價格等於乘載每位消費者的邊際成本，以及如果班機頻率是根據社會福利極大化的條件而決定的，那麼這種聯合決策是合乎效率原則的。有效率的機票價格是：為了最適班機頻率所定的擁塞費，而這或許會、或許不會涵蓋所有的飛行成本。提供飛行服務的私人公司會實行無補貼訂價準則，也就是所有的班機和所有的班機種類都至少必須能賺得機會成本。實行這種條件可能會把一些機票調高到邊際成本之上。

預定航班的空運服務主要的受惠對象是商業旅客以及其他臨時需要旅行的旅客。為了預防其他使用者補貼這些旅客，臨時訂票的票價必須比那些早早訂位、旅行計畫有彈性的旅客票價高許多。航空公司

採取的極端複雜的票價結構至少部分採取了無補貼訂價的法則。至於他們是否完全遵造無補貼訂價準則，則很難看得出來，因為這些產業施行市場權力的方式可以有許多種面貌。

註　釋

1. 要注意，地方居民願意為第一次或前二次付的價格可能遠比觀光客高出許多，這隱含著非線性的需求，不過其複雜性對這裡的說明目的而言是沒有必要的。

2. R.V. Butler 和 J. H. Huston「飛行市場的可競爭性如何？」（How Contestable Are Airline Markets?），大西洋經濟期刊（*Atlantic Economic Journal*），Vol. 17，No. 2，1989 年 6 月，第 27-35 頁。

3. 闡釋飛行市場不同於完全競爭市場的研究有：Severin Borenstein「中樞和高票價：美國航空業的優越和市場權力」（Hubs and High Fares: dominance and Market Power in the U.S. Airline Industry），Rand 經濟期刊（*Rand Jouranl of Economics*），Vol. 20，No. 3，1989 年秋季，第 344-365 頁；Severin Borenstein「在多重產品的產業，龍頭公司的優勢：來自美國航空業的證據」（The Dominant-Firm Advantage in MultiproductIndustries: Evidence from the U. S. Airlines），經濟季刊（*Quarterly Journal of Economics*），Vol. 106，No. 4，1991 年 11 月，第 1237-1266 頁；Diana Strassmann「在未管制的航空業潛在的競爭」（Potential Competition in the Deregulated Airlines），經濟學和統計資料評論（*Review of Economics and Statistics*），Vol. 72，No. 4，1990 年 11 月，第 696-702 頁；Jan K. Bruecker, Nichola J. Dyer 和 Pablo T. Spiller「在中心轉運站—輻射網的組織下，票價的決定」（Fare Detemination in Airline Hub and Spoke Netwoks），Rand 經濟期刊（*Rand Jouranl of Economics*），Vol. 23，No. 4，1992 年秋季，第 309-333 頁。

4. 要見所有完整的因素，參考 F. M. Scherer David Ross「產業的市場結構和經濟行為」（*Industrial Market Structure and Economic Performance*），第三版。要瞭解航空業者之間競爭情況的評估，參考 Tae Hoon Oum, Anming Ahang 和 Yimin Zhang「在未管制的航空市場，廠商間的競爭和特定廠商的價格彈性」（Inter-Firm Rivalry

and Firm-Specific Price Elasticities in Degregulated Airline Markets），運輸經濟學與政策期刊（*Journal of Transport Economics and Policy*），1993 年 5 月，第 171-192 頁。

5. 見 Robert W. Kling「在 LTL 運輸業，取消管制和結構性的改變」（Deregulation and Structural Change in the LTL Motor Freight Industry），運輸期刊（*Transportation Journal*），1990 年春季，第 47-53 頁。

6. Randal W. Bennett 和 Kenneth D. Boyer「在受管制的航空業，反價格／品質的協定」（Inverse Price/Quality Tradeoffs in the Regulated Airline Industry），運輸經濟學與政策期刊（*Journal of Transport Economics and Policy*），1990 年 1 月，第 35-47 頁。

第十三章

對運輸業市場權力的管制

　　前一章虛擬的麥可諾橋公司的所作所為並非偶然，因為我們可在美國運輸歷史上發現到類似的行為。在這世紀的轉捩點，鐵路公司握有的經濟權力甚至比前一章虛構的麥可諾橋公司還大。因為鐵路公司除了擁有固定設施以外，還結合了運具的擁有權以及經營權。它們對出入的控制能力甚至比純粹擁有固定設施者還強。這情況就好比所有想要使用麥可諾橋的人都得使用麥可諾公司擁有的巴士或卡車通行才行。

　　在 19 世紀末，要求對鐵路公司實行經濟管制以控制其經濟權力的聲浪高漲。管制鐵路的當局經由 1887 年到 1920 年通過的法律成立州際商業委員會（Interstate Commerce Commission, ICC）。法規在 1935 年還延伸到新成立的卡車運輸業，以及在 1938 年延伸到航空業。在 1940 年，ICC被授權得以控制國內水上運輸。不過這個過程在 1970 年末開始逆轉，而且到了 1995 年，大部分 20 世紀所實行的運輸管制都消失無蹤了。

　　運輸管制的歷史和解除管制對產業效果的分析都是很重要的，因

為其有助於我們瞭解對運輸業市場權力的控制。運輸管制的故事闡明
了，要瞭解、管制這個產業的市場權力是有多麼的困難。運輸業的管
制雖然可以平息對市場權力濫用的民怨，但卻也付出了犧牲效率的嚴
重代價。在本章的最後，我們還介紹另一種控制運輸業市場權力的機制。

管制條例控制什麼？
（WHAT DID REGULATION CONTROL？）

雖然規範各種運輸方式的法規不一樣，但是這些法條在很多方面
都大同小異。❶原因之一是其他運輸方式的法規都是模仿原來限制鐵
路業的規定。基本上，其他運輸方式都是受到鐵路般的管制。

路線結構（Route Structure）

北美的鐵路業者雖然經常受到鐵路所服務的地方商業所支持，但
鐵路業卻是由私人融資的。在 19 世紀末，若有任何城鎮沒有鐵路經
過，就像是被判了死刑一般，因為人們會認為那裡的商業是不會有賺
頭的。每個社區都把至少有一條鐵路通過認為是很重要的事情，而且
認為經過的鐵路愈多愈好。要保證費率低和服務佳的最好辦法是，在
運輸上不要受到單一運輸業者的控制。為此，19世紀的地區居民都願
意在經濟上提供豐厚的條件來鼓勵新的鐵路路線能通過或靠近他們，
因為他們希望若有一條以上的鐵路來競標興建在這個地區，他們就能
處於較好的談判地位以交涉到低的費率，並且能收到低費率所提供的
經濟上的發展利益。

鐵路建設受到補償的後果是，鐵路大規模的過度興建。自從 19

世紀起，這個國家的鐵路路線已經遠超過載貨和旅客所需的數目了。但是已知第六到第八章所言的鐵路業成本結構下，過度興建代表著和一般競爭產業相比，每家鐵路業者的運量都不足以支付固定設施的成本。過度興建的結果造成鐵路業更大的財務壓力，讓他們必須得想辦法把收入提高到直接成本之上，以彌補運量不足所造成的成本。這使得鐵路業者和大貨主所協商出來的價格因為過高而受非議。

　　當 1920 年的運輸法案授與州際商業委員會督察鐵路商業決策的權力時，ICC 的第一個決策是要求鐵路公司在興建任何新路線前，必須申請便利性與必要性的證明（certificate of convenience and necessity）——這種舉證責任連鐵路服務不足的區域都不可能有例外。基本上，立案者把鐵路路線圖凍結在第一次世界大戰結束時的樣子。這符合經濟效率（因為這個國家已經過度興建鐵路了），不但能防止地方居民浪費性的競標新的鐵路路線，而且保證現有的運輸業者不會受到新的競爭。

　　由於管制造成鐵路業不易有新的競爭對手，所以管制當局同時堅持鐵路業者若要放棄路線或和其他運輸業者合併時，都必須得到許可。合併和放棄都是要邁向壟斷權力，也就是限制新業者加入的必然步驟。然而，在鐵路地圖凍結的時代，有些業者的財務能力強，有些卻很差，因為不是所有鐵路運輸路網都有著平等的情況。例如，有些業者服務區域的運量很小，而有些業者的路線則迂迴不已。所以這意味著，若實行讓強勢鐵路業者獲得合理報酬率的管制政策時，會導致弱勢路線的毀滅；或者若要確保弱勢路線能夠有財務上的生存能力，❷卻會讓強勢業者獲有不合理的高利潤。為此，管制者花了很大的精力要努力解決這些所謂的弱勢鐵路和強勢鐵路的問題。舉例言之，就在 1968 年左右，州際商業委員會要求賓州和紐約中央（這兩條顯然是強勢鐵路）必須以吸收新港（弱勢鐵路）作為它們合併的條件。

ICC 因為在乎這些鐵路業者的機會均等問題而採取了一些行動，而這些行動卻造成了意外的結果，也就是防止交通集中在少數的路線中，而這些少數路線本來是由單一公司經營的。舉例言之，聯合太平洋公司的路線是從奧荷馬延伸到西部，但卻有 6 家鐵路業者銜接奧荷馬到芝加哥。ICC在乎的是要確保這六家業者都能存活。為此，它不准聯合太平洋購買這六家之一，因為它擔心若聯合太平洋有自己的路線，那麼其他業者就無法從中拉到顧客。ICC想造成的管制效果是，在經營條件可能最多只能支持 2 條或 3 條路線時，還能保持所有 6 條路線都能經營下去。通貨膨脹的成本，加上維護這個非常昂貴的鐵軌運輸路網，使得美國鐵路業者隨著時間愈來愈脆弱。不過，路線放棄的限制以及路線合理化的管制仍受到社區的支持，因為這樣他們才不會失去服務，而且這些法則能確保鐵路經過更多的區域。為了保證鐵路能服務比競爭市場下更廣泛的人群所實施的膨脹成本策略是典型的管制行為。❸

　　當 1935 年的車輛運輸法案給予州際商業委員控制卡車運輸業的權力時，ICC 同樣對卡車運輸業施行了路線證明的規定，而且 ICC 還很欣慰有這樣的結果。就如同對鐵路業一樣，卡車運輸業的管制為每家公司設定了路線結構，而且管制過程基本上就和鐵路業一般。其實卡車運輸業並沒有經濟上的理由來建立固定的運輸路網。他們並沒有固定設施，頂多只有用來收集、打散和分配不足一卡車商品所用的理貨站而已。卡車運輸公司優於鐵路的一點是，他們沒有受到路線的束縛。如果他們在某交通路線沒有生意可作，他們可以輕而易舉的把設備移轉到不同的路線上。可是由於法規要求所有的車輛運輸業者都得為所有想要服務的連結點提出路線證明（只要簡單的證明在 1935 年以前公司已在此路線運送商品即可），而強迫了卡車運輸公司必須所作所為要像鐵路業一般。它同時也讓卡車運輸公司無法得到交通密集的優勢。這個許可過程也有效的保護小的地方卡車運輸公司，使他們

不會受到那些服務範圍較大的大公司的威脅。

當航空公司開始受到法規的控制時，ICC 也是同樣使用凍結運輸路網的制度。航空公司就如卡車運輸業一樣，並非固定設施密集的。它們雖然需要轉運站和修理設備，但這些設施的安置本身並不能定義成路線結構。在沒有管制期間，我們有各種理由相信航空公司會發展成軸輻路網的組織，但是這樣的發展在管制時卻受到路線證明的妨礙。管制為航空公司設定了路線圖，而且就和卡車運輸業一樣，路線圖是基於運輸業者在管制前就飛行的這些路線來制定。舉例而言，如果某航空公司主要立身於亞特蘭大，但卻不能證明其在管制前就已從亞特蘭大飛行到奧蘭多，那麼它就不准經營此路線，所以那些從其他點搭乘此航空公司飛機的旅客若想飛到奧蘭多，就必須在亞特蘭大換航空公司，才能繼續飛行到奧蘭多。

那些困擾鐵路管制者的弱勢、強勢路線的問題也同樣發生在航空業上。不過，因為航空交通持續成長，所以管制者能夠藉由把有利可圖的新路線挪給弱勢業者作為鼓勵，以稍微改善這個問題。然而，這個結果代表著，強勢航空公司（像是聯合航空）不准飛行新的路線，而弱勢業者（像是國家航空）卻能獲取有利的新機會。由於管制者對弱勢與強勢的這種不平等對待，所以在解除管制的 1970 年代，造成了航空業的不統一。

管制下的費率結構（The Regulated Rate Structure）

管制者的第二個焦點是在服務的訂價上。管制的過程有二種（對貨運而言尤是如此）——一個是針對費率水準，一個是針對費率結構。費率水準的管制是指在這個產業要求增加某個百分比的貨運費率時所作的管制——例如要求所有費率增加 3%。管制者評斷這種全面

性的漲價是根據成本的提高或此產業一般廠商的平均獲利性。因為鐵路業至少從 1950 年代開始就沒有賺得正常的投資報酬率,所以州際商業委員會很慷慨的批准這項全面性提高費率的要求。相對的,當卡車運輸業要求全面性的提高費率時,可就沒有受到這般豐厚的待遇了,因為卡車運輸業直到解除管制時,都一直是高獲利的產業。

要注意的是,全面費率的提高牽涉到集體性的費率制定。也就是說,管制者允許並鼓勵每種運輸方式的廠商結合在一起籌劃費率的要求事宜。然後ICC扮演被動的角色,批准或拒絕整個產業一起籌劃的漲價請求。

雖然全面費率的增加是費率管制中最凸顯的部分,但卻不是最重要的部分。就像我們在前一章模擬的收費橋公司的作為一樣,管制下的費率結構包括一組高的目錄價格(其幾乎造成沒有車流量可言),以及加上管制者核准根據各種商品與地區所制定的費率折扣,而實際上幾乎所有的交通都是在這些折扣費率下通行。費率折扣是貨主和運輸業者之間協商出來的,然後交由產業費率局審查。如果費率局核准了,則再交由州際商業委員會審查。如果費率局否決這項費率,而業者仍想要讓這個費率生效,則必須負擔自己公告價格的費用,以及在管制委員會前為此價格辯護。

這樣發展出來的費率結構非常複雜。因為產品的定義很細,每個特定商品的特定大小都各有自己適用的有效費率,所以公告的費率有數千萬種,卻幾乎沒有索引可用,所以在面對許多費率變動的請求下,委員會根本別無選擇,大部分只能核准費率的變動請求。州際商業委員會雖然想要仔細的督察費率的制定,但卻沒有實質的能力可以做到。

對客運的價格管制很類似於對貨運費率的管制。舉例而言,航空公司的費率部門提出費率的變動案給民航局裁決,然後民航局可以接受或修正,不過大部分的客運都是根據目錄價格而收費,不像貨運一

般是針對個別消費者制定折扣來收費。因此，不像鐵路和車輛運輸業者，管制者對航空票價的管制基本上是針對全面性的費率提高方案，而非費率結構的討論。在航空管制的大部分期間，當航空業開始和鐵路競爭時，費率結構都是根據鐵路的頭等艙旅客費率系統。直到管制的晚期，管制的討論重點才放在針對不同旅行大眾的折扣方案上。

營運的管制（Regulation of Operations）

　　管制為每個運輸業者制定涵蓋範圍有限的固定運輸路網系統。為了讓消費者能夠旅行或把貨寄到原來運輸業者路線以外的點，制定連結到第二甚至更多運輸業者的接駁事宜是有必要的。有市場權力的業者在互換運量時，可以立足於強勢地位——可能是堅持分配到高比例的費率，或只交換少數的運量。為了防止這種情況發生，以及確保運輸業是在統一的制度下運作，管制當局被要求制定法則來規範貨物、行李以及設備的交換事宜。這些法則的重點是，制定運輸業者彼此提供服務所收取的價格。ICC有權力控制最初運輸業者、中途轉接者以及最終運輸者之間費率的分配。

　　在規範運輸業者營運的法則中，對鐵路之間設備互換的規範最嚴格。所制定的連結制度會讓某鐵路業者發現自己的車廂卻出現在別家鐵路業者的鐵軌上。基本上，連結代表著你自己的資本投資可以被競爭對手用來賺取收入。在這種情況下，如果你可以用別家鐵路的車廂或火車頭而不必自己購買，則把錢投資在車廂或火車頭上就算是不理性的行為了。為了鼓勵鐵路業者投資在設備上，所以要求鐵路公司在使用其他公司的設備時必須付費。

　　雖然ICC對價格以及鐵路業者彼此租用設備等的規範都是為了要消除鐵路業者之間高代價的討價還價，以及防止那些選擇不同鐵路業

者的貨主受到差別待遇，但是ICC選擇的統一費率所造成的結果和經濟分析所預期的完全一致——不是造成車廂短缺，就是車廂剩餘。我們以圖 13.1 來分析。如果使用車廂的價格低於最適價格，像是只有圖 13.1 較低那條線所示的每天 5.00 美元，則使用者所需求的每日車廂數目是 1,500，高於擁有車廂公司所願意提供的 500 台的數目。相反地，如果使用車廂的價格高於最適水準，像是圖 13.1 所示的每日 15.00 美元，則所有者願意出租的車廂數目將比需求量高出 1,000 台，這之間隱含著剩餘問題。❹

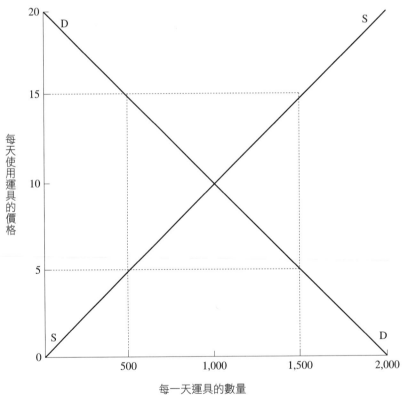

圖 13.1　管制車廂出租費用造成的短缺與剩餘

ICC 對出租車廂的管制在過去不是引起短缺，就是剩餘問題，因為使用某類型車廂的需求往往高度的不規律，因此均衡價格——即車廂所有者的機會成本——也是不穩定的。例如穀物運輸的價格就特別不穩定。在 1970 年代晚期，鐵路業者主要都是投資在穀物車廂，但是後來卻發現所買的車廂在大部分期間都閒置不用，因為實際運送的穀物比預期的還少。在 1970 年代初期持有含蓋儲物車廂的機會成本相當的低，然而，在尖峰期間，穀物貨主卻願意為鐵路車廂額外付費。不過在傳統的ICC設備交換法則下，鐵路業者對彼此收取的租金以及對使用設備的消費者所收取的費用，都只能固定在同樣水準，而不論設備的機會成本。這種沒有反應市場情況的價格制度，容易在高需求期間因為車廂服務價格過低而擴大需求。同樣的，在車廂的機會成本低落期間，則因鐵路業者不能對車廂的使用者收取低價，造成貨主不想把運送穀物的一些需求移到許多車廂閒置的期間來運送。

　　設定使用設施的共同價格會扭曲人們使用鐵路設施的決策，因為價格固定不動，除了不論機會成本以外，還不論某特定城市是否有剩餘的鐵路車廂。如果能允許車廂的價格隨著地點而改變，則在有許多車廂剩餘的城市，車廂的價格較低，這促使它們想把車廂移到需求相對於供給而言較高的市場中。這種設備租用費率的快速變動，是為了反應市場條件，而這在自由移動的商業中是相當普遍的。自助搬家公司（U-Haul Corporation）定期對那些把搬家車子開到車輛剩餘地方的顧客收取額外的費用，而對那些把搬家車子駛向設備短缺的客人給予折扣。因為單一價格不會讓業者想要移動車輛，來抵銷地方上剩餘與短缺的問題，所以立法者必須把車廂服務訓令補充到價格法規上。這樣的訓令要求鐵路業者在卸貨後必須把車廂歸回所有者的地方，而不論車廂是否在高需求或鄰近高需求的地區卸貨。管制者也定期的對鐵路業者發布命令，要求他們把某特定數量的車廂移到某地區，以緩解

車廂嚴重短缺的問題。

管制運輸業的其他方面
（Other Aspects of Transportation Industries Covered by Regulation）

從運輸管制的經濟觀點來看，最重要的是在投資、訂價和營運法則方面，但是運輸管制的範圍其實遠超過此。舉例來說，為了防止鐵路業者偏好自己的商品，所以禁止鐵路業者運送自己的商品來販賣。這迫使鐵路業者放棄礦業的擁有權。而且為了讓巴拿馬運河在運輸服務上保持競爭，所以禁止鐵路業和巴拿馬運河的運輸服務業有財務上的關係，同時若想買鐵路部門以外的運輸公司，還必須申請特定的許可證才行。

管制也發展了統一的會計制度。ICC記錄了設備的抵押權和出租，並且規範鐵路和車輛運輸業者該如何提出利潤報表。為此，在1983年之前，鐵路會計和任何其他產業不同。ICC還規範了聯營董事以及鐵路證券的發行。

管制委員會還負責確保運輸業者的安全。為了這項使命，運輸管制當局發布法令來規範設備的維護以及通路的權利。它管制了司機上路駕駛的時數，以及危險物品應該如何處置等事宜。解除管制後，許多的這些功能都已經分散到其他機構，而那些機構並不必負責運輸業者的經濟事務。

傳統的管制條例也延伸到勞工保護上。舉例而言，當業者放棄鐵路線或和他人合併時，多餘勞工的處置方式是由州際商業委員會決定的。卡車運輸業也有類似的法則，卡車駕駛員相信勞工保護法則能夠有利於卡車勞工組織。❺ ICC實施的法則不僅讓自有自營者可以把服

務租給大的運輸業者，而且駕駛員也能夠以自己的卡車上下貨。

管制決策的準則
（CRITERIA FOR REGULATORY DECISIONS）

　　在州際商業法規和一些後續的修訂法規中，管制當局秉著「促進安全、誠實與效率；避免經濟權利『過分』的集中；鼓勵能源的保護；促進國防安全；推行合理的工資與工作條件；促進運輸以及運輸業者的健全經濟條件」。而管制機構也秉持者「促進公共利益以及公共便利與需要性」的原則。❻當機構在制定費率時，則秉持著「公平、合理與沒有差別待遇」的原則。

　　讀者可能會注意到，經濟效率的促進並未明顯的被列在上述的準則中，表示它並非是管制機構在從事管制決策時的主要準則。經濟學家認為，管制是為了在市場失靈時，用來作為競爭市場的替代品；因為就如第十二章所描述的，經濟學分析的市場失靈是指市場系統無法達到效率的結果，所以似乎唯一的合理論點是：管制機構應該把焦點放在有效率的訂價上。例如，鐵路業一開始是由於人們控訴其壟斷權利才受到管制的。壟斷者確實導致資源無效率的使用，因此對壟斷的管制而言，應該把焦點放在糾正壟斷者的無效率上才合理。

　　然而，運輸管制的目標並非是追求效率。鐵路業者雖然受到運輸管制，可是他們從來都不是壟斷者。它們總是有著競爭對手，而且它們從未聯合一起賺取壟斷利潤。鐵路業賺取的投資資本報酬率從未像美國卡車運輸業般那麼高，甚至在黃金時期，仍有極大比例的美國鐵路系統處於或瀕臨破產邊緣。那麼，在運輸管制的討論中，為何還要提出壟斷權力這個議題？

鐵路業就像前一章假想的麥可諾橋公司一樣，能自由決定個別消費者的費率，而且這種自由對其服務社區的經濟狀況有著深遠的影響。此外，鐵路系統的容量過大迫使業者想辦法儘可能提高收入，以彌補固定成本。雖然他們沒有賺取壟斷利潤（由於鐵路和社區的競爭造成過度的興建），但是他們確實使用了經濟權力，而這權力就被認為是壟斷。

　　人們往往搞不清楚，明明財務上有問題的運輸業者如何能夠有壟斷權力，而這種困惑造成鐵路政策的爭論核心，而且持續影響到今日的辯論。如果某貨主見到其競爭對手是由於得到鐵路業者許可的低費率而能進入新市場，可是自己卻不能獲得鐵路業者同樣低的送貨價格，那麼此貨主所抱怨的，不會像傳統一樣，抱怨壟斷者行使市場權力，故意降低生產量以提高價格和利潤，而是抗議鐵路業者訂價自由的濫用。鐵路的管制雖然使用了壟斷權力這名詞，但其實是為了處理對訂價自由的民怨。

　　鐵路管制者不但關心費率水準，而且更關心費率結構。❼在管制期間、鐵路業長期衰退時，州際商業委員會很慷慨的批准全面費率的增加。它把時間花在控制哪些貨主可以獲准取得折扣費率，以及哪些貨主不行。管制者對貨運費率的關心是為了要讓個別貨主以及社區知道，管制者能夠對影響他們生活上的決策具有發言權。可能只有經濟學家見到壟斷造成的基本問題是效率損失。而一般大眾卻只認為壟斷是不公平的，而且掠奪人們的權利，使人們必須挺身處理壟斷者的權力問題以主宰人們自己的環境。

　　管制機構是準司法體，而且就像所有的法庭般，是根據公平與正義而作裁決。雖然正義費率的觀念與現代經濟學不相干，但是這個觀念在法律訴訟中卻深具意義。管制機構使用的公平的要素之一是，若沒有經過適當的過程，沒有人應該得到他人的服務。因此業者若要放

棄服務，需要舉行管制聽證會，讓所有攸關團體出席解釋為何他們希望服務能夠持續下去。由於聽證會中不太考量服務者的財務能力，因此在經濟管制中，有很多過量的鐵軌繼續被維護下去，而且即使鐵路客運服務在經濟上已經無利可圖，卻仍繼續被廣泛的提供。因此，管制造成的必然情況就是維持不合算的服務。實際上，保留這種服務通常是管制者想要有所作為的表徵，因此往往能成功辦到。

　　鐵路業也隸屬於限制區別長程—短程載運（long-haul-short-haul discrimination）的法規範圍內。在這法則下，禁止對遠於某城市的長程票價比只到那城市的短程票價還少。這是基於很單純的公平原則，因為長程載客或運貨的成本不可能少於同一路程但距離較短的成本。這種基於公平的法則所造成的結果是，鐵路業者得主要根據距離來設定費率。讀者可能會記得在第六~八章所論述的，也就是鐵路成本和距離的關係其實很小。鐵路成本的絕大部分是攸關固定設施方面，以及運具的擁有權成本等。真正的移動成本其實小於總成本的20%。雖然超過某點的路程成本不可能會小於只到那點的同一路程成本，但是二者的運輸特徵卻很少相同。長程—短程法則排除了適當收取擁塞通行費的可能性，也排除了針對不同種類的服務訂定不同價格以彌補它們的增額成本。因為鐵路成本和距離的關係很微弱，所以要強迫它們以距離訂價，實則帶來了無效率而且交叉補貼的訂價。

　　同樣的，在正義的考量下，鐵路管制者也小心翼翼的看護各個地區的費率，使它們得以和其他運送同樣或類似商品的業者競爭。這就是為何管制者會批准加州農產品的費率折扣比佛羅里達的農產品還大，因為這樣彼此才能在主要的東北市場互相競爭。從中西部到所有東岸碼頭的費率則都一致，這樣才不會讓任何碼頭占到優勢。偶爾，也會對較迂迴（因此較高成本）的路線制定較低費率，以作為服務緩慢的補償。

當管制者審視鐵路費率時，顯然沒有考量的一點是，計算運送的機會成本（這會得到經濟學家的認可）的大概值，以便和費率互相比較。若不比較成本，費率結構就不可能有效率，或無受到補貼。實際上管制者根本無心認真找出個別的運送成本，因為這些計算根本不會用在訂價上，也不會用在服務標準的設定上。

州際商業委員會，也就是管制者，認為移動的成本是不可能計算出來的。因此在判定業者提出的費率要求是合台埋時，他們所考慮的主要因素是類似於此運輸服務的收費多寡。在其他基於公平的顧慮下，ICC 努力確使每一種費率和其類似情況的費率相比，都不至於嚴重脫節。這種考量所造成的荒謬在某聲牛肥油事件中一覽無遺。在這事件中，某憤怒的貨主故意諷刺性地要求以很低的價格在兩城市間運送聲牛肥油，其實這二城市之間根本沒有運送過這樣的商品。運輸者公式化的向州際商業委員會抱怨他們批准這種毀滅性的低價所帶來的可怕結果、它對其他商品的其他貨主所帶來的負擔，以及管制機構義正嚴詞的拒絕這項費率等，再再向一般大眾顯示了管制機構的愚痴。不過，若把它歸罪於管制過程，這並不公平，因為若想努力保持公平的費率結構，卻又缺乏成本的相關資訊，本來就會產生這樣的決策結果。

對卡車運輸的管制也是同樣使用這種以公平為基礎的標準，來評估費率變動的請求，以及評估新服務的許可與否。在評估費率時，管制機構儘量確保大貨主不能使用他們的議價能力來得到比小貨主更低的價格，而且同樣的，在鄉村地區——路徑較稀疏的地區——不能受到比都市地區較差的待遇。在以公平立基的運輸管制下，保護小貨主和鄉村地區是其基本的重點所在。

對鄉村服務的關照同樣也成為航空管制的基本論點。民用航空局認為在 1960 和 70 年代，噴射飛機能夠遍及全國提供小社區服務，是

其一大成就。能夠實現這項目標，一方面是藉由補貼小機場，一方面是靠著在批准航空公司較有利的旅遊密集路線時，同時要求它們得飛行偏遠路線，另外還靠著實行以距離為基礎的機票結構來達成。

因為航空公司原來是為了從鐵路業爭取旅客而起家的，所以此產業以鐵路業的頭等艙票價結構作為它的目錄價格表。隨著它的優良服務，這種作法讓航空業得以從競爭的對手中拉走旅客，而賺得最大收入。在這產業受到管制後，仍維持這樣的票價結構。如前面所提的，鐵路業的票價結構是立基於限制長程—短程差別訂價的法律，因而形成以距離為根據的票價結構，使得旅客搭乘距離愈遠，就付的愈多。而航空業在受到管制之初，也採取這種票價結構，同樣接受這種根據距離而收費的票價方案。雖然在航空公司的成本中，營運成本所占的比例比鐵路業還大，但是它們的成本絕不像票價般，是根據距離的遠近而定。尤其在噴射客機取代螺旋槳飛機之後尤是如此。在航空管制下，長距離的價格／成本比率比短路線的價格／成本比率還高，而短路線卻通常是服務偏遠地區的小鎮。因此根據距離而訂價的結構，就很容易成為交叉補貼的方案，而保證服務能遍及人口較稀少的地區。

我們若不分析管制委員會所使用的公平概念，就無法窺得運輸管制的全貌。管制者儘量要創造的運輸系統是，讓每個人，包括運輸業者、顧客以及整個社區都能受到公平的對待。但是除此之外，管制者和立法者還同時追求其他更廣的社會目標。舉例言之，1925 年的 Hoch-Smith 判決，要求州際商業委員會儘可能的把農產品的費率設到最低以協助農業。在 1952 年還擴大免於卡車管制的農業商品數量，以儘量用低費率來帶給農場好處。在 1973 年州際商業委員會禁止業者對用完可回收商品採取差別訂價，以儘量鼓勵可回收商品。在 1976 年國會還進一步強迫 ICC 以最小的利潤水準對可回收商品制定費率。

管制同時也用來改善運輸安全，管制者藉著提供航空公司和卡車

運輸業在財務上的穩定性，以企求航空公司和公路運輸業者有資源以及財務動機來維持它們的運具在好的營運狀況，而且也要求駕駛人申請許可證以減少沒有信用的業者存在，而沒有信用的業者被視為是最可能引起安全問題的人物。

可能更重要的一點是，管制是為了要促成穩定運輸的目標。它消除了價格戰，而這價格戰在 19 世紀的鐵路業者之間可是司空見慣的，它也消除了在大衰退期間，毀滅性的低卡車運輸費率，管制還促使業者之間，以及不同運輸方式之間的協調。它顯然是要確保業者能以合理的費率提供可信賴的服務，同時促使所有相關的人都受到公平對待。基本上人們認為管制是要使得運輸業成為默默的中立助手——很像水資源的提供、下水道污水處理服務以及電力系統般。簡而言之，管制者的目標是要把運輸系統轉變成公用事業。

受管制的好處
(ADVANTAGES TO REGULATED MODES)

回顧歷史，管制的確防止了鐵路業者之間的價格戰，而且它也確實消除了消費者對鐵路經濟權力的抱怨。就這點而言，顯然是一項成就，它使得鐵路業者無法自由地把成本分擔到它的消費者，而使抱怨聲消弭於無形。[8]我們一旦瞭解到管制的目標不是為了保護消費者，而是確保穩定、中立的運輸系統，公平對待所有攸關人事時，我們就比較能體會到，這項制度雖然一開始並未打算為牽涉其中的一些業者謀福利，但最終仍讓它們成為受惠的對象。

卡車運輸業（The Trucking Industry）

　　卡車運輸公司尤其會發現管制能提供兩種主要的好處：(1)路線證明過程有效的保護產業免受新對手的競爭壓力，以及(2)費率管制過程能夠用來控制業者之間在任何路線的競爭。管制能夠帶來這些好處的作法是，業者和貨主所協議出來的費率，要定期的送到車輛運輸費率局認可，然後才送到州際商業委員會作最後的裁決。雖然運輸業者可以個別獨立公告自己的運輸費率，然後到管制機構辯護此費率，可是這種獨立的行動卻不普遍。

　　運輸管制積極鼓勵勾結，而勾結對美國其他產業來說，是不合法的——因為違反了謝爾曼法案的第一節。不但勾結在經濟管制中受到許可，而且卡車運輸業還享有非法圖謀勾結者所沒有的優勢。管制者僱了督察在高速公路上攔截卡車以查詢和檢查他們的文件。其中檢查的項目之一是，他們是否以價目表上的價格運貨。第一個解除卡車管制的時機是在卡特爾行政局任命一些委員負責解除管制來削減控制產業的機能時。

　　設定集體的費率，以及要求業者提供路線許可資格，都為卡車運輸公司帶來了賺錢的理想環境。❾整個時期的營業利潤不但很高，而且前後一致，所以卡車運輸公司被視為是風險很低的產業。在卡車管制的 10 年後，美國卡車協會的會長，湯姆多那修，形容管制下的卡車運輸業是一項很容易經營的事業，簡單到你可以「連第二個兒子都可以進去經營」。❿公路運輸業者趁此機會大量貸款投資——以他們的路線證明作為擔保品——在對卡車服務的需求遠大於新證明的發行量時，這路線證明可是很珍貴的。不過，這種財務槓桿，加上在管制時沒有把容量控制好，使得管制解除後，這項產業變得不堪一擊。

　　管制的結構也有利於貨車司機工會，使得他們能夠使用交通互換的管制法則，來擴大工會的組織，把那些和貨車司機組成的公司有關的運輸業者也包括進去。許可證的要求也保護此工會免受非工會運輸業者進入的競爭。卡車運輸工會和雇主的談判大大的成功，使得卡車運輸業的工資，和在非管制期間旗鼓相當的製造業工作相比，工資達到歷史性的高點。⑪

 航空業（The Airline Industry）

　　不容置疑的，卡車運輸業和其員工是運輸管制下的主要受惠者。相反的，航空業則受益較少。不像卡車運輸業，航空公司有著永久存在的弱勢航線─強勢航線的問題，使得總費率提高時，會讓一些業者獲取暴利，而其他同行卻仍遭受財務困難。就如同之前所提的，民用航空局儘量想要解決這項問題，而把一些有利的新航線分配給弱勢的業者，毫不考慮到底哪家航空公司才能最有效率的使用這條新航線。但是就和所有的管制機構一樣，把確保穩定與公平視為基本責任，而不重視效率面。

　　不像其他產業，航空業在一些價格較高的路線，互打品質的競爭戰，而造成利潤的減損。為了控制這樣的利潤損失，管制機構試著把一些飛行的餐點服務限制到只提供「三明治」，然後當三明治作得愈來愈大時，還必須定義三明治的大小。由於此行業採用以距離來訂價的策略，造成長距離的利潤比短距離的利潤還高，所以管制可能會引起一些長距離航線的飛行次數過多。

　　管制對飛機駕駛員來說是件好事，而且也有益於航空業的其他勞工，只是好處較小，這是因為他們的雇主不必面對任何來自非工會公司的競爭壓力，所以和美國所有產業比起來，飛機駕駛員的薪資以及

工作條件都是最好的。

 揭穿管制好處的真面目
（Unmasking the Beneficiaries of Regulation）

　　有時候人們把管制認為是保護消費者的計畫，而不是為了保證所有關係人（包括生產者）的公平性。政治上支持管制的聲音可能就是來自這樣的理念。不過，當人們發現在少數的州內市場，受管制和未受管制的運輸業者彼此競爭，而未受管制業者收取的價格卻遠低於被管制的業者時，大眾和國會才發現了管制的真面目。❷回顧歷史，其實這種受管制者和未受管制者之間的比較可能並非公平：舉例來說，在舊金山和洛杉磯之間密集的州內市場，由於能帶來高的承載率，因此價格也就低，而管制制度就是依靠這些獲利的路線來交叉補貼那些使用量少以及偏遠的路線。但是同樣明顯的，管制並未強調有效率的生產，而且管制者也確實准許成本的提高。隨著較高的成本，受管制的產業實在很難生產一樣便宜的產品，來和未受管制的業者競爭。

　　當航空和卡車管制的真面目被揭穿了，知道管制不是為了保護一般消費者時，政治上的支持聲開始瓦解。它受到左右派的攻擊，認為它們是與產業共謀，而管制者則被譴責是受到產業的「擄獲」——這種控告當然是不公平的。❸管制者努力想公平對待所有關係人，包括受管制的產業。當聯合航空——美國最大的航空公司，與一家被拒絕新航線的航空公司，一起打破航空業的秩序時，航空管制開始瓦解，而回到未管制的時代。卡車運輸業則正面反對管制的解除；當貨車司機工會被發現企圖收買議員來抵抗解除管制的議案時，卡車運輸業的管制也就開始破裂。

　　1978 年的解除航空管制法案和 1980 年的解除車輛運輸業管制法

案，這二者的基本特色是，只要證明有經營的財務能力以及好的安全紀錄，就能得到路線證明許可，而且業者若要變動價格時，不必得到政府的許可。同時大貨主和小貨主的價格，以及都市和鄉村路線的價格等，都再也不必旗鼓相當。費率再也不需要合乎正義、合理以及非差別取價的標準。這些法案都准許並鼓勵路線的合理化。

 ## 鐵路業（The Railroad Industry）

很重要的是，我們要知道雖然管制機構努力公平對待所有人，可是其他運輸方式所享有的好處，鐵路業卻很少得到。這產業再三被准許提高費率水準，可是卻不被准許調整費率結構，來適應新的競爭對手，也就是車輛運輸業者。鐵路業把它最有利可圖的運量全輸給車輛運輸業者，而且還被拒絕提高剩餘運量的費率。此外，即使客運不再賺錢，管制者卻強迫業者仍得維持客運服務，而且即使路線的合併與路線的放棄都合乎效率，卻都受到阻止。

這造成此產業非常的不賺錢。學術上的研究認為，平均的投資報酬率不只低於資本的機會成本，而且新投資的淨邊際報酬還是負的。❶由於投資如此的無利可圖，業者很少從事鐵路系統的維護與現代化。火車頭破了也不修理，鐵軌損壞了也不修復。密西西比河以東的主要業者都被迫破產。

為什麼同樣這套管制制度，能帶給卡車運輸業這麼豐厚的投資報酬率，卻殘酷到足以強迫大部分的鐵路業者面臨破產的命運？我們沒有理由懷疑管制者是偏好卡車而反對鐵路的，問題是出在管制本身。為了穩定而公平的制度，管制證明了根本無能力適應第二次世界大戰後，變動過的市場環境。管制者想要維持制度的穩定與公平，因而把鐵路的路線圖與費率結構凍結在 10 年之前的樣子。任何企圖改變的

嘗試都會受到敵對。基本上，管制提供每個人挑戰修改現狀的權利。

　　解除鐵路管制是始於人們察覺到鐵路業的財務情況惡化到把對大眾運輸的服務降至令人不滿意的水準。國會也被迫不斷增加補貼金來持續破產路線的服務。解除鐵路管制的議案顯然被認為是解決鐵路業財務問題的方法，它鼓勵路線的合併、廢棄以及提高費率。國會希望把已經行使 60 年的費率結構管制制度廢除掉，以使鐵路業變得比較有利可圖。國會認為鐵路業的市場權力已經所剩無幾了，所以指示州際商業委員會（其渴望接手這項工作）來鼓勵貨主和運輸業者之間秘密費率的協議。在 1980 年的法案，委員會從費率管制的傳統體制中很優雅的離開了。

運輸管制的現狀
（THE CURRENT STATE OF TRANSPORT REGULATION）

　　解除運輸管制並非一蹴可幾，而是在 10 年或更長的期間中逐步進行的。這三種主要的管制產業——鐵路、航空以及車輛運輸業——都是由管制機構領導國會來削弱或刪除自己立的法規。（實際上，由管制機構領導管制的解除是很重要的，因為這樣人們才會認為國會並未傷害任何選民的利益，而是維持新的、解除管制下的現狀。）

　　今日，那些精心設計、用來管理運輸業的管制體制已經所剩無幾。民用航空局受到解散的命運，而由運輸部（DOT）負責督導航空業的營運。運輸部負責核發航空公司的經營執照，而申請者唯一需要具備的要素是服務的適當性以及安全的承諾；執照發下來後，並不會限制服務的路線。在國內的服務上，航空公司可以自由決定合適的服務價格，而不必得到費率局或任何管制當局的許可。

運輸部在航空業扮演的唯一重要角色是在國際關係上。從事國際航線的客運服務許可證，必須由飛行所連結的兩國之間的雙邊協定來支配。因此美國必須遵守協議方案，而協議方案在大部分的情況中，都是在許多年前，也就是國內航空管制期間所擬的。外國則比較不願意走到完全解除管制的路上，而部分原因是美國是第一個主要解除國內航空管制的國家，因此美國航空公司有比較多的經驗來適應解除管制下的環境，而且還順應勞工條例以及其他法規，儘量把成本降低，來取得優勢地位。運輸部已經推動其他國家解除國際航線的管制，不過外國雖然知道解除管制的效率利益，但是仍在猜疑美國的動機，因為他們知道若解除管制，會讓美國運輸業者處在有利的地位。

　　就和航空業一樣，車輛運輸業的管制也被解除了。業者要申請經營權只需要出具安全、合適以及保險的證明即可。聯邦政府現在已經搶先拿走州的管制權，所以連地方上的卡車運輸業，也都免除了進入這行業的要求條件（也就是除了安全和保險以外的考量因素）了。

　　卡車運輸服務的收費並不需要申請，而是透過貨主和業者之間（機密的）協商方式。在 1995 年 ICC 中止法案（ICC Termination Act）中，價目表的申請要求只限於家計產品的運輸者、城際巴士、航向阿拉斯加、夏威夷以及美國領土的水上運輸業者，以及那些提出牽涉到二個或更多運輸業者的費率方案者。雖然這個 1995 年的法案顯然代表一個全面性的改變，但是在那法案中，解除對卡車經營的正式管制督察權，卻沒有什麼實質效果，因為在 1980 年的車輛運輸法案，並沒有人對 ICC 抱怨現存價目表有任何不合理之處。在 1993 年公告的一百萬個所提出的費率變動中，其中只有 20 項受到抗議而已。

　　在受到傳統管制的運輸方式中，唯一仍受到大量管制督察的是鐵路業。但是因為鐵路業顯然是 1976 年前受到最嚴屬管制的產業，所以解除管制的程度比其他方式都還要廣泛得多。解除鐵路管制的主要

辦法是，讓管制機構有權對一些特定情況免除一些現存的管制。管制者廣泛的使用這項權力。他們免除所有貨車車廂運輸或拖車的貨物運輸的管制；此外，他們還免除許多個別商品的管制，像是車輛、新鮮的水果、蔬菜和木材。對那些免除管制的商品和運輸而言，費率就可以透過鐵路業者和個別貨主之間的協商來訂定。

　　鐵路管制現在是由 1995 年 ICC 中止法案，以及由此法案設置新的地面運輸局（Surface Transportation Board）來規範。因為這個組織是新組成的，所以國會要求它負責的許多管制辦法還待解釋。其中有許多都是合理費率的標準——國會要求此組織在下一年要設計出這些標準。不過，許多之前的管制法令都仍保留在現在的新法律中。舉例來說，1995 年的 ICC 中止法令要求地面運輸局在根據管制法令的要求，來決定某費率是否公平而合理時，必須先判斷此鐵路業者是否是市場的支配者。 如果它所提議的費率少於政府計算出的運輸變動成本之180% 時，則假定此鐵路業者並非市場支配者。若業者制定的某些交通費率，比政府計算出的運輸變動成本的 180% 還大時，地面運輸局可能會發起正式的研究調查來探討是否此鐵路業者是市場支配者，而且也因此要求業者必須證明此費率並沒有不合理之處。

　　對鐵路業免除申請價目表的要求，是根據 1996 年夏季地面運輸局的決策，這項決策使未來幾乎不可能對鐵路費率有所管制。鐵路業現在不必公告費率表，而只要在消費者或可能的消費者要求費率的資料時，在 10 天內準備相關資料即可。同時對於費率變動的資料，也只需要送給現在或之前的消費者過目即可。

　　雖然 1995 年的 ICC 中止法案還未發展出全方位的費率管制，但是從地面運輸局的其他決策可看出，該組織相當照顧鐵路業者的利益，但也懷疑鐵路業者之間競爭的企圖心。在 1997 年初，地面運輸局決定若某貨主只由一家鐵路業者服務，則此貨主不能利用鐵路同行之間

的競爭來作為和其業者協商的威脅手段。舉例言之，在這項決策下，某火力電廠若由鐵路業者A服務，則除非鐵路業者A同意，否則不可以和B訂契約，而收到由B鐵路業者所服務的礦場的煤——即使這煤比較便宜、污染較少，或者比鐵路業者 A 所服務的礦場的煤品質還高。這項決策背後的邏輯是，鐵路的消費者能利用把貨物供給來源換到別的位置為威脅，以要求減低運輸服務費率。雖然這種顯然站在鐵路業這一邊的不信任心態是近來才有的，可是這種擔心同行競爭的心理遍及整個 20 世紀運輸管制的傳統中。這項決定讓鐵路業者對消費者的權力，遠比其他產業中，典型的供給者／消費者關係中的權力還大，而且一些觀察者認為這可能會推動再次管制鐵路業的趨勢。至少這項決定把我們帶回到 19 世紀的情況，也就是生產者不願意在沒有至少兩條鐵路所服務的地方生產的時代。

地面運輸局繼續審理人們對不合理法規的控訴，像是拒絕使用私有車廂等。雖然它繼續對鐵路車廂的供給和互換擁有管轄權，但是已經停止努力去對抗車廂供給業的供給和需求定律，也就是不再不論時間與地點地統一訂價；車廂供給的問題現在授權給產業委員會去處理，而它可以免受到反托拉斯的起訴。地面運輸局則只負責調停不同運輸業者之間的糾紛，或者當它認為發生無效率的行為時才干預。該組織也仍然有權命令鐵路業者在緊急時，必須准許別家也在它的路線上經營。

鐵路業不像其他運具，因為沒有人主張應該對投資路線與廢棄路線的決策解除管制。鐵路業不像航空公司或卡車運輸公司般容易退出市場，因為鐵路路線的廢棄代表著這個國家的某地區將永久的不再受到此運具的服務。新的建設仍然需要許可證，現存路線的廢棄也是如此。不過，地面運輸局非常注意，若強迫運輸業保留不想經營的路線，所帶來的財務負擔，因此管制者對它們停止服務的申請相當寬

鬆。雖然地面運輸局仍繼續扮演傳統保留服務的角色，但是它也鼓勵別的單位接管被廢棄的路線，因為它可能會得到更好的經營。

　　在新的管制法規中，也許衝擊最大的改變是法規的序言，它引導了管制者在作決策時應該考慮的因素。在之前規範鐵路業的法律中，保護消費者的說法是最顯著的，但是在新法律下，則指示管制者要把重心放在經濟效率的問題上。在 1995 年的 ICC 中止法規中是這樣說的：

　　　　在管制鐵路業時，這是美國政府的政策——(1)在最大的可能範圍內，要准許根據競爭的情況以及服務的需求，來設定出鐵路運輸的合理費率；(2)要儘量縮小聯邦對鐵路運輸系統的管制，以及在有必要管制時，必須要有公平而迅速的管制決策；(3)要允許鐵路業者賺取適當的收入，以促進安全而有效率的鐵路運輸系統，至於適當收入的大小則由地面運輸局裁決；(4)在和同行以及其他運輸業者的有效競爭下，要確保健全的鐵路運輸系統能夠持續發展，以符合大眾和國防的需求；(5)要培育運輸業的健全經濟條件，以及要確保鐵路業者之間，還有和其他運輸業者之間，有效的競爭與協調；(6)若鐵路業者缺乏有效競爭，以及鐵路費率所提供的收入超過維持鐵路系統的必要金額，以及超過吸引資金的所需收入時，要負責維持合理的費率；(7)要減少管制對進出產業所帶來的障礙；(8)確保運輸裝置和設備的經營沒有損害大眾的健康與安全；(9)要獎勵誠實而有效率的鐵路經營；(10)要求鐵路運輸業者，盡最大的可能去調整個別費率，而限制全面費率的提高；(11)要促進鐵路業的公平工資，以及安全而合適的工作條件；(12)要禁止掠奪性的訂價與行為，要避免市場權力不適當的集中，以及禁止不合法的差別訂價；(13)要確保在管制

程序中，能取得正確的成本資訊，同時把鐵路運輸業者提供
這種資訊的負擔降至最低；(14)要鼓勵和促進能源的保護；以
及(15)針對所有管制程序提供迅速的處理和解答。**⑮**

　　管制者仍然受到指示要考慮一些非經濟性的目標（例如，能源保
護），以及仍然有控制市場權力的趨向，但是在新法律中，這些主題
已經變得沈默多了。

 ## 解除管制的效果
（THE EFFECTS OF DEREGULATION）

　　經濟學家已經把解除運輸管制視為很大的天然實驗。經濟學家研
究解除管制的效果，以努力瞭解管制對一般產業所造成的的基本影
響。有二項理由使得我們不敢以文獻上記錄的管制與解除管制之間環
境的變動來代表政府管制的一般性效果。首先是，運輸管制在很多方
面都是獨一無二的。舉例來說，政府干預的領域中，沒有一個像運輸
管制般這麼重視費率結構，而非費率水準。第二，所有的運輸業在解
除管制前後，隨時都跟著新的技術、機會以及成本條件而調整。**⑯**舉
例來說，在解除管制前那幾年，航空服務的成本和安全逐年在改善，
而這情況在解除管制後仍持續進行。若把這持續的趨勢歸功於解除管
制的效果，似乎是不正確的。在探討解除管制的效果時，必須控制其
他隨著時間而變動的影響因素。

解除對鐵路的管制（Railroad Deregulation）

鐵路管制的解除帶來的爭議比預期的還小，部分原因可能是它能立即改善美國鐵路業的財務情況，因而也改善了鐵路的服務品質；解除管制後也改善了鐵軌的維護狀況、提高了速度，而且火車頭短缺的情況也改善了。同時由於火車出軌的次數減少，因此降低危險化學物質外溢的次數而提高了安全。對很多貨主來說，管制期間的服務水準奇差無比，所以他們可以接受較高的費率來獲得較高的服務品質。

鐵路管制的解除一直是很多人分析的主題。❶沒有例外的，他們都發現到鐵路管制的解除帶來效率的改善，不過改善程度的大小仍未定案就是了。同樣不容置疑的是，鐵路管制的解除使此產業的財務更加健全。但是在解除管制的研究中，最令人感到驚奇的是，有一些因素並沒有受到管制解除的影響。舉例來說，儘管人們預期鐵路管制的解除會導致大量的運量從卡車運輸業快速的移轉到鐵路業，但是這項預期卻沒有實現。如第三章所提的，現在鐵路和卡車運輸業的貨運百分比基本上和 1970 年代管制期間相同。在過去數年，雖然文獻上記載著有一些運量從卡車移轉到鐵路——最顯著的是橫貫大陸的製造業商品運輸——而且有人主張這些移轉在管制下是不可能的，但是鐵路業仍持續在短程運輸市場中被卡車運輸業拿走運量。而短程運輸的運量遠比長程運輸市場的運量還大。顯然，解除管制所帶來的市場移轉並非只獨厚於鐵路業或卡車運輸業。

解除管制所沒有影響的另一方面是勞工關係。解除航空運輸業和卡車運輸業管制所影響的第一個地方就是勞工工資，可是鐵路勞工卻未因管制解除而影響其工資水準。但是鐵路勞工並未成功的保留就業水準，解除管制後，鐵業的僱用量減少一半左右。

解除管制後，鐵路僱用量的下降只是鐵路營運大轉變中其中的一部分而已。就如同第八章所描述的，鐵路鐵軌的里程數下降，而火車一里程數也同樣下降。同時，鐵路的運量則在持續上升當中。解除管制後運量被合併到少數的路線，而以較少但較長的火車來運載，這造成生產力的巨額增加，所以解除管制後，每延噸英里的鐵路成本也就大幅下降了。

在我們描述鐵路業的勞動以及里程數的前後，我們都還沒有提到解除管制後服務品質的改善。當鐵路業者以較少的火車連結較多的車廂後，人們卻認為服務的品質改善了，這點我們覺得很奇怪，但是事實就是如此，因為品質有很多層面，而服務次數只是其中一點而已。舉例來說，很早以前就有人認為，對鐵路旅客而言，運送時間的準確性，比平均的運送時間還重要。在鐵路的財務狀況改善後，保證有投資資金可用來修復鐵軌、火車頭，以及購買新的鐵路車輛。這能帶來較高速的服務，以及更可靠的接駁服務。在一些路線上，由於鐵路服務足夠快速、可靠以及便宜，所以一些卡車運輸公司竟和與其相互競爭的鐵路業者簽訂合約來讓火車運送卡車。

我們很難想像出，管制下的鐵路業者能把服務品質改善到什麼程度，原因之一是，管制妨礙了服務的品質。管制只限制價格，卻不限制此價格所提供的服務形式，所以管制促使那些有市場權力的廠商把服務品質降低到壟斷水準或者降到管制者所許可的最低水準。管制的解除讓業者能以不同價格來提供不同品質的服務。因此讓那些希望付多一些，以得到較高品質的人能夠得到他們所需的高級服務。

解除車輛運輸業的管制（Motor Carrier Deregulation）

解除管制表現出來的第一個結果是，把以前強加於業者的不理性

路線與商品結構加以重新組合。❽隨著管制的解除，卡車運輸業開始發展有效率的軸輻系統，以便於大範圍的為貨主搜集、運輸以及遞送貨物，來持續確保高的載貨率。這對產業成員來說，這種自由發展路線結構的能力，顯然很快的帶給那些路線結構最廣的廠商壓倒性的優勢。由於沒有資金可以承擔合併所帶來的退休金給付義務，因而排除了此產業的合併行動，所以卡車運輸業就開始著手理貨站的興建計畫。此容量的擴張工程發生在 1980 年代初期，剛好在經濟嚴重衰退、貨運減少的時期。容量過大的結果自然讓卡車運輸業出現了財務壓力。不幸的是，在管制期間此產業所採取的財務手段使得它在面對競爭與容量過剩時變得不堪一擊。管制前的那些前 20 大卡車運輸公司都在緊接著管制解除後的那些年落至破產的地步，而停止服務。

並非所有的卡車運輸業成員都同樣感受到容量過剩與競爭的財務壓力。工會成員的高成本成就了那些非工會成員地方業者的快速擴張。此外，有著全國性路線結構的三家業者（Roadway、Yellow、CNF 運輸公司）結合起來取得運輸路網經濟的優勢，而且還經常藉著購買破產公司的設施而大肆擴張。這卡車運輸業的三大巨頭也發展了他們自己地方性的非工會運輸業者，以搶食交通的大餅。

運輸路網經濟對於交通的搜集與分配尤其重要，而且這是零擔貨運服務（LTL）部門的主要功能。在這部門，解除管制快速的造成市場的集中。現在我們可以看清，管制藉著保護無效率的小業者，而維持了此產業的競爭體制。至於LTL的市場會繼續集中到什麼程度，目前則還不清楚。

解除管制也帶來卡車運輸公司專業化的效果。在管制下，零擔貨運服務和整車運輸服務都是由同一家公司提供。現在專業於整車運輸的業者愈來愈多，他們雖然幾乎不興建理貨站，但卻藉著資料的處理來最適分派車輛，以及搭配來回程的載貨。就如第八章所描述的，那

些所謂的先進卡車運輸公司，由於保持高的載貨率，已經能夠以接近鐵路業的成本來經營。

解除卡車管制下的主要輸家，不但是卡車運輸公司的股東，還包括加入工會的卡車司機。由於非工會的運輸業者持續擴張（尤其是在卡車市場），迫使貨車工會必須提供運輸業者較低工資以及更有彈性的工作條件。來自非工會運輸業者的競爭容許了市場的自由進入，因為管制的解除使得貨車司機工會成員的 1/3 遭到遣散。解除管制減低了工資以及非工作期間的有薪時間，以及推動了更有彈性的工作規則。

卡車運輸業不像鐵路業般，能在解除管制後，明顯的大幅改善生產力。解除卡車管制的實質效果出奇的小。雖然解除管制降低了司機的工資，因而明顯的降低卡車運輸業的成本，可是解除管制所帶來的系統合理化，並沒有產生類似的重要效果。有一項估計指出，雖然在所有的情況下，解除管制並沒有統計上的顯著效果，但是它卻增加了卡車的使用率，每年大約 4% 到 13% 之間，因而提高此產業的生產力。然而，我們有理由相信這項數據是高估了，因為每台卡車里程數提高的同時，州際高速公路剛好完成，而且卡車運輸業的管制豁免部門也有類似生產力的改善。所以顯然的，卡車管制的主要效果是在所得的移轉，而非效率的損失。

雖然解除管制對卡車生產力的效果不大，但是我們認為它對整體經濟的效果卻大得多，有可能是因為費率並非根據成本而計算，導致業者無效率地把經濟活動移轉到鄉村地區（雖然管制的理由是擔心業者不對人口稀少的地區提供服務，而這顯然並沒有發生）。同樣的，如果隨著距離的增加，費率的增加比成本還快，則製造業的業者為了節省運輸費，會把生產地區設立在太過靠近消費區的位置。不幸的是，就如第二章所提的，區域理論和經濟地理學並沒有進展到能夠大致估計出管制費率造成區域扭曲的大小。也許卡車管制的最重要結果

是無法衡量的。

　　價格管制造成的結果中，還有一項無法衡量但可能極端重要的，則是對服務革新的阻礙。為了防止高成本的品質競爭，以及支持價格管制，所以ICC禁止業者在提供服務時，帶有服務的保證；以及運輸業者沒有依約運貨時，禁止提供罰金辦法。然而，沒有服務保證，貨主根本不可能實行剛好—即時的存貨方法。因此經濟管制和現代製造業最重要的革新之一根本不相容。

　　一項可能衡量的出、但還沒有人嘗試衡量的經濟管制結果是：由於管制時代非常複雜的費率結構和路線系統，而提高貨主的交易成本。商品和路線的限制使得貨主無法只依靠某特定運輸業者來處理所有的貨物，結果造成貨主必須跑到好幾位運輸業者的裝貨點，讓它們逐一載不同的貨物到不同地點。若要運到新的地點，此貨主的交通部門可能還得去尋找被授權運貨到那地點的業者。解除管制後，每位貨主可以只和比以前少許多的業者交涉，而每位業者也都能夠滿足其所有的寄貨需求。解除管制也讓費率結構簡化許多。這兩項要素合起來讓貨主可以把交通部門縮小。因為這些交易成本只出現在貨主的財務報告中，所以那些探討管制前後運輸業的研究中，並不會顯示出這些成本的節約情況。

　　LTL和整車運輸的相對運輸費率，也會影響貨主決定是否應該縮小貨物大小而更常寄送貨物，還是把貨物累積到整車才寄出。解除管制後，LTL相對成本的降低明顯的導致人們更常使用LTL的服務。貨主可以重新組織存貨方法來更佳利用小件運輸的優勢——這是剛好—即時存貨方法的一部分——這必然會達到整體社會的經濟效率。不過，這些成本的節約只出現在貨主的帳簿中，也就是較低的存貨數量與交易成本。就總體的運輸部門而論，當貨主減少使用低成本的整車載貨服務，而偏向比較昂貴的零擔貨物遞送服務時，將會提高每噸—

單位的收入。

解除卡車價格管制還造成了另一個影響力，那就是影響了貨主使用私人卡車還是運輸業者的決策。經濟的控制鼓勵了貨主發展他們自己的卡車車隊，來迴避相對受管制產業的高價格。但是管制也造成私人貨主較高的成本，因為管制限制他們搜集回程貨物、以及限制他們和其他貨主分擔容量的能力。這兩種因素（運輸業的高價格與限制貨主）結合起來顯然抵銷彼此的效果。我們看不出解除管制是否因此提高貨主託運貨物的意願。就鐵路和卡車加起來的延噸英里而論，卡車運輸業的市場占有率從 1970 到 80 年代都維持在 17% 左右，而私人車隊在鐵路占有率降低的同一時期則提高一個或二個百分點，大約是24%。穩定的市場占有率提升了卡車車隊的專業化。在解除管制後，私人車隊所新增的卡車都是致力於公司自己整車的運輸，至於零擔貨運則漸漸移交給運輸業者負責。

如之前所描述的，運輸管制從來沒有把促進經濟效率列為單獨的目的。遠比它重要的是促進安全、穩定性以及提供可預測的運輸系統，而不特別優惠任何貨主。這些公平性、合理性以及沒有差別取價的準則，常常被那些想要衡量管制效果的人不正確的忽略掉。州際商業委員會解釋自己被委任的權力是，讓費率公正、合理、無差別訂價，尤其特別規定，即使業者服務小貨主的成本比大貨主還大，但是業者對小貨主收取的費率要和大貨主相同。雖然並未有系統的研究費率結構在管制後的改變——因為現在費率是秘密，所以很難想像該如何從事這樣的研究——不過我們仍可合理的假設，這些均等化的差別待遇已經消失了。現在對大貨主給予數量折扣的制度主導這個系統。

解除航空業的管制（Airline Deregulation）

　　經濟學家極力主張解除航空業的管制，而且自然的，他們也熱衷於評估這項實驗結果。❶但是解除管制的純粹效果很難從影響此產業的所有因素中萃取出來。圖 13.2 告訴我們其中一項原因，此圖顯示出航空運輸的趨勢，以及解除管制前後的平均票價。雖然管制解除後，緊接著運量的迅速增加，以及票價的大幅降低（對航空業而言，假定是以 1976 和 1980 年之間而論），但是這二種明顯的效果符合長期的穩定趨勢。顯然航空業的運量持續加速成長，而這則歸功於差別訂價

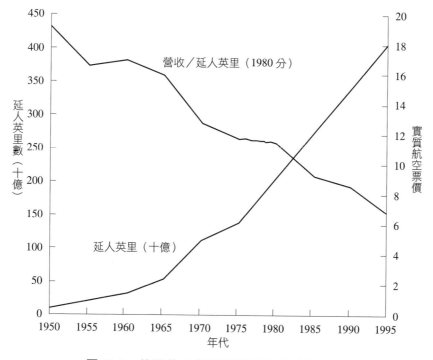

圖 13.2　美國航空業的票價與運量的趨勢圖

資料來源：美國運輸（*Transportation in America*），第 14 版

的實施，吸引了對價格敏感的旅客所致。

　　管制解除後，平均票價水準的降低，並非是標準票價（和 1976 年以前相比）的降低所造成的，而是票價結構改變的結果，尤其是訂定不同的折扣辦法所產生的結果。雖然解除管制前，大部分的運量都是以公告票價收費，但是解除管制後，則改成以不同的折扣為最主要的訂價體制。今日大約總延人英里的 90% 是以打折的票價飛行的。

　　以前根據距離制定票價的線性設計也有重大的改變，也就是票價也反映了交通密度的重要性。票價結構現在包含了長程─短程的差別訂價，以及飛到小社區的差別訂價。毫無置疑的，新的票價結構比較能反映飛到不同機場的成本。然而，數種研究已經顯示出，銷售量集中在一些個別的城市之間也影響了那些路線的票價。

　　經濟學的分析並沒有預期到解除管制的主要效果是在票價結構的改變，而非票價水準。即使解除管制使得票價比較接近成本，但是它也使差別訂價與產品的變異性變得更重要。在 1994 年，促銷與銷售支出占了產業收入的 15%。

　　解除管制的一項驚人效果是航空運輸路網的結構變成軸輻狀，而且業者也改變了飛機類型來配合這樣的系統，使得運量增加，因而提高生產力，且降低了成本。在 1996 年，產業的平均載客率大約是 70%，比 1970 年代中期，也就是解除管制前，普遍都 60% 的載客率還高得多。

　　自從此產業誕生後，生產力一直隨著飛機大小與性能而改變。在管制下，造成生產力降低的最重要因素之一是飛機的購買決策所致，因為業者所買的飛機往往大於追求服務品質所需的適當大小。其實品質是多方位的，而且很難衡量的出來，所以在大部分標準的經濟分析中都忽略品質這個因素。然而在航空業，服務品質的分析卻在解除管制的效果上扮演了中心的角色：在解除管制前，即使受管制和未受管制的航空公司彼此競爭下的價格比解除管制後還高，但是航空業仍沒

有超額利潤，原因之一就是因為過度的服務品質。品質是根據載客率、飛機大小、食物的準備、行李的處理以及飛行次數等來判定。

　　服務品質在解除管制後是否降低，得就我們從哪一個觀點看事情而論。飛行次數一般來說並沒有隨著解除管制而減少，載客率則提高了，而部分原因是因為業者使用較多的小飛機來服務市場較小的地區。有些研究主張，無關容量方面的飛行服務品質（像是溫和的態度、舒適與準點的服務等）在 1978 年後都降低了。點到點的飛行服務品質結構的變動都會壓倒性的造成平均服務水準的變動，任何大轉運中心之間的飛行次數都顯著的增加，而較小機場的座位數目則減少了。有些小城市甚至完全失去飛行服務，而對那些仍保有飛行服務的小城市來說，公司則使用較小的飛機來運客。

　　解除管制後不久，非工會組織下的航空公司也加入競爭行列。這些航空公司由於有較高的載客率、較少的工作規定以及較低的工資率，所以成本較低，票價也較低。不過在 1980 年代末期，這些航空公司幾乎都消失無蹤了，有的是因為他們自己的管理不善，有的是因為一些業者的掠奪性行為所致。在 1990 年代，部分由於非工會組織的航空公司買到不貴的二手飛機，所以又再次挑戰那些大航空公司的主導地位。在 1990 年代中期，那些新航空公司可能對老飛機的維護不夠，而發生了數起墜機事件，再次讓人們懷疑那些新業者根本無法以老設施來成功挑戰大航空公司。

　　就像卡車運輸業一般，航空業也提高了市場集中度，只不過在這領域，公司的減少不是因為破產，而是因為合併所致。合併讓許多飛機場成為重要的轉運中心，使得在那裡有主導地位的業者，即使在這些機場收的票價比在占有率較小的機場票價還高，卻仍然能維持他的市場占有率。在有些情況，若消費者的飛行是穿過這些轉運中心而非在機場下飛機，則票價會比較便宜。這對旅客而言好像是不合理的，

而且是一種市場權力的表徵。但是經濟學者比較願意把它解釋成是無補貼性的訂價原則所致。❷

　　不像車輛運輸業般，航空業中並沒有哪一部門能持續獲利。此產業在 1990 年代早期的總損失達到 100 億美金，傳統的主要業者全都蒙受損失。到了解除管制的時代，很多公司都宣告破產。這些財務損失持續造成合併的動作，而帶來更高的市場集中度。到了 1990 年代中期，此產業的財務衰退的情況已經停止，而顯然達到穩定而適當的利潤均衡點。

　　解除管制對於工會組織下的勞工而言，尤其難受。解除管制允許非勞工組織的業者進入這個市場，而這市場以前則只有參加工會的航空公司在經營。非工會的航空公司不但忽略飛機的差別，而且發放的工資低於工會薪資的 25% 到 30%。這些因素結合起來使那些業者能夠訂定較低的價格。儘管新的業者並沒有從大公司手中拿走許多運量，但是新的航空公司卻是讓此產業在談判時讓步的主要原因。新的工會契約增加了每月飛行員的時數，允許員工跨機種飛行，允許有限的兼職員工數量，以及減少在飛機駕駛艙的必備機員數量。這份契約也包括減少工資增加的幅度，以及允許二級工資結構，也就是大幅降低新進員工的工資─任期條件。

解除管制在控制運輸業市場權力上的教訓

（DEREGULATION'S LESSONS ABOUT THE CONTROL OF MARKET POWER IN TRANSPORTATION）

　　解除管制導致所有的運輸方式立即重組運輸路網的架構，以及增加市場集中度。管制顯然是保護了無效率的小業者，而且使得業者無法很均衡的經營路線網。管制優惠了鄉村地區以及小的貨主，而犧牲了人口更密集的地區與更大的廠商。解除管制也立即改變了價格結構。平均費率水準的變動則是次等重大的改變。由於管制者把心血花在費率結構和服務結構上，以及他們有限的督察能力，所以對於解除管制的主要效果是在結構效果上，我們不必感到意外。

　　所有運輸方式都隨著管制的解除而發生上述的二種轉變。至於解除管制的其他效果則隨運輸方式而不同，往往是鐵路業與眾不同，而航空業與車輛運輸業的經驗大同小異。舉例來說，鐵路勞工顯然受到解除管制的好處，而航空公司和卡車運輸業的勞工則受到嚴厲打擊。自從解除管制後，航空公司和卡車運輸業的利潤都下滑，然而鐵路業的所得卻扶搖直上。

　　對管制的適當評論是，管制在追求穩定與公平的同時，忽略了效率問題，而且在航空公司與汽車運輸業，當人們普遍知道受管制公司的服務價格比旗鼓相當的未管制公司還高時，受管制的運輸系統的高成本終於加速此制度的瓦解。管制所引起的無效率也同樣導致服務問題以及財務困難，而終於導致鐵路管制的解除。

　　有人認為利益團體為了自己的好處而操縱管制過程，對於這種主張，我們很難持反對意見，而且對車輛運輸業者以及他們所僱用的卡

車司機而言，這情況顯然最為明顯。但是這樣的操縱在這系統中不是必然的，舉鐵路業為例，鐵路業者即使盡最大努力使這個系統符合自己的利益，但是鐵路業還是受到管制的傷害。管制也顯然對鐵路勞工所爭取到的有利工資與工作條件沒什麼貢獻（雖然新業者要進入這個沉沒成本密集度下降的產業所天生具有的障礙，可以用來解釋為何解除管制沒有危害到鐵路勞工）。

運輸管制的其他效果多少比較難以具體說明，因為自從 1980 年代，技術的更新與變革的壓力影響了美國的所有產業，而我們實在很難把它的效果和管制的效果分開來看。舉例來說，在很多情況下，解除管制顯然都改善了服務品質，或者至少讓消費者能夠選擇購買比管制前品質還高的服務。我們有理由相信解除管制會造成這樣的效果：因為管制者以公平為標準行事，所以往往對那些只提供給某個別消費者的特別服務特別關心，而且產業團體的營業決策代表往往對那些遲於配合的業者投反對票。管制解除後，由於排除每位消費者是否都受到同等對待的顧慮，而促使各式服務的發展。

也許管制期間最重要的教訓是，管制委員會承擔任務時的困難性。運輸的機會成本高度易變，而且對時間和地點相當敏感。在成本如此不定的情況下，若要有效率的管制個別價格，則有必要經常地更動業者可以收取的價格，而制定的價格得隨著季節、旅行方向、時間，以及旅行的路線而不同。然而這在實務上並不可行。州際商業委員會認識到這項任務的不可行，所以把許多費率的制定授權給那些控制費率的業者。為了讓控制的過程比較實際一點（同時也要鼓勵所追求的公平性），所有的運輸管制委員會都儘量找出規則來簡易訂價方法——舉例來說，航空管制的距離法則或者鐵路車廂出租的單一費率法則都是。但是管制委員會在發展運輸管制的行政命令時，必然迫使價格偏離了成本，因而帶來不可避免的市場扭曲與無效率。

為了控制運輸業的市場權力所能使用的其他機制
（ALTERNATIV MECHANISMS FOR CONTROLLING MARKET
POWER IN TRANSPORTATION）

我們現在知道，管制根本無法控制運輸業的市場力量——或者換個角度看，至少我們現在知道，20世紀中期到晚期所採取的管制導致了無效率。[21]雖然運輸業的市場權力問題比20世紀早期小得多，但卻未完全消失。在鐵路業，煤炭業者以及次要的農業與化學業者持續抱怨鐵路濫用市場權力。航空公司的消費者也抱怨他們從航空公司的轉運中心搭乘飛機所必須付的高價。商務旅客則抱怨他們臨時搭乘飛機所必須付的高額票價。由於所有的運輸方式都提高了市場集中度——即使它們可能是運輸路網經濟所造成的效果（就如第五章所描述的）——我們可預期到這些聲音會持續不斷來要求對那些有權力恣意而行，嚴重影響社區、產業界和個人生活的業者，進行公開督察。

我們很容易贊同這些努力。舉例來說，煤炭貨主受到鐵路業者的束縛，也就是鐵路業者以鐵路連接到礦坑口，利用鐵路的運輸價格，來奪取礦產的利潤。但是我們如何認清鐵路業是在濫用它的市場權力呢？根據無補貼訂價原則的定義，若要證明煤炭貨主交叉補貼其他的貨主，則它們必須能夠證明鐵路運輸路網若不服務其他群貨主，則此運輸路網能夠比現在經營的更有利潤。這是交叉補貼的孤立測試。[22]不幸的是，煤炭貨主根本不可能證明，因為費率是秘密，他們根本不知道其他貨主帶給鐵路業者的利潤多寡。我們只能說鐵路業有一群成本，可以根據效率與無補貼準則來分配，因此還是有可能鐵路業者從煤炭貨主身上拿到的利潤配額其實是合理正當的。不過它同樣很可能

是不合理的收費，現在的資料還無法作出任何判斷。

同樣的，我們很容易理解飛機旅客的憤怒，因為他們覺得那些唯一提供合意服務的航空公司逕自估量他們的需求，而判定他們能夠付得起更高的票價。所有市場區隔的策略都是用來儘可能從顧客身上拿到最大的淨收入。但是當有人建議回到管制時期，行使比較單一性的價格制度時，我們當然還是得拒絕。就如我們在前一章討論假想性的收費橋壟斷者時所提的，當壟斷者利用市場區隔，儘量把消費者的意願轉換成公司的收入時，這能夠減少壟斷者在訂價上的無效率。若允許那些在需求曲線右尾的旅行者付較低的機票價格，則差別訂價可增加航空公司設施的效率。統一票價當然會減少空運旅客的數量。

有可能那些對所有旅客收取單一票價的航空公司根本不敷許多班機的成本。為了促進航空公司制定符合效率的班機次數，有必要保證班機沒有彼此交叉補貼；因此把某班機的每位旅客票價加總起來，應該等於營運此班機的機會成本。不過，就如第十二章所描述的，對那些預期不會滿座的班機來說，無補貼的訂價條件要求票價定得比運載一位旅客的邊際成本還高。因為一般來說，航空公司不能為某些特定班機來販賣年票，所以 Ramsey 的次佳訂價法則會要求對那些需求彈性較低的班機，收取較高的價格。很多市場區隔的準則都表現出對特定班機的需求彈性；典型的例子像是，要求旅客必須在目的地度過星期六之後，才能得到票價折扣。這是為了要把商業旅客（假定商業旅客的需求彈性比較低）和需求彈性較高的旅客區別開來，所廣泛假定的條件。

還有，記得第十二章提到，預定航班的航空服務和高載客率的包機服務比起來，營運成本比較高。為了要鼓勵偶爾搭乘的旅客也使用和商業旅客一樣的系統，航空公司對他們收取的票價不能太高，以免他們又回到包機服務。也就是，降低非商業旅客的票價是有必要的，

這可以使他們免於交叉補貼那些受到預定服務好處的旅客，因此我們還不夠清楚，那些希望自己臨時想搭的班機一定有座位的人，付的票價比較高，是否補貼了那些付較低票價的旅遊旅客。不過事實很可能相反——那些臨時計畫搭機的旅客，即時它們付較高的票價，卻仍受到較低票價者的補貼；如果把航空業拆成兩半，由包機服務負責偶爾旅行的旅客，則可能使那些低價位的機票會更便宜。

　　航空業所採取的一些市場區隔策略可能符合經濟效率和無補貼訂價法。就如之前提到的，對那些最後一分鐘才計畫搭機的旅客收取較高價格的市場區隔策略尤是如此。它也是為什麼那些飛行經過轉運中心的旅客票價會比直航的旅客票價還低的理由，因為經由轉運中心的飛行，可以讓你想要搭乘的班機在較高的平均載客率下，有位子的可能性達到一樣。我們還不清楚要求旅客停留超過週六的規定是否符合效率，以及／或者無補貼訂價原則。這項要求僅可能是為了要辨識出哪些人有較小的需求彈性罷了。換句話說，有較低需求彈性的人往往是商業旅客；公共政策通常贊同這樣的方案，也就是對商業旅客收取較高的票價，而對一般的消費大眾收取較低票價的策略。

　　有許多複雜的航空票價結構至少部分地符合效率原則與／或者無補貼訂價原則。而管制者所設定的票價結構，根本不可能滿足這兩項原則，因為局外人無法評估某特定班機的特定旅客的機會成本。這異常複雜的航空票價結構得由同樣複雜的機會成本結構來判斷才行。管制者若想要保證滿足效率和無補貼訂價準則，必須接受複雜而變化不定的票價結構才行。我們實在想像不出，管制者能夠督察航空公司所作的調整動作，也就是能夠督察航空公司每晚針對每班飛機座位數量而對每一票價階級所作的調整；雖然這些調整能促進班機位置有效率的使用，但是卻也提高了壟斷的情勢。簡而言之，有效率的航空管制，就像有效率的鐵路管制般，在技術上是辦不到的；管制者能夠實

際督察的票價制度，遠比現在的制度要簡單的多，因此督察的結果自然就比較無效率。

　　雖然對運輸業直接實施的票價管制顯然有重大瑕疵，但是還有其他控制市場權力的方案可行。舉例來說，如果貨主抱怨鐵路業濫用經濟權力的聲音持續不斷，就應該考慮把鐵路的營運權和固定設施的所有權分開來。畢竟固定設施是鐵路業者握有壟斷權力的基礎。把鐵軌的所有權和火車營運分開來，不是一個沒試過的辦法。一些歐洲國家現在把鐵軌所有權和營運分開來，以更正確的計算成本，而估算出對不同等級的服務所需的補貼。現在歐洲工會的提案是，要求在一些大都市之間，開放一系列的鐵路線，作為公開出入的貨運通路。英國現在把產生電力的運輸線與分配線的所有權分開來，作為解除管制電力部門的策略。

　　如果鐵路鐵軌是由所有營運者共同擁有，或者由聯邦政府所擁有，而且任何貨主或者火車業者能自由使用任何鐵軌──就像現在高速公路的情形一般──則鐵路業經濟權力的問題，以及透過出租換車證來籌措固定設施資金的必要性就會消失無蹤了。要往這個方向前進，可以要求鐵路業者讓那些願意付適當租金的經營者使用他們的鐵軌。㉓不過，我們必須假定，即使把鐵軌擁有權和營運完全分開來，火車經營者仍會保留分類鐵路調車廠，因此頂多成為部分整合的運輸業者，就像航空公司或者LTL的車輛運輸業者。儘管如此，把鐵軌所有權和營業分開來可以減少鐵路業者的經濟權力，而足以消除經濟管制的政治要求。

　　同樣的，雖然管制無法有效率的督察航空票價的結構，但是還有一些公共政策可用來防止壟斷性訂價。這些政策全是用來促進航空公司之間的競爭。最重要的是，要維持適當數量的獨立自主的航空公司，以抑制業者之間心照不宣的壟斷性訂價。

航空公司為了簡化彼此之間心照不宣的合作，一般是把費率水準的變動和費率結構的變動分開處理。費率水準的變動是在全國性的媒體中宣布，而且以簡單的百分比或美元為單位。如果其他航空公司願意配合這樣的漲價動作，則這項費率水準的更動就會持續下去，否則，它會跑回其他航空公司願意跟進的水準。

　　由於航空公司比較容易和競爭者互通費率水準變動的信息，比較難以交換費率結構變動的意見，所以把費率水準的變動和費率結構的變動分開來，可以增加航空公司之間的合作性。這使得競爭的注意力容易朝向費率結構的修改上。在電腦訂位系統中，變動費率結構就和降低公告票價一樣容易。但是每家航空公司也很快能察覺出對手費率的改變，使得那些感覺受到威脅的公司馬上有反應。舉例來說，如果雷諾航空為了想要從明尼阿坡里斯市，也就是西北航空的轉運中心，增加運量而降低此城市的票價，那麼西北航空可能也會跟著降價，甚至可能降的更多，來向雷諾宣告，西北已經知道它的動作，而且不同意它這樣做。西北把票價代碼附著在費率上，說明了抗戰性的策略行為，而且是為了讓它的競爭者走開而設計的。❷由於電腦化的訂位系統能立即提供有關對手費率結構的資訊，使得公司能快速的以非口頭形式來反應，而有助於此產業控制削價的競爭。不過這項慣例現在受到反托拉斯當局的重視，因為它讓航空公司得以採取掠奪性的動作來阻礙新業者的加入——航空公司威脅那些打算加入的業者，若想要進入這個市場，就要延長經濟價格戰。

　　要控制航空公司使用市場權力的最佳辦法是減少進入產業的障礙，以及儘量限制航空公司彼此利用一些心照不宣、非口頭上的方法來勾結的能力。方法之一是試著控制公司擁有的競爭者價格資訊，或者試著防止業者之間立即性的報復，以削弱強勢業者控制他人訂價結構的能力。如果航空公司能夠成功的挑戰彼此的價格結構，價格水準

的變動就不會那麼重要。如果每當新的競爭者出現時，現存的航空公司不能立即在電腦系統上開打價格戰，而且在競爭者退出後恢復回來，那麼我們就比較能常看到新業者的加入了。

航空公司還有另外一種辦法，可以用來抑制別的業者進入自己主導的城市，那就是支配可用的登機門數量或者降落的時段。舉例來說，美國航空公司控制了進出匹茲堡機場的大部分運量，它具有最強勢的位置，可以影響機場當局對擴張登機門與分配登機門的決策。由於機場當局很依賴這些業者的收入，所以機場當局非常願意同意現存業者的請求，來採取一些政策，讓新業者難以進入市場。一些重要的機場也有聯邦規定的登機時段限制，以期能增加而非限制競爭。（不過，我們應該注意到，我們一方面希望公共財產的使用價格能高一點，像是提高使用機場時段的價格，以極小化稅務負擔，同時我們也支持競爭，然而這彼此是互相衝突的，因為競爭必然會減少潛在使用者願意付的價值，因而降低了收入。）

就像鐵路業的情況一樣，經濟學家對於航空業內合併的動作受到溫和的處置感到驚愕。如果要避免再次受到管制，則必須維持結構上的競爭，而且獨立自主的公司必須維持適當的數量才行。為了維持或增加獨立業者的數量，有必要採取行動來抑制業者提高運輸路網經濟的行為。

其中重要的可行作法是，限制或消除促銷飛行頻率的計畫，以及控制旅行社的退款行為。如果這還是無法維持足夠數量的業者，聯邦當局可以採取行動，把國內市場開放給國外的業者。提議這些方案的人是希望，藉著整合美國航空和世界其他地方，可以在市場均衡時支持許多業者的生存。不過，這顯然是不可行的解決辦法，因為就如第五章所討論的，運輸路網經濟是區域性的，而且受到旅遊的出發點與目的地地理位置的影響；利用國際交通來支援國內運輸路網不夠密集

的業者，似乎是不可行的。

　　卡車業者的市場權力是得自於運輸路網經濟。市場集中的LTL所能協調的訂價策略，方式就和紐約─華盛頓的空中短程來回班機業者所能夠協調的方式一樣，這樣的訂價能力引起人們的關切。目前，這樣壟斷的訂價方式對 LTL 來說已經不可能了；他們的主要問題來自於，個別業者急著擴大自己運輸路網的地理範圍，而興建新的理貨站以及取得新的設備，因而造成過大的剩餘容量。不過，如果LTL未來的均衡體制就像現在預期般的市場密集，這個產業仍將有充足的機會來協調它的訂價策略。

　　然而，這產業即使有著很高的市場密集度，也不一定引起大眾的關切，只要整車運輸部門的市場集中度不夠大、貨物運輸和佣金折扣的市場很熱絡，以及很容易從事個人的卡車運輸，那麼寡占的卡車運輸業似乎就比較不能限制顧客所能賺取的利潤大小。這種現象的例子之一是，小包裹運輸業，這市場主要是由一個運輸業者所主導，那就是UPS。然而，卻很少人抱怨它的市場權力，因為使用者相信自己不會受到威脅，也就是消費者還可以隨時選擇郵寄包裹和空運服務。如果應該加強控制未來市場密集度高的LTL的市場權力，現在顯然就應該避免費率管制和進入產業的限制。那些導致運輸路網經濟的要素中，相當顯著的是固定設施的所有權──應該受到檢驗，來看看是否可以增加能吸引消費者的其他運輸業者，而不必訴諸價格管制。

結論
（CONCLUSION）

　　美國運輸曾受到經濟管制，但現在這些管制都消失了。儘管如

此，運輸業在管制下仍繼續發展，而且抑制市場權力的議題仍持續在討論著。因此，瞭解運輸管制並探討它對此產業造成的效果，都是相當重要的。

對美國鐵路業的管制，主要是想要控制價格結構，來平衡對貨主所帶來的好壞處，同時也要保證鐵路業者的公平資產價值會有正常報酬率。大部分的管制是朝向費率結構的方向努力，而非費率水準上的管制。為了支援一個使鐵路不能損害弱勢貨主的市場結構，州際商業委員會必須控制大部分的營運。政府控制的營運決策中，主要是管制廢棄服務的決策。在公平和穩定的考量下，管制者強迫此產業所經營的路線系統，比業者自己希望的還廣大得多。這對產業造成更大的壓力，而必須從貨主身上謀得更多收入，也就是要求更高價格。在保護這些貨主和社區的過程中，ICC實施了極端無效率的價格結構，使得鐵路運量加速流失到卡車運輸業，因此增添此產業的財務壓力。

鐵路業者對他們的顧客確實有經濟權力，也就是他們可以自由制定費率，而且鐵路業所作的費率決策有重要的經濟結果。現在主要的爭論焦點是，對煤炭貨主所收取的費率應該是多少。最適的鐵路費率主要是根據無補貼的費率條件而制定的。不幸的是，鐵路業的局外人不可能判斷的出來，煤炭貨主是否交叉補貼其他貨主，還是受到他們的補貼。

鐵路業嚴重受到經濟管制的危害，這顯示出管制者沒有成為此產業的俘虜。他們努力公平對待所有相關團體——也就是消費者、勞工以及業者——並且試著確保在運輸部門公司的穩定性。由於管制者以公平和穩定為名來抑制競爭，因此讓車輛運輸業沾到好處，而在管制下蓬勃發展。雖然在管制下，業者無法自由制定自己的價格結構，但是管制抑制了新業者進入市場，這算是對業者的一種補償，而且帶給受管制業者極大的好處。事實上，管制者根本沒有能力對車輛運輸業

實行直接的價格管制，使得這個產業利用管制機構來消除產業成員之間的競爭，然而政府管制者，最多卻只能提供有名無實的監督罷了。

在卡車運輸業，解除管制拆除了政府所認可的集體性費率制定，而且准許自由進入市場。由於零擔貨運卡車運輸業與固定設施部分整合，所以不能算是自由競爭的行業。市場權力在LTL車輛運輸業之間還不是問題，但是部分整合的架構透露著，這問題在未來可能會出現。這個產業正快速的集中成為三頭鼎立的局面，他們的服務範圍涵蓋全國，而地方業者則處在邊緣地帶。當筆者寫到這裡的時候，仍不清楚，運輸路網經濟加上理貨站以及卡車規模，到底會使產業集中到什麼程度。不過，即使產業是高度的集中，施展經濟權力的能力仍是有限，因為如果價格過高，廠商還是可以求助於整車運輸業、私人業者以及仲裁者。

航空公司也有一些經濟權力，只是沒有像鐵路業的經濟權力那麼嚴重，因為航空公司不能透過他們的訂價對特定地區或產業的經濟作出生死抉擇。航空業表現出來的壟斷行為是，所制定的票價比競爭的環境下還高，飛行服務的頻率也較少。

要抑制航空公司的市場權力，最好的辦法是增加業者之間的競爭。航空公司透過各種掠奪性行為以及對消費者似乎友善的政策，而成功的限制新業者的進入：促銷飛行頻率的計畫、直接削價、廣告、差別訂價、機場登機門的控制、退給旅行社的佣金以及在訂位電腦上列出優先飛行表。若要約束航空公司的市場權力，則必須處理這些政策的實施。運輸管制的歷史顯示出，想要藉著限制服務價格來直接抑制市場權力，是極端不智的作為。

註　釋

1. 有關解除管制前所施行的運輸管制之廣泛描述，可見Locklin, D. Philip「運輸經濟學」（*Economics of Transportation*），從 1935 到 1972 年之間發行數版（Homewood, IL: Richard D. Irwin）。

2. 舉例來說，標準產油公司能夠對運輸自己的油以及競爭者的油，協商出高額折扣，這本領是相當有名的。在這世紀的轉捩點，它的壟斷力量多少是來自於它能左右鐵路費率，妨礙標準產油公司的競爭者無法以合理的成本運送石油。雪爾曼法規一實施，主要就先把標準產油的壟斷力瓦解。

3. 舉例，見 George Hilton「管制委員會的基本作為」（The Basic Behavior of Regulatory Commissions），美國經濟評論（*American Economic Review*），1972 年 5 月，第 47-54 頁。

4. 讀者會注意到，雖然鐵路業是壟斷組織，但是車廂短缺的問題卻是在完全競爭的模型內分析的，這是因為如果所分析的運輸方式轉變到壟斷組織時，競爭模型的簡易性和結果的明確性就不能被複製，而且競爭市場的分析結果顯然是對實際情況的最佳估計。對於管制下的車廂供給，見John Richard Felton「貨運車廂供給的經濟學」（*The Economics of Freight Car Supply*）（Lincoln: The University of Nebraska Press, 1978）。

5. 見 Charles R. Perry, Craig M. Waring 以及 Peter N. Glick「加入工會的卡車運輸業之解除管制與衰退」（*Deregulation and the Decline of the Unionized Trucking Industry*）（Philadelphia: Industrial Research Unit, The Wharton School, University of Pennsylvania, 1986）。

6. 州際商業委員會「依照 1994 年的卡車運輸業管制改革法規之 210（a）節，州際商業委員會的管制責任之研究」（Study of Interstate Commerce Commission Regulatory Responsibilities Pursuant to Section 210（a）of the Trucking Industry Regulatory Reform Act of 1994），1994 年 10 月 25 日，第 4-5 頁。

7. Kenneth D. Boyer「在運輸費率管制下的均等化差別待遇和卡特爾訂價法」（Equalizing Discrimination and Cartel Pricing in Transport Rate Regulation），政治經濟學期刊（*Journal of Political Economy*），1981 年 4 月，第 270-86 頁。

8. 另一方面，不應該把人們對鐵路權力的抱怨減少視為管制的勝利：人們減緩對鐵路經濟權力的疑慮，主要是因為現在大部分的貨主都使用卡車或者有使用卡車的選擇權。A. Scheffer Lang 在他的文章「大經濟的測量——從州際貨運市場」（The Great Economic Leveling-Out of the Intercity Freight Transportation Market）。K. D. Boyer 和 W. G. Shepherd 等「經濟管制：推崇 James R. Nelson 的論文」（Economic Regulation: Essays in Honor of James R. Nelson）（East Lansing: MSU Public Utilities Institute, 1981）提到車輛運輸業者的增加會破壞「景觀風景」，因此外面仲裁者比較不需要抑制鐵路在有利的景觀風景區，想要占消費者便宜的企圖。

9. 其他很多人都明確表達了這觀點，在 Thomas Gale Moore「卡車管制的受益人」（The Beneficiaries of Trucking Regulation），法律與經濟學期刊（*Journal of Law and Economics*），Vol. 21，No. 2，1978 年 10 月，第 327-343 頁。

10. 運輸研究董事會的地面貨運委員會所開的會議中所引述的，華盛頓 D. C.，1993 年 6 月。

11. Namcy L. Rose「勞動地租的分攤與管制：來自卡車運輸業的證據」（Labor Rent Sharing and Regulation: Evidence from the Trucking Industry），政治經濟學期刊（*Journal of Political Economy*），Vol. 95，No. 6，1987 年 12 月，第 1146-1178 頁；以及 Nancy L. Rose「在汽車運輸業中管制地租的影響程度」（The Incidence of Regulatory Rents in the Motor Carrier Industry），Rand 經濟學刊（*Rand Journal of Economics*），Vol. 16，No. 3，1985 年秋季，第 299-318 頁。

12. 最廣泛引用的州內研究是 W. A. Jordan「美國的航空管制：成效和缺點」（*Airline Regulation in America: Effects and Imperfections*）（Baltimore: Johns Hopkins University Press, 1970）。

13. 控訴管制者受到業者的俘虜，是左派歷史學家 Gabrial Kolko 寫在「鐵路業者與管制，1877-1916」（Railroads and Regulation, 1877-1916）（Princeton: Princeton University Press, 1965），右派對管制的控訴，出現在 George J. Stigler「經濟管制的理論」（The Theory of Economic Regulation），Bell 經濟學刊（*Bell Journal of Economics*），Vol. 2，1971 年春季，第 3-21 頁；以及由 Sam Peltzman 發展的「朝向管制的一般理論」（Toward a General Theory of Regulation），法律與經濟學期刊（*Journal of Law and Economics*），Vol. 19，1976 年 8 月，第 211-240 頁。這個 Stigler-Peltzman 理論已經成為有名的「積極的政治理論」，而且被描寫在 Roger

G. Noll 的「管制政治的經濟觀點」（Economic Perspectives on the Politics of Regu-
lation），在 R. Schmallensee 和 R. Willig, eds.，產業組織手冊（*The Handbook of In-
dustrial Organization*），Vol. 2，第 22 章（Amsterdam: North Holland,1989），第
1253-1287 頁。

14. Keeler, Theodore E.「鐵路、貨運和公共政策」（*Railroad, Freight, and Public
Policy*）（Washington: the Brookings institution, 1983）。

15. 1995 年的 ICC 中止法案，第 10101 節。

16. 要把解除管制的實質效果，和僅只是發生在解除管制後的所有效果分開來，其困
難度可見於 Clifford Winston「解除經濟管制：個體經濟學家所推算的天數」（Econ-
omic Deregulation: Days of Reckoning for Microeconomists），經濟文獻期刊（*Jour-
nal of Economic Literature*），Vol. 31，No. 3，1993 年 9 月，第 1263-1289 頁。

17. 在比較新的研究當中，見 Wesley W. Wilson「解除鐵路管制的市場具體效果」（Mar-
ket specific Effects of Rail Deregulation），產業經濟學期刊（*Journal of Industrial Econ-
omics*），Vol. 42，No. 1，1994 年 3 月，第 1-22 頁；Mark L. Burton「解除鐵路管
制，業者的態度以及貨主的反應：個別的分析」（Railroad Deregulation, Carrier Be-
havior, and Shipper Response: A Disaggregated Analysis），管制經濟學期刊（*Journal
of Regulatory Economics*），Vol. 5，No. 4，1993 年 12 月，第 417-434 頁；Ann F. Fri-
edlaender, et al.「在準管制環境下，鐵路成本和資本的調整」（Rail Costs and Capital
Adjustments in a Quasi Regulated Environment），運輸經濟學與政策期刊（*Journal of
Transport Economics and Policy*），Vol. 27，No. 2，1993 年 5 月，第 131-152 頁；C.
C. Barnekov 和 A.N. Kleit「美國解除鐵路管制，在效率上的效果」（The Efficiency
Effects of Railroad Deregulation in the United States），運輸經濟學國際期刊（*Interna-
tional Journal of Transport Economics*），Vol. 17，No. 1，1990 年 2 月，第 21-36 頁；
James M. MacDonald「解除鐵路管制、革新與競爭：Stagger 法案對穀物運輸的影
響」（Railroad Deregulation, Innovation, and Competition: Effects of the Staggers Act on
Grain Transportation），法律與經濟學期刊（*Journal of Law and Economics*），Vol.
32，No. 1，1989 年 4 月，第 63-95 頁；Kenneth D. Boyer「價格管制的成本：來自
解除鐵路管制的教訓」（The Costs of Price Regulation: Lessons from Railroad Deregu-
lation），Rand 經濟學刊（*Rand Journal of Economics*），Vol. 18，No. 3，1987 年秋
季，第 408-416 頁；Henry McFarland「美國解除鐵路管制對貨主、勞工與資本的影

響」（The Effects of United States Railroad Deregulation on Shippers, Labor, and Capital），管制經濟學期刊（*Journal or Regulatory Economics*），Vol. 1，No. 3，1989 年 9 月，第 259-270 頁；以及 Henry McFarland「解除鐵路管制是否導致壟斷性訂價？ q 的應用」（Did Railroad Deregulation Lead to Monopoly Pricing? An Application of q），商業期刊（*Journal of Business*），Vol. 60，No. 3，1987 年 7 月，第 385-400 頁。

18. 這一節是基於 Kenneth D. Boyer「解除卡車運輸部門的管制：專業化、市場集中度、市場的進入以及財務壓力」（Deregulation of the Trucking Sector: Specialization, Concentration, Entry, and Financial Distress），南方經濟期刊（*Southern Economic Journal*），Vol. 59，No. 3，1993 年 1 月，第 481-495 頁。其他有關解除卡車運輸管制的近期文章是 John S. Ying, Theodore D. Keeler「解除管制下的訂價：車輛運輸業的經驗」（Pricing in a Deregulated Environment: The Motor Carrier Experience），Rand 經濟學刊（*Rand Journal of Economics*），Vol. 22，No. 2，1991 年夏季，第 264-273 頁；Clifford Winston, et al.「解除地面貨運管制的經濟效果」（*The Economic Effects of Surface Freight Deregulation*）（Washington, D.C.: Brookings Institution, 1990）；Curtis M. Grimm, Thomas M. Corsi 和 Judith L. Jarrell「解除管制下，美國車輛運輸業的成本結構」（U. S. Motor Carrier Cost Structure under Deregulation），後勤與運輸評論（*Logistics and Transportation Review*），Vol. 25，No. 3，1989 年 9 月，第 231-249 頁；Janet M. Thomas 和 Scott J. Callan「後解除管制期間的固定規模報酬：專業化汽車運輸業的事例」（Constant Returns to Scale in the Post Deregulatory Period: the Case of Specialized Motor Carriers），後勤與運輸評論（*Logistics and Transportation Review*），Vol. 25，No. 3，1989 年 9 月，第 271-288 頁；B. Starr McMullen 和 Linda R. Stanley「解除管制對車輛運輸業生產結構的衝擊」（The Impact of Deregulation on the Production Structure of the Motor Carrier Industry），經濟研討（*Economic Inquiry*），Vol. 26，No. 2，1988 年 4 月，第 299-316 頁；Theodore E. Leeler「美國卡車運輸業解除管制和規模經濟：生還者原則的計量經濟的擴張」（Deregulation and Scale Economies in the U. S. Trucking Industry: An Econometric Extension of the Survivor Principle），法律與經濟學期刊（*Journal of Law and Economics*），第 1 部分，Vol. 32，No. 2，1989 年 10 月，第 229-253 頁；Katherine Schipper, Rex Thompson 和 Roman L. Weil「解開管制的變動和股東財富

之間互相的效果：車輛運輸業解除管制的事例」（Disentangling Interrelated Effects of Regulatory Changes on Shareholder Wealth: The Case of Motor Carrier Deregulation），法律與經濟學期刊（*The Journal of Law and Economics*），30，1987 年 4 月，第 67-100 頁；以及 John S. Ying「管制競爭產業的無效率：改革帶來卡車運輸業生產力的提高」（The Inefficiency of Regulating a Competitive Industry: Productivity Gains in Trucking Following Reform），經濟學與統計資料評論（*Review of Economics and Statistics*），Vol. 72，No. 2，1990 年 5 月，第 191-201 頁。

19. 對於航空管制的解除，最有名的評估是由那些最接近履行解除工作的人所作的，見 Elizabeth D. Bailey, David R. Graham 以及 Daniel P. Kaplan「解除航空業的管制」（*Deregulating the Airlines*）（Cambridge: MIT press, 1985）。其他近期的文章包括：Martin Gaynor 和 John M. Trapani, III「美國解除航空業的管制對數量、品質和福利的影響」（Quantity, Quality and the Welfare Effects of U. S. Airline Deregulation），應用經濟學（*Applied Economics*），Vol. 26，No. 5，1994 年 5 月，第 543-550 頁；J. P. Keeler 和 John P. formby「美國航空業之成本經濟和整合」（Cost Economies and Consolidation in the U. S. Airline Industry），運輸經濟國際期刊（*International Journal of Transport Economics*），Vol. 21，No. 1，1994 年 2 月，第 21-45 頁；Kenneth Button, ed.「解除航空管制：國際上的經驗」（*Airline Deregulation: International Experiences*）（New York: New York University Press; distributed by Columbia University Press, 1991）；Michael D. Whinston 和 Scott C. Collins「解除管制下的航空業，市場進入與競爭的結構：人們表達的事件研究分析」（Entry and Competitive Structure in Deregulated Airline Markets: An Event Study Analysis of People Express），Rand 經濟學刊（*Rand Journal of Economics*），Vol. 23，No. 4，1992 年冬季，第 445-462 頁；William N. Evans 和 Ioannis Kessides「解除管制後，航空業的結構、管理與表現」（Structure, Conduct, and Performance in the Deregulated Airline Industry），南方經濟期刊（*Southern Economic Journal*），Vol. 59，No. 3，1993 年 1 月，第 450-467 頁；John R. Meyer 和 John S. Strong「從閉集合到開集合的解除管制：對美國航空業的評估」（From Closed Set to Open Set Deregulation: An Assessment of the U. S. Airline Industry），後勤與運輸評論（*Logistics and Transportation Review*），Vol. 28，No. 1，1992 年 3 月，第 1-21 頁；George W. Mechling, Jr.「管制的解除和前龍頭航空公司設備的容量、生產力與技術效率」（Deregulation

and the Capacity, Productivity and Technical Efficiency of Equipment of Former Trunk Airline），運輸經濟學與政策期刊（*Journal of Transport Economics and Policy*），Vol. 25，No. 1，1991 年 1 月，第 51-61 頁；Severin Borenstein「美國航空競爭的演化」（The Evolution of U. S. Airline Competition），經濟遠瞻期刊（*Journal of Economic Perspectives*），Vol. 6，No. 2，1992 年春季，第 45-73 頁；Johen P. Formby, Paul D.Thistle 和 James P. Keeler「管制下和解除管制下的成本：美國客機的事例」（Costs under Regulation and Deregulation: The Case of U.S. Passenger Airlines），經濟記載（*Economic Record*），Vol. 66，No. 195，1990 年 12 月，第 308-321 頁；Richard V. Butler 和 John H. Huston「解除管制的十年後，非中樞機場的航空服務」（Airline Service to Non-hub Airports Ten Years after Deregulation），後勤與運輸評論（*Logistics and Transportation Review*），Vol. 26，No. 1，1990 年 3 月，第 3-16 頁；Lee J. Van Scyoc「解除航空管制對利潤率的影響」（Effects of Airline Deregulation on Profitability），後勤與運輸評論（*Logistics and Transportation Review*），Vol. 25，No. 1，1989 年 3 月，第 39-51 頁；David Card「解除管制對航空機械師的僱用與工資造成的衝擊」（The Impact of Deregulation on the Employment and Wages of Airline Mechanics），產業與勞工關係評論（*Industrial and Labor Relation Review*），Vol. 39，No. 4，1986 年 7 月，第 527-538 頁。

20. Andrew N. Kleit 和 Stewart G. Maynes「作為共同財的航空運輸網：競爭政策的涵義」（Airline Networks as Joint Goods: Implications for Competition Policy），管制經濟學期刊（*Journal of Regulatory Economics*），Vol. 4，No. 2，1992 年 6 月，第 175-186 頁；Lisa F. Saunders 和 Shepherd, William G.「航空業：對中樞點的優勢地位設限」（Airlines: Setting Constraints on Hub Dominance），後勤與運輸評論（*Logistics and Transportation Review*），Vol. 29，No. 3，1993 年 9 月，第 201-220 頁；Margaret A. Peteraf「產業內的結構和朝向競爭的反應」（Intra-industry Structure and Response toward Rivals），管理與決策經濟學（*Managerial and Decision Economics*），Vol. 14，No. 6，1993 年 11-12 月，第 519-528 頁；以及 Samuel H. Baker 和 James B. Pratt「在航空市場中經驗成為競爭障礙」（Experience as a Barrier to contestability in Airline Markets），經濟學與統計資料評論（*Review of Economics and Statistics*），Vol. 71，No. 2，1989 年 5 月，第 352-356 頁。

21. 雖然這個意見受到廣泛的支持，但卻非全面性的。舉例，見 Paul Stephen Dempsey

「解除管制的社會面與經濟面的結果：轉型期的運輸業」（*The Social and Economic Consequences of Deregulation: the Transportation Industry in Transition*）（Westport, Conn. And London: Greenwood Press, Quorum Books, 1989）和 Frederick C. Thayer, Jr.「其他方面：對於經濟管制的歷史和必要性所作的簡短訓誡」（The Other Side: A Brief Sermon on the History and Necessity of Economic Regulation）在 E. Scott Maynes, ACCI 研究委員會「消費者利益的研究領域：研究消費者利益的國際會議之進行」（*The Frontier of Research in the Consumer Interest: Proceedings of the International Conference on Research in the Consumer Interest*）（Columbia, Mo.: American Council on Consumer Interests, 1988），第 462-466 頁。

22. 在應用單獨的測試時，有時會犯了二個錯誤。首先，所陳述的標準有時是要求現在的運煤價格能夠提供資金給全新的業者，而不是讓使用者從現存的系統中消失。這是很重要的，因為現在的鐵軌成本是固定下沉的，然而新的鐵軌成本並非是固定下沉成本。第二，這項準則必須讓煤炭貨主創造工會關係，包括他們自己，以及任何他們指定的其他貨主群；這項準則並沒有要求建立一個獨立自主的系統單獨給煤炭貨主使用。有關決定運煤合理價格的問題之完整分析，可見 Ann F. Friedlaender「在準管制的鐵路業中適當的煤炭費率與收入」（Coal Rates and Revenue Adequacy in a Quasi Regulated Rail Industry），Rand 經濟學刊（*Rand Journal of Economics*），Vol. 23，No. 3，1992 年秋季，第 376-394 頁。

23. 見 William B. Tye「為受管制公司制定出入市場的價格」（Pricing Market Access for Regulated Firms），後勤與運輸評論（*Logistics and Transportation Review*），Vol. 29，No.1，1993 年 3 月，第 39-67 頁。至於反方的意見，則見 Andrew N. Kleit「無障礙的瓶頸：為何競爭的出入不應該受到反托拉斯的顧慮」（The Unclogged Bottleneck: Why Competitive Access Should Not Be an Antitrust Concern），後勤與運輸評論（*Logistics and Transportation Review*），Vol. 26，No. 3，1990 年秋季，第 229-247 頁。

24. Asr Q. Nomani「費率遊戲：航空業可能正使用訂價－資料網來減緩競爭」（Fare Game: Airlines May Be Using Pricing-Data Network to Lessen Competition），華爾街日報（*The Wall Street Journal*），p. Al，1990 年 6 月 28 日。比較不苛求的觀點，則見 Andrew N. Kleit「電腦訂位系統：競爭的誤解」（Computer Reservations Systems: Competition Misunderstood），反托拉斯公報（*Antitrust Bulletin*），Vol. 37，No. 4，1992 年冬季，第 833-861 頁。

對運輸業社會成本的管制

　　政府管制的典型理論基礎是根據市場權力。這個因素導致政府對鐵路業、航空公司、卡車業以及比較次要的水路與輸油管運輸，管制了價格與市場的進入。我們在第十三章討論了運輸管制的傳統方式。

　　但是在經濟分析上，除了市場權力，還有其他導致市場失靈的來源。每當有市場失靈，政府管制至少就有改善經濟效率的可能。當政府放鬆對運輸的經濟管制後，人們就更感興趣於運輸管制的這些其他動機。這一章將分析讓運輸管制正當化的社會成本面。就和經濟上的管制一樣，經濟學家對此問題所採的策略，和政治決策者與一般大眾比較根據公平為考量的政策藥方，二者之間有部分的不一致。

社會面管制的經濟分析
（THE ECONOMIC ANALYSIS OF SOCIAL REGULATION）

　　如第十章所描述的，有效率的經濟政策是，能夠極大化此社會人

民的淨利益。由於大部分的政策有長期性的效果，所以我們可以把此
法則寫成

$$極大化 \; W = \sum_{t=0}^{\infty} \frac{(B(t) - C(t))}{(1+r)^t} \qquad (14.1)$$

這裡

$r=$貼現率

$B(t)=$在 t 年，美元利益的衡量

$C(t)=$ 在 t 年，美元成本的衡量

　　第十章已經說明了如何個別決定出這三項要素。貼現率是根據市
場決定的：那些儲蓄和投資的人會評估未來相對於現在的價值，來採
取行動；市場利率是借方在某段期間使用貸方的金錢，所必須付的價
格，而這價格是借貸雙方非個人性協商出來的。某工程所帶來的利益
是根據人們願意付的總金額來衡量，也就是先找出對此工程所帶來服
務的需求曲線，然後把此曲線下面的區域加總起來，直到提供的服務
水準點為止，即可衡量出總金額。成本在理想上是指消費資源的機會
成本，但是一般都是根據建造和營運某設施所花的費用來衡量。

　　若根據管制的社會成本面來判斷新的管制措施，則觀點將與用來
定義有效率的經濟政策的每個過程不相容。舉例來說，若以市場利率
來貼現未來的成本與利潤，往往會導致一個比較以現在為主的政策。
如果一般的市場利率是3%，那麼把現在的利益根據100年來貼現，可
以產生5%的貼現因子：也就是，今天產生的一元利益相當於在100年
後對人們課徵20元的成本。在200年後，此貼現因子是0.2%：換句話
說，今日收到的一元利益，會抵銷200年後對人們課徵的500元。因
此即使某政策的施行會帶給子孫災難，但是在成本─效益的分析下，
也就是以市場利率來貼現現在的行動對未來帶來的結果時，後代子孫

的需求可能會因效率原則而受到忽略。有些人主張我們應該成為地球的嚮導，給予我們的子孫一個適合生存的世界，那些人實際上是認為在貼現當前政策對未來的影響所使用的貼現率太高了。他們可能比較喜歡用1%的貼現率，或者甚至更低——在極端的情況中，0%的貼現率（也就是，100年後子孫的福利和你自己的福利同等重要）。

貼現率是用來比較當前利益和未來的成本，而那些宣稱貼現率太高的主張，通常被用來聲明當前耗用汽油的比率過高，或者不可忍受的高。❶如果貼現率比較低，人們會想要延後汽油的消費。降低貼現率的可行辦法之一是提高當前的燃料價格，減少消費量，來為後代多保留一些，因此那些貼現率過高的主張經常成為支持高燃料價格的一部分。

反面的意見則提出，時間貼現率受到社會階級很大的影響，因為窮人的時間貼現率極端的高，然而富人的貼現率則往往低了許多。以市場利率來貼現未來，是在那些極高和較低時間貼現率的人之間所採的一種折衷辦法。從這個觀點來看，使用較低貼現率來評估政策，僅只是那些較富有的人，試圖要把他們自己的偏好加在所有人的身上罷了。❷舉例來說，有人認為那些以土地嚮導的主張，來保護環境的行動，證明了他所支持的政策是偏袒上流社會，或者說是非民主的方法。而環境保護主義者的回答是，在貧窮國家，像是海地和尼泊爾等，對環境的破壞程度，說明了在長期，若在經濟政策上忽略對未來的考量，必定落得地球不再適合人類居住的下場。

在方程式 14.1 中，對第二項要素的衡量，也就是政策帶來的利益，也受到諸多的批判。因為現代經濟學把財貨或服務的利益，視為某個人自己主觀價值的反映，因此政策利益的衡量是指人們願意付的總金額。就如第十章所解釋的，這大約是需求曲線下方的區域。舉例來說，在計算某一年某個人的駕駛決策帶給這個社會的總利益時，理

想的衡量方式是，找出此人為駕駛所願意付的最高金額。根據經濟效率的計算，只考慮個人為此運輸活動所願意付的金額，而不考慮機動性，或運輸帶來的社會互動等利益。

經濟學認為個人願意付的金額，是衡量消費利益的唯一適當方式，但是這種主張並非受到所有人的認同。環境經濟學家反對這種觀念，他們認為樹或者野生動物的價值，若只用人們願意付的總金額來衡量，是無法防止它們絕種的。許多人以運輸的社會成本的概念，來討論運輸政策，事實上是基於他們不認為，在評估經濟政策上，透過市場行動來表達個人願意付的總金額，是唯一適當的衡量標準。對成本效益分析的各種批判，都是立基於公平、社區的健全，或者從更廣泛的角度來定義什麼是好的社會政策。由於運輸政策的目標是要促進公平性、公平進出，或者提高機動性，所以政策的主張拒絕以付錢的意願作為衡量利益的唯一方式。

舉例來說，在 1995 年紐約都會區運輸局投票通過把市內地鐵和巴士的票價都提高 25 分，以及把載郊區居民到城市內的通勤火車的票價也平均提高9%。地鐵和巴士票價的漲幅是現有費率的20%。此外，都市大眾運輸搭乘者為此運輸系統付了營運成本的63%，而郊區到都市的鐵路旅客大約只付了通勤火車營運成本的50%。有些都市大眾運輸搭乘者懇求不要增加費率，認為紐約市搭乘大眾運輸者有60%是非白人，而搭乘通勤火車者有80%是白人，市內大眾運輸搭乘者已經付較高的營運成本比例了，地鐵和巴士的票價漲幅卻還比較大，這代表著對白人和西班牙語裔的人差別待遇，而違反了 1964 年公民權法案。❸費城、洛杉磯和其他都市也同樣用這策略來試圖防止費率的增加。

有人主張運輸票價的訂價政策應該儘量促進種族的平等，這種說法和主張效率以及無補貼訂價法的經濟論點背道而馳。這樣的分析，

雖然可辯論出它的適當性，但是要瞭解它，必須超過此教科書的架構範圍。（不過，若要以最低成本達到非經濟性的目標，經濟分析仍然是有用的。）非經濟性的主張，其本質是以非極大化的名詞來表達理念；舉例來說，運輸政策應該用來保證所有居民最低限度的機動性，或者運輸政策應該努力抵銷經濟社會的其他方面所帶來的不平等主張。如果我們希望這個社會能促進某些價值——像是自我依靠等——以及如果為了促進這些價值，需要我們保證人人都具有基本水準的機動性，那麼我們已經讓政策的制定離開效率的基礎了，事實上，所有的政治領導人都會主張我們不能轉身不理社會上那些比較不幸的族群。只有經濟學家有行動上的快樂，彷彿在政策決策的制定上，只有效率最重要。

　　一些重視道德的哲學家也主張，公共政策事實上應該基於和經濟學家所使用的極端不同的會計系統來制定。這種論點之一指出，這個社會對於所有公民應該享有的基本人權，已經有了共識。❹其中的二種基本權利是自由和安寧。舉例來說，一般人都會儘量避免引起別人的車禍，這不是因為引起比較多的交通事故會造成無效率，而是因為他們認為其他駕駛者有生存和安全的基本權利。引起其他駕駛人受傷，剝奪了他的安寧權利。因此交通安全是公共政策應該鼓勵的，而不必管提高駕駛注意力是否會帶來市場失靈。把這種主張擴展到其他領域，可以為好的運輸政策開出處方籤，而有別於經濟學的成本利益分析。

　　即使在政策決定上使用了非經濟學的方法，但是顯然仍必須用到經濟學的語言，從這點，就可看出成本利益準則的好處。因此前一段文章提到的以權利為基礎的計算法，我們可以用道德的成本—利益分析法來介紹。雖然使用共同的貨幣單位（這是經濟學家的技巧特點），並不能使成本和利益之間達到平衡，但事實上，其他可以替代經濟學

家的成本－利益分析法的技巧，還沒有發展到能夠使用的程度。只有
經濟學家的利益－成本分析法，能構成運輸政策的討論基礎，而且本
章會跟隨著這項討論。

衡量運輸的完全成本
（The Measurement of Full Costs of Transportation）

　　當前對於運輸管制的主要論點是，若沒有政府干預，運輸的市場
價格將會過低，也就是自由的市場價格並沒有考慮到所有的運輸成
本。❺接下來的討論，我們將回顧所有引起運輸價格過低的來源，以
及探討消費者沒有為運輸的所有成本而付費時，所產生的結果。圖
14.1 包含了基本的分析。斜率向上的曲線標著私人的運輸成本，這是
表示個別消費者所看到的運輸邊際成本。市場所設定的均衡運輸價
格，在缺乏政府的干預下，是P_2，而消費的運輸水準則達到Q_2。但是
如果個別消費者不必付運輸的所有成本，則均衡時所達到的消費水準
是無效率的。在圖 14.1，運輸的邊際社會成本位於邊際私人成本的上
面，說明了有些現存的運輸成本並未對個別消費者收取。如果消費者
付了運輸的所有成本，他們將會發現到，運輸的價格會提高到P_1。由
於運輸成本提高了，所以需求量降到 Q_1。

　　根據經濟學上的分析，價格過低（在這例子是P_1-P_2）的服務會導
致過度消費的問題。運輸的消費水準如果維持在Q_1，對整個社會而言
會比較好。要知道原因，可以注意一下 ，在 Q_2，願意為這第 Q_2 單位
所付的金額只有在標為 b 的水準，而此經濟社會消費那單位的成本卻
是在標為 c 的水準。所以此經濟社會被迫生產那單位，即使它的利益
小於它的成本。只有當運量減少到 Q_1 水準，人們為運輸願意付的金
額（也就是獲得的利益），和生產的成本才能平衡。在P_1的價格和Q_1

的數量水準，提高或者減少運量，都不可能改善資源的使用。這是有
效率的價格和數量，而且若沒有政府的干預，它是不可能達到的。

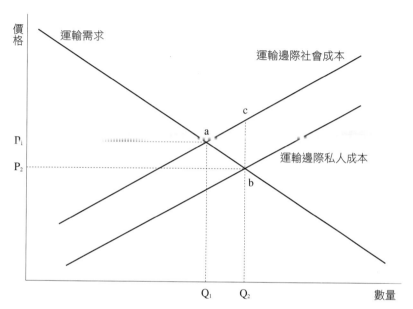

圖 14.1　沒有收取完全的成本時，過度的運量

　　要解決價格過低的問題，最自然的辦法就是提高運輸消費者所見
到的價格。不過很重要的是，要認清楚這項主張背後的邏輯：除非他
們能看清行動的所有結果，否則在過低的價格下，個人將會從別的地
方拿過多的資源到運輸上。雖然人們經常從公平或者正義的角度來看
事情（舉例來說，以鐵路業的消費者來補貼駕駛者，是不公平的），
但是根據公平的觀點，卻不知接下來該怎麼辦。如果人們只得到他們
所付的部分，似乎可算是公平，但是它與效率的主張，也就是成本利
益的分析法是相當不同的。效率的主張是：除非人們付完全的成本，
否則他們對所需求的事物不會作出成本最低的決策，因而使得整個經
濟社會生產出滿意程度較低的財貨或服務。

雖然某些運輸形式的稅或費用被一些人認為是合理的，因為他們主張自由市場低估了運輸價格，但是他們也因這個主張而認為各種其他的干預也是合理的。舉例來說，有人認為對通勤鐵路的補貼是必要的，因為可以抵銷汽車運輸的過低價格。安全的管制也被主張是有需要的，因為事故的受害者並沒有為所收到的醫療照顧而付到所有的成本。同樣的，汽車排氣管上的控制污染裝置也是需要立法要求的，因為他們認為汽車污染對非駕駛者課徵了額外的成本。就如下一節將描述的，經濟學家往往批評這種根據標準、命令和控制而設立的管制，因為它忽視了市場機制，而且這些管制可能不是最有效率的方式，可以克服訂價過低所帶來的市場失靈。

運輸價格不足的來源 （Sources of Transportation Underpricing）

　　為何運輸的價格會過低？最普遍的論點是：運輸製造了負的外部性。外部性造成了既非運輸業者，也不是服務購買者（若以駕駛自己的車為例，當然了，他們是同一個人）的人受到福利的減損。空氣污染是人們很熟悉的一種外部性例子，但是還有許多其他種類的外部性。酒醉駕駛的車禍不只傷了他們自己，也造成其他人的傷亡。如果他們所引起的他人損害並未受到完全的補償，那麼他們的行為就構成了負的外部性。運載危險物質的業者可能對其他人造成損失。如果運輸業者投保全險（例如，責任險沒有限額），而且如果保險的理賠確實完全能補償受害者的損失，那麼業者就沒有造成任何外部性了；但是在比較普遍的情況中（例如，駕駛者因為路上發生車禍而遲到了，但卻沒有立場可以為時間的損失申請理賠，或者金錢的賠償無法完全補償傷亡的損失），運載危險物質的業者所作的決策可能會帶來負的

外部性效果。航空公司帶來的噪音污染也是一種外部成本，就像在石油的運輸中，大量石油外溢的機會一樣會帶來外部性。

第二級的生產投入要素也會導致運輸價格過低，而且在市場產生了無效率。當生產投入的價格太低時，這些生產投入所產生的服務也會因此被訂價太低。生產投入價格可能被定得太低的首要例子是石油。就如之前提到的，那些相信石油價格太低的人，主要關切的焦點是，這個世界正在耗盡石油，而且當前的價格並沒有適當的反映出未來的稀少性。不過，持反對觀點的人指出，市場利率決定了地下蘊藏石油的開採率。在利率高的時候，會誘使人們把消費移到現在享用；而低利率則提供了誘因，讓人們把儲藏的石油保留到以後再開採。從這個觀點來看，如果我們正在耗盡所儲藏的石油，那麼企業家應該會想得到投機利益，而把石油儲藏起來，直到未來石油變得比較貴的時候再開採。但是這樣的投機行為並沒有發生，由此證明，石油價格的確已經反映了稀少性。而那些擔心現在的石油使用率不能持續下去的人，則回予二項反應：第一（之前提過了），市場利率並沒有正確的平衡當前和未來子孫的利益，因此根據此利率所作的石油開採決策，並非是最適決策；第二，市場力量並沒有像有時想的那麼理性，企業家只有部分體會到石油儲存量的稀少性，而且對許多制定石油開採決策的人來說，工作的動機可能不是為了利潤的極大化（像是，在發展中國家，他們是想要極大化當前的收入，來安撫不幸福的民眾）。

人們抱怨汽車的發展導致許多土地都變成了車道，而這樣的抱怨就相當於，他們認為運輸的重要生產投入（作為道路和停車場的土地）價格被定得太低了。根據這個觀點，他們認為農地正快速的被轉變成道路用地，違反了國家的最佳利益。簡而言之，農地的真實價值比它的市場價值還高。持這項主張的人一般都會提到，土地的農業用途一但被變更後，就再也轉變不回來了，而且世界人口正一直不斷的

擴張,在未來需要供應更多糧食時,他們懷疑市場是否能夠適當的權衡出損失農業土地的風險。不過,那些駁回這項主張的人認為,資源唯一的真實價值是人們願意為此資源付出的金額,而且沒有理由相信土地天生的價值會比市場價值還高。如果市場誤導了農地的稀有價值,那麼企業家會儘量購置土地,等到未來真實的稀有價值出現了,就可以大發一筆。可是這種情況並未發生,就這點來說,可以反駁低估農地價值的這種說法。不過,就如前一個例子提到的,這項主張的背後是假設市場會最適地處理所有可資利用的資訊。

衡量無市場價格的要素(Measuring Nonmarket Values)

影響運輸的最重要管制中,有一些是設計用來影響環境品質的。根據成本—利益分析法這個標準原則,若要正確的衡量環境品質低落的成本,那就要算出此經濟社會所有成員為了避免土地、空氣和水等污染所願意付的總金額。就農業用地來說,要為改成運輸用途的土地貼上一個市場價格的標籤是有可能的(雖然理性的人會懷疑有效率的價格是否多少應該高於市場價格)。❻但是到底應該如何處理沒有市場價格的要素呢?舉例來說,如何評估人命或者絕種動物的保護呢?許多人認為阿拉斯加的野生動物是無價之寶,或者認為以金錢衡量人命,是貶低了我們自己的人性價值。然而,這種說法是有弱點的,因為個人以及政府以人民之名所作的決策,並非一定不惜任何代價,就是要拯救生命,或者保護這個環境。我們的確需要取捨,而且以金錢來衡量只是為了要達到比較理性的計算罷了。此外,在現實上,每當某事物在某系統中的估價中被聲明與眾不同時,那麼在標準的成本利益計算中,就會把此事物忽略不計。以成本—利益而論,如果你拒絕把某事物貼上價格標籤,那麼它不會被認為是無價之寶,而是一文不

值。如果在制定運輸決策時，要使用經濟要素，那麼把金錢價值貼在政策所涉及的所有事物上，是相當合理的。

人們已經用了許多間接的方法，把價格標籤貼在那些不在市場中買賣的事物上。其中用來估價健康、安全以及環境品質等的技巧是，基於防範的行為：如果事先採取一些行動可以抵銷一些煩惱（例如眼睛模糊不舒服時，點點眼藥水），則採取這些行動的成本可以用來決定出此問題的成本。第二種評估環境品質的方法是，衡量人們為了追求較好的環境品質，對互補財或服務所增加的支出金額。舉例來說，如果比較遠的湖比近的湖污染較小，人們為了到較乾淨的湖，而避免較污染的湖，所花費的旅行金額，可以間接衡量出對環境品質的需求。第三種方法是間接衡量地區或工作的特性，對土地價值、或者工資的影響大小。如果機場所帶來的噪音會降低附近居民的生活品質，使得比較少人願意住在這種地方，因此對於那地區的房價，會帶來直接的影響。同樣的，若其他情況都相等，則比較不安全的工作，和比較沒有安全顧慮的工作來比，應該要享有比較高的工資。把高出來的工資，和比較高的死亡機會互相比較，經濟學可以算出統計上的生命大約是價值 2 百萬美元。

我們應該強調的是，這個對人命所大概估出的 2 百萬美元價格標籤，不是表示任何手頭有 2 百萬美元的人就有權利殺人。而是代表著，透過人們自己所作的取捨，個人顯得願意接受某個價格而提高統計上的死亡率。例如願意拿每年 1,000 美元這樣的價格，而提高大約 0.0005 的死亡率。

最近有一個新的研究動向是，以問卷調查來衡量那些沒有市場等值的要素。舉例來說，如果我們真的想要知道這個國家願意付多少錢，來保護阿拉斯加的北美馴鹿群免於受到開採石油的威脅時，為何不問問人們的意見呢？不過，這個簡單而直接的方法不是經濟學家的

最愛，因為受訪者不必給予財務上的承諾，來為他或她的答案背書，也就是，就算你把一個很高的價格標籤貼在這種理論性的情況，也不必付錢。但是，另一方面，那些為這種權宜估價法辯護的人提到，這些調查所產生的數據顯然是相當合理的。也許是幸運的巧合，但是從調查中發現到，人們對於為了保護他們一般不會去的地方的環境品質所願意付的金額，大約和現在實際所花費的，或者能夠花的金額相當調和。❼

在運輸業，社會成本論點的應用
（APPLICATIONS OF THE SOCIAL COST ARGUMENT IN TRANSPORTATION）

　　支持基於運輸的社會成本所設立的管制的那些人，也都擁護加強對汽車的抑制。❽雖然有一些論點並不屬於環境和安全管制這兩項社會成本的範圍（舉例，汽車對都市中心結構的影響），但是大部分對這些基於社會成本的管制所作的討論，實際上都是把焦點放在這二項。❾所以，我們首先將考慮為了抑制運輸引起的污染所作的管制。

污染（Pollution）

　　只有火車是靠電動火車頭啟動的，其他所有的運輸能源都是來自內燃機。人們的主要顧慮都是在於發動汽車和卡車的內燃機。對這些運具來說，環境保護機構（Environmental Protection Agency, EPA）已經針對每一英里的駕駛，引擎所能放出的碳氫化合物、一氧化碳、氮氧化物，以及懸浮粒子設定克數的限制。表 14.1 列出EPA根據四種排放

類別，對新車制定排放限制。此表顯示出EPA要求引擎每英里產生的污染量要逐年減少。未來還要進一步設定更嚴格的排放標準。

一氧化碳本來就和健康有關。過量的一氧化碳危害了心臟不好的人、胎兒、遺傳性紅血球缺氧貧血症的患者以及幼童。也有一些證據顯示出，一氧化碳促成了地面臭氧的形成。城市內超過90%的一氧化碳都是來自車輛。

氮氧化物（NO_x）也對健康和環境造成許多影響。NO_x和硫磺氧化物結合在一起是造成酸雨的主要來源，而酸雨已經奪走許多森林和水生生命，而且減少國內許多地方的農作物收成。此外，直接暴露在二氧化氮會提高呼吸道受到感染的機率。它引起咳嗽、流鼻水以及喉嚨痛，而且使得有哮喘的人對都市灰塵和花粉更加敏感。它讓那些肺部受損的人呼吸困難。

氮氧化物也在太陽光出現時，隨著碳氫化合物的排放而起作用，而形成地面的臭氧。臭氧是煙霧的主要促成者。煙霧令人厭惡，因為它容易引起健康問題，對老人和虛弱的人尤是如此，而且還會減弱視力（那些探討土地價值的研究已經說明了，空氣品質是人們欲求的特性）。產生臭氧的化學反應是相當複雜的，其中大部分的有害物質是來自於車輛，因為是它先開始排放氮氧化物或碳氫化合物，才導致臭氧的形成。地方性的風的形勢顯然可以完全驅散這個問題。當指數特別高的時候待在室內可能得以避免嚴重暴露在臭氧層下。

人們把愈來愈多的注意力轉向於車輛（尤其是柴油汽車）所產生的懸浮粒子上。當前的證據顯示出，柴油引擎所產生的懸浮粒子會有致癌的可能。不過，對此論點還有很多科學上的不確定性。人們到現在還不清楚，柴油懸浮粒子（通常是立基於硫磺）是否和同樣大小的一般灰塵對健康引起的害處不一樣。如果一般的灰塵是致癌的原因，那麼對健康最有效率的解決辦法是，控制來自地面和道路（這是很大

表 14.1　EPA 對新車的排放標準

汽車			
年	碳氫化合物（HC）	一氧化碳（CO）	氮氧化物（NOₓ）	懸浮粒子
1980	0.41	7.0	2.0	—
1985	0.41	3.4	1.0	0.6
1990	0.41	3.4	1.0	0.2
1991	0.41	3.4	1.0	0.2
1992	0.41	3.4	1.0	0.2
1993	0.41	3.4	1.0	0.2
1994	0.25	3.4	0.4	0.08
1995	0.25	3.4	0.4	0.08

重柴油卡車			
年	碳氫化合物（HC）	一氧化碳（CO）	氮氧化物（NOₓ）	懸浮粒子
1980	1.5	25.0	—	—
1985	1.3	15.5	10.7	—
1990	1.3	15.5	6.00	0.60
1991	1.3	15.5	5.00	0.25
1992	1.3	15.5	5.00	0.25
1993	1.3	15.5	5.00	0.25
1994	1.3	15.5	5.00	0.10
1995	1.3	15.5	5.00	0.10

汽車排放限制是根據每英里的克數；重柴油卡車的標準是每煞車器馬力小時的克數。

資料來源：美國運輸局，運輸統計（*Transportation Statistics*），1996

的灰塵來源）所吹起的灰塵，而非處理柴油車輛的排放事宜。現在的研究似乎顯示出，柴油物質比同樣大小的一般灰塵物質要毒得多；如表 14.1 所列的，這個信念已經導致當局大幅縮緊排放懸浮粒子的標準。雖然大卡車類的柴油車會直接產生懸浮粒子，但是其實所有的車輛也都排放了其他的毒氣，而加劇了懸浮粒子的問題。透過易揮發有機體的合成物（VOC）、硫磺氧化物和氮氧化物等之間的反應也會間

接產生精細的懸浮粒子。

其他廢氣的排放標準雖然沒有被列在表 14.1，但是環境保護主義者也日益擔心這項問題。二氧化碳是燃燒汽車燃料的主要副產品，也是造成溫室效應的主要氣體。顯然有愈來愈多的證據（雖然還不算是結論）證明了各種燃料的燃燒都會提高空氣中二氧化碳的濃度，因而捕捉了更多的陽光，使得地球表面的溫度提高。這種全球變熱造成的結果還不知曉，但是預期的效果包括：更多猛烈的暴風雨、更多熱浪侵襲的日子、提高海洋的水平面高度——以及把許多當前有生產力的農地變成沙漠。這些效果尤其在比較沒有工業化的熱帶地區預期最為嚴重。

很重要的一點是要認清，全球變熱的問題（如果很重要）是無法利用調整汽車和卡車的馬達來解決的。這個問題是來自於車輛有引擎，而且燃料在引擎裡面燃燒，製造了二氧化碳。全球變熱的問題只能藉由減少燃料的燃燒來減緩，而這項論點則可以合理化國家公路交通安全管理局所設定的燃料節約標準，❿但是更省油事實上並不保證一定導致較低的燃料消費。從圖 14.2 可看出，在過去數十年，汽車每加崙的平均英里數提高的同時，燃料的使用量也在增加。事實上，自從 1980 年，每台車子每年固定大約使用 700 加崙的燃料。對此情形的部分解釋是，改善後的燃料節約減少每年開車的成本，因而引起駕駛者增加他們每年駕駛的英里數。如果全球變熱的問題真的如一些人所言的那麼嚴重，那麼汽車燃料節約的改善沒有能夠大幅減少燃料的使用量，將使得全球變熱的處理問題更加複雜。圖 14.3 顯示出汽車在運輸燃料的消費中占了驚人的比例。因此如果為了解決全球變熱的問題，需要強迫人們減少燃料的消費量時，那麼勢必得要求人們大幅改變駕駛行為，而這可以透過高強制性的控制個人的駕駛決策，或者藉由每加崙的燃料稅，來巨幅增加燃料價格。就如第四章所討論的，人

圖 14.2　美國汽車燃料的使用量（1960-1994）

資料來源：美國運輸局，運輸統計處，國家運輸統計（*National Transportation Statistics*），1996 年版

　　們面對高燃料價格的第一個反應是，選擇比較省油的車子，而非少開車，或者改搭大眾運輸。如果燃料使用量的減少，必須要確實減少駕駛的里程數才行時，而且如第四章提到的，已知汽車運輸的無彈性，那麼駕駛的真實價格必須提高很多倍，才能部分控制全球變熱的問題。易言之，如果全球變熱的情形變成一項嚴重的問題時，那麼運輸系統所必須作的改變，與建議適當控制其他社會成本面的解決辦法來比，將會遠遠大得多。

　　要控制運輸引起的污染，排放標準和燃料節約指標並不是唯一的

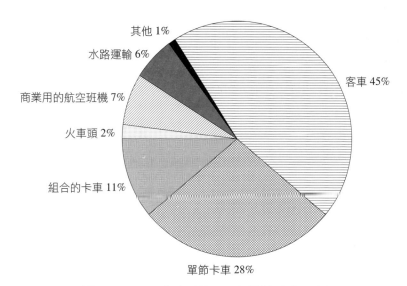

圖 14.3　1994 年各種運具的燃料消費比例

資料來源：美國運輸（*Transportation in America*），第 14 版

手段。EPA 在數個都市地區監督空氣品質，而且對經濟活動設限，不過現在尚未發現這些控制對改善空氣品質有什麼良效。

衡量運輸的環境成本（Measuring the Environmental Cost of Transportation）

　　人們普遍知道，要透過全球變熱的過程，來決定駕駛對環境所造成的影響，是很困難的。雖然成本主要是在未來出現，但是成本可能相當巨大，因此需要以正常的貼現率來貼現這些成本。儘管大多數的大氣學家相信全球變熱的趨勢正在透過地球溫室氣體的增加而進行，但是還有其他頗具威名的科學家相信，地球的生態系統比一般人認為的更能順應日益增加的二氧化碳，而且還能夠因應較高的燃料消費水準。要評估燃料的消費是否對全球變熱有嚴重的影響，關鍵就在大氣

水分的蒸發和二氧化碳起的化學作用。只不過對於全球變熱所造成的影響,我們還不確定或者達到共識。

　　然而,對於排氣管排放物質的其他經濟效果,也仍然存有同樣的不確定性,因為駕駛者所引起的經濟損害,會發生在好幾個階段。我們以方程式 14.2 來說明之。

$$運輸的環境成本 = A \cdot B \cdot C \cdot D \cdot E \cdot F \qquad (14.2)$$

這裡

A＝某種車輛駕駛的數量

B＝每駕駛單位產生的排氣管排放量

C＝每排氣管排放單位所製造的污染濃度

D＝每污染濃度單位的暴露水準

E＝污染暴露水準造成的結果

F＝每污染結果單位所造成的成本

　　駕駛所製造的排氣管排放量因車輛種類、如何調整引擎、燃料種類、駕駛的地方以及如何駕駛,還有駕駛的多寡而各不相同。柴油卡車可以調整到放出較多的懸浮粒子、較少的氮氧化物,或者反過來。一般來說,所有的車輛都是車齡愈大,排放的污染物愈多。冷的引擎一般都比熱的引擎排放較多的污染物。要衡量運輸對大氣造成的污染水準時,其中所面對的一項困難是,無法連續監督排氣管所排放的實際數量。不過,現在的監督技術已經改良了,而能夠在某單一地區,當車子經過路旁的雷射探測器時,衡量出排氣管的排放量。但是基本上,控制污染的決策已經正在(而且還會持續)醞釀當中,它根據有關車隊組成要素的知識來評估,以及每輛車在不同情況下的駕駛頻率來估計。

　　方程式的第二個成分是,排氣管的排放物質對空氣品質的效果。

如之前所提的，車輛排放的一些廢氣和陽光彼此起化學作用。一些廢氣很快的消散，但是其他的卻靠近地面徘徊不去。有些情況下，駕駛製造的廢氣所引起的環境問題，可能擴及數百里或數千里。至於那些在道路上徘徊的排氣管廢氣或它的化學物質，是被被風吹到鄰近的州或地區，還是被吹到較高的地方，而以酸雨的姿態凝結下降等現象，我們還無法完全確定。

　　排氣管廢氣和懸浮粒子是否快速遠離道路，這對計算暴露水準，也就是方程式14.2的下一個成分來說，是很重要的。如果懸浮粒子和廢氣一直在都市地區內環繞，那麼就有較多的人會受到它們的影響。如果它們被吹到偏遠地區，那麼要衡量車輛污染的效果，會比較針對農作物的收成以及享受戶外休閒機會的損失上，至於它們對人體健康的影響則會比較小。舉例來說，EPA 對暴露在一氧化碳中的一些估計，被批評是言過其實，因為他們在車站衡量廢氣水準，而車站位於市中心，廢氣濃度本來預期就比郊區還要高。

　　對於 14.2 式的下一個成分：暴露在污染物質下的結果，我們同樣沒有足夠的知識來判斷。似乎毫無疑問的，那些呼吸道有問題的人、老年人和慢性疾病患者都比其他人還危險。但是柴油引擎所排放的懸浮粒子到底有多毒？懸浮粒子真的是致癌物質嗎？暴露在某懸浮粒子濃度下，預期有多少過早的死亡呢？要對這方面計算經濟成本，所需的醫學知識遠超過現實所知的。

　　在方程式 14.2 中，最後一個計算經濟成本的成分──F，是經濟學家很擅長的：把前一個步驟衡量出來的結果標上經濟價值。但是由於對前述幾個成分的不確定，所以到底應該把統計上的死亡估價為 2 百萬美元，還是 4 百萬美元，相對上來說是不重要的。我們若要估算因污染引起的健康問題的醫療照顧價值時，可以像評估減少農作物收成的價值，以及減少度假地區的休閒娛樂價值般精確的估計出來。但

是這些估計的有效性，還是要根據排放水準以及暴露水準的估計是否可靠而定。

從運輸研究局（TRB）的一項近期研究中，就可看出要衡量運輸對環境造成的結果有多困難。TRB知道對環境造成的結果會隨著車輛移動的特性而不同，所以選擇只對一個假想性的卡車運輸作計算：從洛杉磯開到芝加哥的貨櫃車。先把焦點放在懸浮粒子，這項研究首先接受 EPA 對卡車駕駛的每英里排放懸浮粒子是 1.43 的估計，然後它採用了EPA的一些估計值，舉例：在洛杉磯，空中懸浮粒子的平均濃度是每立方公尺有百萬分之 49 公克。然後，假定懸浮粒子的濃度和懸浮粒子的排放量成比例，來估計卡車開過的每一個郡，就一般人民呼吸到的空氣來說，每立方公尺的懸浮粒子會增加百萬分之幾公克。然後這些學者把這項暴露數據乘以每郡的人口數，然後應用每立方公尺懸浮粒子的每百萬分之一公克算出每人每年的成本係數是 19.62 美元（這數據是得自於較高的懸浮粒子濃度被乘以統計上生命的價值，所算出預期增加的死亡率），然後把這項數據加到以同樣方法算出的氮氧化物、一氧化氮、和其他廢氣造成的效果上，最後，估計出若要考慮駕駛中的燃料燃燒加速全球變熱的機率時，每加崙消費燃料的成本還要加上 0.035 美元成本。

在計算過程中，所有的這些估計值都是來自其他來源，因此容易被那些計算值的適當性所影響。舉例來說，如之前所提的，EPA受到的批評是，他們把暴露在污染中的估計值誇大了。然而，這算是現有研究中最佳的估計了。假定它們已經很接近污染的真實效果時，那麼 TRB 估計出卡車從洛杉磯開到芝加哥所造成的外部污染成本是 63.65 美元，大約占業者從事這趟運載總成本的 2.5%。簡而言之，這項計算值並沒有顯示出，把這項污染成本算進去，會對運輸的全面成本造成足夠大的影響。不過很重要的是要知道，這項結論的可靠性就和作這

項計算所用到的數據一樣高而已。舉例來說，如果假定柴油的懸浮粒子遠比來自路面和地面的不固定灰塵要毒得多，那麼這趟旅程之外部成本會從 63 美元提高到 315 美元。這項計算同樣也受到其他許多假設的影響。我們同樣應該注意到，這趟旅途主要是通過偏遠地區，因此和通過比較都市化的地區相比，柴油廢氣的暴露效果比較小。我們還應該認清楚，這項計算忽略了一些議題，像是廢氣對農作物收成的效果，或者人們為了較乾淨的空氣能帶來的較佳景觀，所願意付的金額多寡等。

關於車輛對洛杉磯空氣帶來的污染成本，Small 和 Kazimi 最近算出了數據。❶他們提到這項估算的可能錯誤範圍會很大，這項數據尤其沒有考慮到未知的化學物質和易揮發有機體的合成物、氮氧化物和硫磺產生的懸浮粒子相互作用，使得人們吸入時，致癌的可能性。他們認定易揮發有機體的合成物和氮氧化物直接提高了罹病率，間接的透過和硫磺氧化物的交互作用，製造了人們會吸入肺部的懸浮粒子，而提高死亡率和罹病率。PM10（小於 10 微米的懸浮粒子）是直接由車輛產生的（尤其是柴油車），而且被認定會直接影響死亡率和罹病率。若對生命以及所減損的健康貼上價格標籤，來衡量駕駛車輛的污染成本時，會得到每英里接近 3 分錢的估計值，大部分的成本是來自 NO_x 和 VOC。重柴油卡車每英里的污染成本大約是 50 分，其中主要的成本都可歸因於 NO_x 和 PM10。

評估運輸污染的管制

（Evaluating the Regulation of Transportation-Based Pollution）

有關當局主要是對新車設定排放標準，來控制車輛引起的污染，就如表 14.1 所示。雖然這項決策背後有技術上和政治上的理由，但這項決定並沒有對現有車輛限制排放量，因此這項法令已經扭曲了市

場，它減少了新車的市場，而延長舊車的壽命。在某些情況下，制定讓新車的污染率較低但新車價格卻因此較高的政策，其效果實際上反而惡化排放量，因為它鼓勵舊車以及污染較嚴重的車在路上多留幾年。舊車的污染較高，不只是因為車子使用的技術不合現在的標準，還因為排放量一般都會隨著車齡而加重。

圖 14.4 顯示出 EPA 藉由規定用在新車的技術，來控制污染的這數十年，已經有了一些成功。EPA 的政策中，其中明顯的一項勝利是減少鉛的排放量到絕對必要的零點。不過，這項成功是由於禁止有鉛汽油的販賣，而非得自對新車的排放控制。從圖 14.4 可看出，EPA 在控制易揮發有機體合成物的排放上有了良效。至少從 1980 年以後，氮氧化物和一氧化碳的排放量已經朝好的方向前進，只是這些污染物的實際水準仍然高於數十年以前所記錄的水準，至於懸浮粒子的排放量則持續在增高當中。

從圖 14.4 可看出，在那段期間，駕駛量持續增加而排放量卻沒有跟著顯著提高，也許這可以視為這項計畫的一項成就。但事實上，從很多角度來看，即使對新車命令了昂貴的污染控制，但是現在的空氣並沒有比數十年前還乾淨。這和在 EPA 的法令下，對固定污染源限制排放量，而改善了那裡的空氣品質來看，形成很大的對比。

所費不貲的污染控制無法大幅改善空氣污染的問題，是這些計畫為何無異議的收到負利益－成本估價值的核心。❷人們對 EPA 計畫的經濟支持也已經減弱，因為很少有研究報告顯示出暴露水準和死亡率之間，或者暴露和健康問題的肇端之間，有著立即反應的關係。讀者可能會想到要從經濟學評估污染控制方案時，需要採取多階段的計算方式來估算空氣污染的成本，可以把污染的減少視為效益。由於要在這領域從事正確的利益成本計算，有與生俱來的困難度，所以我們可以理解為何議員不情願使用這些發現來制定環境政策。然而，他們不

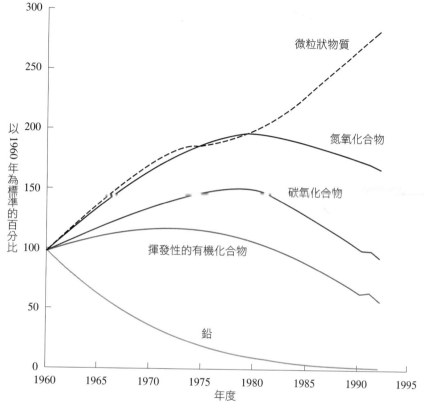

圖 14.4　來自公路的總美國排放量

資料來源：來自國家運輸統計（*National Transportation Statistics*），1995 年，表 92，93，94，95 和 97

應該以此作為維持無效方案的藉口，或者因此不去尋找可以用較低成本來達到相同目標的技術。

　　就定義上而言，因為車輛的污染來源是有移動性的，所以那些用來控制固定來源引起的污染的最有效的工具，對車輛污染的控制卻不可行。對於固定的污染源，像是發電站或是工廠設備等，最有希望的解決方法是有關污染的財產權定義，以及這些權利在有關團體之間交

易的事宜。這把污染貼上一個市場價格，讓業者可以把抑制污染的支出當作另一項商業成本。藉由減少許可的排放量，但不強制規定達到此標準的方法，使得國會已經成功的減少發電廠的二氧化硫排放量（酸雨的主要來源），而且對消費者造成的成本相當低。若要以定義財產權的方法來減少污染，連續督察污染源是很重要的。可是以可動性的污染源而論，人們一般都會承認，要連續督察來自每輛車排氣管的排放量，然後要求駕駛者針對他們已經放出的污染量來購買污染權，這方法是不可行的。

規定車輛在註冊以前必須送檢的這項方案帶來一些成功的希望，因為他們處理了老而高污染的車輛問題。不過老車輛即使調整得再完美，仍然比新車的污染還嚴重，為了使督察方案在排放量的抑制上有大成效，有必要規定老車必須和新車一樣符合排放標準，來有效加速老車的淘汰速度。然而，那些駕駛最高污染量車子的人，往往是比較沒有錢的人，而政治人物可不大願意減少那些人所持有車輛的價值。不過，在一些地方，這個方案已經適用於買很老而高污染的車輛上。這些方案對那些放棄車輛的窮人提供了補貼措施，但同時也減少了最窮困的人在購買車輛上可作的選擇。

經濟學家看到了難題，也就是那些政治支持度很高的環境保護計畫並沒有通過成本—利益的測試，他們認為一個很大的可能原因是，人們在支持一些政策時，並沒有採用成本—利益分析的架構來看事情，而是根據權利與道德來作決策，就如之前所描述的。另一個可能的解釋是，利益／成本比並沒有正確地估計出人們為空氣品質所願意付的金額。

大眾也可能根本不暸解這些方案的真正效果。上述的政策是強迫製造業者要修改生產行為，而非強迫消費者改變駕駛行為，所以顯然是要求公司，而非消費者為環境的淨化付費。這當然是一項錯誤的理

念。提高汽車生產的成本一定會提高車子的價格。我們還要持續觀望，對淨化空氣政策的政治支持度是否會保持到下一回合所制定的新要求：像是命令大公司實行汽車共乘制等。大眾會支持大眾運輸計畫，是因為假定你若搭乘了大眾運輸，就會減少我所使用的道路之塞車情況所致。第四章說明了這些方案一般沒有成功的一些理由。要真正著手解決汽車排放的問題——尤其是如果全球變熱的情況成為嚴重的問題時——需要同時處理燃料使用量的問題才行。就如第四章提到的，儘管駕駛需求的價格彈性是微不足道的小，但是汽車燃料需求的價格彈性卻顯著的離零很遠。這是由於人們會使用不同的車輛來適應燃料價格之故。由於駕駛的需求無彈性，所以如果想要求人們減少實際的駕駛量來延緩全球變熱的腳步，將會極端痛苦、受到高度厭惡，而且會大幅提高使用車輛的價格。

意外／安全（Accident/Safety）

某人在任何一年會死於交通事故的機會是 0.0001567。看這項關係的另一種方式是，在 70 年期間，個人大約有 1% 的機率會在這段期間的某一年死於重大的交通事故中。❸車禍是 6 到 28 歲的人主要的死亡原因。男性的死亡率是女性的三倍。摩托車的危險性是汽車的 20 倍，而且在 1994 年，40,676 位死於交通事故的人當中，有 2,304 人死於摩托車的事故。在同年，有 802 位騎腳踏車的人和 5,472 位行人死亡。

其他還有一些和交通意外相關的因素。其中最有名的是安全帶的使用，以及喝酒上路。但是交通安全和教育水準之間也有很強的相關性；所得水準和交通意外水準之間則有很強的反向關係。❹

統計上的意外對可預防的意外

（Statistical Accidents versus Preventable Accidents）

要分析交通安全，必須從引起意外的要素下手。我們很多人都會覺得自己握方向盤是比較安全的，因為相信我們可以透過自己的行為來影響意外的可能性。這帶給我們正在控制自己命運的感覺，不像我們搭飛機時——旅客無法影響墜機的可能性。但是我們在公路上的安全，不全在我們的掌控中。舉例來說，我們知道有一些交通情況本來就很危險——黃昏開在車速快、輕微結冰而沒有分隔線的公路上。有些人避免在週六晚上，或在除夕開車，因為想把被酒醉開車的人撞到的可能性降至最低。在某種程度上，我們可以避免這種危險情況，可是卻無法避免所有的駕駛風險。❶

當我們考慮公路的安全性時，很重要的一點是，要把安全地開車的動機和駕駛的動機完全分開來。旅次的價格可能對二者都有影響，但是一開始，讓我們假定意外的機率完全由外在的條件來決定，而不受我們可控制的事物所影響。舉例來說，當我們說開車比搭飛機還危險時——死於 1,000 英里的汽車旅次中的統計上機率遠比同樣距離的飛行還高——這種說法就正作了這樣的假設。我們有任何理由認為決定要開車（而非如何開車）天生就是比較無效率的決策嗎？ 我們是否因為沒有考慮到開車對路上每個人在安全上的影響，只考慮我們自己，而開得太多？也就是，有沒有任何市場失靈是來自於交通安全，而需要透過管制來糾正呢？

首先，似乎天生真的有這種市場失靈。我們先不論那些把車子開離道路的意外情況，通常交通意外牽涉到二輛車子，因此如果其中一輛車不出現在那裡，就不會有意外發生。所以，當我們決定要開車時，似乎不可避免的就會引起他人的危險，而且我們為駕駛所付的價

格應該反映出我們對其他駕駛人所提高的風險。這說明了由於對駕駛的估價太低，加上需求對價格的彈性相當大（見第四章），因而造成過多的交通量，或至少過多的駕駛量。❶從效率面來考量，應該要減少駕駛量，而減少駕駛量的可行方法之一是對駕駛者收取駕駛決策的所有成本。

統計上意外的決定因素（Determinants of Statistical Accidents）

我們可以從交通意外比率和交通水準之間隱含的關係中，看到這項主張的謬誤：如果我每開 1 英里，統計上就有大約一億分之一的機會，讓我撞到另一台車而引起致命的意外。那麼顯然我要開 1 英里的決策會提高一億分之一的機率，使其他每一個在這體系中的駕駛者發生意外，因為現在他們每一個人都額外有一台車能撞上，或者被撞上。這隱含著，意外比率會隨交通量的增加而成指數的提高。但事實上，我們並沒有觀察到這樣的關係。圖 14.5 顯示出在過去 30 年，意外事故的數目和道路上的意外死亡都停留在近似水準，然而交通量卻超過二倍了。結果造成，每駕駛 1 英里所造成的意外比率在同樣那段期間中往下降了。從圖 14.6 可看出，儘管公路體系中所乘載的交通量已經大幅增加，但是駕駛 1 英里的危險和 30 年前相比，卻只有一半而已。

我們不應該根據這些數據太快下結論。如果沒有其他的影響因素，那麼我們就可以從圖 14.5 和圖 14.6 的資料中推斷出，提高交通量會使駕駛更安全，而不是更危險。雖然難以相信提高的交通量是死亡率減少的原因，但是提高交通量可能導致更安全的道路，這並非完全不合理的。想想看，高速公路的安全至少部分是由車速所決定，就如第八章所提的，交通量愈大，車速就愈低。不過我們很難發現交通量和死亡率在橫剖面資料中的簡單關係，部分是因為在開車比較危險的時候——像是晚上，也是交通量比較小的時候。顯然對意外比率而

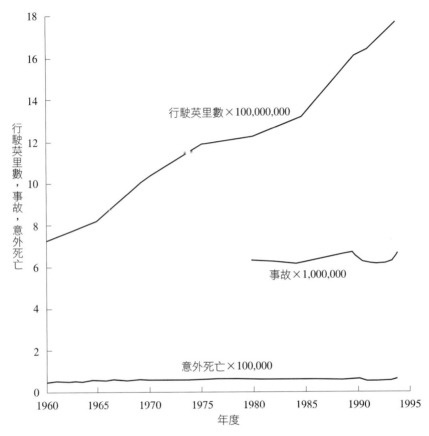

圖 14.5 美國交通量和意外水準的趨勢

資料來源：美國運輸局，美國統計處，1995。

言，車速的變異性比車速本身，是更重要的決定因素。❼

如果事實是，提高交通量會使駕駛更安全，而不是更危險，那麼從經濟上來推理，我們會要求政府應該為了安全而對所有的駕駛者不但不課稅，而且還補貼他們開車上路，以減少意外的可能性。但是即使意外比率和交通量沒有明確而重要的正向關係，但是在一些情況下，為了意外所引起的外部性，還是應該要對某些種類的交通收費。

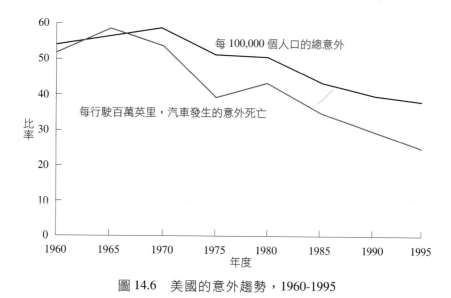

圖 14.6　美國的意外趨勢，1960-1995

資料來源：美國運輸局，**國家運輸統計**（*National Transportation Statistics*），1995
年，表 26，為 1996 年設計的資料

上述的論點隱含著自我保險的說法：我們都為統計上的意外而付費，
這些費用中，有的是為了預期可賠償的損失而付的保險費，有的是為
了預期保險公司不會賠償的損失所隱含的付款。除非我們開車的決策
提高了總體的意外比率（因此危害到其他人），否則當我們上了駕駛
座，我們就接受了駕駛所固有的風險。然而，上述自我保險的論點在
一些情況下有弱點：首先，如前面提到的，我們無法正確的計算出意
外的機率是多少。除非政府當局可以糾正我們的誤算，才能根據效率
的觀點來支持管制的干預。❽第二，有一些意外成本並沒有對那些出
意外的人收取。這種冷血成本的例子像是，警察投入的時間、緊急救
護隊員的成本，以及若有非駕駛人也投保和此個人所投保的醫療險一
樣時，則此人的醫療復原費用也要列入。❾和這些冷血成本密切相關
的是，對意外傷者所加諸的疼痛與傷害。如果某駕駛者作了要開車的

決策，決定把自己暴露在統計上的意外機率中，而沒有考慮到發生交通意外會對同事、朋友、家人的影響時，隱含了此駕駛人低估了駕駛的完全成本。最後，這個自我保險的主張反對對駕駛人所設的一般性限制，也就是反對駕駛人得為自己可能引起的意外而付費。然而，當交通種類沒有同質性時，這種說法就講不通了。舉例來說，當汽車和腳踏車，或者大卡車和汽車同在路上時，若大型車輛和輕型車種之間發生意外，則會造成輕型車種較大的損害。在這些環境下，較重型的車輛駕駛員所負擔的預期意外成本，並不等於發生意外的機率乘以意外的平均成本。因為他們受傷的機率比較小，因此我們可以根據效率原則，要求卡車為每英里的駕駛付費，使他們認清他們的出現，對別人所造成的意外成本。[20]

車輛安全的管制（The Regulation of Vehicle Safety）

若從圖 14.5 和圖 14.6 推斷出，交通水準和意外比率之間有很重要的反向關係，是很愚蠢的。因為除了交通水準以外，還有許多其他的因素會使過去這 30 或 40 年來的駕駛更安全。交通安全的提高反映出，在現代生活的所有層面，危險性都降低的一般趨勢。圖 14.6 顯示出當高速公路愈來愈安全的這段時期，每 100,000 人口的總意外比率也幾乎隨之類似地降低。

我們所經歷的全面性安全的提高可以追溯出好幾個原因。其中包含了一些經濟要素。舉例來說，技術上的改良，使人們能把各種東西製造得比上一個世代，或上二個世代還安全。氣囊和反鎖煞車就是這種改良下的例子。技術上的改良也降低了安全的價格，因而鼓勵消費者選擇較高的安全水準。此外，消費者的平均財富已經適當的提高，而且顯然較有錢的人在作購買決策時，願意為安全付出較高的金額。[21]社會的偏好也可能改變了，使得人們若從事不安全的選擇時，社會

的接受度會比較低。

　　也許在面對偏好的變動時，還有二種其他要素會對車輛的安全有深遠的影響：首先，法律有了普遍性的改變，使得製造商對於因為使用他們產品所造成的傷害愈來愈負責；第二，對產品安全的管制愈來愈多。❷沒有一項產品受到這些改變的影響，會比汽車受到這些改變的影響還多。

　　汽車的特性受到全國公路交通安全管理局（NHTSA）的管制。這個機構對汽車製造商指定的汽車設計要素是：車內墊襯、頭靠、可潰式方向機柱、安全擋風玻璃、座椅安全帶、氣囊以及側門防撞鋼樑等。如果此管理局發現車輛的設計有任何特定瑕疵而導致死亡或受傷的可能性提高時，也有權力要求車廠要回收汽車。而這些瑕疵的發現都是根據意外事故的報導來的。當此管理局發現有成群的意外都和某特定車輛有關時，它就會調查這些意外是否因車輛設計的一些成分所造成的，若真是如此，那麼即使這款車在生產時，已經拿到符合安全標準的證明了，它還是可以要求廠商回收車輛來解決這項缺點。

　　對於回收和車輛設計標準的看法眾說紛紜。汽車製造商和其他批評 NHTSA 的人的基本論點是，NHTSA 對車輛的建造設定了過度的安全水準。底下的圖 14.7 描述了這項論點的基本原理。❸從此圖可看到一條斜率向上的灰線，代表著建造一輛較安全車的成本。較安全的車必須要有較堅固的車身、較好的煞車器以及各種裝備來保護旅客，這些全都是昂貴的項目。車子裝置愈多這種項目，這輛車的成本就愈高。在另一方面，車子愈安全，意外引起的傷亡就愈少，因此意外引起的意外成本也就愈低，這是由圖 14.7 斜率向下的黑線所代表，這條線的形狀是根據：我們知道比較安全的車不可能消除所有的意外成本，但是車子愈安全、意外的可能性就愈低，因此意外的成本也就愈低。把這二條曲線加起來，成為圖 14.7 的 U 型曲線。此條曲線一開始

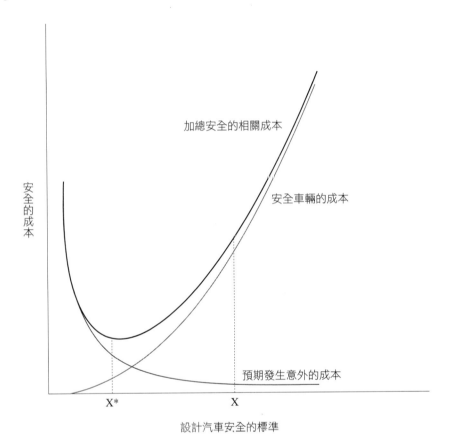

圖 14.7　由於管制造成過度的安全水準

斜率向下是因為，不安全汽車的安全成本小於意外造成的成本。在高的安全水準，曲線的斜率向上是因為，在這高的安全水準，成本主要是來自於汽車的生產成本。安全的最適水準是在圖上的X*點。在這個水準，消費者買一輛較安全車的成本正好抵銷了減低意外的預期成本。

　　NHTSA的批評者相信，此機構所命令的安全設備是對應到圖14.7的X點。在這點，對消費者不利，因為他們為防止意外和保護所花的錢，比他們因此有較小和較不嚴重的意外所節省下來的錢還多。因此

這是無效率的措施。為了證明他們的論點，這些批評者指出消費者經常不用車內的那些安全裝備，或者願意買較便宜、較輕、比較會危害到他們安全的車，而不買較安全但是較貴、較重的車。假定為安全所願意付的金額可以用來衡量較安全的車所能減少的意外成本，那麼消費者對安全沒興趣就是管制無效率的一種指標。❷

不過 NHTSA 反對這種論點，認為批評者基於消費者的能力，來評估汽車的安全、來預測意外的可能性以及辨認他們可能身陷意外的結果，是不寫實的觀點。NHTSA 的反駁還受到一項研究的支援，這項研究顯示出，如果消費者被告知某額外安全配備不在整套標準安全配備之列，則他們普遍不願意為它付錢，但是如果他們被告知，這項配備被列在整套標準配備中，則他們也不願意為了不裝置這項設備而拿取和此裝置等同金額的補償金。❷如果消費者對安全議題是完全理性的，那麼他們願意付的錢和願意被補償的錢應該相同才對。可見得他們對安全的需求明顯受人操縱，也就是只要改變標準設備的項目即可。從這點就可證明，他們沒有能力自己作出這樣的安全決策。

分析政策的經濟方法的標準假設是：人們瞭解他們自己——他們有固定的品味，而且所作的決策是為了要極大化他們自己的福利。NHTSA 不接受消費者對安全的喜好，也不認為任何管制行為會對個人自由造成限制，而只想要改變消費者的危險行為。國會要求NHTSA要負責減少死亡、傷害以及來自車禍造成的經濟損失。當前的研究顯示出，最有效的方式不是要求進一步改變車輛的設計，而是改變社區居民對喝酒上路的態度、小孩安全座椅、摩托車的安全帽、以及安全帶的使用等。❷透過和州的合作計畫，NHTSA宣稱它成功的改變了那些會促成不安全交通情況的行為。此機構對他們的成功估算在表 14.2。根據這機構的說法，顯然在交通意外中，最大的救命功臣是座椅安全帶的使用。因此他們支持州的法律，要求使用安全帶，並推行公共服

務運動,強調不使用安全帶是社會所不容的。他們也規定新車要裝置電動的座椅安全帶,或是氣囊。

表 14.2　NHTSA 救命和傷害預防的估計值

年	保護裝備拯救五歲以下的小孩			綁上安全帶,五歲以上的人		只有氣囊	摩托車的安全帽	21歲以上才能喝酒的法律
	坐在安全座椅的小孩	使用大人安全帶的小孩	總數	保護的生命	防止中等與重大傷害	保護的生命	保護的生命	保護的生命
1975								412
1976								436
1977								474
1978								509
1979								575
1980								595
1981								633
1982	68	7	75	678	15,600			578
1983	95	10	105	809	18,600			609
1984	111	15	126	1,197	19,100		813	709
1985	135	18	153	2,435	51,200		788	701
1986	132	34	166	4,094	81,200		807	840
1987	172	41	213	5,171	114,700	1	667	1,071
1988	209	39	248	5,983	149,900	4	605	1,148
1989	197	41	238	6,353	154,900	7	530	1,093
1990	193	29	222	6,596	193,200	46	602	1,033
1991	217	30	247	7,022	196,400	92	531	941
1992	232	36	268	7,403	154,800	141	559	795
1993	247	39	286	8,372	160,900	245	572	816
1994	250	58	308	9,175	211,000	374	518	848
總數	2,258	397	2,655	65,288	1,521,500	910	6,992	14,816

資料來源:全國公路交通安全委員會,1996。

駕駛行為的分析（The Analysis of Driver Behavior）

　　支持個人思想的人通常視交通安全的法律是對個人自由的侵犯，那些反對政府干預的人費盡心思想要攻擊的說法是：NHTSA 主張消費者決策技巧的無能足以合理化政府的干預。想要駁回這種想法，也就是駁斥個人沒有能力作出自己的安全決策（因此需要安全管制）的人當中，最有名的是芝加哥大學的 Sam Peltzman。❼他的主張可以由圖 14.8 來簡述之。根據 Peltzman，人們開車的留心程度至少部分是由他們正在駕駛的車輛安全性來決定的。安全地駕駛是有代價的：由圖 14.8，斜率向上的直線可看出來，因為小心駕駛的時速比較慢，而且樂趣可能比隨心所欲的駕駛還少。因為駕駛者的時間是寶貴的，而且因為人們有時喜歡碰碰運氣，所以放棄賭一賭的機會對駕駛者而言是一項成本。另一方面，安全的駕駛會減少意外的可能性，因此降低車禍的成本。這可從圖 14.8，二條斜率向下的線來表示。灰色的線是針對不安全的車。如果政府的管制使得意外比較不可能發生，或者受傷的機率比較小，那麼車禍的成本會從灰色的線移到虛線，降低了和安全有關的總成本，所以從上面 U 型曲線掉到相同形狀，位置較低的曲線上。但是從駕駛者的角度來看，在最低的成本水準，駕駛時的留意程度也從 X* 掉到 X**：駕駛者開車時比較不留心了。基本上，駕駛者在路上會冒更大的風險，來彌補死亡或受傷的較低可能性。但是 Peltzman 提到，不安全的駕駛不但危害到駕駛人本身，也會影響到駕駛者可能撞上的其他人，特別是行人、摩托車騎士以及騎腳踏車的人。因此政府想要使汽車駕駛人更安全而設定的管制天生就是無效率的，而且弄巧成拙，因為它扭曲了駕駛者內心對冒險的決定，由於危險的駕駛，而把整個社區置於更危險之中。

　　Peltzman 為了測試這個抵銷管制的行為理論，而分析 1947 到 1965

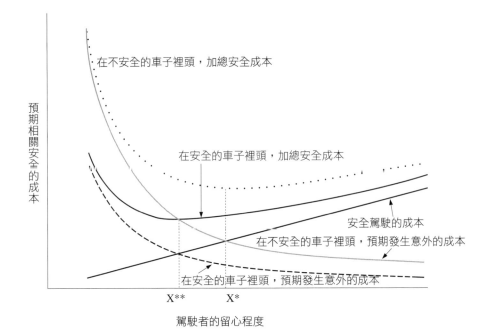

圖 14.8 較安全的車對駕駛者留意程度的影響

年這段期間,駕駛者、行人、摩托車騎士以及騎腳踏車的人,他們的意外和受傷比率。他發現到,雖然管制措施明顯的讓駕駛者更安全,但是他們死傷可能性的降低卻被同一時期,非汽車內人員的車禍死亡率的提高而完全抵銷。他把這個效果歸因於駕駛者抵銷安全裝置的效果所作的補償行為所致。同樣的,他主張那些汽車安全管制最嚴厲的州,也是影響到行人、摩托車騎士、騎腳踏車者的交通意外比率最高的州。Peltzman 結論出,駕駛者冒險的行為遠比 NHTSA 管制所相信的還複雜,因此他反對基於消費者的不理性而訂定的交通安全管制。

Peltzman 的結論很快的受到那些支持安全裝備管制的人所挑戰。最早的挑戰只說明駕駛習慣並沒有隨汽車安全裝置而調整,而沒有證明 Peltzman 的主張無效,也就是其他人危險性的提高會完全抵銷車內

人員安全的說法。❷這種反駁 Peltzman 的說法不具說服力，所以現在被廣為接受的說法是，當衡量出來的安全結果令人失望時，可能是因為駕駛者隨著更安全的環境而調整冒險行為所致。❷但是要完全抵銷似乎不可能。Peltzman 的文章發表之後，大多數公布的研究都認為，汽車安全管制使得汽車內的人更安全，但卻提高其他人的危險性。❸然而，這二種效果的相對重要性，則眾說紛紜。對非車內人員的影響是大還是小，得視一些要素而定，像是資料所涵蓋的期間，以及摩托車騎士（他們的死亡率隨著汽車安全管制條例的問世而提高）是被列為和駕駛者同等級，還是和騎腳踏車者同等級。研究的不確定性造成人們對汽車安全管制的效率持續爭論不休。

解除經濟管制和安全（Economic Deregulation and Safety）

對解除經濟管制的主要顧慮之一是，它可能導致安全標準的下降。解除管制後，卡車和航空業不穩定的財務狀況更加強大眾對他們營運安全的顧慮。這項主張很簡單：當業者面臨財務壓力時，會想辦法儘量省錢。其中，他可能會對設備的維護和營運小時動腦筋。尤其是自有自營的車輛業者，在面對解除管制帶來卡車服務價格的降低時，往往鼓勵駕駛者的駕駛時數高於安全營運觀點下的最適時數。根據他們的主張，財務壓力愈大，他們的安全紀錄就愈差。

雖然有一些驚人的墜機事件被一些人歸咎於解除管制之故，但是總的安全統計並沒有支持這項疑慮。對航空業和車輛運輸業的研究都顯示出，大部分的測量結果是，隨著管制的解除，安全性提高而非減低。❸的確，財務狀況比較差或者比較不知名的公司，設施維護的品質可能比較差，因為這種公司所計畫的營運時間範圍較短。而預期經營較長期間的公司則比較會投資於設施的維護上，以維持好的商譽。❸然而，設備的維護不是決定運輸安全的主要因素。財務壓力造成的

設施維護不足對安全的影響，雖然明顯存在，但是對全面安全卻只有少量的效果而已。❸

　　到目前為止，影響交通安全的最大因素是駕駛者的經驗和警覺性，這對車輛運輸業者尤其重要。聯邦和州政府想要透過駕照來控制駕駛者的資格，以及規定每天許可的駕駛時數來控制警覺性。一般來說，駕駛者想要駕駛的時數比聯邦所許可的還高，因而使得駕駛者定期的違反聯邦的法規；他們違規的二種傳統方法是，拿好幾州的駕駛執照，以及偽照駕駛的工作紀錄。偽照駕駛的工作紀錄尤其危險，但是卻很難加以預防，因為駕駛者希望駕駛的時數比許可的還長。事實上，受僱的駕駛者經常需要超速或者駕駛時數比法定時間還長，才能完成公司交代的行程任務，這是因為在一個可競爭的市場，公司收到的價格取決於這趟運載的機會成本。如果大部分的駕駛者都願意花 16 個小時開車，而某公司如果受僱的駕駛者只投注法定的時數在路上，則這家公司的成本將會高於市場價格。由於交通意外會對他人造成外部成本，那些只駕駛法定時數的業者卻無法在市場存活，顯然這就是市場失靈的例子。❹如果駕駛時數被限制在大眾認為的安全水準上，那麼管制是有必要的，但是所要求的管制應該是在工作條件上，而非在服務的價格，或是進入某特定的交通路徑上。

　　在整個卡車歷史上，駕駛者因開車時數過久，而引起危險的趨勢，一直是卡車運輸業的一部分。甚至從這行業的創始期開始，駕駛者每天在路上的時數就過長，而且開車時數過長的趨勢顯然一直相同，而不論這產業的財務狀況如何。畢竟，我們還不清楚較長的駕駛時數是否應該和較低而非較高的補償率扯上關係。根據經濟理論，駕駛者對財務壓力的二種反應——時數變得更多還是更少——在邏輯上都講得通的。如果每英里付給駕駛者的錢較少，他們就會減少工作時數，因為額外的英里不值得一開；還是他們會工作更多來把收入拉回

原來的水準呢？這二種效果都會起作用，而且任一個效果都有可能成為主導地位。

如果能夠找到一種制度來預防過度疲憊的駕駛者上路，那麼這種制度顯然可以提高交通安全。能找到這個方法的地方是在非常簡單的工作紀錄上，而非去穩定運輸公司的財務情況。然而，如果真能找到某系統可以確實監控駕駛時數，則此系統會提高商業車輛運輸業者的成本，而且，對顧客的索價也會跟著提高。

顯然解除經濟管制對卡車的安全不會造成反效果。至於航空安全，則較比較難以衡量了，因為航空公司的墜機事件並不尋常，而且一旦墜機往往死傷慘重。任何一年的數起意外可能是隨機發生的結果，也可能是政策改變的結果。如圖 14.9 所示的，1985 年是航空交通的致命年。但是沒有理由認為這是解除管制的結果。為了要避免死亡紀錄不穩定的問題，有些研究者喜歡分析每年航空意外的數目來探討航空安全。圖 14.9 顯示出，緊跟者航空業管制的解除，意外次數的水準都很近似。但是在這同一時期，航空交通遽增，而且新航空公司加入的數目也增加了，因此以每英里或每飛行次數而論，隨著管制的解除，航空交通已經愈來愈安全。

因為難以推斷解除航空管制是否對航空公司的安全有適度的效果，所以一些研究學者轉而試著探討和安全相關的支出變動，以及管制解除之後的過程。❸某研究者已經提到，解除管制確實減少了與安全相關的支出。根據這項研究，此支出的減少不會導致意外增加的原因是，安全支出已經有效率的朝向有意義的維護項目上，而非在那些對安全沒什麼效果的安全過程上，而那些安全過程卻是以往管制者所要求的。❸

解除管制似乎讓鐵路的營運更安全，但是改進安全的機制主要是透過間接的效果。雖然解除管制確實讓此產業有現金來進行以前延遲

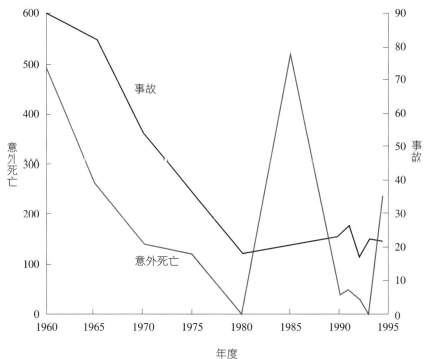

圖 14.9　美國商業航空的死亡率和意外比率（1960-1993）

資料來源：美國運輸局，運輸統計處，1995。

的維護計畫，但是這不是管制解除讓鐵路更安全的主要方法。❸解除
管制讓鐵路業者放棄一些鐵軌，以及把運量合併到較少的路線上。隨
著管制的解除，業者經營的火車減少許多，但火車卻更長以及更大
型。由於鐵路意外強烈受到營運的火車數目影響，因為鐵路意外的二
種主要形式——和車輛相撞於鐵路平交道，以及員工的受傷——都根
據火車次數而定，所以較少的火車代表著火車出軌的機會較少，會撞
到卡在鐵路平交道的車輛的可能性也較少，所以火車人員傷亡的人數
也就較少。

結論
（CONCLUSION）

現代對運輸管制的要求幾乎都是因為，運輸造成的社會成本——尤其是車輛運輸——並沒有被運輸服務的使用者支付。運輸價格低於完全成本，導致運量超過了效率水準（主要拍汽車）。若把價格提高到完全成本的水準，整體的經濟就可因為運輸使用者作出更有效率的決策而受惠了。

有關社會成本的主張中，有些直接拒絕根據效率準則來作決策。舉例來說，如果公平很重要，或者如果世人的觀點是認為所有人民都應該擁有一些基本權利，而那些權利卻受到交通的影響時，那麼經濟學家所使用精確的效率分析就不會令人滿意了。然而，使用效率分析時，還是有一些原因會使市場決策不正確。舉例來說，如果有人批評以利率來貼現當前駕駛決策的未來成本不恰當，而認為此貼現率太高時，則此人必定拒絕市場決定出來的駕駛量。或者如果個人比較無法完美的評估什麼對自己最有利時，基本上，可能可以藉著管制決策來提升他們的福利，而此決策就是他們為自己所能作出的最佳決策。

若以成本—利益架構的經濟分析來決定運輸政策，則人們的主要質疑是：如何衡量市場價格低於完全價格的程度是多少？雖然經常有根據市場算出的數據可用來大致估計願意為運輸引起的改變所付的金額，但是在一些情況，卻沒有數據可參考。經濟分析已經發展了一系列的工具，例如，根據防範行為的評估、特性的評估，或者權宜估價法等，以估計生產投入受到嚴重低估所造成的成本，或者估計市場忽略的外部成本等。

運輸引起的污染是市場忽略的社會成本中,最明顯的例子。要衡量一氧化碳、氮氧化物以及懸浮粒子等的排放成本困難重重,主要是缺乏有關這些排放效果的適當醫學資料,以及缺乏對這些廢氣在排放之後如何作用的瞭解。估算空氣品質價值的標準方法也往往把環境品質的低落貼上相對低的價格。結果造成管制對車輛污染控制所得到的成本—利益分析結果普遍為負。儘管如此,環境保護的方案在政治上仍相當受歡迎。是否這代表著成本—利益分析的方法沒有捕捉到大眾對低污染環境的基本需求,或者是否大眾受到真實成本的愚弄以及環境方案效果的愚弄,目前則還不清楚。

然而,所有污染成本中,最大的問題是全球持續變熱的問題,而這問題可能是燃燒燃料的自然結果。全球變熱如果是真實的,而且如預期般有可怕的結果,那麼有必要在駕駛行為上作重大的改變。因為微量的改變,像是調整汽車引擎等,是無法處理這個問題的。

雖然一開始在分析交通意外時,顯然可以把意外理解為外部性引起的市場失靈,但情況其實不是如此。由於肇事率對交通量的變動並不敏感,只有在同樣道路上夾雜著汽車和卡車,或者汽車和腳踏車的情況下,才會發生安全的外部性問題。當駕駛者沒有把意外的成本視為意外的機率乘以意外的平均成本時,他或她就不會從事有效率的駕駛量。

然而還有一項外部性和駕駛的小心程度有關。這項論點已經用來主張安全管制的效果是不當的,他們認為安全管制使得駕駛者過度安全,因而在開車時冒了不當的風險,而危害了路上的非駕駛者。不過眾人對於這項理論的爭議相當大,聯邦安全管制者認為,這項理論對駕駛者的理性所作的假設,是不切實際的。

管制的解除對運輸業所帶來的安全效果,則爭議較少,鐵路比管制時更加安全,而且航空公司或者車輛運輸業的安全,也似乎沒有任

何滑落的跡象。

註 釋

1. 當前運輸政策的可支持性的討論例子之一，可見 David Banister 和 Kennety Button, eds.「運輸、環境和可支持的發展」（*Transport, the Environment and Sustainable Development*）（New York: Chapman and Hall, Spon, 1993）。

2. 增加安全管制是較富有的人想要把他們的價值強加於他人的一種企圖，這種主張是由 W. Kip Viscusi 所提的「選擇的風險：管制在工作場所的健康和安全」（*Risk by Choice: Regulating Health and Safety in the Workplace*）（Cambridge: Harvard University Press, 1983）。

3. 見 Pérez-Peña「當美國法官看到可能的偏差時，紐約票價的提高被阻止」（New York Fare Increase Blocked as U. S. Judge See Possible Bias），紐約時報（*New York Times*），1995 年 11 月 9 日，p. A1；以及 Pérez-Peña「法庭澄清星期天票價提高的方式」（Court Clears Way for Fare to Rise Sunday），紐約時報（*New York Times*），1995 年 11 月 10 日，p. A14。

4. 這段的討論是根據 Alan Gewirth「二種成本—利益分析」（Two Types of Cost Benefit Analysis），在 Donald Scherer「上游／下游：在環境倫理的議題」（*Upstream/Downstream: Issues in Environmental Ethics*）（Philadelphia: Temple University Press, 1990），第 205-232 頁。

5. 這項工作的著名例子可見於 James J. Mackenzie, Roger C. Dower 和 Donald D.T. Chen「前進的價格：駕駛的真實成本是什麼」（*The Going Rate: What It Really Costs to Drive*）（World Resource Institute, June 1992）。

6. 在這部分，對這些主題的進一步介紹，見 Maureen L. Cropper 和 Wallace E. Oates「環境經濟學：一項調查」（Environmental Economics: A Survey），經濟文獻期刊（*Journal of Economic Literature*），Vol. 30，No. 2，1992 年 6 月，第 675-740 頁。

7. 對權宜估價法的正反方討論可在經濟前瞻期刊（*Journal of Economic Perspectives*）

對這主題的座談會上找到，Vol. 8，No. 4，1994 年秋季，第 3-64 頁。

8. 對運輸的社會成本的研究清單可見於「環境的外部性和運輸系統的社會成本──衡量、緩和和成本計算：註解文獻」（Environmental Externalities and Social Costs of Transportation Systems-Measurement, Mitigation and Costing: An Annotated Bibliography）（U. S. Department of Transportation, Federal Railroad Administration, Office of Policy），1993 年 8 月。

9. 其他沒有考慮到的駕駛成本是噪音污染、停車位的成本、為了維持汽車燃料的流量而付出的必要軍方支出，對這些議題的討論，見 James J. Mackenzie, Roger C. Dower 和 Donald D. T. Chen「前進的價格：駕駛的真實成本是什麼」（*The Going Rate: What It Really Costs to Drive*）（World Resource Institute, June 1992）。對於針對限制車輛使用量的研究所作的反應，見 Charles A. Lave「汽車交通在美國的未來成長：非難題」（Future Growth of Auto Travel in the U. S.: A Non-problem），在 Jefferson W. Tester, David O. Wood 和 Nancy A. Ferrari「21 世紀的能源和環境」（*Energy and the Environment in the 21st Century*）（Cambridge: MIT Press, 1991）。新聞界的反應可見於 Beshers, Eric「汽車交通的外部成本和適當的政策反應」（*External Costs of Automobile Travel and Appropriate Policy Responses*）（Washington: Highway Users Federation, 1994）。

10. 對燃料經濟標準的一般討論可見於運輸研究局「汽車燃料經濟：我們應該前進多遠？」（*How Far Should We Go?*）（Washington: National Academy Press, 1992）。

11. K. A. Small 和 C. Kazimi「來自車輛的空氣污染成本」（On the Costs of Air Pollution from Motor Vehicles），運輸經濟學與政策期刊（*Journal of Transport Economics and Policy*），Vol. 39，No. 1，1995 年 1 月，第 7-32 頁。

12. 有關這些評估，見 Robert W. Crandall, Howard K. Gruenspecht, Theodore E. Leeler 和 Lester B. Lave「管制汽車」（*Regulating the Automobile*）（Washington: The Brookings Institution, 1986）；以及 Alan J. Krupnick 和 Paul R. Portney「控制都市的空氣污染：利益─成本的評估」（Controlling Urban Air Pollution: A Benefit-Cost Assessment），科學（*Science*），Vol. 252，1991。

13. 這一段的所有統計資料都來自全國公路交通安全管理處「安全管理真相：1994」（*Traffic Safety Facts: 1994*）。

14. Theodore E. Keeler「公路安全、經濟行為和駕駛環境」（Highway Safety, Economic

Behavior, and Driving Environment），美國經濟評論（*American Economic Review*），Vol. 84，No. 3，1994 年 6 月，第 684-693 頁。

15. 對安全和流動性之間的取捨所作的一般討論，可見於 Frank A. Haight「評估安全和流動性的相對成本時的問題」（Problems in Estimating Comparative Costs of Safety and Mobility），運輸經濟學與政策期刊（*Journal of Transport Economics and Policy*），Vol. 28，No. 1，1994 年 1 月，第 7-30 頁。

16. 對於分析運輸的安全外部性之典型文獻是 William Vickrey「車輛意外，民事侵權行為法，外部性和保險：一位經濟學者的評論」（Automobile Accidents, Tort Law, Externalities, and Insurance: An Economist's Critique），法律與當代問題（*Law and Contemporary Problems*），Vol. 33，No. 3，1968 年夏季，第 464-487 頁。

17. 這項主張來自 Charles A. Lave「超速、調解和每小時 55 英里的時數限制」（speeding, Coordination, and the 55 MPH Limit），美國經濟評論（*American Economic Review*），Vol. 75，No. 5，1985 年 12 月，第 1159-1164 頁；見 Patrick S. McCarthy「意外的牽連和公路的安全」（Accident Involvement and Highway Safety），後勤與運輸評論（*Logistics and Transportation Review*），Vol. 25，No. 2，1989 年 6 月，第 129-138 頁。

18. 這項主張可以支持座椅安全帶的使用命令，在 Richard J. Arnould 和 Henry Grabowski「汽車安全管制：市場失靈的分析」（Auto Safety Regulation: An Analysis of Market Failure），Bell 經濟學刊（*Bell Journal of Economics*），Vol. 12，No. 1，1981 年春季，第 27-48 頁。

19. 冷血這名詞是出自 Jan Owen Jansson「意外的外部性費用」（Accident Externality Charges），運輸經濟學與政策期刊（*Journal of Transportation Economics and Policy*），Vol. 28，No. 1，1994 年 1 月，第 31-43 頁。

20. 要看近期的評估，見 Ulf Persson 和 Knut Odergaard「道路交通意外的外部成本評估」（External Cost Estimates of Road Traffic Accidents），運輸經濟學與政策期刊（*Journal of Transport Economics and Policy*），Vol. 29，No. 3，1995 年 9 月，第 291-304 頁。

21. 這些論點中，容易找到的是 W. Kip Viscusi, John M., Vernon 和 Joseph E. Harrington, Jr.「管制和反托拉斯的經濟學：第二版」（*The Economics of Regulation and Antitrust: Second Edition*）（Cambridge: MIT Press, 1995），第 22 章。

22.責任險的變動對交通安全的效果，見 Peter W. Huber 和 Robert E. Litan「責任險的困惑：責任險對安全和革新的衝擊」（*The Liability Maze: The Impact of Liability Law on Safety and Innovation*）（Washington: the Brookings Institution, 1991）。

23.原來形成這項主張的是在 G. Calabresi「意外的成本：法律和經濟的分析」（The Costs of Accidents: A Legal and Economic Analysis）（New Haven: Yale University Press, 1970）。

24.以願意為安全而付的金額來衡量安全裝置的利益，這項主張的辯護，可見 M.W. Jones-Lee「運輸安全的價值」（The Value of Transport Safety），牛津經濟政策評論（*Oxford Review of Economic Policy*），Vol. 6，No. 2，1990 年夏季，第 39-60 頁。

25. Timothy L. McDaniels「引用的觀點、損失的厭惡和車輛安全的權宜估價法」（Reference Points, Loss Aversion, and Contingent Values for Auto Safety），風險與不確定的期刊（*Journal of Risk and Uncertainty*），Vol. 5，No.2，1992 年 5 月，第 187-200 頁。

26.舉例，見 John D. Graham「預防車輛傷害：來自估價研究的新發現」（*Preventing Automobile Injury: New Findings from Evaluation Research*）（Dover, Mass.: Auburn House, 1988）。

27. Sam Peltzman「車輛安全管制的效果」（The Effects of Automobile Safety Regulation），政治經濟學期刊（*Journal of Political Economy*），Vol. 83，1975 年 8-12 月，第 677-725 頁。

28. Robertson, Leon S.「精確的分析 Peltzman 的文章『車輛安全管制的效果』」（A Critical Analysis of Peltzman's "The Effects of Automobile Safety Regulation"），經濟議題期刊（*Journal of Economic Issues*），Vol. 11，1977 年 9 月，第 587-600 頁。

29.舉例來說，Keeler 在解釋他的發現，也就是每小時 55 英里的限制對鄉村公路的死亡率沒有效果時，假定駕駛者已經調整其他的駕駛行為來適應比較安全的環境。Theodore E. Keeler「公路的安全、經濟行為和駕駛的環境」（Highway Safety, Economic Behavior, and Driving Environment），美國經濟評論（*American Economic Review*），Vol. 84，No. 3，1994 年 6 月，第 684-693 頁。也見 Thomas L. Traynor「改變安全條件對駕駛的外部成本的影響」（The Effects of Varying Safety Conditions on the External Costs of Driving），東方經濟期刊（*Eastern Economic Journal*），Vol.

20，No. 1，1994 年冬季，第 45-60 頁。

30. 對這項研究的回顧可見 Glenn C. Blomquist「車輛運輸和交通安全的管制」（*The Regulation of Motor Vehicle and Traffic Safety*）（Boston: Kluwer Academic Publishers, 1988）；以及 Robert W. Crandall, Howard K. Gruenspecht, Theodore E. Keeler 和 Lester B. Lave「車輛的管制」（*Regulation the Automobile*）（Washington, D.C.: The Brooking Institution, 1986）。

31. 有關解除運輸管制和運輸的安全，最有名的成果是在 Leon N. Moses 和 Ian Savage「在解除管制的時代中運輸的安全」（*Transportation Safety in an Age of Deregulation*）（New York: Oxford University Press） 解除管制對於道路安全的效果也見 Donald L. Alexander「解除車輛運輸業者的管制和公路安全：實證的分析」（Motor Carrier Deregulation and Highway Safety: An Empirical Analysis），南方經濟期刊（*Southern Economic Journal*），Vol. 59，No. 1，1992 年 6 月，第 28-38 頁；Thomas L. Traynor 和 Patrick S. McCarthy「解除卡車運輸的管制和公路安全：1980 年車輛運輸業者法案的效果」（Trucking Deregulation and Highway Safety: The Effect of the 1980 Motor Carrier Act），管制經濟期刊（*Journal of Regulatory Economics*），Vol. 3，No. 4，1991 年 12 月，第 339-48 頁；Alexander Kraas「美國 1980 年車輛運輸業者法案對加州道路安全的衝擊：計量經濟上的政策評價」（the Impact of the U.S. Motor Carrier Act of 1980 on Road Safety in California: an Econometric Policy Evaluation），後勤與運輸評論（*Logistics and Transportation Review*），Vol. 29，No. 2，1993 年 6 月，第 179-192 頁。航空安全的考量則見 Clinton V. Oster, Jr., John S. Strong 和 C. Kurt Zorn「為何飛機墜毀：在變動世界中的飛行安全」（*Why Airplanes Crash: Aviation Safety in a Changing World*）（New York: Oxford University Press, 1992）。也見 Nancy L. Rose「飛行的恐懼：航空安全的經濟分析」（Fear of Flying: Economic Analysis of Airline Safety），經濟前瞻（*Journal of Economic Perspectives*），Vol. 6，No. 2，1992 年春季，第 75-94 頁；Nancy L. Rose「利潤和產品品質：航空安全表現的經濟決定因素」（Profitability and Product Quality: Economic Determinants of Airline Safety Performance），政治經濟期刊（*Journal of Political Economy*），Vol. 98，No. 5，Part 1，1990 年 10 月，第 944-64 頁；Richard A. Phillips 和 Wayne K. Talley「航空安全的投資和營業條件：決定飛機損壞嚴重程度的因素」（Airline Safety Investments and Operating Conditions: Determinants

of Aircraft Damage Severity），南方經濟期刊（*Southern Economic Journal*），Vol. 59，No. 2，1992 年 10 月，第 157-64 頁。Adib Kanafani 和 Theodore E. Keeler「航空管制的解除和安全：來自時間數列的一些計量經濟的證據」（Airline Deregulation and Safety: Some Econometric Evidence form Time Series），後勤與運輸評論（*Logistics and Transportation Review*），Vol. 26，No. 3，1990 年 9 月，第 203-209 頁。

32. 維持消費者福利的目標被假定是安全投資的一項重要誘因。這項主張的分析可見 Severin Borenstein 和 Martin B. Zimmerman「安全經營商業航空公司的市場意願」（Market Incentives for Safe Commercial Airline Operation），美國經濟評論（*American Economic Review*），Vol. 78.，No. 5，1988 年 12 月，第 913-935 頁。也見 Edward R. Bruning 和 Ann T. Kuzma「航空意外和股票報酬的表現」（Airline Accidents and Stock Return Performance），後勤與運輸評論（*Logistics and Transportation Review*），Vol. 25，No. 2，1989 年 6 月，第 157-168 頁；Andrew J. Chalk「市場力量和商業飛機安全」（Market Forces and Commercial Aircraft Safety），產業經濟期刊（*Journal of Industrial Economics*），Vol. 36，No. 1，1987 年 9 月，第 61-81 頁。Devra L. Golbe「航空業的安全和利潤」（Safety and Profits in the Airline Industry），產業經濟期刊（*Journal of Industrial Economics*），Vol. 34，No. 3，1986 年 3 月，第 305-318 頁。

33. Wayne K. Talley 和 Philip A. Bossert, Jr.「飛機意外的決定因素，以及航空安全的政策涵義」（Determinants of Aircraft Accidents and Policy Implications for Air Safety），運輸經濟學國際期刊（*International Journal of Transport Economics*），Vol. 17，No. 2，1990 年 6 月，第 115-130 頁。

34. 對駕駛時數的討論可見 Thomas M. Corsi 和 Philip Fanara「管理駕駛者的政策和車輛運輸業者的安全」（Driver Management Policies and Motor Carrier Safety），後勤與運輸評論（*Logistics and Transportation Review*），Vol. 24，No. 2，1988 年 6 月，第 153-163 頁。也見 R. Beilock「卡車司機被迫超速？」（Are Truckers Forced to Speed?），後勤與運輸評論（*Logistics and Transportation Review*），Vol. 21，第 277-291 頁。

35. 舉例，可見 T. Randolph Beard「車輛運輸業者安全檢查成績的財務概況」（Financial Aspects of Motor Carrier Safety Inspection Performance），產業組織評論（*Review of Industrial Organization*），Vol. 7，No. 4，1992 年，第 51-64 頁。

36. D. Mark Kennet「解除管制會影響飛機引擎的維護嗎？實證性的政策分析」（Did Deregulation Affect Aircraft Engine Maintenance? An Empirical Policy Analysis），Rand 經濟學刊（*Rand Journal of Economics*）, Vol. 24，No.4，1993 年冬季，第 542-558 頁。

37. Kenneth D. Boyer「隨著管制的解除，經營方式改變的安全效果」（The Safety Effects of Mode Shifting Following Deregulation），在 L. Moses 和 I. Savage「在解除管制的時代中運輸的安全性」（*Transportation Safety in an Age of Deregulation*）（Oxford: Oxford University Press, 1989）。

國家圖書館出版品預行編目資料

運輸經濟學／Kenneth D. Boyer 著；陳秋
玫譯；顏進儒校訂.－三版.－臺北市：五
南, 2012.04
面；　公分
譯自：Principles of transportation economics
ISBN 978-957-11-6637-7（平裝）
1.運輸經濟學
557.1　　　　　　　　　101006028

1M87
運輸經濟學

作　　者	－	Kenneth D. Boyer
譯　　者	－	陳秋玫
校　　訂	－	顏進儒
發 行 人	－	楊榮川
總 編 輯	－	王翠華
主　　編	－	張毓芬
責任編輯	－	侯家嵐
文字校對	－	陳欣欣
封面設計	－	盧盈良

出 版 者 － 五南圖書出版股份有限公司
地　　址：106 台北市大安區和平東路二段 339 號 4 樓
電　　話：(02)2705-5066　傳　　真：(02)2706-6100
網　　址：http://www.wunan.com.tw
電子郵件：wunan@wunan.com.tw
劃撥帳號：01068953
戶　　名：五南圖書出版股份有限公司
台中市駐區辦公室/台中市中區中山路 6 號
電　　話：(04)2223-0891　傳　　真：(04)2223-3549
高雄市駐區辦公室/高雄市新興區中山一路 290 號
電　　話：(07)2358-702　傳　　真：(07)2350-236
法律顧問　元貞聯合法律事務所　張澤平律師
出版日期　2002 年 1 月初版一刷
　　　　　2006 年 10 月二版一刷
　　　　　2012 年 4 月三版一刷
定　　價　新臺幣 610 元